JN197640

# BIMのかたち

## Society 5.0へつながる建築知

日本建築学会編

彰国社

## 本書作成関係委員 2019 年 3 月現在 —五十音順・敬称略—

### 建築教育委員会
委員長　元岡 展久

幹事　　長澤 夏子／平田 京子

委員　　阿部 俊彦／阿部 浩和／石川 孝重／澤田 英行／妹尾 理子／田口 純子

　　　　武田 明広／田村 雅紀／安福 健佑

### 教育手法・技術小委員会／BIM 設計教育手法ワーキンググループ
主査　　澤田 英行

幹事　　綱川 隆司／山際 東

委員　　猪里 孝司／衣袋 洋一／伊藤 誠之／大槻 成弘／大西 康伸／勝目 高行

　　　　西村 雅雄／村松 弘治／元岡 展久／森 元一／山野 大星／吉崎 大助

### 協力委員
長澤 夏子／安福 健佑

### 執筆担当
まえがきにかえて　　澤田英行

この本の読み方　　澤田英行

序章　　猪里孝司

第 1 章　　1.1：綱川隆司／ 1.2：加藤亮一・柴田作／ 1.3：川原秀仁

　　　　　座談：浜田顕弘×綱川隆司×山際東×西村雅雄×澤田英行

第 2 章　　2.1：大氏正嗣／ 2.2：綱川隆司／ 2.3：安井謙介

　　　　　エッセイ　豊田啓介

第 3 章　　3.1.1：山際東・澤田英行／ 3.1.2：綱川隆司／ 3.1.3：村井一／ 3.1.4：吉崎大助／ 3.1.5：西村雅雄

　　　　　3.2.1：村松弘治／ 3.2.2：山際東・澤田英行／ 3.2.3：野田隆史・本弓省吾

　　　　　3.3.1：大槻成弘／ 3.3.2：勝目高行／ 3.3.3：藤村正・大抜久敏・澤田英行／ 3.3.4：綱川隆司／ 3.3.5：平沢岳人

　　　　　3.4.1：澤田英行／ 3.4.2：山野大星・渡邉秀樹／ 3.4.3：森元一／ 3.4.4：大西康伸／ 3.4.5：下川雄一

あとがきにかえて　　元岡展久

用語解説　　澤田英行・綱川隆司

# BIMとは何か —まえがきにかえて—

日本建築学会　教育手法・技術小委員会

BIM: Building Information Modeling、この英字の専門用語を業界新聞やWeb上で見ない日はない。BIMというワードを聞いたことも見たこともない、という建築産業関連の従事者は少ないはずだ。では、BIMを的確に説明できる人はどれほどいるか。いや、果たして的確に説明できるものなのか？　本書はまさにそれについて議論することを目的としている。

今日私たちが直面する社会的変化の起点は、いうまでもなく「デジタル」である。デジタル・テクノロジーが、私たちの慣れ親しんできた、建築のつくり方・働き方・学び方を刷新しつつある。BIMは、建物の構成要素と構造を三次元のデジタル・モデルとしてデータベース化し、企画・計画・設計・施工・運用・維持管理の一連の建築生産プロセスにおける業務を合理化、効率化する支援ツールとして理解されている。この説明ではあまりにも網羅的で実際のところがよくわからない、というのが一般の声だろう。メディアを通して知るBIMは、特定企業（主に大企業）の施工管理や維持管理の手法、あるいは特殊なデザインや製造にかかわる事柄が大半である。「自分とはあまり関係がないな」と気にしつつも横目で通り過ぎる人が多いに違いない。その人たちにぜひ読んでいただきたいのが、本書である。

経済産業省が発信する「新産業構造ビジョン*1」、「Connected Industries *2」に向けたデジタル・テクノロジーの有効活用の視点から見れば、建築にかかわる情報共有は、もはや専門分野・業界にとどまらない。今BIMは、グローバルに広がるSociety 5.0（超スマート社会）を背景に、ものづくりの技術的情報と意思決定情報の共有を促進し、「つくる」行為への参加者を多種多様にしつつある。一連の建築生産プロセスは、つくり手（建築を企画・計画・設計・製造・施工する者）の範疇にとどまらず、つかい手（建築を必要とする事業者・管理者・運営者・エンドユーザーなどのステークホルダー）の参加を必然とし、よりソーシャルでインタラクティブなものとなっていく。この動向は予想的未来ではなく、すでに遷移し始めた事実だ。

国土交通省は、「生産性革命プロジェクト」として「i-Ccnstruction（CIMを用いて建設現場の生産性向上を図る取組み）」を推進する。2018年には「BIM/CIM推進委員会*3」を設立し、産官学一体で、Society 5.0を見据えたBIM/CIMを総合的に活用する建築・建設生産・管理システムについて議論している。

グローバリゼーションの流れに乗って近未来の行く末を先取りしようと躍起になって分裂と融合を繰り返すビジネスワールドにおいて、わが国の建築産業は，他分野と互恵関係を結び、新たな価値を創出し続けるエコシステムとして存立できるだろうか。Connected Industriesを標榜する産業界で建築産業が居場所を確立するためには、単体の建築物のつくり方（生産システムの構築と業務の効率化）のみならず、実行する組織や人々の働き方、それを実行できる技術（客観的方法）と技能（主体的能力）の学び方まで見直し、意識改革を図らねばならない時代である。

本書ではBIMを、デジタル・テクノロジー、Connected Industries 、そしてSociety 5.0へと少しずつ視野を広げ、その実現に向けた動機を得るための「窓」として位置づけていることをご理解いただきたい。「BIM」専門家（その分野は定かではないが）からいえば、それはもはや「BIM」ではない、というのかもしれない。しかし現在のところ、急速に進展するデジタル・テクノロジーと建築生産、建築産業にかかわる人々の生業を相関して論じることのできるステージは、〈拡張的BIM〉である。

# BIMのかたち
## ── Society 5.0へつながる建築知

　本書のタイトルの「かたち」は「Form」と英訳し、形態・形式・方式、そして形成・生成と、多様な意味を含むものである。BIMの形態（組織・まとまり：ソフトウェア・ハードウェア・人的組織）、形式（関係・構造：性質・性能）、方式（方法・手続き：活用事例）、そして形成（組成・構成：ネットワーク・つながり）、生成（発生・転化：発見・創発）を多元的、多角的、多面的に明らかにし、効果・影響・課題を情報共有し、可能性を議論する契機となることを願って、タイトルを「BIMのかたち」とした。

　副題の「建築知」は、建築（現実：フィジカル空間）と情報社会インフラ（仮想：サイバー空間）を接続し、他分野との互恵関係を結びつけ、新たな価値を生み出し続けるエコシステムとして存立させるための「知識・方法・技術」として定義した。格助詞「へ」は、「つながる」先の到達点のみならず道筋や方向性をも示すものである。

　「BIMのかたち（形態・形式・方式、そして形成・生成）」が、「Society 5.0へと向かう建築知」を育む、の意である。

　もう一点、本書はBIMを的確に説明する「解説書」ではない。激しく遷移するソーシャルな様態の行方に定まった正しい答えはない。「BIMとはこういうものだ」、「これがBIMだ」といった結論的な内容とせず、「これもBIMなのか」と思わせるような多彩なコンテンツを目指した。この本を手にした読者は、何らかのBIMのイメージを持っているだろう。BIMを、特定のBIM-ソフトウェア（3D-オブジェクトCAD）に依存したワークや情報体系とするだけではなく、ワードやエクセル、CGや各種のソフトウェア、ICTを含めたさまざまなデジタルワークの総体とし、その先に見える自由で互換的な価値創出に期待を寄せるものである。

　刊行趣意を総括すると以下となる。

① BIMを、Society 5.0（超スマート社会）という次世代の社会概念と建築産業の関係でとらえ直し、意識改革を促す「建築知＝知識・方法・技術」を育む媒体としてとらえる。

② いまだ多数であろう、BIMは気になるものの今のところは必要と感じていない、Society 5.0における建築とその仕事を身近な問題として考えたことのない人々に届ける。

③ BIMを手放しに肯定せず、効果・影響・課題、そして可能性について議論する。

　少子高齢化、大量離職時代を背景に若者の建築産業離れがいちじるしい現今社会においては、人材を送り出す者、人材を受け入れる者、双方が責任を自覚し、魅力ある建築産業を若者に示す必要がある。今日の建築教育問題は、単一の教育機関で解決できるものではなく、多くの企業組織、諸機関との協力と連携によって、今必要な「教育」について双方向に考え、各々が実践に移さなければならない。

　BIMを窓に、デジタル・テクノロジーを背景にした、より豊かな生活・活動環境を最適化する構築要素（建築物）としての建築、そして社会要素（情報社会インフラ）とつながるシステムとしての建築、そしてその仕事について考える端緒が示せれば幸いである。

## 読者へのメッセージ

　日々ハードワークで価値創出を目指す**つくり手**のみなさん、建築情報のデジタル化で何が可能になるかを考えてみませんか。

　建築に個々に期待を寄せる**つかい手**のみなさん、生活、活動を一層豊かにするためにBIMがどう使われているのかを知り、どう接すればよいのかを考えてみませんか。

　デジタル環境下の建築教育を案じる**教員**のみなさん、来たる社会に柔軟に応答できる建築知と人材育成について、ともに知恵を出し合い議論しませんか。

　そして、今日建築を学ぶ**学生**へ。近い将来実務に就いて10年も経たないうちに、今見えている業界の風景とは異なる就業環境に身を置く可能性があります。少し先を見据えて、いかなる技術・技能が必要かを考え、学習目標を立ててみてはどうでしょうか。

## 刊行母体と執筆者について

本書は、日本建築学会建築教育委員会の傘下、教育手法・技術小委員会／BIM設計教育手法ワーキンググループ（WG）の活動の一環で執筆、編集を行った。BIM教育に関するWGは産官学の協力者を得て、8年にわたってBIMに関する教育状況の調査と議論を重ねてきた。関連企業へのアンケート調査*4や二度の建築学会全国大会のパネルディスカッション*5を通してわかったことは、BIMを積極的に導入しているとする企業や設計者でも、いまだに「BIMは上出来な3D-CAD」という作画ツールの延長での認識にとどまっているということだ。多くの建築設計系の大学教員は、「BIMの理解と実践が必要なことはわかるが、どこから手をつければよいのかわからない」という回答も多く、考えあぐねるうちに時間が経っている状況である。

本書の執筆は、WG委員を中心とした産学各機関・組織の28名の有志によるものである。内訳は、教員7名（建築設計4名、構造設計1名、生産設計1名、専門学校1名）、ゼネコン8名（建築設計6名、施工管理2名）、組織設計事務所4名（建築設計3名、設備設計1名）、設計事務所4名、コンサルタント会社3名、製造業1名、他業種（造船業）1名。主に何らかのかたちで「設計」にかかわる教員と実務者を中心に構成した。WGの既往調査を通して、建築生産工程おいてBIMの芽が出にくいと思われる、川上（企画・構想）段階、他分野や社会要素との連携、そしてBIMを活用した建築設計教育の事例から、幅広く、数多く話題提供した。経営者的視点やプロジェクトの最前線に立つ視点など、さまざまな立場からの見方を導入することも配慮した。

---

*1 新産業構造ビジョン
経済産業省が2030年代に向けて打ち出した産業政策。IoT（Internet of Things）、ビッグデータ、人工知能（AI）、ロボットなどの技術革新を背景に、あらゆる構造的課題（規制改革、事業促進策、民間の事業展開等）を掲げ解決していこうとする経済成長戦略のこと。日本の強み・弱みを再認識し、欧米に遅れをとる新産業ビジネスを活性化し、中長期的な将来像を官民で共有し、具体的な目標を実現するためのロードマップを作成し、改革を実施する制度改革を見据えたプロジェクト。経済産業省、2017年。

*2 Connected Industries
Society 5.0（第四次産業革命による技術革新を踏まえて、将来的に目指すべき未来社会）に向けた日本の産業が目指すべき姿として、特定の分野を超えて人・モノ・技術・組織などがつながることで新たな価値創出を図ろうとする政策。「自動走行・モビリティサービス」「ものづくり・ロボティクス」「プラント・インフラ保安」「バイオ・素材」「スマートライフ」の五つの重点取組み分野を定め、政策資源を集中投入し横断的な政策も推進している。経済産業省、2017年。

*3 BIM/CIM推進委員会
国土交通省がSociety 5.0を見据えて設立したBIM/CIMの概念を総合的に再構築するための組織。「CIM導入推進委員会」として設立された組織をもとにBIM/CIM関連情報を包含した委員会に改称。土木分野における国際標準化、BIMの国際的進展の動向を背景に、BIM/CIMの利用を推進する体制を構築、2019年4月には「今後のBIM/CIM運用拡大に向けた整理」と題し、「3次元データ利活用」の方針、方法、今後の取組み（ロードマップ）が示された。国土交通省、2018年。
http://www.mlit.go.jp/tec/tec_tk_000037.html/2019.05.14

*4 澤田英行、根本雅章「建築産業界におけるBIM教育の実践にみる課題と可能性」『第14回建築教育シンポジウム建築教育研究論文報告集』2014年、pp..37−44、日本建築学会。

*5 2014年日本建築学会全国大会、建築教育部門—パネルディスカッション「大学・企業におけるBIMへの取り組みと教育の現状」、2016年日本建築学会全国大会、建築教育部門—パネルディスカッション「教育機関と企業の双方から考えるBIMの可能性と建築設計教育」。

# 目 次

To BIM, or not to BIM.  What is the question?
## BIMの何が問題なの?——あとがきにかえて ………… 214
元岡展久

ブックデザイン:間野 成 (株式会社間野デザイン)

# この本の読み方

## 本書の構成

本書はイントロダクションの序章に続き、三つの章の本文からなる。第1章と第2章は各3節、第3章は4節18項（3.1節：5項、3.2節：3項、3.3節：5項、3.4節：5項）の構成とした。

序章では、社会における建築産業の位置づけとBIMの歴史について、本書の導入部としてわかりやすくまとめた。第1章では、建築産業の諸問題を取り上げ、BIMに期待する事柄について述べ、各稿への動機づけとした。第2章では、BIMが建築産業をいかに変革するか俯瞰的に述べ、読者の視野を広げた。第3章では、BIMの特性を活用した具体的な取組み事例を紹介し、「BIMのかたち」を多元的、多角的、多面的に理解できるようにした。各章の内容は以下の通りである。

## 序章　産業構造の変革と共有価値の創造

Society5.0を標榜する産業構造の変革における建築産業の位置づけと、BIMの成り立ちと開発経緯を述べた。BIMやデジタル・テクノロジーを背景に、建築産業は他産業と情報共有し、社会的な共有価値の創出を図るべき時代に入ったことを述べ、各章をリードする内容とした。

## 第1章　建築産業の問題点

まず、建築のつかい手とつくり手の関係、つかい手への説明責任、BIMによる全工程でのつかい手との合意形成と価値創発について述べた（1.1）。次に、多様な情報に取り巻かれた設計者と人手不足にあえぐ施工者の状況、デジタル依存で危惧される身体感覚の喪失、デジタルとアナログ双方向からの問題解決とBIMによって情報を区分・階層化する技術・技能伝承の可能性を述べた（1.2）。さらに、第四次産業革命を背景にモノ・サービスとつながる建築と労働の変容、つかい手にとっての価値を連鎖的に創出する建築生産の流れやネットワーク上の基盤技術を背景にした情報セキュリティ管理ついて述べた（1.3）。章末には、ものづくり工程のデジタル化が進む造船業から独自の3D-CADを開発した専門家を招いた座談を収録。造船業におけるものづくりの特殊性と建築業との共通性について議論し、BIMなどのデジタルツールや専門技能の情報化、教育のあり方について考察した。

## 第2章　BIMによる変革

最初に、BIMの普及で顕在化する責任不在という問題提起、包括的な俯瞰的理解力とコントロール力の必要性、建築の消費財化から脱する出来事を演出できるコーディネート業としての建築設計について述べた（2.1）。次に、つかい手を設計体制に参加させる表現手法、情報交換の仕組みと約束事、BIM–実行計画書、BIM調整者の必要性、デジタル・データの著作権や管理方法について述べた（2.2）。さらに、建築のライフサイクルにわたる複数の課題を同時並行的に進めるつかい手主導のプロセスでの合意形成、業界全体のつながり、海外や他産業のイノベーションと日本の建築産業の特性について述べた（2.3）。章末には、先端的テクノロジーの観点から、日本の建築産業と教育事情、異分野やグローバルに広がるデジタル・テクノロジーが革新する未来社会まで包括的に語るエッセイを掲載。大阪万博（2025年開催）招致会場計画のアドバイザーとしても知られる執筆者が、特定の国や企業が独占しない都市基盤としてのコモングラウンド（共有基盤）構築の必要性、各種の機能や指向性を持ったデジタル要素が介入し人間の能力を拡張する社会システムとしての建築について詳述した。

# 第3章　建築と社会をつなぐBIM

　BIM の性能・特性を解説し、つくり方、働き方、学び方のカテゴリーで具体的な活用、取組み事例を紹介し、「BIM のかたち」のさまざまな動向と可能性について、多元的、多角的、多面的に理解を深められるような内容とした。

## 3.1 節　BIM の基本性能と可能性
3.1.1：実体を属性情報が与えられたオブジェクトに置き換えて操作する考え方（オブジェクト指向）に依存する CAD の特性、BIM で可能となるワークフロー、異なる技能者のコラボレーション、新たな CAD システムの開発。

3.1.2：つかい手との協働と合意形成、BIM データを構築・編集できる技術・技能を有する BIM-マネージャ、製造業務との切れ目のない連携。

3.1.3：建築デザインの思考とアプリケーションの関係、分析・組立て・評価のプロセスモデルと BIM を連動させた設計方法。

3.1.4：エンジニアの視点からの BIM の効果と問題、BIM が可能にするシミュレーションやプロセスの改善。

3.1.5：製造から見た建築構成要素の分類と特徴、最適なデータ取扱い方法、専門技術・技能を刷り込み伝達する媒体としての BIM。

## 3.2 節　つくり方が変わる
3.2.1：価値とコストのバランスでとらえたつかい手主導の BIM、資産管理・事業計画に結びつける顧客経営戦略への貢献、社会基盤を変革するデータ・マネジメント手法。

3.2.2：オブジェクト指向に依存する BIM、デジタル・ファブリケーションによる建築生産の多様化、新ビジネスのプロデュース。

3.2.3：BIM が可能にした伝統的遺構の復元と保護、伝統技能と新技術の融合、宮大工・施工者・設計者・建築主の合意形成。

## 3.3 節　働き方が変わる
3.3.1：IT 投資が伸びない建築産業の労働生産性、BIM テレワークによる新たな雇用機会創出と人材開発。

3.3.2：BIM による顧客とのリアルな合意形成、社会的問題につながる不測の事態を回避する問題解決の手法、総合的な判断ができる人材（ジェネラリスト）の育成。

3.3.3：複雑化する社会ニーズとつかい手の思いに応える柔軟な協業組織、設計組織の高度な意思決定を支える BIM 設計支援組織体制。

3.3.4：CAD 開発の変遷と職能の関係、BIM 設計コンペの教育効果、BIM-マネージャの育成、職域の細分化と再統合のためのジェネラリスト。

3.3.5：実建築に応用可能なデジタル・ツールを用いた木工生産、人工知能とロボットそして人工技能の開発に見る新たな発見。

## 3.4 節　学び方が変わる
3.4.1：学習を動機づけるマインドセット教育、アナログとデジタルを往復する問題発見と解決、BIM モデルを中心とした意思決定アプローチ。

3.4.2：BIM を活用した領域をまたぐ専門教育、地域ニーズに基づき学外機関と連携した中核的専門人材養成、まちづくりへの展開。

3.4.3：BIM を実際に利用している立場から見た大学教育の課題と実践など。また、操作のみならず建築そのものを BIM で教えることの有効性。

3.4.4：BIM モデルで建築の仕組みと設計を学ぶ手法、協働的な指導体制、著名建築の光環境解析と分析によるデザインの理解、抽象絵画の立体化、建築化を通して見た設計手法の理解。

3.4.5：BIM を基盤とした基礎学習と知識の高度化、学外建築家との協働ワーク、地域の環境デザインや内装デザインの実践型研究。

　本書全編、読者が興味を持つキーワード、話題、事例に注目して、断片的に拾い読みをしてもよいし、順に通読していただいてもよいように編纂した。読者のみなさん自身の問題意識に合わせて本書を活用していただければ幸いである。

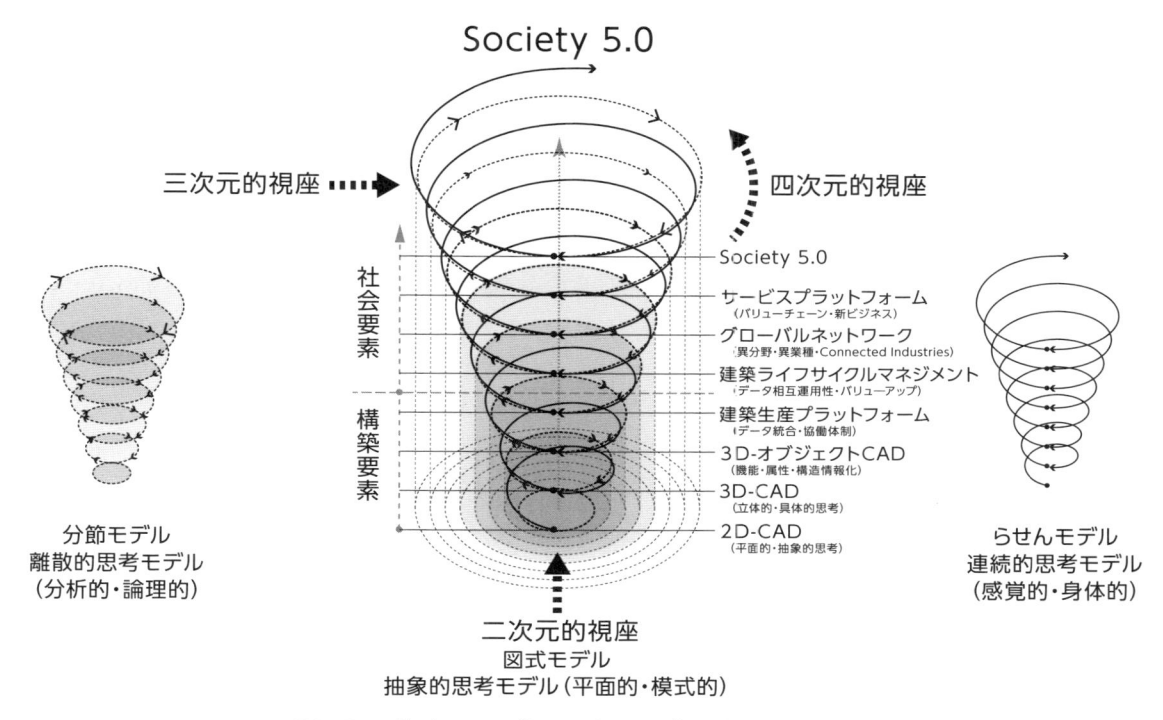

Society 5.0

三次元的視座 ‥‥▶

四次元的視座

社会要素
構築要素

Society 5.0
サービスプラットフォーム（バリューチェーン・新ビジネス）
グローバルネットワーク（異分野・異業種・Connected Industries）
建築ライフサイクルマネジメント（データ相互運用性・バリューアップ）
建築生産プラットフォーム（データ統合・協働体制）
3D-オブジェクトCAD（機能・属性・構造情報化）
3D-CAD（立体的・具体的思考）
2D-CAD（平面的・抽象的思考）

分節モデル
離散的思考モデル
（分析的・論理的）

らせんモデル
連続的思考モデル
（感覚的・身体的）

二次元的視座
図式モデル
抽象的思考モデル（平面的・模式的）

BIM-デベロップメントモデルと三つの目

## BIM-デベロップメントモデル
### ── 本書の道標として

　本書は「BIM のかたち」を多元的、多角的、多面的にとらえるものである。Society 5.0 へ到達するにはいくつかの段階を経る必要があり、中でもよく知られるのは、BIM の成熟度を階層的に概念化したイギリス発信の「くさび図（2.2 参照）」である。この図の表記を参考に、本書のコンテンツ群を包摂する BIM の階層を八つの段階（BIM-デベロップメントモデル：Development Model）としてとらえた。

### ■ BIM- デベロップメントモデル── 八つの段階
① 2D-CAD（平面的・抽象的思考）
② 3D-CAD（立体的・具体的思考）
③ 3D- オブジェクト CAD（機能・属性・構造情報化）
④ 建築生産プラットフォーム（データ統合・協働体制）
⑤ 建築ライフサイクルマネジメント（データ相互運用性・バリューアップ）
⑥ グローバルネットワーク（異分野・異業種・Connected Industries）
⑦ サービスプラットフォーム（バリューチェーン・新ビジネス）
⑧ Society 5.0

　BIM-デベロップメントモデルの八つの階層は、順次乗り越えていくステージというよりは、建築産業のさまざまな段階での問題解決に最適なものの見方に関する選択肢としてとらえた。決して二次元の程度が低いのではなく、デジタル・テクノロジーによる各種のワークによって、多元的、多角的、多面的な視座を獲得できることを示している。この BIM-デベロップメントモデルを図化し

たものが、前掲図の中央部分である。各稿の内容がどのフェーズに関連しているか、本書の中での位置づけを示す道標として、各稿の冒頭にBIM-デベロップメントモデルから該当する階層を抽出したアイコンを掲載した。

## BIMが可能とする三つの目

p.11の図は、BIM-デベロップメントモデルの八つの段階を階層的な立体モデルで表したものであり、BIMによって可能になる複雑な情報体系を読み解くための三つの目（視座）を示したものだ。一つ目は「図式モデル」として見る二次元的視座。三次元の情報体系をあえて二次元に投影し、平面的・模式的にとらえる抽象的な思考モデルである。二つ目は「分節モデル」として見る三次元的視座。複雑に絡まった情報体系を事象の性質ごとにクラス化・階層化し分析的・論理的にとらえる離散的な思考モデルである。三つ目は「らせんモデル」として見る四次元的視座。異なる事象が継起的に発生する様子を感覚的・身体的にとらえる連続的な思考モデルである。

「BIMのかたち」は、多元的（ある事象を構成する根源がさまざま）、多角的（ある事象が多方面に行きわたるさま）、多面的（ある事象の見方が多方面にわたるさま）である。三つの目を使い分けながら読み進んでいただきたい。

八つの階層におけるワークについては以下の通りである。**2D-CAD**であれば、建築物・建築空間を二次元に投影（プロジェクション・モデル）し、平面的・抽象的思考で概念的にとらえることができる。**3D-CAD**であれば、建築物・建築空間を三次元で表現（CGモデル）し、立体的・具体的思考で実空間に近い状態で知覚できる。**3D-オブジェクトCAD**であれば、建築物・建築空間の機能・属性・構造を複数のレイヤー（階層）で情報化（セグメント・モデル）し、離散的、分析・論理的に理解することができる。デザインプロセスを時系列に沿ってデータ統合（スパイラル・モデル）し、**建築生産プラットフォーム**としてシステム化すれば、建築生産全体を連続的、感覚・身体的に見ることができ、建築業を一体的につなぐ協働体制が構築できる。このデータベース

をICTやAIに連動させれば**建築ライフサイクルマネジメント**が可能となり、データの相互運用性が向上し資産のバリューアップが見込める。これらの動きが各方面で活発化し相互に関係するようになれば**グローバルネットワーク**が構築され、世界各国の異分野・異業種・Connected Industriesが創発する。多くの個人や組織がこれらに参加するようになればブロック・チェーン（1.3.3参照）を背景に誰もがバリュー・チェーン（1.1参照）に参加でき、新ビジネスを個々に開拓できる**サービスプラットフォーム**が築かれる。**2D-CAD**から**建築生産プラットフォーム**までは、建築産業の基幹的な仕事、生活・活動環境を最適化する構築要素（建築物）としての建築が対象であり、**建築ライフサイクルマネジメント**以降は、建築産業が広く社会とつながる拡張的な仕事、社会要素（情報社会インフラ）とつながるシステムとしての建築が対象である。

BIMは、構築環境（Built-environment：広義の建築）を操作対象としてモデル化し、つくり手が企画・計画・設計・施工（建築生産）において最適化を図り、つかい手が維持管理・運用・バリューアップの各局面で活用するためのライフサイクルを最適化するための知識源である。BIM-デベロップメントモデルの各視点を自由に選択して、BI（Building Information：構築環境情報）を「三つのM」（Model: 三次元デジタル・モデル生成、Modeling: モデル情報の活用、Management: 関係者の連携・組織化・コントロール・運用）で実行する。つまりBIMは、必要とされる建築の情報を「生成・活用・運用」するための「建築知＝知識・方法・技術」を育むプラットフォームといえる。構築環境の生成から社会的要素とのつながり（ネットワークの形成）へと「BIMのかたち（形態・形式・方式、そして形成・生成）」が進展することで、「Society 5.0へつながる建築知」が育まれる。

# 序章

## 産業構造の変革と共有価値の創造

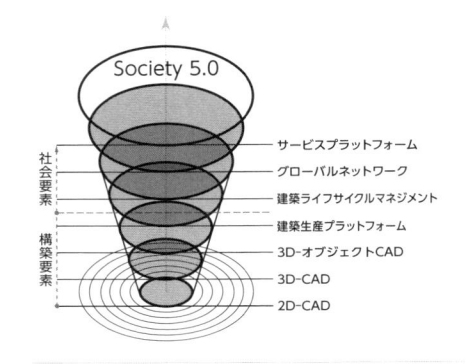

Society 5.0

サービスプラットフォーム
グローバルネットワーク
建築ライフサイクルマネジメント
建築生産プラットフォーム
3D-オブジェクトCAD
3D-CAD
2D-CAD

社会要素

構築要素

猪里 孝司 （大成建設 設計企画部）

# 1｜建築は共有価値

　建築は、私たちの生命を守り生活を支える重要な基盤である。個々の建築にはそれぞれ所有者がいるが、所有者がその建築の価値を独占しているわけではない。公共施設や商業施設など多くの建築では、所有者以外にも利用者をはじめとして建築にかかわるさまざまな人が建築の価値を共有している。個人住宅であっても、外装は地区の景観を構成する重要な要素であり、一部の価値が地区住民で共有されているといえる。建築基準法に集団規定*¹ が定められているのは、建築が都市の共有価値であることを示している。

　しかし、発注者を含め建築をつくることに関係する人たち以外で、建築が共有価値であることがどれだけ意識されているだろうか。空気や水のように、私たちのまわりには建築があふれている。このことが建築の価値を見えなくしているのかもしれない。これまで建築の意義を広める試みが数多くなされてきた。その効果かどうか、一部のよく知られた建築ではその価値が認識されるようになったが、それ以外のごく普通の建築は相変わらずほとんどの人の意識の外にある。デジタル技術とデジタル化された建築情報によって、建築の価値が再認識されること、新たな価値が産業や建築自体にもたらされることが期待される。

　建築のデジタル情報はさまざまであるが、その根幹をなすのがBIMによるデジタル情報である。BIMにより、設計から施工へと建築がつくられていく過程に沿ってさまざまなデジタル情報が作成され、建築が完成した後、建築が使われる段階でも有効に利用できる情報となる。技術や制度、仕組みなどBIMを取り巻く環境は十分とはいえないが、空間の構成や性能、使用されている材料を統合して建築をデジタル情報化する方法は他にない。BIMが建築の共有価値を高めることになる。

## （1）建築産業の現状と課題

　建築産業*² の明確な定義があるわけではない。ここでは発注者や所有者を含め、建築をつくることや利用することにかかわる産業を建築産業と呼ぶこととする。建築産業には建築を発注する組織や個人、運営や維持管理に携わる企業、設計や積算、コンサルティングやマネジメントにかかわる企業、建築で利用する材料や機器の供給者、建築に関連したサービスを提供する者などさまざまな職種、業種が含まれる。建設業も

**\*1　集団規定**

建築に関連する法規の中で、健全なまちづくりのために地域内の建築群に対して一様に課せられる規制のことで、建築物の用途や高さ、大きさの制限、敷地と道路との関係などについての規定のことをいう。

**\*2　建築産業と建設業の模式図**

建設業は建築だけでなく土木構造物の施工に携わる企業も含まれる。建築がつくられ、使われるためには建設業以外にも多くの人がかかわっている。

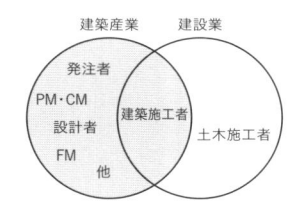

建築産業の一部ではあるが、建設業は建築だけでなく土木構造物の施工に携わる企業も含まれる。

　建設業の課題は高齢化、長時間労働、生産性の低さ、中長期の担い手不足、国内市場の縮小などといわれている。建築産業においても、生産性の低さや人口減少に伴う市場の縮小は建設業と共通する課題である。建築産業は建設業に比べ、関係者が多岐にわたるため、利害が一致しないことや情報共有が一層困難だという問題がある。特に情報共有の程度が低いままだと、生産性の向上が困難なだけでなく、新たな価値の発見や創造の機会が減る。情報共有のレベルを上げ、共通した価値を発見することが建築産業の課題といえる。

### (2) Society 5.0

　デジタル技術がもたらす社会像の一つに Society 5.0 [3] がある。内閣府のホームページでは以下のように説明されている。

> 「サイバー空間（仮想空間）とフィジカル空間（現実空間）を高度に融合させたシステムにより、経済発展と社会的課題の解決を両立する、人間中心の社会（Society）。狩猟社会（Society 1.0）、農耕社会（Society 2.0）、工業社会（Society 3.0）、情報社会（Society 4.0）に続く、新たな社会を指すもの。」

内閣府による下記の指摘は、まさに建築産業の課題と合致する。

> 「これまでの情報社会（Society 4.0）では知識や情報が共有されず、分野横断的な連携が不十分であるという問題がありました。」

　Society 5.0 では IoT（Internet of Things：さまざまなモノがインターネットにつながること）や AI（Artificial Intelligence：人工知能、p.53 参照）、ロボットを活用することで、産業や社会に新たな価値がもたらされると考えられている。建築産業にも新たな価値がもたらされるはずである。そのためには、Society 5.0 の一員として、建築がデジタル情報化されていなければならない。デジタル情報がなければ Society 5.0 の中で、他とのつながりを構築することができず、取り残された存在となる。建築のデジタル情報化は建築産業にとって死活問題といえる。

### (3) 産業構造の変革

　今のところ、デジタル技術による産業構造の大きな変革に建設業や建築産業に及んでいない。建設業は農業と並んで IT（Information Technology：情報技術）化が進んでいないと考えられており、IT 業界からは建設業界は未開の地、新たな市場と思われている。Con-Tech [4] と呼ばれる建設業向けのデジタル技術は、BIM や 3D プリンタ、ドローンやロボット、VR（Virtual Reality：仮想現実、p.56 参照）・AR（Augmented Reality：拡張現実、p.56 参照）・MR（Mixed Reality：複合現実、p.210 参照）だけではない。それ以外にもさまざまな技術や

**＊3　Society 5.0**

第5期科学技術基本計画において、わが国が目指すべき未来社会の姿として、2016年に内閣府が提唱したもの。
すべての人とモノがインターネットを介してつながり、さまざまな知識や情報が共有され、今までにない新たな価値が生み出され、さまざまな課題や困難が克服できるとしている。ロボットやAIの活用もこれに当たる。

**＊4　Con-Tech（コンテック）**

建設（construction）と技術（technology）を組み合わせた造語で、建設業を対象とする主としてITを用いた新しいサービスや技術、および、それらを提供するベンチャー企業のこと。

**＊5　Katerra社**

2015年にアメリカで設立された建設会社。低層の集合住宅や商業施設を対象に、ITを活用して設計・調達・組立を一元管理し、無駄をなくすことで短工期・低価格で高品質の建築を提供できるとしている。

**＊6　競争領域と非競争領域**

| 競争領域の例 | 非競争領域の例 |
| --- | --- |
| 品質 | 規基準・標準 |
| デザイン | 情報共有環境 |
| 技術 | 情報伝達手法 |
| サービス内容 | ライブラリ |
| 価格 など | 表記方法 など |

業界のイノベーションに必要な基幹技術を効率よく開発する手法。非競争領域は各社で使用できる基幹技術を共同で開発する領域。競争領域は基幹技術を使って各社のビジネスにつながる領域。非競争領域を共有することで、リソースを効率活用できる。

**＊7　図面の欠点**

1. 一つの情報を伝えるために、複数の図面が必要である
2. 同一情報を複数の図面で表現するため、不整合が起こる蓋然性が高い
3. 図面から正確な情報を得るためには、専門的な訓練が必要である

それを利用したサービスが生まれている。製造業やサービス業では、ベンチャー企業による新たな製品やサービスがその産業の構造に変革をもたらしている。建築産業も例外ではないだろう。アメリカのKaterra社[5]はデジタル技術を活用し、材料の調達、部材の加工・運搬、現地での施工までを一貫して効率的に行うことで、工期短縮と建設コスト削減を実現している。日本のプレファブ住宅業界で行われてきたことを拡張したものともいえるが、建築産業にとっては見習う点が多々あるように思われる。製造業では、企業内で規格化・標準化を進めることで効率を上げ競争力を高めてきた。一方、建築産業は分業によって仕事が進められているので、規格化や標準化が進んでおらず、ITによる生産性の向上が及んでいない。情報共有レベルを上げることで、産業全体の効率化が進むとともに解決できる問題も多々ある。デジタル技術の活用により、建築産業内で情報共有レベルが上がることが、産業構造に変革をもたらす可能性もある。それが建築の新たな価値の発見につながり、建築産業に新たな価値をもたらすことにつながる。

# 2｜共有価値の発見と創造

建築産業には、多くの職能がかかわっており、価値観も多様である。建築産業として、デジタル技術で新たな価値を生み出すためには、独自の技術やサービスで優位に立とうとする競争領域と業界で標準化・ルール化し共有する非競争領域とを明確にする[6]必要がある。企業が競争領域に資源を投入することで、産業全体として生産性やサービスレベルが向上する。

建築産業内での情報共有を例にとると、共有する情報の種類や書式は非競争領域として業界内で標準化したほうが情報共有が容易になる。一方、共有する情報をどういう方法で効率的に生成・収集するか、どのようにして精度を上げるか、共有情報からどのような価値を提供できるかといったことは企業の独自の戦略や技術に関係するので競争領域といえる。

本来、非競争領域であるべき領域で競争するのは、産業全体の生産性を下げるだけでなく、共有価値の発見を阻害することになる。BIMに関していえば、残念ながら競争領域と非競争領域が明確になっていない。BIMは建築産業において、共有価値の発見と創造に寄与するものである。しかし、標準化やルール化が十分でなく非競争領域が明確になっているとはいいがたい。

## （1）BIMの成り立ち

建築のデジタル情報化が必要で、その根幹をなすのがBIMであると述べた。ここでBIMを振り返ってみる。技術的側面からは、BIMは2D-CAD（p.102参照）の延長といえる。三次元の建築を二次元で表現したものが図面で、その図面をデジタル情報化するものが2D-CADである。したがって、2D-CADによる建築のデジタル情報は、三次元のものを二次元で表現することに起因する図面の持つ欠点[7]をそのまま

受け継いでいる。

　図面と 2D-CAD の情報が持つ問題点を克服するために 3D-CAD（p.102 参照）が開発された。3D-CAD は三次元の形状情報だけでなく属性情報も扱うことができる。属性情報とは部材や部品、材料や材質、機器の型番や品番などの情報である。3D-CAD では、柱は柱、壁は壁として位置や寸法とともに材質、材料などが情報化されている。形状情報と属性情報を同時に扱えるという 3D-CAD の特徴が BIM につながっていく。

　3D-CAD による形状情報と属性情報は、設計や施工の過程でさまざまな目的に利用できる。その情報は建築を使う段階でも活用できる。しかし、それは単一の 3D-CAD ソフトが手に負えるものではない。情報を活用するためには、多くの関係者間、多種多様なソフトウェア間で情報をやり取りする必要があり、そのためには建築のデジタル情報を活用しようという共通認識とさまざまな約束事が必要となる。

　その共通認識や約束事の総体が BIM だといえる。技術的側面では BIM は 2D-CAD、3D-CAD の延長であるが、単なる技術ではなく、考え方・プロセスともいえる。BIM により、これまで人間が図面を見て建築を認識していたものが、コンピュータがデータで建築を認識できる基礎ができたといえる。その認識のレベルは発展途上であるが、大きな可能性が広がっていることが理解できるはずである。BIM によって建築のデジタル情報化の骨格ができたといえる。

### (2) わが国のBIMの現状

　BIM が注目されたきっかけの一つといわれている、2004 年にアメリカの発注者グループが発行した白書[8] がある。この中で「建設プロジェクトにおいて頻繁に発生する予算超過と工期延長を防止するための手法」の一つとして「Virtual Building Information Models」の利用が推奨されている。発注者が適切に意思決定するために BIM を利用するべきだと、発注者が言っているのである。ちなみにかの有名なマクレミー曲線（フロント・ローディング[9] の効果を模式的に表したもの）もこの報告書に収められている。

　一方、わが国では発注者ではなく、受注者側で BIM が注目されている。まず 2D-CAD の延長として技術的な側面から BIM が受け入れられた。2D-CAD よりも BIM のほうが情報の受渡しが効率よく行えることに気づき、BIM が設計や施工の生産性の向上に寄与すると考えられるようになったからだ。アメリカと日本では、契約を含めた建築生産のシステムに違いがあるためだと考えられるが、BIM の受容者や BIM に対する期待が異なっている点が興味深い。

### (3) 建築の共有価値を実現するBIM

　建築のデジタル情報化には BIM が必須である。BIM は設計、施工の段階で設計者、施工者が自らの業務に必要なデジタル情報を作成し、それを共有することで関係者全体として効果を上げようというものである。したがって、誰がいつ、何の情報を、どのような精度と内容でつく

**[8]** "Collaboration, Integrated Information, and the Project Lifecycle in Building Design, Construction and Operation（WP-1202 August 2004）

発注者がプロジェクトを主導し、関係者の協働と情報共有が必要であり、そのためにVirtual Building Information Modelsの利用が推奨されている。

**[9] フロント・ローディング**
*front loading*

業務プロセスや工程において前倒しで資源を投下し、さまざまな検討を行い早期に課題を発見し対処することで、後工程の負荷を軽減するとともに品質を高めようとすること。

*10 BEP
*BIM Exection Plan*

BIMを利用するプロジェクトにおいて、情報作成プロセスおよびその内容や精度、情報共有の方法、関係者の役割などを関係者間で合意した文書。

り出し、どのように共有するかなどデジタル情報に関するさまざまな事柄について、発注者を含めた関係者全員で合意しておく必要がある。この BIM を実行するための約束事のことを BEP [*10]（BIM Execution Plan：BIM-実行計画書）という。

　BEP によって、関係者が各自の役割を認識し、ルールに沿ってデジタル情報を作成し、安心して利用できるようになる。発注者も、関係者の一員として、そのデジタル情報を閲覧することで確実に発注意図が実現されているかを確認することができるとともに、最終的には建築とともにそのデジタル情報を手にすることができる。適切な BEP がないと、適切なデジタル情報が生成されない。BEP は BIM による建築のデジタル情報化を実現する上で、非常に重要な要素である。

　BEP を主導するのは発注者である。建築をつくる直接的な費用である建設費を負担するのは発注者である。建築の建設費はライフサイクルコストの 20 〜 25%程度といわれており、ライフサイクルコスト全体から見ると大部分を占めているわけではない。しかし、ライフサイクルのごく初期に一挙に出費されるので発注者の負担は大きく、その分発言力も強い。発注者自身が BEP を作成する必要はないが、BIM を活用する目的と要望を伝え、それが反映されたものかを確認する必要がある。また BIM によって、自らが必要とする建築のデジタル情報が確実に作成され、利用できることを適時に確認することも求められる。BEP は、建築生産の段階で BIM を利用する際になくてはならないものである。同時に、どのような意図でその建築が発注されたか、発注者の意図を設計者がどのように設計し、実際に施工者がどう実現したかを示す情報でもある。BEP から建築のデジタル情報化が始まる。BEP はいわばデジタル情報の来歴の序章といえる。

　建築の寿命は長い。計画を開始した時を起点とした建築のライフサイクルにわたるデジタル情報は、建築本体と同じように貴重である。Society 5.0 で描かれているような社会の一員として、建築が人々の生活に貢献するためには、建築がデジタル情報化されていなければならない。BIM による建築のデジタル情報化は、発注者にとっての建築の価値を高めるだけではなく、社会にとっての建築の共有価値を創出するものである。

# 第1章

# 建築産業の問題点

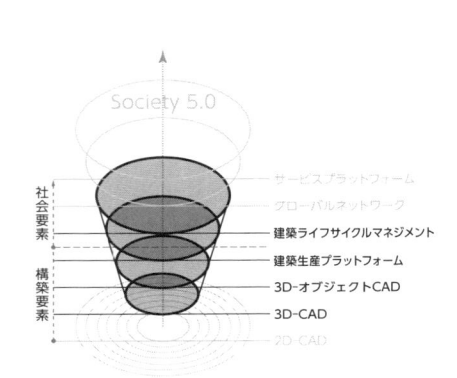

# ①①
# 建築のつくり手と
# つかい手の関係

綱川 隆司（前田建設工業　BIMマネージメントセンター）

## 1 | 建築の主体とは

　建築の「つくり手」とは企画者・設計者・施工者、「つかい手」とはオーナー・利用者を指す。建築家が自邸を建てるなどのごくわずかな例外を除き、つくり手はつかい手から依頼を受けなければ仕事は始まらない。また小規模のセルフビルドのような例外を除き、つかい手はつくり手に依頼をしなければ意図した建築を手にできない。もちろん事業の大小や複雑さによって他にも登場人物は増えるわけだが、ここではシンプルにつくり手とつかい手の関係性に焦点を当てて、BIMをはじめとするICT[*1]（情報通信技術）がもたらす変化について考える。

　つくり手の中でも建築のありようを決める設計者に対して、つかい手である建築主の関与の程度はさまざまだろう。発注側の直営で設計を行っている組織もあるが、設計が請負として行われる際には「つかい手」と「つくり手」との距離感は選ぶことができる。たとえば「建築家」という職能に対するリスペクトがあれば「おまかせ」することもあり得るし、発注側が詳細な仕様や性能を定めずとも請け負う側はつかい手を慮って建築をつくることができた。

　しかし時代はつくり手につかい手へ歩み寄ることを求めており、東日本大震災・熊本地震と未曽有の災害後の復興事業はその契機になった。筆者の携わった東北の公共建築においても、当初より住民ワークショップの開催条件を付していた。ワークショップといっても図面を引く前段階で施設の機能を問うものから、建築のアウトラインが見えた段階で室内の使い方を考えるものまでさまざまであるが、建築あるいは街並みをかたちづくる際に「つかい手（ユーザー）」のイニシアティブが強まっているのを感じる。これは建築に限らず情報化が進んだ社会における共通の傾向と思われる。

## 2 | つかい手のイニシアティブとつくり手の説明責任

　その例として、建築よりさらに専門性が高いと思われる医療分野において、アカウンタビリティ（説明責任）が求められるようになったことが挙げられる。その背景としては度重なる医療事故が社会問題視されたのも大きいが、医療の高度化・複雑化とともに患者（ユーザー）側に多様な医療の選択肢が生まれたこともあるだろう。インフォームド・コン

**\*1 ICT**
*Information and Communication Technology*

PCやインターネット、通信インフラなどを用いた「情報通信技術」のことで、従来用いられてきたIT（Information Technology）に置き換わる言葉。ICTでは「コミュニケーション」がより強調され、情報・知識の共有有に焦点を当てているといえる。

**＊2 インフォームド・コンセント**
*informed consent*

「十分な情報を得た（伝えられた）上での合意」を意味する概念。特に、医療行為の対象者が、治療の内容についてよく説明を受け十分理解した上で自らの自由意志に基づいて医療従事者と方針において合意することである。

**＊3 CASBEE**

建築環境総合性能評価システム。建築物をその環境性能で評価し、格付けする手法である。省エネルギーや環境負荷の少ない資機材の使用といった環境配慮はもとより、室内の快適性や景観への配慮なども含めた建物の品質を総合的に評価するシステム。S、A、B+、B−、Cの5段階のランクがある。
一般財団法人 建築環境・省エネルギー機構（IBEC）が開発している。

**＊4 LEED**
*Leadership in Energy and Environmental Design*

アメリカグリーンビルディング協会（USGBC:US Green Building Council）が開発および運用を行っている建物と敷地利用についての環境性能評価システム。獲得するポイントによってプラチナ、ゴールド、シルバー、標準認証の4段階のランクがある。

セント＊2 により「患者が医療方針を決める」のである。そこには医療リスクに対する考え方の変化も関係しているが、近年、患者（ユーザー）側が高度な医療情報を入手しやすい環境を得たこと、医療機器の進化により診療情報が可視化されわかりやすくなったことも影響していると思われる。

　建築に目を移したとき、つくり手とつかい手の間の距離はどうだろうか。情報化の波はBIMをはじめとするICT技術として私たちの業務に浸透してきたが、いまだつくり手側の事情にとどまり、つかい手、特にエンドユーザーとの距離は縮まっていないと思われる。建築には必然的に公共性がありながら、そのつくられるプロセスはオープンにはならないことが多い。デザイナーがコンピューテーションの力を使い恣意的なデザインに傾注する例は海外で多く見られるが、情報技術の進化による「建築の民主化」はまだ遠い先の話だろうか。

　繰返しになるが、発注者が詳細な指示を出さずとも設計者の力量次第で優れた建築は生まれるだろう。料理であれば「シェフのおまかせ」にすれば注文する側も楽だし、何より待っている間にワクワクできる。発注側の想いとしては、煩雑な指示を出さずとも意図を汲んで設計できるのが良い設計者だと認識しているかもしれない。しかし少なくとも数十年存在し続けなくてはならない建築には、対応しなければならない課題が増えている。この四半世紀を考えても、環境配慮や省エネルギー、BCP（Business Continuity Planning：事業継続計画）やレジリエンス（Resilience：環境変化を乗り越えるしなやかさ）など、目まぐるしく社会の要請が増してきている。そして後述する仕様規定から性能規定の変化では、検討の手間は増えたが従来できなかった設計ができるようになった。またCASBEE＊3やLEED＊4といった階級がある指標は総合的な建物評価となっており、プロジェクトごとに採用項目の取捨選択を迫られる。結果としてつくり手はつかい手に対して指示を仰ぐ機会が増えており、より深いコミュニケーションを図る必然性に迫られている。つかい手に建築の専門知識がないことを考慮し、建築をやさしい資料で定量的にわかりやすく伝えることができなければ、つくり手は説明責任を果たしたとはいえないだろう。目指す性能・機能を実現するための選択肢を提示し、それぞれのメリット・デメリットを専門外の人にもわかりやすく説明する必要がある。建築版インフォームド・コンセントである。BIMを用いた設計手法は図面が読めない人でも視覚的に空間が認識でき（図1.1-1）、解析ソフトとつなぐことで異業種間でも判断できる

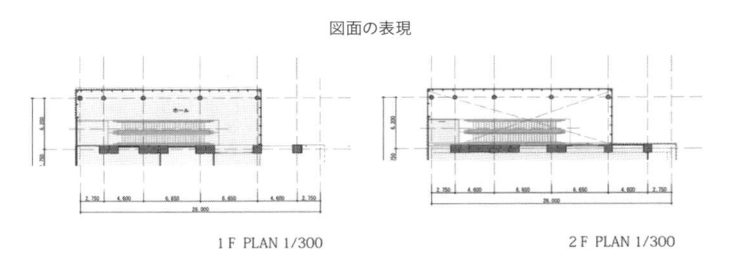

図面の表現

1 F PLAN 1/300　　2 F PLAN 1/300

BIMによる視覚表現の一例

図 1.1-1　BIMのアウトプット例

**＊5　ゲーム・エンジン**
*game engine*

コンピュータ・ゲーム専用のソフトウェア。CG用のプログラムをもととして、さまざまなゲームにおける動作の処理に共通して応用される、対象を特定しない汎用的なプログラムの総称。Unreal EngineやUnityなどがある。複数のハードに対応しており開発環境が整っている。

**＊6　コミッショニング**
*commissioning*

建築物やその設備について、企画から設計、施工、運用までの各段階において、性能の検証を行うこと。中立的な第三者が行う場合がある。

**＊7　ZEB**
*Net Zero Energy Building*

建築物における一次エネルギー消費量を、建築物・設備の省エネ性能の向上、エネルギーの面的利用、オンサイトでの再生可能エネルギーの活用等により削減し、年間の一次エネルギー消費量が正味（ネット）でゼロまたはおおむねゼロとなる建築物。

客観的な材料を提示できるメリットがある。

　建築がそもそも立体なので、それを表す情報が三次元になるのは自然な流れといえる。また近年はゲーム・エンジン＊5を流用し、容量の大きなデータでもリッチな映像が容易に表示可能となり、BIMデータをハンドリングする技術は確実に進歩している。

# 3│要求の言語化と性能設計

　発注者は設計者に求める建築の要件を伝えなければならないが、要件は具体的、抽象的とさまざまである。いずれにせよそれを咀嚼し図面に落とし込むのが設計者の職能であるのだが、「具体的」な場合にも「仕様で規定するか」、「性能で規定するか」の2種類がある。従来も、ディベロッパーをはじめとするプロの発注者からは、それまでの実績に裏づけされた「仕様書」というかたちで示されてきた。たとえば床の遮音性に関していえば、コンクリートスラブの厚さと使用する床仕上げ材の等級を規定することにより竣工後の性能を担保できた。検証に必要とされる手間は格段に増えることになるが、同じ性能を実現する工法や建材を選ぶことができれば設計の自由度は増すことになる。

　コミッショニング＊6は契約社会である欧米からきた手法だが、設計・施工・運用の各段階において建物の機能・性能を検証していく。そのためには発注者側の要求性能（OPR: Owners Project Requirements）を明確にし、咀嚼した設計者が設計根拠（BOD: Basis of Design）として明示する必要がある。発注者側も、一個人ではなく組織であれば、要求性能そのものを関係者間で一元化して請負者に示す必要がある。その内容も項目によっては二律背反の関係があるかもしれない。特に建設コストに関しては無尽蔵ではないので、優先事項を確認し合いながら着地点を探る作業になる。これは建築の良否を決定する重要な作業である。設計段階における検証の手段には、①別法による計算、②類似設計との比較評価、③試験および実証の三つが考えられるが、意匠性や機能の一部には対象の建築が存在しない段階では検証が難しいものもある。BIMを活用すれば機能・性能をシミュレーション（p.109参照）することでこれを補うことができる。近年はZEB＊7の取組みが活発であるが、「外部の風を駆動力にした自然換気」とか「外光を天井に反射させ内部へ取り込んで人工照明を低減」といった、従来の図面ベースでは検証できないテーマについてBIMでは、三次元モデルを利用したシミュレーション上で定量的に理解できる。これまでは竣工しなければわからずクレームに結びついた事象を事前に予測できるのは、BIMのメリットの中でも重要な要素である。今後は性能設計を前提とし、「つかい手」側の判断基準が何であるのか、「つくり手」側がどう理解し展開していくのかを、明確な言語で誰にでも理解できるように記述していくことが重要となる。また、もし途中で疑念が出れば、その時点から遡ることができなければならない。

　従来のプロセスにBIMを適用する際にも、今後は事象を明確に記述する能力が問われるようになる。また近い将来AI（p.53参照）の運用

**＊8 暗黙知**

言語化することができない、あるいは言語化されていない、主観的な知識。

**＊9 形式知**

言語化することができる、あるいは言語化された客観的な知識。

**＊10 バリュー・チェーン**
*value chain*

マイケル・ポーターが著書『競争優位の戦略』の中で用いた言葉。価値連鎖と邦訳される。建築のバリュー・チェーンは、事業企画→設計→見積→受注→資材調達→施工→引渡→保守（→更新）→解体の各プロセスにおいて、価値（バリュー）を付加していくという考え方。

**＊11 スマイル・カーブ**
*smiling curve*

主に電子産業や産業機器分野における付加価値構造を表す曲線。横軸にバリュー・チェーン上の諸活動、縦軸に付加価値額をとると、人が笑っているときの口の形（逆「へ」の字）を描くとされ、この曲線をスマイル・カーブという。

**＊12 IPD**
*Integrated Project Delivery*

アメリカで生まれた、建築プロジェクトにかかわる企業が計画の段階からチームを組み協力する方式。発注側・請負側の隔てを超えてチームを構成する。

**＊13 ウォークスルー**
*walk-through*

BIMで構築した建物や仮想空間を、その中にいる人物の視点で眺めることができる視覚化の手法。動画形式を含める場合もあるが、リアルタイム・レンダリングにより行きたい部位へ自由に歩いていけることを指す場合が多い。

や自動設計を考える場合にも、暗黙知＊8を形式知＊9へと言語化する技術が求められるだろう。

# 4｜建築バリュー・チェーンの川上と川下

　BIM は企画・設計・施工・運用のあらゆる段階において、建築物の情報生成・管理に三次元モデルを中核へ据える概念である。現状では設計 BIM・施工 BIM といわれるようにもっぱら「つくり手」が運用しており、「つかい手」まで含めた援用のケースは少ない。建築の事業全体をバリュー・チェーン＊10 として考えた場合に、つかい手が深く関与する川上と川下に手をつけず、スマイル・カーブ＊11 の底辺に当たる「つくり手」だけがかかわる期間だけで BIM を考えるのは、大きな価値を見過ごしている可能性がある（図 1.1-2）。建築プロジェクトの成否を決めるのは企画設計段階であるし、ライフサイクルを考えれば供用期間にはイニシャルコストの 3 〜 4 倍のコストを要す。そこで BIM を活用しない手はないだろう。

　連鎖の川上を考えてみる。プロジェクトが大規模になる場合には事業が始まるまでに数年の時間を要し、関係者も相当数いる。ここで重要なのが「合意形成」である。そこには業界の人間だけではなく、周辺の近隣住民を含めた広範囲のステークホルダー（利害関係者）が存在している。この合意形成の前倒しができたらどうだろうか。フロント・ローディング（p.17 参照）を加速するのは企画段階から用いる BIM である。なぜなら IPD ＊12 の中でも発注者はさまざまな判断を下していく立場にあり、最も重要なポジションに当たる。発注者が早期に適切な判断を下すための情報源として、輻輳する設計情報を集約し BIM によりそれらを視覚

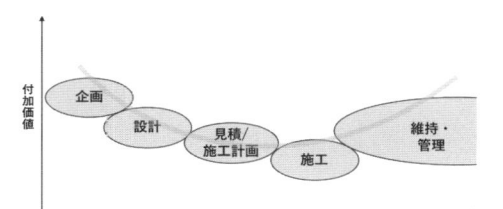

図 1.1-2　建築バリュー・チェーンとスマイル・カーブ

図 1.1-3　住民ワークショップの例

化・共有できると、発注者の承認が前倒しになるだけでなく、承認の内容が齟齬のない情報として共有できる。その価値は大きいだろう。

　筆者が経験した復興事業の住民ワークショップの事例では、BIM のウォークスルー＊13 など一般の人にもわかりやすい材料を提供できたと自負している（図 1.1-3）。

　また別の公共建築においては、設計がまとまり着工するタイミングで工事のホームページを立ち上げ、完成予想の動画のかたちで BIM を公開した。公共建築では「つかい手」を不特定多数の地域住民まで拡大してとらえる必要があるので、BIM を通じて得られる情報認識や視覚化

*14 FM
*Facility Management*

組織が保有する土地や建物などのすべての不動産を、経営にとって最適な（最小のコストで最大の効果が得られる）状態で維持し運用するための手法。

*15 COBie
*Construction-Operations
Building Information Exchange*

BIMモデルのデータ交換基準である「IFC (Industry Foundation Classes, p.59参照)」をベースに開発されたデータ交換標準で、設計・施工段階から運用段階へと建物の情報を受け渡すために使われるデータ・フォーマット。

*16 プロトタイピング
*prototyping*

モデル（プロトタイプ）を製作し、設計をさまざまな観点から検証する手法。機能やアイデアを早期に形にすることでユーザーから早めにフィードバックを得ることができ、欠陥や問題が解決されていく。

された合意形成の仕組みが有効に機能するはずである。

連鎖の川下は建物の供用期間の BIM データ活用となる。維持・管理や更新時の省力化・効率化を考えるのは大変魅力的なテーマだが、設計・施工段階での BIM 活用の事例の多さに対して、維持管理や FM*14（ファシリティ・マネジメント）などの運用段階での事例はまだ少ない。「つかい手」の実情を考えると、一部の不動産関連会社を除き建築 CAD ソフト等を所有しておらず、竣工時に引き渡した CAD データも事務系ソフトでは扱いにくいデータのため活用できていないようだ。

BIM を活用した維持管理の効率化に向けて、海外では FM システムへ受け渡すための COBie*15 が有名であるが、一口で FM ソフトウェアといっても、機器の修理履歴の台帳のようなものからアセット・マネジメント（資産管理）を目的としたものまでさまざまである。日本国内で竣工後の施設運用段階における BIM 活用を考えるのであれば、まずその連携先を考えなければならない。竣工 BIM データから必要な属性データを抽出する BIM-FM 連携自体は仕組みとしては可能であるが、竣工時点で建設に用いた情報がどこまで正確に保存されるべきなのか、建物のつくり手とつかい手が互いに全体にとっての最適を考えながら対話を行う必要がある。

## 5｜つかい手が参画するプロトタイピング設計

従来つくり手の職能に依存し沈黙していた建築のつかい手は、BIM をはじめとする ICT の進化で建築計画に対するイニシアティブを持ち始めた。BIM は仮想空間に建築の試作品を提示できるので、つかい手は建築の完成形のイメージや使い勝手を確認し、つくり手へ新たな要求をフィードバックできる。この仮想プロトタイピング*16 のサイクルを繰り返すことでプロジェクトは理想的な姿に近づいていく。「BIM は一度入力してしまえば終わり」ではなく、濃度の高いコミュニケーションを誘発するので、BIM を使えば設計の省力化・作業軽減よりむしろ負担が増加する可能性はあり、コンダクターとしての設計者の力量が問われるところでもある。つかい手が参画し建築のデジタル・プロトタイプを確認し、必要であれば修正を加え、要求性能が果たせるか否かをシミュレーションで確認し、目指すグレードを達成するためにつかい手と協議の上で全体をチューニングしていく。このような、これまで以上につかい手が関与するプロトタイピング設計が、BIM がもたらすこれからの建築ものづくりの姿だろう。

また建築バリュー・チェーンを考えるとき、現在つくり手が BIM で注力しているスマイル・カーブの底辺の部分は、これから付加価値をつくりにくい領域なのかもしれない。つかい手が深くかかわる連鎖の川上と川下の領域はいまだ BIM は浸透していない状況だが、今後各専門分野の情報のリレーションを改善することで、プロジェクト全体の、あるいは建築業界全体の価値を向上できる可能性がある。BIM はそのイノベーションの核になる技術である。

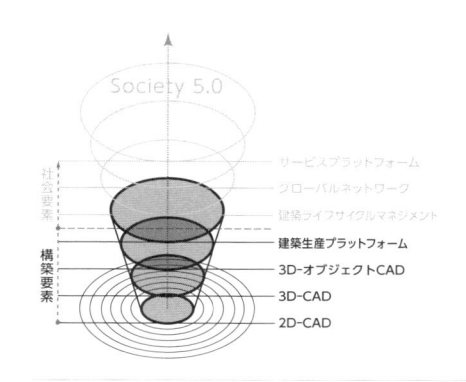

# ① ②
# 設計と施工の双方から見た職能

柴田 作 （鹿島建設　建築設計統括グループ）
加藤 亮一 （とうりょう）

## ① ② ①
## 設計と施工の現場で今起こっていること

　BIM の導入により、建築のつくり手である設計者や施工者の現場で今、何が起こっているのか。設計と施工の職能はどのように変わり、継承されるのか。現場のリアルな状況から未来の姿を考察する。

## 1｜際限なく増え続ける建築設計情報

　設計の仕事を一言でいえば、顧客ニーズを「建築」にするために必要な情報をつくることである。建築は単品受注生産のオーダーメイドが特徴で、不特定多数の消費者を対象とし、大量生産を前提とする他の産業に比べると、特定の顧客を相手に単品をつくるプロセスは一見単純な構図に見えるかもしれない。しかし、社会に目を向けると、超高齢化、地球環境保護、災害対策、健康促進、働き方改革、不動産の流動化……など、数えきれない課題の一つ一つが顧客の価値観や事業計画と密接に結びつき、顧客ニーズとなって設計者に向けられる。

　また、建築の根幹を規定する法律である建築基準法においては、これら社会のさまざまな変化に対応するかたちで性能規定化[*1]と呼ばれる法改正の動きがある。これは一律の仕様基準ではなく、個別のケースに合わせて性能や安全性を認定しようとするもので、設計者はさまざまなケースごとに根拠を提示しながら成立する最適解を模索することになる。これら多岐にわたる複雑で難易度の高い課題に応えるために、設計の専門分野や技術領域はどんどん細分化しており、それぞれに高度な解決が求められている。

　最終的にでき上がるものは一つの「建築」であるが、目まぐるしく変化する情報やニーズの渦に飲み込まれることなく、プロフェッショナルとして顧客満足度の高い建築を創造できるか、さらに社会に新しい価値を提示できるかが、今、設計者に問われている。

## 2｜人手不足に苦闘する建築施工の現場

　一方、施工サイドの状況はどうだろうか。施工現場は、いつからか不

**＊1　性能規定化**

建築基準法において、仕様規定が建築物の材料や寸法、工法などの仕様を具体的に定めるのに対し、性能規定は仕様ではなく要求される性能について規定する。設計や施工の自由度が向上することにより、合理的で多様な設計や施工方法が期待されている。近年の建築基準法は性能規定化が進む傾向にある。

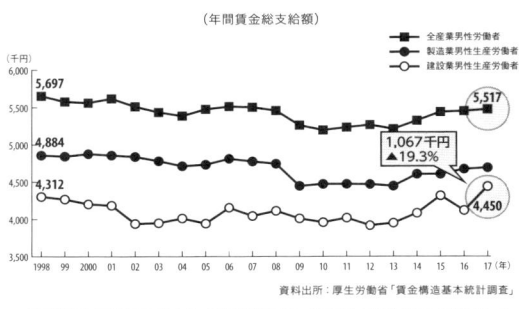

（年間賃金総支給額）

- 全産業男性労働者
- 製造業男性生産労働者
- 建設業男性生産労働者

資料出所：厚生労働省「賃金構造基本統計調査」

建設業の生産労働者の賃金は、90年代後半以降、他産業との格差が拡大傾向にあったが、2013年以降は上昇に転じて格差は縮小した。

図 I.2.1-1　労務賃金の推移グラフ[※1]

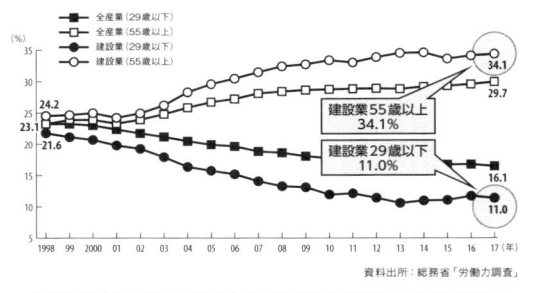

- 全産業（29歳以下）
- 全産業（55歳以上）
- 建設業（29歳以下）
- 建設業（55歳以上）

資料出所：総務省「労働力調査」

建設業就業者は、55歳以上が約34%、29歳以下が11%と他産業と比べ高齢化が著しい。建設業の生産体制を将来にわたって維持していくためには、若年者の入職促進と定着による円滑な世代交代が不可欠である。

図 I.2.1-2　建設業就業者の高齢化の進行グラフ[※1]

※1

一般社団法人日本建設業連合会『建設業ハンドブック 2018』に一部加筆
https://www.nikkenren.com/publication/pdf/handbook/2018/2018_04.pdf

人気職種になってしまった。業界の大きな問題である「職人不足」は、厳しい就労条件の割に低賃金であることが最大の要因であろう。厚生労働省が発表している「賃金構造基本統計調査」（図 1.2.1-1）によると、男性労働者の場合、全産業の年間賃金に比べ建設業は 19.3% も低い。腕の良い親方の多くが、「自分の子供には後を継がせたくない」と言っているのが何よりの証明である。また、高学歴志向も大きな影響を与えていると思われる。大学を出て職人かよ、という気配を感じる。

　若者が建設業に就きたがらないといわれてはいるが、その危機的状況は意外と知られていない。総務省が発表している「労働力調査」（図1.2.1-2）によると、全産業における 29 歳以下の比率は 16.1% であるのに対し、建設業は 11.0% しかない。さらに深刻なのは、建設業の 55 歳以上の比率が 34.1% もあることである。この高齢労働力は 10 年経ったらほぼゼロになるわけで、29 歳以下の比率を向上させない限り、20% 相当分の労働力が消滅する。

　施工管理業務[※2]にも若者が集まらなくなっている。大学入試において建築学科は変わらず人気があり、建築技術者は不足しないはずだが、施工管理業務は不人気でリクルーターは苦労している。不人気の原因は、間違いなく業態イメージであろう。確かに現場では、早朝勤務や休日出

＊2　施工管理業務

発注者の意向を理解し、設計者と協働して良い品質の建築をつくり上げるために、詳細な施工計画を立案し、工程・安全・品質を確保する業務をいう。
管理者自ら作業はせず、専門業者の能力を引き出すマネジメントを行う。

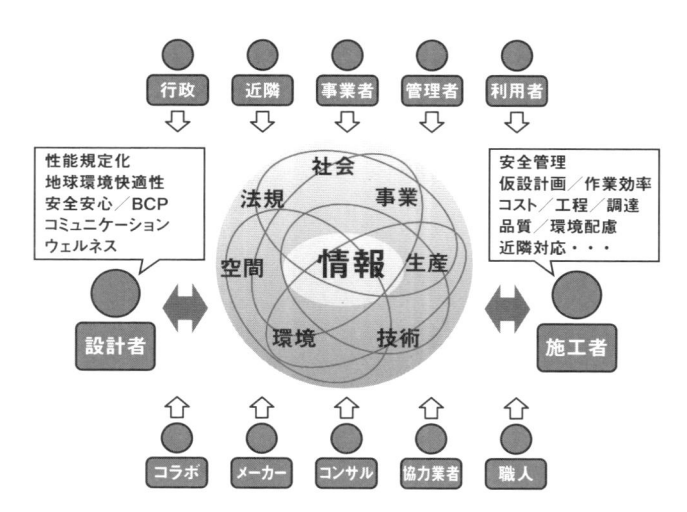

図 I.2.1-3　設計者、施工者と設計情報の関係

勤が避けられないときもある。しかし、日々緊張感を持って施工管理を行い、世界に一つしかない建物を自分の手でつくり上げていく充実感は、失礼ながら他の業界では絶対に味わえない。ものづくりの過程には苦労がつきものであるが、人間をダイナミックに包み込む建造物が仕上がっていく醍醐味があるし、竣工を迎えるとすべての苦労を忘れてしまう。こうした建設業の素晴らしさを世に向けてうまく発信できていないことが最大の問題だ。

さまざまな情報が盛り込まれた設計図をもとに、QCDSE*3 を確保する施工計画を考え、専門業者と製作図をまとめ、製品を製作してもらい、現場で組み合わせつくり上げる（図 1.2.1-3）。職人も施工管理者も二次元の図面と三次元の現物を把握できなければものづくりはできない。同一の製品を繰り返し製作するメーカーとは異なり、単品生産の建設現場は予定外・想定外の連続で、施工管理者には半日単位で現場の動きを見ながら毎日の作業間連絡調整会議*4 で軌道修正していくマネジメント力が求められ、職人には軌道修正に応えられる知恵が求められる。これは、いずれもある期間下積みを経験しないと身につかないものである。

## ① ② ② ものづくりに必要な職能は「包括的想像力」

### 1 │ デジタル依存で設計者の想像力が低下していないか

設計プロセスにおいて、デジタルが浸透し定着することで、短時間で飛躍的に大量の情報を扱うことができるようになり、効率が向上していることは疑いない。しかし一方で、設計業務のデジタル化に伴って設計者が本来持ち合わせるべき想像力が失われ、ものづくりの力が低下しているのではないかと不安になることがある。

デジタルがつくる仮想空間では、建築空間や什器備品のレイアウト、光環境まであらゆる状態が可視化され、実際の建築を疑似体験することができる。仮想空間が忠実に表現されればされるほど、その時点で空間設計が完成したと錯覚してしまい、設計者の思考や想像力がそこで停止してしまうことに危惧を感じるのだ。

デジタル空間の中で、快適性や素材感、ディテールのつくり込みなど、空間の質そのものを身体感覚で想像できているといえるだろうか。たとえば、温熱環境シミュレーション*5 では寒暖が色で表示されるが、それを見て判断している寒暖の程度は、実際の皮膚感覚を伴っているか。構造設計では膨大な計算をコンピュータが自動計算することで、エラーや改善の余地に気づく機会を失っていないか。柱と柱の間の距離、

**\*3 QCDSE**

施工中に確保しなければならない重要項目の頭文字。
Q（Quality）：品質
C（Cost）：利益・全体工事費
D（Delivery）：工期・工程
S（Safety）：安全
E（Environment）：環境

**\*4 作業間連絡調整会議**

現場では同時に複数の専門業者が作業するので、相互の安全を確保するために労働安全衛生法で定められた会議体。全職種が集まるので、安全だけでなく日々の工程・品質についても協議し、施工実績も記録する、施工管理上重要な会議体。

**\*5 温熱環境シミュレーション**

室温を色で表示し温熱環境を可視化する。右図は、外装形状や窓ガラス性能による温熱環境をシミュレーションし、比較検討したもの。

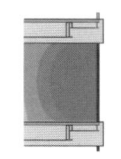
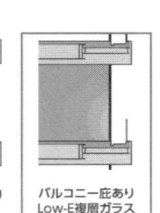

バルコニー庇なし
透明複層ガラス

バルコニー庇あり
透明複層ガラス

バルコニー庇あり
Low-E複層ガラス

27.0 27.5 28.0 28.5 29.0 29.5 30.0 30.5 31.0 31.5 32.0

\*5 温熱環境シミュレーションの例

① ② ③

建築産業の問題点

① ② ③

設計と施工の双方から見た職能

① ② ③

ものづくりに必要な職能は「包括的想像力」

梁の寸法や重量をデータから感じ取り、何か変だというリスク感覚が保たれているだろうか。

設計は本来、あの人にこんな暮らしを送ってほしい、この空間では空を見上げてほしい、触覚の伴った記憶を提供したいなど、設計者の強い思いが核となるものだ。手で描いては消す作業を繰り返すことで輪郭を持つイマジネーションや試行錯誤の中で気づく発見が、瞬時に答えが出るデジタル設計の中で失われていないか。デジタルが進化して、人の感覚レベルまでシミュレーションできることになったとしても、最終成果物はアナログ空間であり、その質を感じ取るのは人間である。感受性や身体感覚、リスク感覚といった設計者が本来持ち合わせるべきセンスを先鋭化し、包括的想像力を最大限に発揮できるようなデジタルとアナログの共存関係こそが求められている。

## 2│施工管理能力は想像力で決まる

施工管理業務に求められる一番重要な職能も「包括的想像力」である。設計図には完成の姿は描いてあるが、つくり方は書かれていない。「包括的想像力」とは、建築・構造・設備の設計図を読み込み、周辺環境や関連法規を確認し、でき上がっていく建物を頭に描く能力のことである。

経験を積んだ施工者は、新規担当工事が決まり受け取った設計図を初めて開くときは、待ちに待った新刊書を手に取ったときのドキドキ感に近い気持になる。ページをめくり、主人公の性格やその他の登場人物を想像して、作家のつくり上げた世界に入り込んでいくのと同じように、設計図を読み込んでその空間を想像する。意匠図からデザイナーがどのような思いを込めてそれを決めたのかに思いを馳せ、構造設計者はデザイナーの意向を受けて、どうやって安全で合理的な架構を構築したのかを読み取る。こうやって、段々と建物の完成形が立体的に見えてくる。

並行して周辺環境や法的な規制を確認しながら、頭の中で安全を織り込んだ総合仮設計画を形づくっていく。ここまで来てやっと、パラパラ漫画のように全体工程のイメージができ上がる。二次元で描かれた設計図から建物の三次元イメージを想像できなければ、クレーン一つ選定できない。優秀な成績で卒業した学生でもいきなり施工管理ができないのは、複数の工事に従事し、多くの工種を担当し、マネジメントを経験しなければ、この「包括的想像力」が身につかないからである。

## 3│施工管理業務の救世主"BIM"は毒饅頭かも

BIMは三次元イメージで表現できるので、施工段階でも支援ツールとして期待されている。たとえば、作図の手間を考えて今まで諦めていた施工ステップごとの仮設計画図が簡単に作図できるようになり、かなりの経験者でも気づけなかった問題点・改善点を事前にチェック・把握できるようになった。また、難しい納まりはアイソメなどのスケッチを起こして確認していたが、BIMで自由にいろいろな角度から確認することができるようになり、精度と生産性が飛躍的に向上した。

ただ、BIM万能のような風潮に筆者は大変強い懸念を持っている。前段で、本を読み込むように設計図書を理解する「包括的想像力」が必要と説いたが、BIMは映画を見ているように三次元で情報が伝わってくるので、設計図が理解できたと勘違いして、自らの力で頭の中に空間をつくり上げることを放棄してしまうのではないか。想像力を放棄してしまったら、映画館の観客と同じで、映像を見るだけの受け身になってしまい施工管理ができなくなるのではないか。これこそ、施工者そして設計者にも求められる職能の危機ではないのか。

## 4 ｜ 実は似ている音楽と建築

デジタルとアナログの共存の姿を設計から施工への情報の流れでとらえたとき、遠い世界のようであるが、音楽業界に建築業界との共通性を見出すことができる。

すっかりデジタル化されたように見える音楽業界では、デジタル化できないアナログと最先端のデジタル技術が見事に融合している。楽器が奏でる音はアナログの空気振動である。それを録音し、楽器のバランスを取り一つの曲として仕上げ、

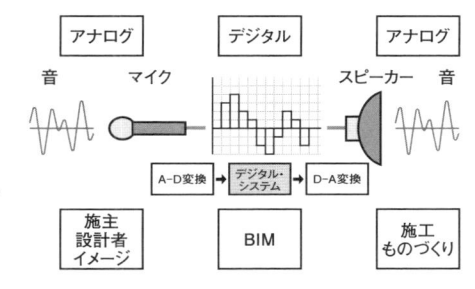

図1.2.2-1　音楽におけるアナログとデジタル

CDやネットで配信するまではすべてデジタル信号で行われるが、最終的に人間の耳に届くところはやはりアナログの空気振動でなければならず、デジタル信号をアナログ電気信号に変換してアンプでスピーカーを動かし、空気音を発生させている（図1.2.2-1）。入力信号を顧客の想いや設計者の空間イメージ、デジタル信号を設計情報であるBIM、アナログの空気振動を実体としてのものづくりや建築空間ととらえてみると、デジタルとアナログの理想的な関係が見えてくる。

## ①②③
# つくり手の職能を活かすBIM

## 1 ｜ アナログとデジタルの共存

それでは、建築の生産プロセスにおいてアナログとデジタルの理想の共存はどのような状態だろうか。この問いに答えるために、筆者らは日常的に行っている設計と施工の業務内容をタスクとして分解し、定型‐非定型、身体型‐知識型の2軸を設定してマッピングした（図1.2.3-1・図1.2.3-2）。

設計と施工のタスクを一つ一つ見ると、その職能はさまざまな知識や技量の集合体であり、個々のタスクには異なる専門性が必要であること

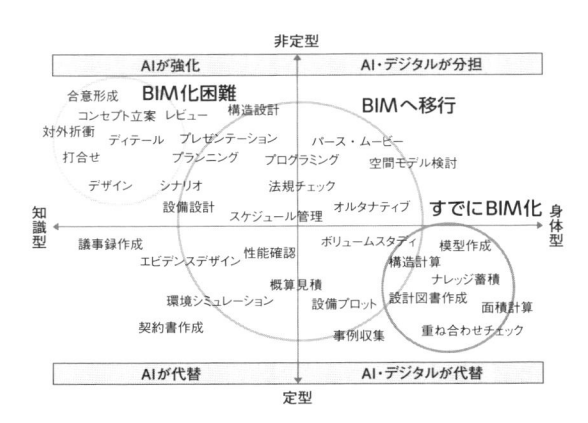

図I.2.3-1 設計の職能/タスク分析

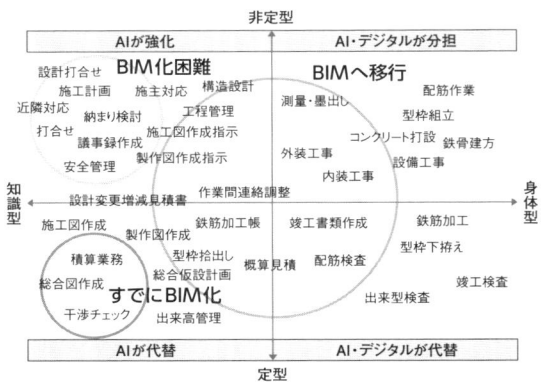

図I.2.3-2 施工の職能/タスク分析

がわかる。一方、タスクによっては必ずしも建築の経験や熟練スキルが必須ではないこともわかった。このマッピングを俯瞰してみると、すでにBIM化されていること、移行中のタスク、将来にわたりデジタルが人の職能を代替できないと思われるものが見えてくる。

たとえば、建築、構造、設備設計の不整合チェックや図面を見ながら数量を拾う積算業務は、BIMを使えば瞬時にかつ正確に行える。また、設計情報が同一データとして共有されるため、施工図・製作図の作成労力が劇的に低減される。医療福祉の現場では、介護ロボットを導入することで人が人に向き合う時間をたくさんとれるようになったという話がある。同じように建設にかかわる日常業務も、デジタルやAI（p.53参照）が代替することで得られた時間を人間にしかできないタスクにシフトし、技量の継承と人間固有のセンスに磨きをかけることにもBIM活用の意義があるのではないか。ここで重要なことは、BIM化できる、繰り返し行われ定型化しやすい業務の見極めとそのフォローである。いったんBIM化するとその業務がブラックボックスと化してしまう可能性があり、常にその内容をチェックし続ける仕組みもまた必要である。

## 2│BIMで見出し強化する職能としての「包括的想像力」

ここまで設計と施工の業務をタスクに分解し、デジタルとアナログの目指すべき共存の姿を説明したが、BIMがどのようにつくり手の職能の要である「包括的想像力」を見出し強化する背景となり得るのかを具体的に示してみる。

たとえば、施工現場において、外装材の最終決定を行う場面では、設計者は意匠性・室内環境・法的制約・止水性能や材料変形について、施工者は安全を確保した生産性の高い施工計画や竣工後のメンテナンス方法、メーカーは製作可能寸法や耐用年数・納期などについて、BIMモデルを前に意見を出し合う。一つのモデルを同時に見るからその場で課題と優先順位の整理・確認ができ、合理的な解決、さらには個別では気づかなかった新たなアイデアに結びつくことが往々にしてある。つまりBIMは、つくり手が個々に持つ職能を引き出し、すり合わせ、統合

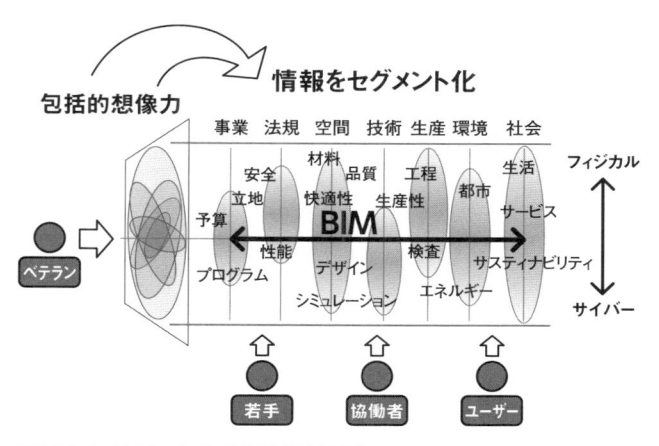

図1.2.3-3　社会とつながる職能「包括的想像力」

するという建設におけるものづくりの基本かつ重要なプロセスにおいて、きわめて有効に機能する。

　さらに職能継承において、熟練の設計者や施工者は失敗も含めた経験を通じて得られた知恵により、さまざまな事象を複眼的にとらえる能力を有している。「1.2.1」にて、BIMにはさまざまな情報が盛り込まれていることを示したが（図1.2.1-3）、経験が豊富なベテラン設計者、施工者は、この複雑に絡み合う情報を時間軸の中でとらえ、それらの関係性を把握している（図1.2.3-3）。

　BIMは、この属性を持つ情報の集積をデジタル化し編集できるため、さまざまな視点ごとに情報をセグメントに分解し、可視化することができる。このため経験の少ない若手や他分野の協働者やユーザーが、BIMを活用することにより、ベテランと同じようにそれぞれの事象の意味や全体との関係性を把握し、課題発見と問題解決を加速させることができる。この包括的想像力のセグメント化と関係性の提示こそ、ものづくりにおける設計と施工の職能を次世代に継承するためのBIMの働きといえるのではないか。

　建築設計・建築施工は、一定の経験なしでは参加できなかった経験工学ともいわれる職能である。確かで豊かなものづくりに必要な「包括的想像力」を、BIMによって、ベテランと若手、つくり手（プロフェッショナル）とつかい手（エンドユーザー）が共有できるとしたら、双方に利する価値が得られ、利益となって社会へ還元される仕組みが構築されるだろう。それが、建築産業を社会に開くトリガーとしてのBIMの効能である。

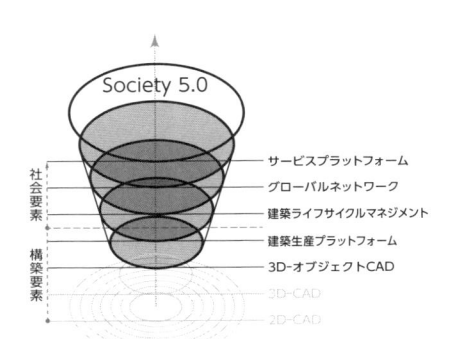

① ③
# コネクテッド・ファシリティ
# 社会実現の可能性

川原 秀仁（山下PMC）

## ① ③ ①
## コネクテッド・ファシリティが実現

**\*1 デジタル・トランス
フォーメーション**
*digital transformation*

ICTを含むデジタルの浸透に
よって社会構造や生活のすべて
をより良い方向に変革させると
いう概念。

**\*2 デジタル・ディスラプション**
*digital disruption*

IoTやAIを総称するデジタルに
よって起こる産業や社会の破壊
的変革。

　現在は第四次産業革命の時代だといわれている。デジタル・トランスフォーメーション[*1]やデジタル・ディスラプション[*2]といった言葉に象徴されるような、IoT（p.100 参照）や AI（p.53 参照）などを総称した「デジタル」による産業や社会全体の大変革を目前にしている。建築の分野も他山の石ではない。他産業の流れと同調するようにコネクテッド・ファシリティ（後述）の世界が誕生することになる。それは建築の世界にどのような破壊と創造をもたらすのだろうか。そして、これまで養われてきた BIM テクノロジーは、これらを支える概念やツールのプラットフォーム（p.84 参照）となり得るのだろうか。

## 1 │ すべてのモノやサービスにつながり、制御する建築

　想像してみていただきたい、このようなことが実現するとしたらどうだろう。

①建物が必要あるモノやサービスの 90％以上とつながり、そのすべてを制御することができる。

②建物の運営管理・資産管理に必要な労力の 90％以上をなくすことができる。

③建物の計画・設計・生産・施工に必要な知的労力の 90％以上をなくすことができる。

社会そのものや建物を扱う事業者（つかい手）はじめ、つくり手を含む建物にかかわるすべての人が待望する夢の世界ではないだろうか。こうした世界の実現が、IoT であらゆる事象とつながり AI でさまざまな自動化処理を可能にするデジタル・テクノロジー（以下、デジタル化）の台頭で、がぜん現実味を帯びてきている。これは、これまで各々の産業の中だけで個別に取り組まれてきた技術進化とは種を異にする世界である。建築産業で発展してきた BIM は、この世界にどのように向き合い連動していくのだろうか。そして、それはいつ頃訪れるのだろうか。段階的になるのであろうが、そう遠くない未来に必ず現実となっていくはずである（図 1.3.1-1）。

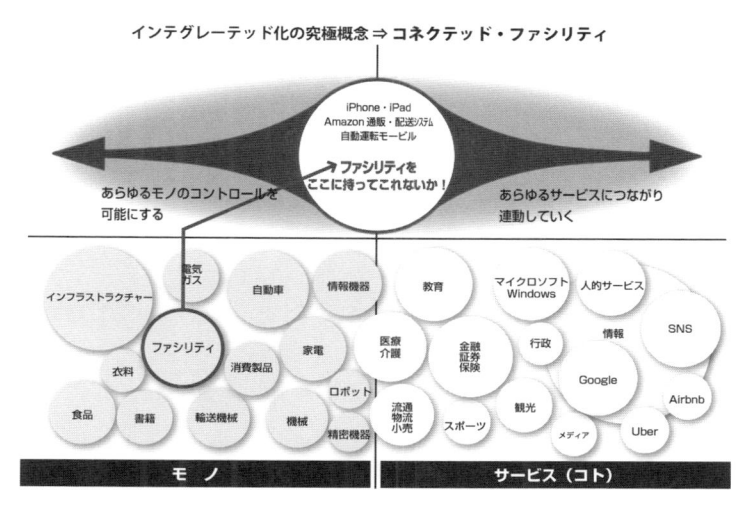

① ② ③

建築産業の問題点

① ② ③

コネクテッド・ファシリティ社会実現の可能性

① ② ③

コネクテッド・ファシリティが実現

インテグレーテッド化の究極概念 ⇒ コネクテッド・ファシリティ

図 1.3.1-1　コネクテッド・ファシリティの概念

## 2 │ IoT、AI がもたらすコネクテッド・ファシリティの世界

　現在、自動車分野ではコネクテッド・カーに代表される概念＝「センシング技術と自動運転技術によりビッグデータを瞬時に読み取り、判断し、作動させ、制御させる」というような世界が、実際に先行して開発されている。その研究と取組みはものすごいスピードで進んでおり、その実現も目前まで迫っているように実感する。それは単純な自動運転にとどまらず、あらゆる道路交通網を自動化し相互につながり合う、社会インフラ全体を大変革させるところにまで行き着くことを示唆している。

　アメリカ自動車技術会 SAE ではこの自動運転進化の過程を五つのレベルに区分し、「レベル 2」までが行動の主体は人間、「レベル 3」から行動の主体は車に切り替わると定義している。この語源をもじって、コネクテッド・カーの建築版になるような同様の世界を「コネクテッド・ファシリティ[*3]」と総称すれば、理解はより進むはずである。そして、その実現までの過程を SAE にならい 5 ～ 6 段階のレベルで設定し、「レベル 3」までを行動の主体を人間、「レベル 4」からは行動の主体は建物、最終的には行動の主体は自動化処理そのものによる営み、とすれば到達の目標や方向性がより明確になる（図 1.3.1-2）。

　コネクテッド・ファシリティは、単なる建築産業の中だけのテクノロジーにとどまらず、隣接あるいは関係する多様な領域のテクノロジーとつながり合って、思いもかけないようなイノベーションを誘発していくことになる。まずは建物の実物そのもの（フィジカル）と、BIM を使った仮想現実およびそのデータ集析知（サイバー）を相互に連動させ、サイバーがフィジカルのほぼすべてを自在に制御できるようにする。さらにその連動は、内閣府「Society 5.0（p.15 参照）」が提唱するような、多岐にわたる先進分野や新社会構造との連携にまで及んでいくことになるのである（図 1.3.1-3）。

**＊3 ファシリティ**
*facility*

ここでは建築の「施設」のみを意味するのではなく、ビジネスや運営などの広範な役割を担う目的物、あるいは媒体であることを指す。

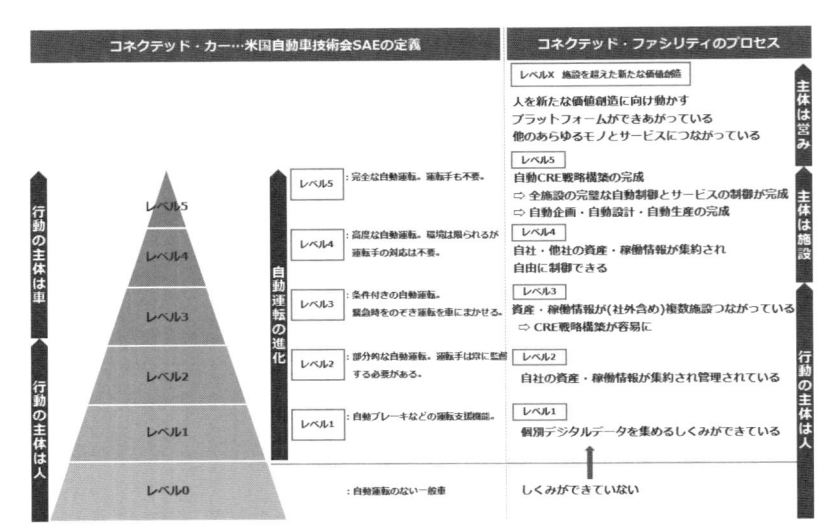

図 I.3.1-2　コネクテッド・ファシリティへの進化のプロセス

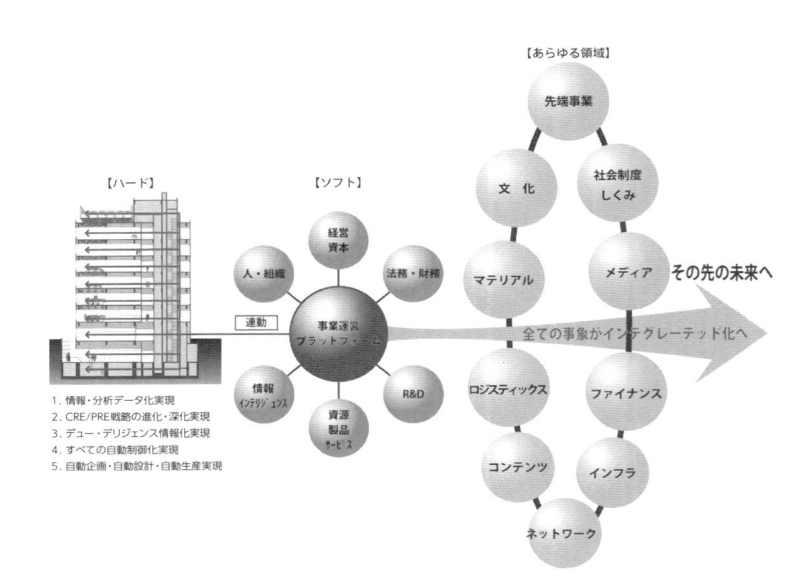

図 I.3.1-3　コネクテッド・ファシリティの未来像

# 3 | IoT、AI 時代と BIM

　このコネクテッド・ファシリティの中核を支えるために、BIM はいったいどこまでの領域を包含していくのだろう。

　そして、デジタル化の 3 要素である

　① モジュール化（レイヤやパーツなどの標準化）

　② ソフトウェア化（自動処理化、アプリケーション化、AI 化）

　③ ネットワーク化（情報探索、コネクテッド化）

にどのように対応していくのだろうか。

　現在、BIM は狭義の概念と広義の概念の大きく二つの認識で理解されている。狭義の概念は 3D-CAD ツールとしてであり、広義の概念は

世の中で注目されているデジタル・イノベーションの「窓」としてである。当然、要求されるのは広義の概念までを網羅した広範な領域のほうである。

　多くの人が認識している3D-CADツールとしてのBIMに、充実が進む属性認識、数量算出、積算、簿価・資産形成機能を標準装備し、センシング、自動設計、自動生産機能を加えて進化させていくことになる。また、すでに汎用技術として浸透している中央監視・自動制御設備・BEMS[*4]とのインターフェースによる緊密な互換を実現する。そして、現在のさまざまなBIMソフトウェア間で①モジュール化と②ソフトウェア化の共通化が促進されれば、建築領域においてのプラットフォームの基盤は形成され、広義の概念のBIMのレベルまで達成するといえるだろう。

　そこから、他の業種や産業、分野と③ネットワーク化が展開増殖されていけば、コネクテッド・ファシリティと呼べるような体系が整備されることになる。さらにこれらのシステムが、いつでもどこでもどんな装置からでも、という多様なデバイス[*5]に対応できるように進展していくことも重要になるだろう。

　この方向に向かう際、デジタル情報のポータル（入り口）について、新築・新設の場合は比較的容易に入力可能だが、既存建築物や増築・リニューアルにおける既存部分の情報を取り込む方法が、これからの大きな課題として存在する。またIoT、AIサービスを配信するデリバリー（出口）では、つかい手が必要とするサービスから優先して開発整備されていかなければ、発展浸透は難しい（図1.3.1-4）。

　そして、これは一ソフト単位、一企業単位で解決できる問題ではないような気がしている。多くの企業や機関が賛同するオープン・イノベーションによって多角的開発が促進され、統一されたプラットフォームに帰結していくのではないだろうか。その取組みはすでに始まっている。

*4　BEMS
*Building Energy Management System*

室内環境とエネルギー性能の最適化を図るためのビル管理システム。

*5　デバイス
*device*

コンピュータに接続して使うあらゆるハードウェア装置。ここではPC、タブレット、モバイル、スマートフォンなどを示す。

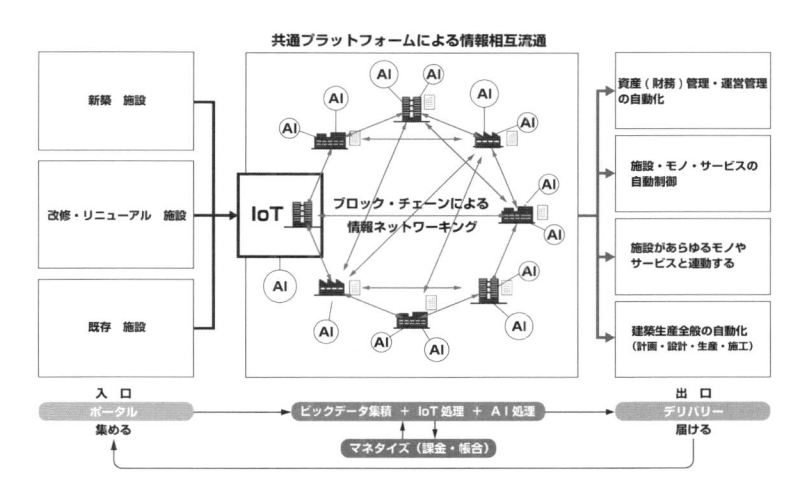

図1.3.1-4　プラットフォーム・ビジネス「コネクテッド・ファシリティ」のフレームワーク

# つかい手が必要とする建築バリュー・チェーン

　本来、建物はつかい手のために存在する。これまでは、建物の提供者すなわちつくり手側が、秩序や仕組みを構築し市場を整備することによって主導権を握ってきた。これからは、その主導権は提供される建物を選択するだけだったつかい手（発注者・ユーザー）に移っていくことになる。現在起こっているデジタル化による大変革は、専門性の壁で支配されてきたつかい手側に主導権を移行させる「革命」とも呼べる変化なのである。そのデジタル化の効果を建築の世界で最大限に発揮するためにも、つかい手が必要とする建築バリュー・チェーン（p.23 参照）に再構築する英断を、建築産業も迷うことなく実行していかなければならない。

## 1 ｜ 一連のバリュー・チェーンとしてとらえた建築産業

＊6 サプライ・チェーン
supply chain
モノやサービスが最初の段階からさまざまな過程を経て最終需要者に到達するまでの連鎖的な供給の流れ。

　つかい手（発注者）の立場で建築のサプライ・チェーン＊6 を考えると、その大筋は①事業創造・企画・戦略策定 → ②調達 → ③設計 → ④施工 → ⑤運営、という流れになる。このうち、つかい手が主導的に介在し、なおかつ、つかい手に価値や便益をもたらすのは、①事業創造・企画・戦略策定、②調達、⑤運営の三つのプロセスである。そして、つかい手は①②のプロセスを終えると、できるなら次の日にでも⑤の運営プロセスに進みたいものである。なぜなら、つかい手が建物から事業収益（キャッシュイン）を得られるのは⑤以降でしかないからである。④の段階までは投資や費用などの出費（キャッシュアウト）しか発生しない。だから、本来は①②⑤のプロセスで最大効果を発揮する BIM が必要なのである。

　しかしながら、建物をつくり上げるためには、建築分野の知見や技術力を必要とし、さらに物理的な時間も要して、③④のプロセスを経なければならない。現在の BIM は、当然のことながらこの③④のプロセスのために開発が進んでいる。

　現段階では、つくり手が提供したい BIM とつかい手がほしい BIM は、少し乖離している印象を受ける。本来であれば、①から⑤までをシームレスにつなぐような BIM に発展していかなければ、この市場の拡大浸透には寄与しない。

　つかい手側に本質的な価値を提供するという意味で、建築生産の制度や仕組みも、単なるサプライ・チェーンから価値を提供するバリュー・チェーンに移行させていかなければならない。

## 2 ｜ つくり手がつかい手に提供する最終成果品

　建物において、つくり手（受注者）側がつかい手（発注者）に納める最終成果品とは何か。こう問われると答えは単純である。「建物の実物

そのもの」と「竣工図書・履歴データ類」のただ二つだけである。実際の建物そのものは直接モノ言うわけではない。しかしそのすべての情報は竣工図書・履歴データ類に帰結する。建築プロジェクトの途中過程で必要な企画図書や設計図書、契約図書、工事監理報告書などももれなくそうである。したがって、デジタル化の入り口である IoT の起動起源となるのは、この「竣工図書・履歴データ類」なのである。だからそのすべてをデジタル・データにすることから始めなければならない。

現状ではどうかというと、BIM は全体の情報の 2 ～ 3 割をカバーしているにすぎず、進化はしているものの 3D-CAD ツールの域を出ていない。また、前述したように、すでに汎用技術として浸透している中央監視・自動制御設備・BEMS とのインターフェースによる互換などは、まだまだ実現していない。竣工図書・履歴データ類すべてのデジタル化は、建築産業全体として大きく進んでいないのである。

これはなぜかというと、建築産業自体に竣工図書・履歴データ類が最重要だという意識が足りず、制度や仕組みもそのようになっていないからである。そして、つかい手の側に立った取りまとめの意識も不足している。つかい手側の立場に立つなら、竣工図書・履歴データ類を建築生産全体の最終ゴールととらえ、これに向けてすべての行為や活動が集約され、建築バリュー・チェーン自体を組み上げていくような制度や仕組みに再構築していくべきであろう。さらにデータ類の内容を「請負契約（contract）」「資産 (asset)」「運営 (operation)」に分類して、つかい手の目的に沿った便利で扱いやすい状態にすることも重要である（図 1.3.2-1）。

建築産業の担い手であるつくり手側が自助努力でこの整備に当たるべきだと思うが、もしできなかったとしたら、それは外部のプラットフォー

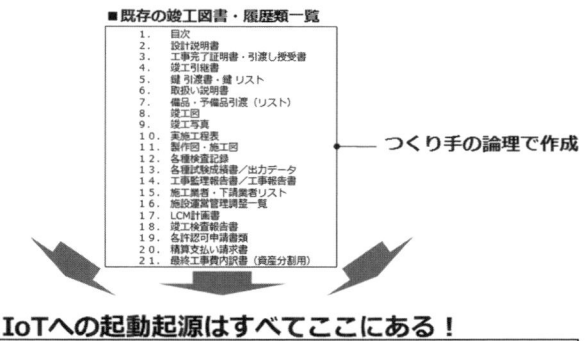

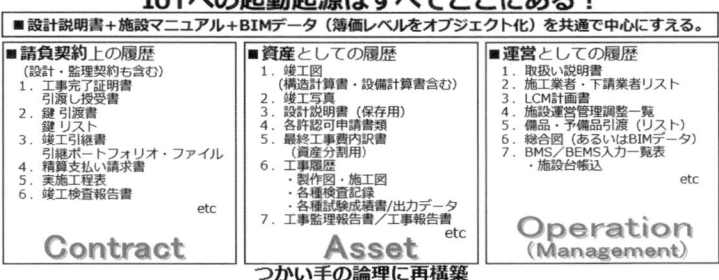

図 1.3.2-1 竣工図書・履歴データ類が IoT の起源

マー（platformer：インターネットサイトなどを利用してシステムやサービスを提供する事業者）によってもたらされることになるかもしれない。

## 3 ｜ 最終成果品から事業運営が始まる

つかい手は、建築プロジェクトの一連のプロセスで集約された竣工図書・履歴データ類の情報をもとに、実際の建築物をもって事業運営を推進していく。最終成果品であるデータ類で、最終成果品である実際の建築物を操っていくのである。そして本来であれば、運営開始から事業終了あるいは償却完了までを一貫して運用可能なものにするためのシナリオが何らか準備され、そのセオリーに従って計画的に実行されていくべきであろう。

ただ現状ではこのデータ類が最大限に有効活用されているとはいいがたい。つかい手は運営後に次のような課題を抱えている。

① 所期のコンセプト通りに施設運営がなされない
② 引き継いだ運営のルールが機能しない
③ 運営開始後のレイアウト変更や修繕・更新履歴が更新されない
④ 運営していくうちに図書・データ類が紛失していく

これらの課題は、現在のほとんどの建物に当てはまる現実である。しかし、もしコネクテッド・ファシリティが実現したとしたら、これらの問題はほとんど解決し、建築物と事業運営をより緊結させる架け橋となり得る。竣工図書・履歴データ類が IoT の基盤をつくり、さまざまな AI アプリを探索し、最適なソフトとつながっていく。

この世界をさらに広げていくためには、つかい手が真にほしくなるような AI アプリをいかに普及浸透させていくかが重要になる。そのポイントは、マネタイズ*7 をより誘発する AI アプリから広げていくことである。いきなり広大な IoT 環境を築き上げることはできない。まずは小さく産み出し、大きく育て代替させていくことが肝要なのである。

## 4 ｜ つかい手が真にほしい建築バリュー

つかい手（発注者）側の立場に立って、本質的な建築バリューは何かといえば、つかい手が一目瞭然に理解し把握できるものを、つかい手に提供することである。建築プロジェクトのバリュー・チェーンにおいて、つかい手が最も必要とするものは、わかりやすい「設計説明書」であろう。つくり手側が当然のように認識している設計図は、つかい手側にとって難解でわかりにくい代物以外の何物でもない。IT 業界を例にとれば、設計説明書はアプリケーションであり、設計図（特に実施設計図や生産設計図）は OS（Operating System）である。OS では業界の専門家以外理解することは難しい。つかい手に必要なものはわかりやすいアプリケーションであり OS ではない。

コネクテッド・ファシリティでは、BIM が建物全情報を集析するための基盤になる。そうなれば、「設計説明書」が正式図書となり、それがブレイクダウンして自動的に実際の設計図に紐づいていくような逆転

**\*7 マネタイズ**
*monetize*

ネット上のビジネスなどで収益化を図ること。そして、課金（モノやサービスを提供した対価として料金を課すこと）、帳合（代金を受け取る仕組み）までを含めた総称。

**＊8 デュー・ディリジェンス**
*due diligence*

物権の売買（不動産、事業、企業など）において、購入者が投資判断（購入判断）を行うために必要となる事項に関する調査診断全般。売却者側が行う際も同一名称。

の発想に変わる。そして、必要図書・データ類に帰結させていく制度や仕組みに改変していくことも可能になる。最後に、わかりやすい運営手順や、デュー・ディリジェンス＊8としての建物履歴を加えて、つかい手に提供すればよいのである。これが実現すれば、もはや基本設計や実施設計の概念は無意味となる。

また、つかい手が必要とする契約図書自体は、資産形成と簿価形成が要求条件のもとで合致し、会計法や税法に適応し、つくり手（受注者）もその内容に合意できれば、それは成立するのである。

デジタル化は、このような桁外れの利便性や効率性をもたらすことだと筆者は確信する。

## ①③③
# BIMの共有とリスクおよびセキュリティ管理

建物のBIMデータは一施設単位でも相当な容量であり、それが多数集積されると思いもよらぬビッグデータに膨らんでいく。そのビッグデータを保有し管理するのは容易なことではない。施設単位、企業単位のサーバだけでは負担が大きく、何か対策を講じる必要が生じてくる。今後は急速に膨張するこのビッグデータを巡って、その保有と共有、さらに安全なセキュリティ管理に関するさまざまなビジネス方式が検討され、その中で最適な選択が問われるようになっていくだろう。

## 1 ｜ 「台帳」であり「制御」のプラットフォームとなるべきBIM

建物のBIMデータは、公開してもよい部分と機密にすべき秘匿性の高い部分を併せ持つ神経質な側面を有している。現状では、つかい手（発注者）は不動産などの守秘義務が高い情報側に比重を置き、外部に漏らしてはいけないという旧来の考え方が主流であるため、情報を活用して安全に共有するという発想にまでは至っていない。これまでは自らが携わる専門領域とその関連する分野とさえつながっていれば仕事ができてきたが、果たしてこの状況はいつまで保てるのか。これからの社会は、変化する暗号でどんどん鍵を変え、高度情報はすべてそれで守っていくかたちになるはずである。

BIMデータは大きな意味で建物すべての「台帳」であり、これを基盤にさまざまに展開していく「制御」のプラットフォームにならなければならない。関連し集めて利用する情報は、建物や不動産の情報だけにとどまらない。取り巻く環境や連携の可能性がある情報などをなるべく多く取り入れ、まずは一元化を図った上で分析処理し判断していくことになる。一定の秘匿すべき情報は厳格に保護しながらも、関連する情報が自由にかつ安全に往来するシステムが、今後必ず登場してくるはずである。

## 2 │ BIMの共有とリスク・セキュリティ管理をなし得るシステム

　BIM を含むコネクテッド・ファシリティを支えるデジタル・データは、大容量を伴うビッグデータとなる。現在のビッグデータの多くは、中枢に巨大な情報ストレージを持つクライアント・サーバに預けられ、自らの端末は中枢と通信して情報を共有することができるクラウド（p.193参照）・コンピューティング形式をとっている。いわゆる中央集権型と呼ばれる方式である。そして、そのセキュリティは「中枢からいかに情報を漏らさずに管理できるか」という視点で成り立っている。今後、データ量が膨張していき、さらにネットワーク化で情報交換機会が飛躍的に増大していくことを考えると、「守るだけではなく、いかに安全につなげるか」がポイントになってくる。そして、このビッグデータを管理していくには膨大な費用を要する。大量の電力を消費し、セキュリティはじめ安全を維持するための多くの管理者を必要とするからだ。

　これを安価に安全に解決しようと着目されている技術が、次項に示すブロック・チェーンである。このブロック・チェーン技術が進化すればするほど、中央集権型（クライアント・サーバ型）の既存技術もその対抗軸として、より洗練された進化型に向かうだろう。

## 3 │ ブロック・チェーン適応の可能性

　ここ数年、きわめて高い関心を集めているテクノロジーが「ブロック・チェーン」である。ビジネスやプラットフォームの仕組みを根底から覆すかもしれない大発見だともいわれている。現在は、仮想通貨ビットコインの仕組みを支える中核技術としての位置づけだが、仮想通貨とは切り離して、汎用的な独立技術としてあらゆる分野への応用が期待され、検討が急ピッチで進んでいる。

　ブロック・チェーンは「分散型台帳技術」「分散型ネットワーク」のことであり、データの集積であるブロック（台帳）が連鎖的にチェーンのようにつながって見えるのでこのように呼ばれている。ブロック・チェーンの詳細内容は他の専門書籍に委ねるが、「台帳」と名のつくあらゆる情報は、ブロックに載せて安全に持ち運ぶ対象にできるのである。政府台帳しかり、登記情報しかり、医療カルテしかりである。当然、建物情報もその格好の対象になり得る。

　それぞれの端末が対等の者（Peer）同士として、P2P（Peer to Peer）で情報を持ち合い、情報を安全に共有するために短いスパンで暗号が生成されて、改ざん不可の環境を次から次につくり出していく方式である（図 1.3.3-1）。
この方式の特徴は、

　　① 劇的なコスト縮減（ローカルサーバで対応可能）
　　② 安全なセキュリティ（改ざん不可）
　　③ 仲介機能の排除（管理者の省略）
　　④ 情報の連続性保持（低障害性）
などが挙げられる。だから、ブロック・チェーンが本格的に浸透してく

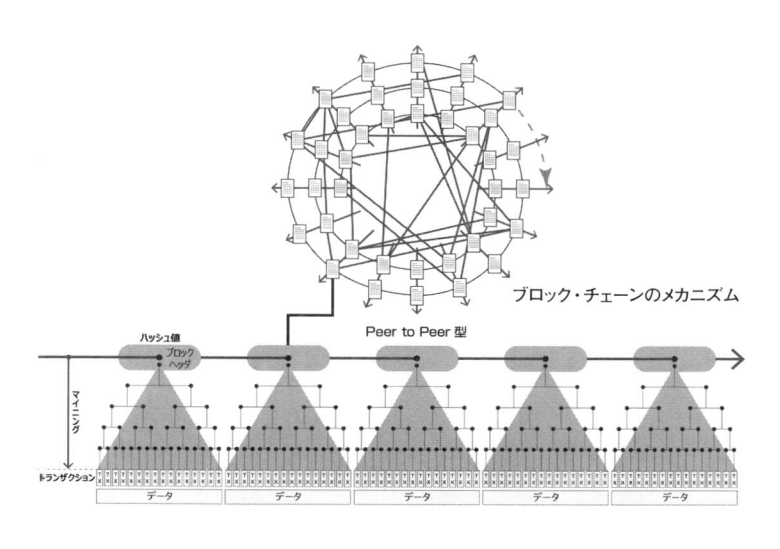

ブロック・チェーンのメカニズム

Peer to Peer 型

図1.3.3-1　ブロック・チェーン図解

　ると、ビッグデータの保有・管理コストを大きく引き下げる可能性を秘めている。

　さらに、誰でも参加できるオープン型（パブリック型）と、特定の者のみが参加できるクローズド型（プライベート型）などのいくつかの類型に分化している。建物の場合は、当面クローズド型を中心に展開していくことになるだろう。

　このブロック・チェーンが本格的に実用化されると、現代社会を席捲している少数の著名なプラットフォーマーが別の存在に取って代わるかもしれないインパクトを秘めている。いずれにしても、この分野の研究開発は始まったばかりであり、今後の発展が期待されている。

① ② ③

建築産業の問題点

① ② ③

コネクテッド・ファシリティ社会実現の可能性

① ② ③

BIMの共有とリスクおよびセキュリティ管理

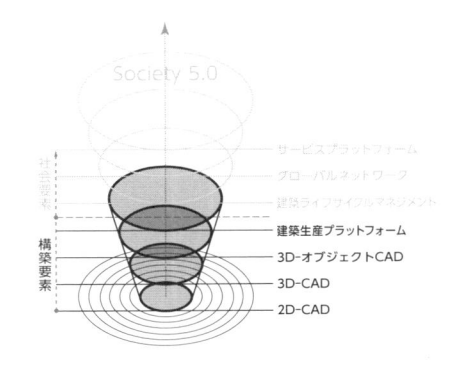

● 座談
他産業から見た建築産業のBIM

# 造船業における自社開発3D-CADとBIMへの展望

三菱造船 マリンエンジニアリングセンター開発部　浜田顕弘氏に聴く

**綱川**：2018年2月に開催された日本建築学会「BIMの日」シンポジウムで、建築分野以外の業界でのBIM活用というテーマで発表された浜田顕弘さんをお招きしました。

　浜田さんの会社・三菱造船では、三次元モデルの情報を設計から製造現場まで共有されているそうですね。35年前に自社で3D-CADの開発をスタートされ、近年BIMについても研究されたそうで、本書のテーマであるBIM／ICT技術を用いることで建築にどのような変化が起こるのか、示唆に富んだお話がうかがえると思います。

## 3D-CADからBIMへ

**浜田**：私は入社してすぐ、機関室の設計に6年携わりました。自社開発の3D-CAD「MATES＊」（以下、MATES）をブラッシュアップさせる部署に異動になってから、工作部門も含んだシステム全般を担当していました。BIMを意識するきっかけは、2015年に三菱重工業のバリュー・チェーン本部から試験研究の提案があり、プラント関係や交通インフラなど建築にも絡んだ部署の業務効率化をテーマとするようになったことです。

　三菱重工グループがBIMに興味を持つのは、三つの理由からです。まずはパートナー会社との情報共有で、豪華客船や巨大な観測船といった造船所内の人員・設備で賄えない大規模な製品の場合、協力いただくパートナー会社との情報共有が必要となります。次に同業他社との協業に有効で、他の造船所との協業や設計請負の協業環境の整備に使えます。そして、BIMが持っているプロジェクトと三次元情報の連動手法も有効と考えます。また、三菱重工グループの海外事業で事業主からBIMを使うよう求められるケースがあることも理由の一つです。

## MATESについて

**綱川**：MATESの開発経緯について、簡単にご紹介いただけますか。

**浜田**：開発当初は相当数の関係者がおり、造船の実作業へ大々的に導入を開始したのは1986（昭和61）年頃ですが、最初はシステムの応答が悪く、TAT＊の向上が大きなテーマであった時期もありました。ホスト機からEWS＊に移行した頃に本格的に実働したかと思います。三次元で設計しても図面化は必要でしたので、苦労しました。自動作画プログラムを開発しましたが設計者が描くような図面としては十分ではなかったので、三次元のビューワーを自社開発しました。自社開発ですので実際に使って課題をフィードバックしてもらい、ブラッシュアッ

綱川隆司
前田建設工業 建築事業本部
ソリューション推進設計部
BIMマネージメントセンター長

西村雅雄
LIXIL BUILDING TECHNOLOGY
JAPAN
エンジニアリング営業部
担当部長

山際 東
ビム・アーキテクツ主宰
カミ・コア主宰

澤田英行
芝浦工業大学
システム理工学部
環境システム学科教授

プを続けてきました。

　船の設計はおおまかに「船殻（せんこく）」と「艤装（ぎそう）」に分けられ、MATESも船殻システムと艤装システム、二つのシステムの構成となっています。船殻システムは船の外函をつくるシステムで、建築では躯体に相当するでしょうか。艤装システムは配管や空調、電路、機器の配置や取り回しを納めるシステムのことです。MATESは船殻と艤装のシステムが連動した3D-CADです。

　建築の法規に相当する規準としては、船では船級協会のルール（技術上の規準）を満たす必要がありますので、「ルールに従った材質を使用しているか」などのチェックができる仕組みがあります。船級協会の目的に船舶の安全性を維持させるための規則を制定し、建造する船が保険の対象になり得るかを検査し、規則に適合していることを認証することであり、船の安全に関する事項や法律に基づいたチェックなどは船級協会が行います。重要な配管の材質なども船級協会が定めたものしか使えません。MATESはそうした規準を確認できるプログラムになっています。

**綱川**：MATESを使って設計すれば規準適合は問題ないのですね。

**浜田**：どこの船級協会にするかは、契約段階で決まります。それから、船級協会のルールに従った基本設計となります。ルールには材質、強度や安全面などの規準があり、それらを確認できるシステムである必要があるので、検査項目によってはMATESのアウトプットで確認できるものもあります。

**綱川**：設計後に審査する建築設計の進め方とは順序が違いますね。

**浜田**：船級協会が規定するルールをクリアする設計データの作製を効率化したい思いがありました。ルールをクリアできる三次元モデルは材質、圧力、強度などの属性を持っているデータでなければならず、しかも膨大な属性情報を入れ込まなくてはなりませんので、情報のカタログ（属性の組合せ）を整備する必要があります。情報のカタログが整備されていると、三次元入力する人は複雑な属性を気にせず入力することができます。船級協会のチェック以外では

---

**MATES**
Mitsubishi Advanced Total Engineering system of Ships。三菱造船で自社開発された、船の基本設計から生産技術のCAMにつながるまでをカバーしている3D-CAD。1983（昭和58）年、造船技術の向上・現場作業の高効率化に向けて開発開始。現在でも使われ続け、外販されて造船業界で広く活用されている。

**TAT**
Turn Around Time。コンピュータに指示を出してから結果が出るまでに要する時間。

**EWS**
Engineering Work Station。グラフィック処理や数値演算に優れたコンピュータのこと。

図1　二次元の設計図と三次元のモデルが同時に表示されているディスプレイ

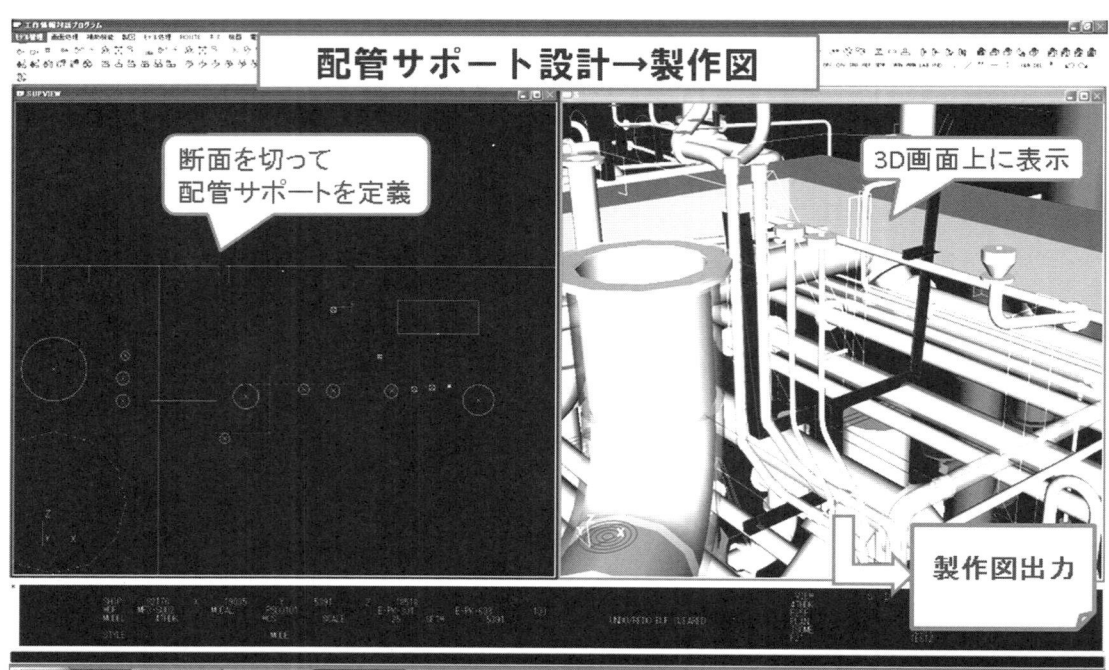

図2　三次元データの断面を表示し、配管サポートを設定する画面

設計精度は重要で、船殻・艤装の干渉チェックができる仕組みも必要です。こうした差し迫った問題があるため、造船の設計では早くから三次元設計が進みました。船の事故やトラブルのたびにルールが厳しくなり、それに合わせて3D-CADも改善され、普及していきました。

MATESのシステムは、アウトプットのデータを「データの幹」と呼んでいるのですが、これに対して三次元データを刷り込み、その「データの幹」に工作情報を取りにいく考え方で開発を進めています。MATESは対話型のCADシステムとなっています。たとえば船殻システムは二次元で属性付きの線を描いています。二次元設計図の情報を三次元モデルのデータに反映でき、同じ画面に表示できるようになっています（図1）。鉄板を曲げる木型など現場で使う工作治具のデータ、工作図まで出てきます。アウトプットとしては、部品表、重量、三次元モデルなどが出てきます。鉄板1枚から部材を切り出すための機能もあります。

**綱川**：会話型とは、インターフェース*ということでしょうか。

**浜田**：そうです。船殻システムでは、重量重心、溶接、塗装の色分けの線などの現場の情報もインプットしています。溶接ロボットに肉盛りの厚みなど溶接の三次元情報をインプットして、自動溶接も可能です。でき上がったブロックとモデルの誤差チェック、その後の修正などもできます。艤装システムは、三次元ですべての配管を入力しており、配管やそのサポートをプラン方向やアイソメ方向の表示で出力できます。ユーザー向けの説明のため、アイソメで線が重ならないように表示し、各部の属性を表化できます。造船の配管は鉄製なのでその場での変更や材料変更は難しいため、等一品単位の製作図を製作する工場に詳細なデータを送ります。

**山際**：設計したそのままの精度で工場製作でき

るのですか。想像できない……。

**浜田**：そのままです。しかしながら、部品の取合いなどの組立ては難しいですね。パイプだけでも1隻で数万個、年間十数万個を工場で高精度に生産し、現場に持ち込みますが、船体の精度や建造中の変形などで、現場で金型を取って工場で製作するパイプもあります。また、管の中には500℃を超える蒸気や－160℃以下のLNGを通すパイプもあり、熱によるパイプの変形を見越したバネなどを使ったサポートの検討など、非常に難しい部分もあります。「配管を制する者は艤装を制する」と言う人もいます。

**山際**：動線の中で水勾配などの考え方はありますか。

**浜田**：ええ。スカッパー（排水溝）やドレン（排水管）、生活排水は水平を基準とし水勾配もとらなければなりません。傾斜配管を含んだ配置設計にはスキルがいりますね。配管のサポート（図2）や船殻にあける「穴」も設計します。電線まではモデル化しませんが、電線の架台（電路）はモデリングします。階段など交通装置の交通性のチェックなども行えます。配管曲げ加工時のつかみ代など、加工段階での整合性のチェック、パイプの溶接可否のチェックもできます。

**綱川**：細かな箇所の設計やチェックだけでなく、全体も把握できますか。

**浜田**：総合配置*のチェック項目として行います。船の設計者は区画ごとに一人が担当、決められた区画（領域）を総合配置設計します。配置、工作性の最終チェックはベテランの人が行います。船の設計は詳細設計まで事務所内で完結するところが、建築とは文化がかなり違いますね。

**山際**：イメージしていた詳細度*が違いました。現場に入ってどのように施工するかまで考えられているのですね。

**浜田**：チェックでは鬼軍曹のようなベテランが

---

**インターフェース**
システム同士でデータをやり取りする取り決めのこと。ここでは、ユーザーがストックされているデータを取りにいく際のオペレーション・システムの意味で用いている。

**総合配置**
艤装設計において、すべての機器・配管・ダクト・架台などを設計通りに図示し、総合的に配置計画の調整を行うこと。

**詳細度**
BIMモデルを構成する要素の最小単位の定義。形態的な構成要素だけでなく、属性情報の項目要素も含めた定義。BIMでは詳細度のコントロールが一番難しい。

確認して次々と指示を出します。三次元だと確認も容易になりました。

**綱川**：鬼軍曹の方は設計担当ですか？　製造との情報をやり取りする関係などパッケージで考えられていて、建築とはかなり異なりますね。

## 設計と現場の関係—— 造船と建築

**浜田**：設計と製造現場は、結構同じフィールドにいますね。設計の人間でも不明点があれば現場に呼び出されるので、実地に詳しくなります。

引渡し前の海上試運転には設計の人間も同乗し、何日も船で過ごします。私は最初の配属が機関部の基本設計でしたので、多いときは毎月のように乗りました。エンジンなどの油のにおいがする中で、計測器や振動のチェック、操作性の確認といった実地経験を積むと、いろいろなことが身につきます。ダメな部分を自分が実感しながら、現場の人間とコミュニケーションが取れるようになっていきます。船から降りても、事務所と現場の行き来で現場の人とのコミュニケーションを積みます。若手もこうした経験を積むことで、鬼軍曹となっていくのかもしれませんね。

**山際**：建築の場合だと、現場と設計が分かれがちです。造船では、設計時点ですでに現場のことを考えているのですね。

**浜田**：現場対応が設計のかなりのウエイトを占めているのが現状で、問題もあるのです。現場の人間が図面を読み込んでくれない。そこで、三次元のモデリングが役立ちます。現場にビューワーがあるので、設計者が現場に行って説明しなくても、モデルを見せることで対応できます。もちろん、モデルと三次元設計するモノとの差異がある場合もありますから、まったく現場に行かないわけではありません。

**山際**：建築だと、設計で細部まで決めず、ある程度から先は現場に任せるというケースはよくあります。

**西村**：メーカーの立場で建築にかかわっていますが、社内でも、営業側で建設現場向けの作図をする設計者と、工場側でものづくり用の作図をする設計者の間で、同じようなことが起きています。私の会社では三次元化が進んでいない

のですが、三次元モデルを介してお互いの考えていることを理解し合えている様子をお聞きして、わが社も見習わなければと思いました。

**山際**：今の建築業界では、設計と施工の区分けが明確です。互いを侵食しすぎるのはいかがなものか、という話が出るぐらいです。以前設計事務所に勤務していた時は、どのようにつくるのかは施工者に任せろと教え込まれました。

**浜田**：設計が何でも決めてしまうと現場で考えて決める力がなくなってしまう弊害もあるので、バランスが難しいです。設計の一部の人間を製造部隊と近い場所に置くなどの工夫をしています。

**綱川**：現場と設計が対立しがちなのは、いろいろな局面があるにせよ、結局はコストの問題になります。造船業界ではコスト管理はどこが行うのでしょうか。

**浜田**：現場が管理するコストは工数のウエイトが大きく、部品調達のほとんどは設計が発注するので、コストに関する要因のほとんどは設計がコントロールします。「設計費はコスト全体の1%にすぎないが、設計者が費用の80%を決める」と言われているので、コストに関しての設計の責任は大きいと教育されます。どこの造船所の設計者も、この船を成り立たせるのは自分だという意識を強く持っているはずです。

## 設計の思想—— 造船と建築

**澤田**：船の設計は思想が一本化していますね。建築設計は顧客次第でさまざまなフェーズがあります。時には、建てることが目的ではないものさえあります。設計業務は艤装と船殻の二つに分かれているのですか。

**浜田**：つくる船の用途は契約で決まっているので、基本的な思想は一本化しています。設計プロセスは決まっており、分担しています。船殻では構造、現図（生産設計）などといった分担があり、艤装では機装、船装、電装といった分担があります。船殻と艤装との干渉時にどちらが避けるかといった調整もあります。

**澤田**：船の設計の流れは収斂的な問題解決であり、建築設計の流れは発散的な問題解決だという気がします。個々のクライアントのニーズに

合わせた調整業務は発散的です。

**浜田**：造船には発散的なプロセスはありません。さまざまな変化があって発散していくという想定はしていませんね。建造中のクライアントとのコミュニケーションでも、クレームリストや要望リストに収束させます。

## 暗黙知のデジタル情報化

**澤田**：専門教育の中で BIM をどう使うかという問題意識からお聞きするのですが、専門教育には身体的な教育、情報的な教育があります。実体験を通して伝わるはずの生々しい情報が、デジタルを介在して伝達できるのか、属人化した鬼軍曹の暗黙知（p.23 参照）をデジタル情報として形式知（p.23 参照）に変換して共有できるでしょうか。

**浜田**：暗黙知をいかに形式化するかですね。傾斜の問題などの幾何学的な条件下でインプット、アウトプットされる場合は、要求条件を満たしているか否か形式化できるものは、すでに織り込んでいます。人間が簡単に見分けられたり判断できるものでも、機械が見分けたり判断できるためには相当な情報化が必要になりますので、本当の暗黙知の機械化は難しいですね。

**澤田**：以前、造船工場を見学したことがあります。展開図を描くときに、焼いた（鉄への熱入れ）後の収縮も計算に入れていると聞き、実際につくる人間の知見も入っているのかと驚きました。

**浜田**：鋼板やパイプの曲げ加工での収縮などの値は、MATES に係数として入っています。係数は長年の実験やデータを分析、経験から求められた値と認識しています。

**山際**：建築のつくり方を理解していない人間には詳細図は描けないはずが、BIM を使えば容易に図面らしきものができてしまう。システムが結果を導いてくれて、最終的な整合性がないデータでも、ともかくアウトプットはあるわけです。すでに一般図を描けばプログラム任せで詳細図ができるプログラムができつつありますが、建築の詳細に関する教育はしなくてもよいのか、ということをいつも気にしています。造船では、そうした乖離をどうつないでおられるのですか。

**浜田**：研究所では、たとえば溶接や曲げで鉄が伸びるデータを蓄積し、そうしたデータを共有しています。ただ、三次元設計をしている若手に手で図面を描かせると、すごい気づきがある。手描きのデフォルメのほうが明確に伝わる場合もある。三次元ツールは教育や情報伝達に関しては万能とは思いません。

## デジタル化による職能の変化

**綱川**：デジタル情報化が浸透するに伴い、設計における職能や職域が変わったりすることはありますか。

**浜田**：MATES を導入し本格的に稼働する時期に、工作部の生産設計の部署を設計部に合併させたことがありました。システム・ツール・設備によって大規模な人事異動をしたり、組織をつくり替えることは有効かと思います。

**山際**：設計は多分野にまたがると思いますが、個々の設計者の業務は細分化されるのでしょうか。浅く広くではなく、特定分野に特化させるのでしょうか。

**浜田**：設計の業務は基本的に特定の分野に細分化されています。三次元設計に関しては先ほど船の区画ごとに設計者一人が担当して総合配置設計を行うと言いましたが、設計セクションの担当区画と現場の担当区画を一致させています。たとえば、機関室の艤装設計に関して機関室の艤装を担当するセクションがあります。機関室の艤装工事担当は、設計と同じく配管も空調の工事もやります。

**山際**：専門をより分化していくのか、全体をつかめる人を増やすのか、どちらの傾向にありますか。

**浜田**：最近は、ダクトに特化するとか、専門分化の方向で進んでいると思いますが、全体を把握できる人材は必要ですので、専門をローテーションすることで多能化することを狙っています。個人の特性を判断して担当を固定するケースもありますが、それは仕事をしながら決めていきます。

**澤田**：設計者ではなく作図専任、CAD オペレータ、BIM オペレータという業務分化はありますか。

浜田：二次元の図面から三次元モデルを入力したり、三次元モデルから出力した取付け図面に寸法を入れるとか、図枠やフォーマットといった図面としての体裁を整える人はいます。そうした人たちは社外に事務所がある外注スタッフが多いのですが、外注先の会社は近い場所にあって、すぐに行き来できるようになっています。

綱川：オペレータと設計者の関係で、ベテランの設計者も三次元ツールの使用は当たり前であるとお考えですか。

浜田：ベテランはビューワーでモデルをチェックします。現場の長もビューワーを見て工作性の確認や段取りなどの作業に活用しています。

綱川：造船業は図面なしで船がつくれるのではないか、という印象を受けました。

浜田：建築こそ、部材等は標準化されているし、図面なしでいけるように思えます。造船は特注品が多いなどイレギュラーなことが多いので、現場でモノを特定する作業は難しいと感じます。ビューワーの利用拡大方法としては、ビューワー専用の冷暖房完備のプレファブを工場内に設置して、段取りなどの業務に集中できる環境をつくり、現場への注意事項のチェックなどを自由に行えるようにすると利用頻度が上がります。また、プリンタもあるので、スクリーンショットを壁に貼り出すとかして、多くの人が利用しています。

山際：建築設計が空間をつくり構造や設備がついていくというプロセスを歩む……。建築の場合も、プロセスが完全に決まっていたら、もっと効率的に進められるのかもしれません。

浜田：プロセスの範囲内ですが、自社で決められるのが造船業のメリットですね。

## クライアントとの対話

綱川：クライアントも三次元のビューワーで図面を読み込みながら対話されるのですか（図3）。

浜田：客先が3D承認するケースはあまりないのですが、アップロードしたデータに、承認印・サインを落とし込んでもらう承認システムも自作しています。クライアントからのコメントが蓄積されて漏れなく消し込んでいけるメリット

図3　クライアントへの説明のための三次元モデルの画像

もあります。

西村：クライアントにもエビデンス（実証的な裏付け）になりますね。でも何十項目もの承認があるわけですから、設計を修正したときに、すでに承認したことを取り消すといった場合もあるのではないですか。

浜田：修正後の再提出のケースはあります。3D承認の問題点としては、お客さんにいろいろ見えてしまって、コメントや要望が多くなる傾向にありますね。

山際：3D設計者あるある、ですね。それはMATESでも同じだったと思いますが、BIMとの違いはありますか。

浜田：BIMそのものというより、BIMの思想でデータ管理することが大事だと感じています。BIMのようなプロセスをMATESに導入したいですね。

## BIMという概念

綱川：外部が入るからこそBIMの思想が必要ということですね。LOD*で調整しながら、情報を共有する。

浜田：他社とのデータ共有といったBIMのプロセスに可能性を感じています。

山際：建築では、設計や施工のプロセスにとどまらず、ライフサイクルの中でBIMが使われることが重要だと思っています。ツールではなく、BIMという概念に可能性がある。

浜田：「情報の幹」の中がLODに沿って整理されていれば、情報の出し入れ、編集に齟齬が生じません。今は「情報の幹」に整理されていない状況で情報が入っているケースがあり、更

新されたはずの情報が以前のままだったりして惑わされることもある。情報の間違った行き来がないようにする必要があります。

**澤田**：すべての経験知を造船設計へフィードバックしようという意思が、MATES の拡張にBIM を導入するというアイデアにつながったのですね。MATES という「情報の幹」にも時系列があり、システム化を図るべきである、というような。

**浜田**：BIM とはプロジェクトに連携、連動したモデリング技術、プロジェクトに連動する情報管理だととらえています。PMBoK* の中には情報をマネジメントする部分が含まれていませんが（図4）、それをやっていかなければ取り残されます。プロジェクトごとに臨機応変に対応できる情報マネジメント・システムがBIM ではないかと思っています。

**澤田**：建築設計は、情報マネジメントの側面が強いです。クライアントも多様で、最近は単用途の建物だけではなく、複合的な用途が求められることも多々あります。設計中に用途が変更になることだってあり得る。今やスクラップ・アンド・ビルドから多様な建築的問題解決が必要とされる時代に移行しています。将来の変化を想定し対応できる、多様な知識が求められています。

**浜田**：設計中に用途が変更になる、発注者が建物のプログラムにフレキシビリティを求めるのですか。これは驚きですね！

**綱川**：その時々の状況の変化で、用途変更等は起こり得ます。

**浜田**：船の用途自体が変わることはあり得ないですね。

そんなクライアントへの対応があるがゆえに、建築で BIM が生まれたのでしょうか。クライアントの考えを、いかに効率よく間違いなくと

図4　PMBoKの概念図※

| | | プロセス | | | | |
|---|---|---|---|---|---|---|
| | | Initiating<br>（立ち上げ） | Planning<br>（計画） | Executing<br>（実行） | Controlling<br>（監視・管理） | Closing<br>（終結） |
| 知識エリア | Integration Management<br>（総合管理） | •プロジェクトスコープ記述書暫定版作成 | •プロジェクト管理<br>•計画書作成 | •プロジェクト実行の指揮・管理 | •プロジェクト作業の監視・管理<br>•統合的な変更管理 | •プロジェクト終結 |
| | Scope Management<br>（スコープ管理） | | •スコープ計画<br>•スコープ定義<br>•WEBの作成 | | •スコープ管理<br>スコープ変更・管理 | |
| | Time Management<br>（スケジュール管理） | | •作業の定義<br>•作業順序の設定<br>•必要リソース見積もり<br>•所要期間の見積もり<br>•スケジュール作成 | | •スケジュール管理 | |
| | Cost Management<br>（コスト管理） | | •コスト見積もり<br>•予算設定 | | •コスト管理 | |
| | Quality Management<br>（品質管理） | | •品質管理 | •品質保証 | •品質管理 | |
| | Human Resource Management<br>（組織管理） | | •要員計画 | •チーム結成／育成 | •プロジェクトチームの管理 | |
| | Communication Management<br>（コミュニケーション管理） | | •コミュニケーション計画 | •情報の配布 | •実績報告<br>•ステークホルダー管理 | |
| | Risk Management<br>（リスク管理） | | •リスク管理計画<br>•リスクの定義<br>•リスク定性化<br>•リスク定量化<br>•リスク対策の計画 | | •リスクの監視／管理 | |
| | Procurement Management<br>（調達管理） | | •引合計画<br>•契約の計画 | •提案依頼<br>•発注先選定 | •契約管理 | •契約の完了 |
| | Stakeholders Management<br>（ステークホルダ管理） | •ステークホルダー特定 | •ステークホルダー管理計画 | •ステークホルダー・エンゲージド管理 | •ステークホルダー・エンゲージド・コントロール | |

らえ伝えるためのツールとしての BIM に興味がわきます。三次元が誰にでも一番わかりやすい。つくることも含めた属性が充実すればなお良いということですね。

**西村**：今、建築に携わっている人は皆二次元の図面で育っていますから、二次元の図面から重要箇所とか要注意箇所が読み取れます。一方、建物の三次元モデルができているのを見ると、あたかも問題なくできちゃうように見える。入念に検討しないと危なそうだという箇所も、見逃してしまう。三次元でそこに気づく能力、知識を育てる方策などはどうされていますか。

**浜田**：パイプが干渉し合っているといった機械的なものは問題がわかりやすいのですが、製造工程に支障があるといった問題は、まだ表現できていません。今考えているのは注意喚起の表現、アノテーションです。変更により修正した箇所に、紙の図面では雲マークを書いていまし

---

**LOD**
Level of Development。三次元モデルにおける情報の詳細度および進捗度のこと。

**PMBoK**
Project Management Body of Knowledge。1987年にアメリカのPMIが提唱した、プロジェクト・マネジメントに関する手法を10の管理エリアと5つのプロセスに整理し、体系立てたもの。10の管理エリアに情報管理は含まれていない。

**※**
https://products.sint.co.jp/obpm/blog/serial-umeda01 の掲載図をもとに作成

たね。それに似たものとして"ここでトラブルが起きた"という印をビューワー上に出るように開発してみましたが、まだ不完全です。線の太さや色を変えて注意を引く表現を、現在、考えているところです。

## BIMをどのように活用するか

**澤田**：工程や施工上のレギュレーションやコンプライアンス（法令遵守）の中でものをつくるというのは私たちの宿命ですが、クライアントやユーザーにも事態を知ってもらう努力が必要です。「Society 5.0」を背景に、建築産業をもっとオープンにと言われるけど、ソフトウェアを開発するのと建築をつくるのは違います。個別のクライアント情報のセキュリティや守秘義務も大切です。専門業としての確立とユーザー志向を両立するという大きな命題に、BIMをいかに役立てられるか。

**山際**：クライアントの要望が反映できるところ、できないところを明確に分けるという契約にするのでしょうね。そこをまとめる能力が設計者に求められるのではないでしょうか。その上での情報共有でしょう。また、クライアントに見えないところで、それこそBIMを最大限に活かして、たくさんの選択肢を用意しておくのも重要です。

**澤田**：そういう能力を、大学でどう育めばよいのか。大学などの教育機関ができることは何か、悩むところです。鬼軍曹のシゴキはできないですから。

**浜田**：でも結局、痛い目にあうしかない、というか（笑）。

　危機管理については、世界中に製造業相手のコンサルタントがいます。契約時に、危なそうな事項を洗い出して警告する、アドバイスもするプロですね。契約上の危機管理のためには、契約チェックの専門家を育成するか、プロにお願いするかになりますね。

**澤田**：造船はグローバル・スタンダードが前提のようですから、船主の国籍がどこであれ、世界中の危機管理コンサルタントを採用できる。日本は法規も特殊ですし、危機管理のあり方も独特の世界があります。特殊な要件に個々に対応してきた日本の建築業は「ガラパゴス化」が問題となっており、国際化のハードルになっています。

**浜田**：三菱重工グループでも、契約をチェックする専門の部署があります。大きなプロジェクトは、そこが契約書をチェックします。

**澤田**：3D-CAD開発もそうですが、造船業のさまざまな事態への柔軟な対応力や、道具や組織を変えるしなやかさに驚きました。日本の建築・建設業、特にゼネコンは、究極のところ江戸時代から変わっていません。道具や環境が刷新されても、慣れていない道具は道具じゃないという意識が根強くあるように思います。BIMは道具ではなく、社会のつかみ方・つながり方の可能性を示唆するものととらえたいものです。本書は「BIM設計教育手法ワーキンググループ」でまとめていますが、大学などの教育機関をはじめとして、働く人たち、さらには、雇うサイド、経営サイドの人々にも読んでほしい。

**浜田**：BIMのユーザー会で異業種交流も行っていますが、ゼネコンの人たちの会合で同じような話を聞きました。同僚から「3Dとか4Dとか、何をやっているのかわからん」と言われる、と。会社での教育について聞いても、OJT（On the Job Training）、まず経験させて……という回答でしたが、それでは限界があるだろうと思います。建築では造船以上にさまざまに立場が違う会社が集まって一つのものをつくるわけですから、そこのコミュニケーションを活発にするためにBIMがあると思います。

(2018年6月5日、彰国社にて)

# 第2章

## BIMによる変革

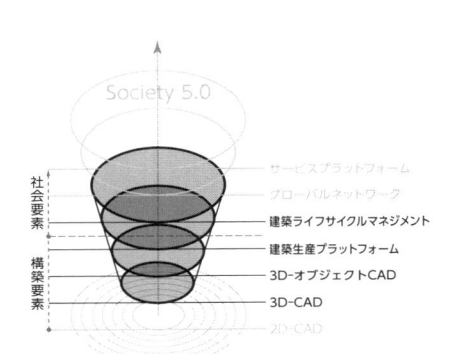

②①
# 変わりゆく設計環境<br>との向き合い方

大氏 正嗣 (富山大学 芸術文化学部)

②①①
## 専門家と専門化

　建築設計は非常に複雑かつ所掌範囲の広いジャンルである。直接的には建築物を対象とするが、背景として求められる情報は人間そのものに起因する。すなわち人間の知覚、行動、活動、さらには心理反応や歴史・風土・文化的な側面、あるいは複数人により構成される集団や社会の規範、経済から環境まで。加えて既存の分野では規定できない、ありとあらゆる要素が建築設計では考慮され得る。それだけ幅広い分野ではあるが、だからこそ一人ですべてを見渡すことができない難しさがある。結果として、建築分野は多数の職能を包含する専門性の集積体となった。具体的には、企画や開発、意匠・建築計画、構造安全性、設備・環境、ランドスケープ、ファシリティ・マネジメント（p.24 参照）、保全、施工、技術開発等々、非常に多くの専門家が協働する仕組みが構築されている。現在、異分野間のやり取りは人を介して行われるが、BIM が担うことにより情報共有のプラットフォーム（p.84 参照）が整備できる。一人で担えない複雑な問題がチームで解決されることは重要な方法論であるが、逆に言えば、誰が全体の指揮を執るかが大きな問題として残る。BIM の普及はこうした問題を顕在化させるかもしれない。ただ、この問題の解決なしに、設計において専門家たちがそれぞれ望む良さを追求したとき、相対としての建築は果たして良いものとなるかは保証の限りではない。

　建築分野は過去と比べて大きく進歩した、という主張は受け入れやすい。都市に数多く見られる摩天楼や大空間は、あたかも建築分野の技術発展の象徴として見える。だが、具体的に何が進歩したかを考えると、経済的側面以外に強く主張できる部分はそれほど多くない。私たちは早く、安く、大規模に社会的普及を目指し、一定品質以上の建築を量産しているのであり、一部のエポック的な建築は別として、大部分は量産に主眼が置かれる。確かに、量的充足こそが社会的に重要であった時期もあった。だが、建築の目標は時代に応じて変わるべきものであり、いつまでも同じ目的を掲げているようでは先には停滞が待ち受けるのみ。だからこそ、今の状況が私たちの目指すべき社会や街の形成に本当に寄与するかたちになっているのかを、常に問い直さなければならないであろ

う。

　さて、建築の技術面の進歩は上述の通り建築という大きなジャンルが、それぞれの専門家により小さく分割され深化することにより成り立ってきた。学問体系を整備し、問題を深く掘り下げていくためには、幅広く雑駁（ざっぱく）な議論ではなく、詳細な専門分野の専門家同士が切磋琢磨し研究を進めていくほうが合理的である。ただ、目指すべき目標、すなわち「良い建築や良い街、あるいは良い都市がいかに構成されるべきか」は変わらないとしても、細部に入り込むほどに立ち位置が全体目標から遠ざかり曖昧になっていく。

　現代社会問題にしばしば見られる現象として、合成の誤謬（ごびゅう）[*1]という概念がある。細部での正しさを積み上げても、全体が最適に至るとは限らないことを示すキーワードである。多くの場合、全体への意識が希薄となるほどに陥りやすい。たとえば害虫の駆除により生態系に乱れが生じ、狙った成果を得られないどころかマイナスの結果を導くこともあるのは知られているだろう。自然界だけでなく一般社会も複雑に絡み合って構成されており、一指標のみの改善により中長期的に良い結果を導き出すのは至難の業である。すでに単純な問題の大部分は改善され終えている。ただ、あまりに複雑化しすぎた現代社会に向かう私たちは、結果や成果の見えにくい包括的なチャレンジより、短期的に成果の見える挑戦を選びがちである。ギャンブルよりも堅実といえなくもないが、成果のための成果を目指すとすれば、本質からずれていくのは間違いない。BIMは複雑な問題をわかりやすく明示できる側面を持つが、情報認識における人間の能力の限界があり、AI[*2]の本格的な稼働を待たなければ効率的な運用には至らないだろう。ただ、最も重要なのは安易に流されない設計者の強い意志であることには触れておきたい。

　実際、設計の現場で見ていても、建築の幅広いジャンルを網羅的に俯瞰できる人材が少なくなっていることに気づく。設計技術が高度化・複雑化したことにより、各分野の設計を適切に扱うためには非常に高いスキルを求められることになった。本来、建築家がその役割を担ってきたはずだが、意匠デザインを除けば工学分野のウエイトが高く、むしろ建築家たちの中にはそれを苦手とする人も少なくない。技術の表面的部分でのコラボレーションが標榜されていたとしても、本質的な部分が本当にうまく合致しているのかに疑問があるケースも散見される。もっとも、デザインと工学技術部分の調和を目指すとしても、何をもってすれば達成されたと考えるのか、その評価指標は実のところ現在もまだ曖昧な状況であるのだが。

　合理性を追求する過程においてスペシャリストの存在は重要である。複雑な問題をなるべく単純化し、その上で設定した条件のなかで専門家が最適な解答を提示する。社会の目的が明快だった時代であればこの構図は十分に機能してきた。だが、専門化の進展が導いた社会の発展は、私たちが取り組むべき問題をより複雑かつ多様に変えた。それはむしろ喜ぶべきことと考えてよい。単純かつ重大な問題が解決されてきた結果として至った状態なのだから。だが、社会の誰もが明確に気づかないほど緩やかな速度で変化が進んだため、私たちが専門家としてどのような

**＊1　合成の誤謬**

ミクロの視点では正しいことでも、それが合成されたマクロ（集計量）の世界では、意図しない結果が生じることを指す経済学の用語。

**＊2　AI**
*Artificial Intelligence*

人工知能。言語や感情など人間行動に伴う高度な理解や、複雑な問題解決などの知的思考を、人に代わりコンピュータが行う仕組み。

① ② ③

BIMによる変革

① ② ③

変わりゆく設計環境との向き合い方

① ② ③ ④ ⑤

手段と目的

スタンスで社会と向き合うかを改めて考える機会が生み出せずにいることは問題であろう。建築教育の場面でも、膨大な旧知の専門知識の伝達や、時に新技術の開発の動向を学生が知る機会は少なくない。あるいは、社会と相対するために街に出向いての活動や各種ワークショップなども盛んに行われている。しかし、それは専門家として建築設計とこれからの社会の間にどのように立ち、そして振る舞うべきかを十分に示唆するものではないように思う。

　社会は発展し、成熟し、その結果として複雑化した。私たちが知識として知る社会はすでに変化し、現実には新しいスタイルで社会とかかわる専門家とならなければならない。そのためには、細分化し複雑化した幅広い分野の専門も、俯瞰的に理解しコントロールできる力をつける必要がある。建築設計の世界のみならず、ありとあらゆる業界において同様の認識が必要とされる時代が来ている。一種スーパーマン的な存在が今後の社会では重要になり得る。それを実現させるのが、BIM のさらなる進化ではないだろうか。

## ② ① ②
# 手段と目的

　さまざまな設計業務を進めていく上で、私たちが常に意識しなければならないのは、必要な目的を常に正しく認識しているかどうかである。実際の設計は、非常に複雑な条件に対し多変量解析[*3]以上の困難さで取り組むことになるため、目的の達成度を定量的に計測することは困難である。建築設計者たちはこうした難問に対し、経験と独自の解釈をもとになるべく正解に近い成果を得ようと常に努力する。設計のような問題は、そもそもすべての条件が提示されていないため、一部未知の条件を抱えたまま取り組むという点で大きな困難さと、同時に評価の曖昧さを有している。概念としての「目的」は明確であるように感じられるが、現実にはかなり大きな幅を持った不定型な存在であることが多い。人が設定するものであるため、時に意識から外れていたり、優先順位が不明解であったり、評価基準が定まらないこともある。さらに言えば、社会的な存在としての建築を評価するのは、何も施主や設計者だけには限らない。地域的に、あるいは目的的につながるあらゆるプレイヤーが評価者たり得る。逆に言えば、だからこそ設計の多様性が生み出される余地があるのだが、そこに胡坐（あぐら）をかくほど私たちに自由はない。

　このように普段あまり深く意識されることはないが、私たちが設計上考える目的とは実際のところ非常に「ふわっとした」存在である。こうした状況から、次に求められるのが曖昧さに根拠を置く作業となる。個々の部位がなぜそうあるべきか、時に工学的に、あるいは歴史的に、そして施主の趣味により、それ以外にも多様な理由で建築デザインの細部は決定されていく。はっきり見えない設計の目的を明確にしていくための作業。一般的な設計の過程であるが、同時に設計の目的をより曖昧にしてしまう行為の一端を握っている。もちろん多くの建築家たちの努力に

**＊3　多変量解析**
複数の因子（変数）により左右される複雑なデータを、統計的に取り扱う数学的手法。

より、社会全体にとって合目的的な建築はつくり続けられる。だが、それをはるかに超える圧倒的な量で、社会全体とは微妙に違った目的を有する建築群が生み出されていく。

手段とは、一連の過程における目的から派生したものであることが多い（図 2.1.2-1）。安くする、施工を単純化する、耐久性を向上させる。単体で考えればそれぞれ十分に意義のある目的たり得る。しかし、建築は最終的に一個の存在として主張することしかできない。このような「手段と目的の混同」は、さまざまな場面で問題とされる内容であるが、その発生はどこに視点を置いているかにより理解することができる。私たちにミクロな視点にとらわれるほど、小さな範囲の目的に考えや行動を左右されがちになる。一つ一つの小さな目的の積み重ねが大きな目的への布石であればよいのだが現実には難しく、ミクロ視点とマクロ視点の問題は相容れないことも少なくない。だからこそ、齟齬（そご）が生じたときに小さな目的であったものが大きな視野では手段と化してしまう。手段そのものには問題なくとも、最終的で大きな目的よりも小さな目的である手段が優先されたとき、前述の合成の誤謬が形成されるだろう。

このような事態は細分化された建築設計の場面でも発生し、他の専門家との交流が少なくなるほどに顕著となっていく。時に縄張り争いとなり、あるいは面子（めんつ）の問題としても出てくるが、実体は異なる専門への無関心が主因となろう。そして、複数の専門分野を組み合わせた全体的な整合性確保が難しくなる。私たちにとって、一人が同時に複数のことを考え続けるのはかなりの負担であり、加えて専門外の問題について深く考えることはストレスを招く。結果、ついつい意識が近視眼的になってしまいやすい。建築設計全体を誰が統括すべきかについて、過去の流れから建築家（＝意匠設計者）となるのが一般的である。実際、建築家はそうたらんと振る舞っている状況にあるが、それがこれからの時代の設計において本当に正しい選択なのかは、翻って考えてみる必要はあるだろう。そして、複数人の関与が避けられない建築設計というルーティーンについても、その意思決定をどのようにするべきか、あるいはグループでの意思決定をいかにすべきかを考えることは無意味ではあるまい。

## ② ① ③
# 建築のコモディティ化

建築設計を取り巻く状況の困難さを助長させる要因として、建築のコモディティ化*4 がある。かつてつくり上げるイメージが強かった建築は、住宅レベルではカタログで選び購入する物品としての位置づけが定着した。実際、多くのメディアを通じてハウスメーカーが、理想の住宅イメージをほぼ毎日のように喧伝する。先にもふれた大量供給時代の流れを引きずったものではあるが、商行為として建築を扱うとき、建築物は社会的には「モノ」と認識される。よく整備されたカタログは商品としての住宅を的確に表現し、購入者のイメージを満足させる。仕様はトッピン

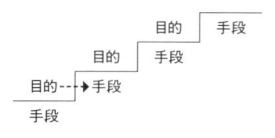

目的のために手段があるが、
目的は次の手段に変わり得る

図2.1.2-1　手段と目的の関係

**＊4　コモディティ化**

所定のカテゴリー中の商品において、製造会社や販売会社ごとの機能・品質などの属性と無関係に経済価値を同質化すること。

① ②③

BIMによる変革

① ② ③

変わりゆく設計環境との向き合い方

① ② ③ ④ ⑤

モノよりコトのデザイン

**\*5 VR**
*Virtual Reality*

仮想現実、人工現実感。現実の、あるいは想像上の世界をCGなどによってコンピュータ上につくり出す技術のこと。似た用語のAR（Augmented Reality）は拡張現実と訳され、人が知覚する視野のなかでスマートフォンやタブレットなどのデバイスを介して、その場所に関するデジタル情報を確認できる環境をつくり出す技術のこと。

グのように提示され、気づけば自分なりの住宅をチョイスした満足感を味わうことができる。3D-CADやVR\*5技術も購入意識を高めるために利用されている。BIMの導入は、設計者や施工者の多大なタスクを軽減する側面と、上述のような営業ツールとしての側面を持ち得る。後者の存在を否定しないが、それ以上にBIMがより良い建築を生み出すため設計労力軽減に寄与してくれることを期待したい。

　実際、建築家と議論を重ねながら自分の住宅を建てようとすれば、相当の労苦を伴う。終の棲家であったとしても日常生活の中で検討に十分な時間を割けず、結果的に業者に丸投げに近い状態となってしまいがちだ。ライフスタイルの変化に伴う社会的現実だと言ってしまえばそれまでだが、チョイスに失敗しても住宅を何度も買い直せる人は決して多くはない。経済的な側面に着目すれば多くの消費行動を生じさせる方法論には合理性があるが、社会全体にとって望ましいかたちなのかは考えられなければならない。同じ問題は、民間の事務所建築などにも言えるし、それ以上に公共的な建築物の場合に大きくのしかかる。建築は取換え可能な商品と考えるのか、それともつくり上げられていくべきなのかの問題である。製造者責任がその対象に住宅を完全に含み切れなかったのは、施工面の問題や多くの業種が錯綜する形態であることもあるが、同時に、建築そのものを商品と扱うのは現時点で難しいと考える意見があったからではないか。

　社会を見ていると、ユーザーのわかりやすさを謳（うた）いながら、実質的なブラックボックス化が進んでいると感じるケースは少なくない。複雑になりすぎた商品の取扱説明書は、努力すればすべて読めるものの、逆に考えると、そこにアクセスする心理的障壁を高める作用も果たしている。コモディティ化は、設計者や製造者と消費者の間の信頼関係を前提としていない。しかし仮にそれが必要ではないとしたとき、もはや建築と呼んでいいのであろうか。多くのプレファブ系ハウスメーカーも、安さだけでの消耗戦にはなるべく参戦せず、付加価値を高める戦略を取っているように見える。デザイン性や構造安全性を謳うコマーシャルは、まさにその点に着目している。しかし空き家率が拡大するこの時代、住宅を商品として扱う姿勢である限りにおいて、基本的なコモディティ化は進展し、相対的に社会的価値は低下し続け、結果として価格競争に陥りがちになるのは当然であろう。

## ② ① ④
# モノよりコトのデザイン

　建築はハコである。もちろん、ただのハコではない。機能とデザイン性を兼ね備えた価値あるハコであるが、その評価は内部で行われる人の運営活動により裏づけられる。内部機能を失った建築物は、それが仮にどれほど有名建築であっても高い社会的価値を持ち得ない。引き換え、土木構造物は機能と一体化しているがゆえに、周辺環境に大きな影響を与えることが可能である。残念ながら、建築は多くの場合その波及効果

がいちじるしく小さい。なぜ、内部機能が建築的価値を考える上で必要とされるのか。建築のデザインは、基本的にその根拠を何か別の存在によっている。たとえば、建物の機能（住宅、カフェ、美術館、その他）であり、地域の風土や歴史・民俗であり、あるいは科学や技術のバックボーンである。それらの価値を高めて表現するため、建築的なデザインは役割を果たしている。もちろん構造安全性や建築法規などは最低限のベースとして確保した上での話であることは言うまでもない。

　究極的には、建築が表現するのは実体を持つ建物そのものではなく、存在が多くの人に認識させるイメージである。現実にはコストという大きな制約があり演出には制限があるが、自らの価値を高めるのはその舞台で行われる活動であり、そこに惹きつけられてくる人たちの存在である。そして、愛着を持って使われ続ける建物こそが長い時代を生き延びていき、本当の意味での社会的な価値を蓄積していく。それらのことを考えるとき、建築は多くの技術的知識を活用する「知識産業」であるが、最終的には実社会を舞台とした「コーディネート業」であると考えたほうがわかりやすい。用いられるデザインも技術も、そのすべてが最終的にはうまく建物を使ってもらうために存在する。これらを考えるとき、私たちが設計する建築そのものを目的と定めるだけでは不足ではないかと思う（図 2.1.4-1）。

　これを設計者側の意識について展開してみよう。建築においても「技術と技能」の関係について語られることは多い。「技術士」と「技能士」は資格としても異なるものを指し示すし、社会的に定着している「技能者」のイメージは職人的な雰囲気が濃い。一般に「技術」は伝達可能な知識の集積とされ、一方で「技能」は個人の感覚に依存した伝達不能なものとされる。ただ、上記のような社会的な演出に配慮することを考えるとき、建築設計者は技術者にとどまるのではなく、技能者たるべきではないかと考えている。それも勘と経験による技能ではなく、高い技術力を基礎とした高いレベルの技能者として対応できるかどうか。私たちに、ハコではなくそこで起こり得るコトを演出する。そこには技術にはどうしても含み切れない感性的な存在が数多く必要とされる。建築をコーディネートしていくためには、技術の先を見据えておく必要がある。

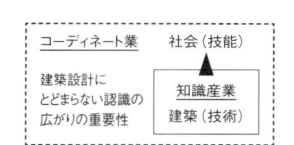

コーディネート業　社会（技能）

建築設計に
とどまらない認識の
広がりの重要性

知識産業
建築（技術）

図 2.1.4-1　業としての建築設計

## ②①⑤
# デジタルツールの価値

　ここまで、現代社会における建築の立ち位置について私見を踏まえて説明してきた。技術の進歩は私たちに大いなる豊かさを与えると同時に、その広がりに応じた複雑かつ多くの困難な判断を迫るようにもなった。判断しないという選択肢も存在するが、多くの場合それは微細であっても不利益を甘受することと同義である。一方で、情報過多の時代、情報を知っているだけでは量の多さがマイナスに働き、選別された有効な情報をどれだけ保持するかが問われる。近年の GAFA *6 の隆盛はその典型であるが、情報への接し方と真に求めるものの価値を私たちは学ばな

**＊6 GAFA**

Google、Apple、Facebook、Amazonの頭文字を取った言葉で、世界的に個人データを圧倒的な規模で集めて、その活用で高い収益を誇る時代をリードする企業のこと。

ければならない。

　個人にできることには当然限界がある。だからこそ、デジタル情報を単に設計するための道具としてとらえるのではなく、専門分化してしまった断片をつなぎ合わせるための接着剤として考えることができれば、その制限が緩和される可能性も高い。現時点のBIMはツールとしてまだ理想にほど遠いかもしれないが、情報を網羅的かつ俯瞰的に認識する基礎的な情報を提供している。技術は今後も進歩を続ける。個人の限界を超えていくためには、単純にデジタルツールを操作として使いこなせることも重要だが、それ以上にツールを利用して多分野にわたる情報をバランスよく理解し、きちんと評価判断できる能力を身につけることが何より求められる。

　設計において網羅的な能力を求められるようになるほどに、逆に自分の専門が何であるかというバックボーンが重要となるだろう。外国語を話す上で、自国の言葉と歴史や文化を知る必要があるのと同様に、自らの設計アイデンティティを有さなければ、単なる器用貧乏に陥りかねない。専門家としての高い能力に裏打ちされた見識と、柔軟で幅広い判断能力が試されることになる。現時点の社会的常識に縛られることなく幅広い知識を駆使できるようになるためには、手段としてのデジタル的素養を高めることは非常に意味があるだろう。だが、それはツールにできることを知るだけにはとどまらず、ツールを用いてなすべきことを考え続けることにある。専門家でありつつ、同時に総合的な調整役を担えること。そのためにこそ、BIMを含めたデジタルツールを活用する意義がある。

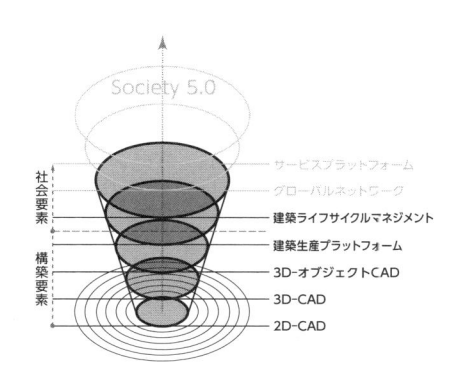

社会要素

構築要素

Society 5.0

サービスプラットフォーム
グローバルネットワーク
建築ライフサイクルマネジメント
建築生産プラットフォーム
3D-オブジェクトCAD
3D-CAD
2D-CAD

## ②②
# 異分野との協働・
# つかい手との協働

綱川 隆司（前田建設工業　BIMマネジメントセンター）

## ②②①
# 異分野との協働

　建築図面はわかりにくい。「つくり手」同士、設計者から施工者への情報伝達を目的としているためと、設計会社ごとのローカルルールも存在し、専門的な教育を受けなければ描けない・読めないでよし、と開き直っている感もある。したがって電子情報とはいえ、建築図面のCADデータは「つかい手」では活用できていない。CADソフトウェアの有無や利用者の習熟度の問題もあり、打合せにおいて精度の良い図版での指示もままならないという実情がある。また、つくり手であるわれわれはそのほとんどが建築系の学校出身者で多様性に欠けた集団であるが、建築機能の高度化・複雑化により専門異分野の企業・技術者との連携を進め、技術と知の融合を促す「協創（コラボレーション）」の必要性が生じている。共通のリテラシー（理解・活用力）を持たないチーム間で、今後BIMによる視覚化が果たすべき役割は大きいと考えられる。

　建築の用途によっては、内包するプラントや生産機械、搬送機器のメーカーと協働するケースは以前からあった。使用するCADが建築系と機械系の違いはあるが、DXF（Drawing Exchange Format）などの何らかの中間ファイル形式[*1]でデータ交換は行われていた。近年では建築においても、環境技術やセキュリティ（防犯設備）、デジタル・サイネージ（電子看板）などのエレクトロニクスのような異分野の新しい領域における専門の企業および技術者がプロジェクトに参入してくる機会が増している。

　IPD（Integrated Project Delivery、p.23参照）のコンセプトは、建築プロジェクトにかかわる企業をまたいだチーム編成を期待している。建築バリュー・チェーン（p.23参照）の川上と川下を取り込んで一つなぎにして、計画の早期の段階から関係する異分野企業が協働することで、フロント・ローディング（p.17参照）の効果があると考えられる。その際には異なるCAD間でデータ交換が行われる必要があり、BIMにおいても中間ファイル形式であるIFC[*2]を用いた「OPEN BIM[*3]」を実践する（図2.2.1-1）。

　各分野は自身の業務に最も適したソフトウェアを用いて、モデルベースでのコラボレーションを行う。その中には構造解析や熱流体解析など

**＊1　中間ファイル形式**

異なるCADシステム間で図形データをやり取りするために用いるファイル形式のこと。建築系CADでは国土交通省が開発したSXFやAUTODESK社が定めたDXFなどがある。BIMにおいてはbuildingSMARTが定めるIFC[*2]が用いられる。

**＊2　IFC**
*Industry Foundation Classes*

buildingSMART Internationalが開発・維持している、中立でオープンなファイル形式。異なるソフトウェア間でBIMの相互運用を可能とする。

**＊3　OPEN BIM**

狭義には、異なるソフトウェア間での円滑なデータ連携をベースにした協業のワークフロー。IFCをサポートしていれば目的に応じて最適なツールで参加することができる。より広義には、各ソフトウェアおよび機能の開発環境自体がよりオープンソース化され、多様な人が多様な立場と目的で個別要素の開発や公開、既存システムへのインテグレートが可能なBIM開発および利用環境。

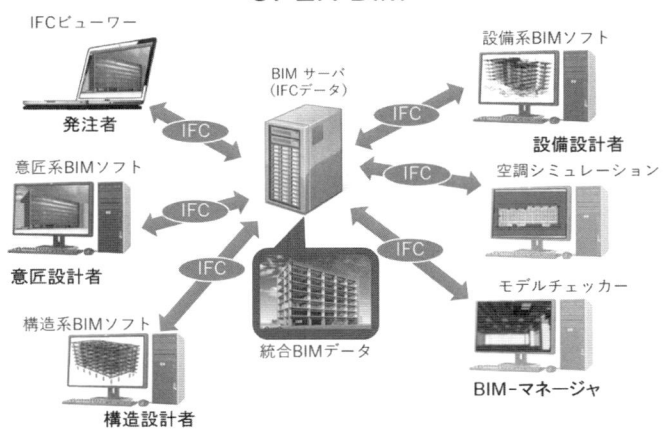

**OPEN BIM**

IFCビューワー 設備系BIMソフト
BIM サーバ
（IFCデータ）
発注者 設備設計者
意匠系BIMソフト 空調シミュレーション

意匠設計者
構造系BIMソフト モデルチェッカー
統合BIMデータ
構造設計者 BIM-マネージャ

図2.2.1-1　OPEN BIMのイメージ

**＊4　オープン・イノベーション**
*open innovation*

自社だけでなく他社や大学・地方自治体・社会起業家など、異業種・異分野が持つ技術やアイデア・サービス・ノウハウ・データ・知識などを組み合わせ、革新的なビジネスモデル・研究成果・製品開発・サービス開発・組織改革・行政改革・地域活性化・ソーシャルイノベーションなどにつなげるイノベーションの方法論である。

の専門的な解析ソフトも含まれ、それを介すことで建築の高機能化と設計コミッショニング（p.22 参照）を実現できる。

筆者自身 BIM に携わって以来、ハードウェアやソフトウェアのメーカーや製造業の IT ソリューションのベンダー（p.120 参照）などの異業種と交わる機会は多い。オープン・イノベーション＊4 とは企業の枠を超えて外部から技術やアイデアを集める開発手法であるが、これまでの図面中心の業務フローとは比較にならないほど、三次元の電子データになったときに、他産業で用いられているクラウド（インターネットを経由する技術、p.193 参照）やゲーム・エンジン（豊かな視覚表現、p.22 参照）などさまざまな領域にデータを適用できる可能性が増えた。技術が流用できることで異業種とプロジェクトに取り組む機会は増え、製造業など他産業における課題やアプローチの方法も参考となる。

また、BIM に建築情報が一元化され客観的に関係者間で共有されることの意義は大きい。オープン・イノベーションを実践するためには、チームの異業種メンバーの各分野に対する知識が薄い分、相互に共有データを検証する必要がある。異なる企業間、異なるソフトウェア間でデータ交換する際にはプロトコル（手順・約束事）が重要であり、その調整業務を担う BIM-マネージャ（p.63 参照）が存在する必要がある。

## ②②②
# つかい手との協働

建築は受注生産が特徴でありながら、つかい手は建築生産の情報共有の枠外にいることが多い。「1.1　建築のつくり手とつかい手の関係」で述べたように、現在は、建築バリュー・チェーンの川上である企画・基本設計段階において「つかい手」が深く関与する必要性が生まれている。つかい手側で目指す建築の姿を的確に言語化し、つくり手側から提示さ

※1

綱川隆司、児玉達朗「事業者と
作り手をつなぐデザインプロセ
ス−BIMによる設計情報の視
覚化」『2016年度日本建築学
会大会（九州）パネルディスカッ
ション資料』

れる複数のプランを取捨選択しなければならない。

　筆者が携わった給食センターのプロジェクト[※1]を例にすると、発注者および運営会社の「つかい手」とゼネコン（設計・施工）・厨房機器メーカーの「つくり手」が計画初期の段階から協働することで、全体の工期を圧縮することができた。その要因として、当初より用いている BIM によってさまざまな建築情報が視覚的に提供できたことは大きい。発注者側に BIM を閲覧するためのデータを提供し、承認のサイクルを早め、発注者のイニシアティブを高めた。つかい手に建築リテラシーが備わっていない場合でも、空間として認識できる材料を提示できれば気づきを促すことができる（図 2.2.2-1）。

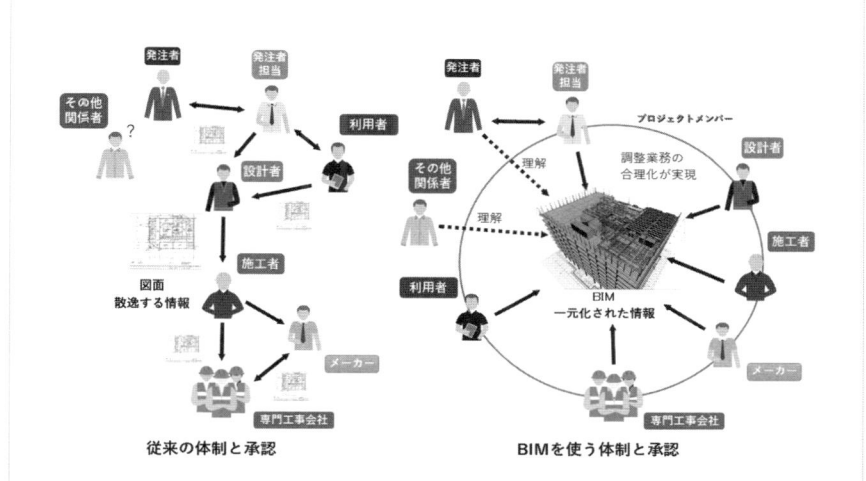

図2.2.2-1　体制と承認のフロー

　海外の BIM 活用事例と比較すると、国内の事例は官民を問わずつかい手である発注者のイニシアティブが低いと感じられる。つくり手の請負者側への依存度が高いのだが、発注者側が旗を振らなければ、データの著作権・使用権の整理を含めて、今後運用時の BIM データ活用に支障が出る可能性がある。現状では 2D-CAD のデータでさえ原則社外に出さない企業は多い。従来の孤立した BIM から外部との協働へ変化すれば大きな価値を生む可能性はおそらく誰もが感じているが、労力を割く者と利益を享受する者が一致しないこと、それに対する対価が決められないことにより情報の共有がなかなか進展しない。

　一方で協働のための環境も十分とはいえない。電子データとしてもソフトウェアに依存しない PDF 形式程度にとどまり、つかい手側では2D-CAD データは有効に利用できていなかった。CAD データは事務系ソフトでは扱いにくく、トレースの下敷きにも活用できずに、多くのプロジェクトにおいて表計算ソフトやプレゼンソフトで描き起こされた絵が提示されるのを目にしてきた。つかい手とつくり手をつなぐプラットホーム（p.84 参照）は積年の課題である。

# OPEN BIMからCDEへ

BIM はモデル情報だけでなく図面や作表などを包括的に行う機能を有している。したがって1図面を1ファイルとは扱わず、プロジェクトの中にすべての図面が統合されるようになる。作業の分担は BIM サーバを設置し、複数人が同時に編集できる機能を介して行われる。実際の工事に先立ち、サーバ上に BIM データが一つの仮想建物としてバーチャルに竣工するイメージに近い。つくり手側の仕掛りデータを構築するにはこれで十分であるが、専用のソフトウェアやハード環境を揃える必要があり、つかい手が参画するには障壁があると感じている。BIM データの交換について述べると、データを渡す対象は他分野の企業の場合が多く、その際に使用しているソフトウェアや作業環境が異なることは常である。異なるソフトウェア間で円滑なデータ連携を行い「OPEN BIM」を実践するためには IFC フォーマットに準拠したソフトウェアを用いることが望ましいが、すべての関係者がそれを揃えることは現実的ではない。

BIM の成熟度を語る際に近年よく目にする、イギリスでつくられた「くさび図」と呼ばれるグラフがある（図 2.2.3-1）。BIM を含めた建築 ICT の成熟度を 0 から 3 までのレベルで示している。

※2

British Standards Institute(BSI)
"PAS 1192-2 2013"BSI, 2013
https://shop.bsigroup.com/
SearchResults/?q=PAS_1192

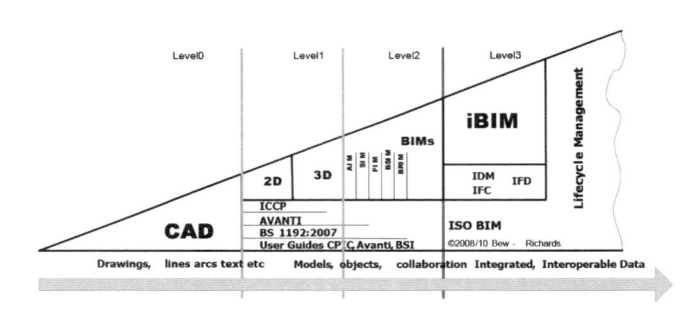

図 2.2.3-1　BIM成熟度モデル (Maturity wedge model)[※2]

イギリス政府は BIM が発注者にとってメリットがあると認識し、2016 年に、公共建築における BIM の適用を「レベル 2」まで引き上げようという意図を持ってつくられた図である。

「レベル 0」は従来の 2D-CAD を用いた紙をベースとした情報伝達を示している。「レベル 1」は二次元と三次元を併用し、情報伝達はデータファイルを用いて協働する状態を示している。現在、多くのプロジェクトではこのレベルは達成しているだろう。「レベル 2」で BIM が登場。ここでは BIM は複数形で表され、意匠系・構造系・設備系等の複数の BIM により協働することを期待している。そして次のステップとして示された「レベル 3」は、IFC 形式をベースとした Web サービス（クラウド）に BIM を統合して利用価値を高めるとされ、2020 年代に普及することを目指している。クラウド上には BIM だけでなく建設に関す

るさまざまな情報があり、プロジェクトの関係者がそれを共有し引き出せる環境をCDE[*5]と呼んでいる。OPEN BIMの延長ともいえ、より簡易な仕組みで事業主やエンドユーザーまで含めてBIMの共有ができる可能性を示している。

# CDEの可能性と懸念

　CDEに保管されるBIMデータは作成者が明確であり、データ受入れの検収作業と承認の状態が把握できる。データは適宜分割され、承認されていく。データの承認状態がわかるのでデータを利用する側は信頼して使うことができる。利用イメージを説明すると、CDEにアップロードされた建築基本データがあり、承認は建物の下階から順次行われている。サブコントラクタは承認の状態を確認しながら建築基本データをダウンロードし、自身の担当工種の入力をBIMツールで行い、成果をIFCファイルに変換しCDEにアップロードする。BIM-マネージャ[*6]は干渉等のモデルチェックを行い、修正が必要であれば依頼し、問題がなければ承認し受け入れる。これを繰り返し行い、作成者（工種ごと）と検収日ごとに分割されたIFCファイルをスタッキングさせることで建築全体のモデルを構築していく。最上階までたどり着くとCDE内には建築が仮想竣工した状態になる。仮想引渡しとして発注者はBIMを内覧する。この段階でつかい手側は仮想竣工した建築を確認し、気がついたことをつくり手にフィードバックする。やり方としてはBCF[*7]を用いてBIMビューワーからマークアップ[*8]を行う（図2.2.4-1）。

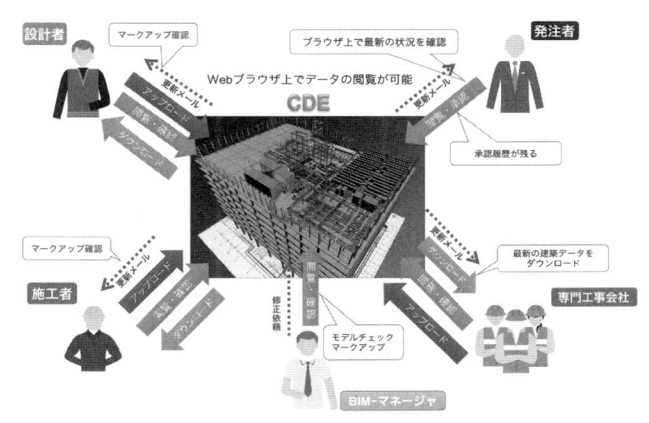

図2.2.4-1　CDE利用イメージ

　以上のようにCDEを用いた「レベル3」のBIMコラボレーションは、企業をまたぎつかい手とつくり手を問わず協働を可能とする魅力的な仕組みである。ただ問題点もある。作成されたBIMデータの著作権・使用権については整理が必要で、現在でも二次元の図面のCADデータを社外に渡すか渡さないかは請負各社によって対応が異なっており、これは相手が発注者の場合でも同様である。これに関しては業務委託契約の

**＊5　CDE**
*Common Data Environment*

二次元・三次元を問わない情報交換の仕組み。関係者はサーバにアクセスして情報のアップロード・ダウンロードを行う。その作成者と承認のフローを明確にできることが特徴。三次元モデルに情報を付加し管理できる。

**＊6　BIM-マネージャ**

プロジェクトごとに社内外のBIMデータ交換について調整の役割を担う人。黎明期なので所属組織のBIM推進や教育も兼任しているケースもあるが、本来それらは別の職域だと筆者は考えている。

**＊7　BCF**
*BIM Collaboration Format*

IFCファイル（＊2参照）を利用する複数の関係者間で相互コミュニケーションを容易にするフォーマット。BCFをサポートするソフトウェア間では、IFCモデルのカメラの位置・切断面の情報にコメントを添えて共有できる。モデルチェックの際に干渉部分を発見した場合は、関係者へBCFで報告を行うと、受信者は送信者が見た画面を再現した上でコメントを読むことができる。

**＊8　マークアップ**

問題を発見した場合に修正依頼などの書き込みをすること。仮想空間上に標識を残すのは難しく、通常その画面をキャプチャーし、そこに朱書きすることが多い。

＊9　民間連合
社団法人日本建築士事務所協
会連合会、社団法人日本建築
士会連合会、公益社団法人日
本建築家協会、一般社団法人
日本建築協会、一般社団法人
日本建築学会、一般社団法人
日本建設業連合会、一般社団
法人全国建設業協会の7団体。

中で定めるものと思われるが、参考までに標準的な民間連合＊9協定で
これについてどう表現しているかを下記に示す。

「(甲：委託者　乙：受託者)
第4条〔権利・義務の譲渡等の禁止〕
(中略)
　2.乙は、成果物、最終成果の表現に至らない図面・仕様書等(以
下「未完了の成果物」という。)及び設計業務を行ううえで得られ
た記録等を第三者に譲渡し、貸与し、又は質権その他の担保の目的
に供してはならない。ただし、あらかじめ甲の書面による承諾を得
た場合は、この限りでない。
(中略)
第6条〔著作権の帰属〕成果物又は成果物を利用して完成した建築
物(以下「本件建築物」という。)が著作物(著作権法第2条第1
号)に該当する場合(以下著作物に該当する成果物を「著作成果物」、
著作物に該当する本件建築物を「本件著作建築物」という。)、そ
の著作権(著作者人格権を含む。以下「著作権」という。)は、乙
に帰属する。」

　本来この協定は設計図書の知的財産権を保護することが目的である
が、建築をより緻密に表すBIMも図面同様の成果物と考えるべきだろ
う。CDEの中ではそれぞれのオリジナルデータの作成者は明示される
が、後工程によって改変されていく。オリジナルデータに「価値」が付
加されていくのだが、オリジナルデータの価値と改変されるデータの価
値をそれぞれどう評価し、その対価をどうすべきか整理しておく必要が
ある。

## ②②⑤
# 建物運用時の利用

　建物の供用期間のBIMデータ活用は大変魅力的なテーマであり、再
三話題にはなるのだが、設計・施工段階でのBIM活用の事例の多さに
対して、建物運用段階での事例はいまだ少ない。先述の通り、2D-CAD
データでさえ十分活用できているとは言いがたい。竣工後にユーザー側
がアクセスすることを想定し、建設時の情報の整理・保管を行うことは
建物のライフサイクルの上では大きな意義があるのだが、従来の商習慣
を超える作業でもある。
　それを実現するための課題は、大きく三つある。
1　竣工図同様に、実際に引き渡した建物と同じBIMが構築できるか。
　施工中の変更内容も反映しなければ意味がない。
2　維持管理者がどのようにBIMへアクセスするか。これはCADの
　場合と同様に、ソフトの有無に始まり、データのバージョン管理や
　利用者の習熟度などの注意すべき項目は多い。

3 データの保管方法をどうするか。建設の期間は数年間だが供用期間は数十年のスパンとなる。供用期間終了までを考えれば、竣工時の記録媒体が継続して活用できる保証はない。そして、改修時にはデータが適切に更新されなければならないので、編集可能な状態であることも条件となる。

　筆者は実験的に自社ビルのBIMデータをCDE上に保管し、竣工情報と紐づけてみた。BIMデータだけでなく引渡し書類や取扱い説明書などさまざまなドキュメントを保管することができる。Web上で動作するので特殊なソフトウェアは要求されない。BIM内部の閲覧はウォークスルー（人物視点での視覚化、p.23参照）も可能で、目的の箇所まで実際に歩くようにアクセスできる。特定のオブジェクトにドキュメントのリンクができるので取扱い説明書や管理帳票を貼りつけることができる（図2.2.5-1）。

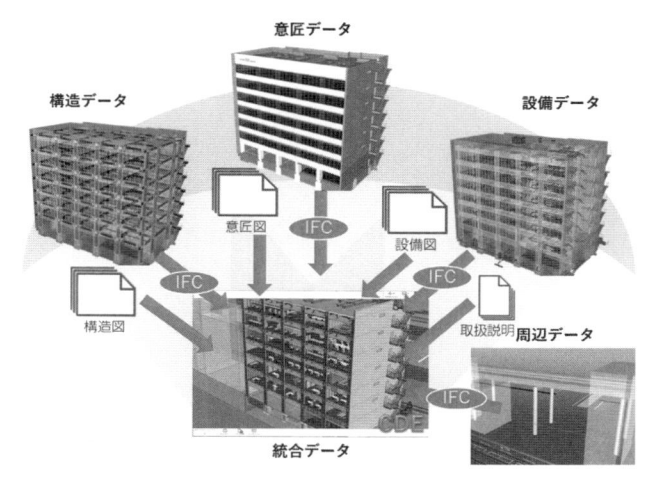

図2.2.5-1　CDEの事例（事務所ビル）

　保存形式はIFCなので特定のソフトに依存せず、さまざまな三次元情報を集約できる。CDEからモデルの属性情報を頼りに検索を行い、任意のオブジェクトの個数や位置を把握することもできる。後日編集作業が生じた際にはIFCデータをオーサリング・ツール[*10]に持ち込むか、BIMソフトのネイティブ・ファイル[*11]も保管しそれを再編集することもできるだろう。データはクラウド上にあり、適切に維持されている限りは問題ないが、バックアップ等データ紛失のリスクには備えるべきだろう。CDEを建物の維持管理の段階で利用することは大変魅力的だが、現実には、情報セキュリティの観点からクラウド使用をよしとしない発注者もおり、情報技術の進歩に商習慣が追いついていないと実感する。建設時に用いた情報がどこまでつかい手に引き継がれ、正確に保存されるべきか、つくり手とつかい手が全体にとっての最適を考えながら対話を行う必要がある。ICTの進化と可能性を活かすには、われわれのビジネスの枠組みから変革する必要性がありそうだ。

**＊10　オーサリング・ツール**
*authoring tool*

BIMが断続的に活用される場合には、最初のモデリングだけでなく変更対応やIFCデータの修正作業を行うことになる。これを行うソフトウェアをオーサリング・ツールと呼んでいる。CDE上ではデータの重ね合せは行うが、個々のデータの編集は行えない。

**＊11　ネイティブ・ファイル**
*native file*

IFCデータが万国共通語で書かれた汎用形式だとした場合、そのIFCの作成元になるソフトウェア独自の母国語で書かれたオリジナルのデータ。汎用形式では削ぎ落とされてしまった機能や情報が含まれている。ただし、建物の維持管理の期間（数十年）を考えた場合に、作成時に使用したソフトウェアは存在していない可能性が高い。

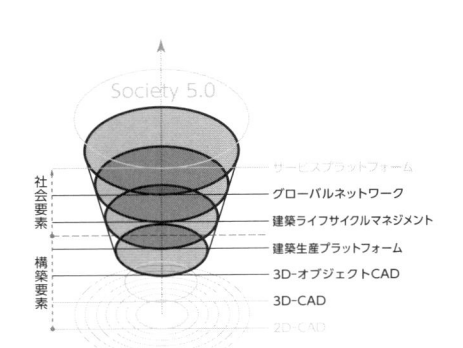

## ②③
# 活動範囲とプロセス
# の連携

安井 謙介（日建設計 3Dセンター室）

### ②③①
# 断続的活動範囲の連携

　弊社では、BIM は「コンピュータ上に作成した三次元の建物のデジタル・モデルに、さまざまな建築情報を追加したデータベースを建物のライフサイクルを通じて積極的に活用するワークフロー」だと定義している。建物のライフサイクルを通じてデータを積極的に活用するために、「2.2.3」で述べたように、プロジェクト関係者で使用するCDE(Common Data Environment : プロセスを通じたデータの情報管理環境、p.63 参照) のような環境が必要である。建築産業や学会に身を置くわれわれは、それぞれのビジネスや学問の専門を持ち、どうしてもそれぞれのフィールドを中心に建築情報を考えてしまう。断続的である活動範囲を連携し、越境して、建築情報の流通を俯瞰的に考え、新しい産業システムをつくることが建築産業の変革には求められる。

## 1 │ イノベーションが求められる建築産業

　設計事務所における BIM は、多くの場合、設計ツール（ソフトウェア）として使用される。一方、施工会社では、設計はもちろん、施工のためにも BIM を使用しており、プロジェクトにおける BIM の利用期間が長い。しかし、設計、施工だけで BIM を見るのではなく、本来の発注者であるクライアントの求めるデータをつくるという意味においては、設計も施工も本来の BIM の使い方をしているわけではなく、それぞれの受注者側のビジネスフィールドの中で BIM をツールとして使用しているにすぎない。

　BIM を建物のワークフローで考える場合、既存の専門分野化したビジネスモデルでは対応できなくなってきている。データの流通性を高めるために、buildingSMART Japan [*1] 等で行われている検討の一例をご紹介したい。

　設計・施工間でデータ連携のあり方を考えるワーキングでは、建物を構成する鉄筋、鉄骨、扉等、オブジェクトを中心に、建物の建設プロセスに沿って、各プロセスで決定される建築情報とデータ形式を確認し、データとして有効な形になっているか検証している。たとえば、設計中

---

**＊1　buildingSMART Japan**

buildingSMARTは、建物のライフサイクルを通して、利用するソフトウェア間で有効な相互運用を可能にするための標準化の作成を目的として、1995年に設立された国際的な団体。buildingSMART JapanはbuildingSMARTの日本支部。

にデジタル・データとして扱っていても、アウトプットが紙であり、次のプロセスでは紙からデジタル・データに手打ちで変換しているケースが見受けられる。建設プロセス全体を俯瞰し、自らのフィールドで作成する建築情報をデータとして価値あるものにするために、建築産業全体で議論し、データの流通性を高めることが求められる（図 2.3.1-1）。

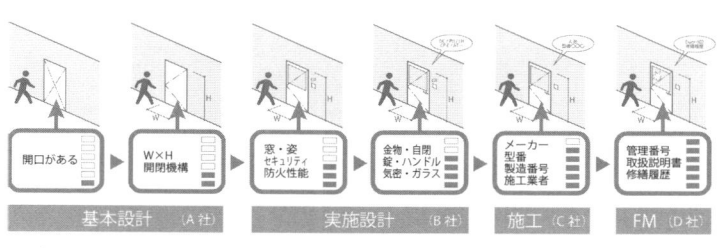

データの流通性を上げるためには、業種を超えた建築情報の標準化が求められる（資料／日建設計）

図2.3.1-1　建築情報の標準化

## 2 | 他業界で起こっていることに学ぶ

　国内で各社が BIM を導入し始めた当初、「自動車業界の"BIM"は建築の BIM より 10 年先を行っている」と聞いた。東京大学での産学連携の研究会（RC90[*2]）では、建築業界のイノベーションを実現するヒントを自動車業界などの他業界に求め、リサーチを行った。

　船舶、航空機、自動車と他業界の歴史を調べるなかで、Industrie 4.0（第四次産業革命）[*3] が他業界に与えた影響を調査し、建築産業と比較する機会を得られた（BIM IDEATHON：後述）。第三次産業革命と比較し、第四次産業革命では、相対的に設計・製造の価値が下がっていること、モノからサービスへ価値が変わりつつあることが見えてきた（図 2.3.1-2）。自動車も音楽も、所有する時代からサービスとして享受する時代に移行しつつある。業界はその変化に合わせなければ成立しなくなる。

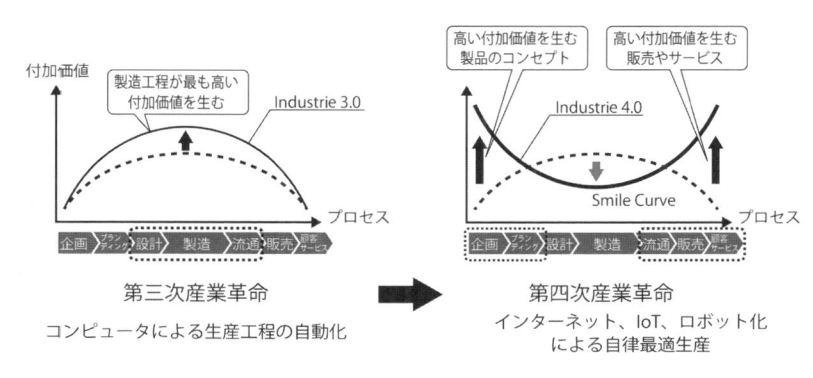

図2.3.1-2　第三次産業革命と第四次産業革命

　建築と製造業を重ね合わせられるかという議論はあるが、現実に、民泊やシェアオフィス等、サービス中心のビジネスが、建物の価値を変えてきている。IoT（Internet of Things、p.100 参照）技術が建物に採用されるとその変化は加速すると予想できる。

　*2　RC90

「BIMによる建築生産イノベーションに関する特別研究会 RC-90」東京大学生産技術研究所、野城智也、森下有

　*3　Industrie 4.0／第四次産業革命

ドイツ政府が推進する製造業のデジタル化・コンピュータ化を目指すコンセプト。第一次産業革命：機械による生産、第二次産業革命：大量生産、第三次産業革命：生産の自動化を示しており、第四次産業革命は、インターネット・IoT・ロボット化による自律最適生産と位置づけている。

他産業で起きたイノベーションを建築産業に重ねてみると、BIMで構築されるデータの価値は設計・施工の川上、または川下のプロセスで高まるはずだ。

## 3｜共通価値の創造

Industrie 4.0では競争領域（クローズ、各社のキーとなるビジネスの部分）と非競争領域（オープン、他社と共有できる基準等）を分けて考えることで、各社のリソースを集中させる手法を取っていることがわかる（p.16参照）。そして、日本はこの非競争領域で協業することが苦手な文化を持つ。

建築産業のBIMに置き換えてみると、現在、業界団体で行っているのはBIMの事例の共有であり、各社が共有できる基準をつくる動きは始まっていない。その理由としては各社が独自のシステム開発を行っていることや、手描きやCADの時代に業界が行った標準化がうまくいかなかったことが挙げられる。

Industrie 4.0が起こった2010年より前、2006年にアメリカの経済学者マイケル・ポーターが共有価値の創造（CSV[*4]：Creating Shared Value）という概念を発表した。これは企業における経済利益活動と社会的価値の創出（＝社会課題の解決）を両立させること、およびそのための経営戦略のフレームワークを指す。このCSVの概念が、BIMを普及させるために必要な基準づくりには必要だと考えている。各社が社会的価値につながる基準（非競争領域）をつくりつつ、個々の経済利益活動（競争領域）を成立させることを進めるべきである。

## 4｜持続可能な業界体制へのシフト

BIMの出現で社内教育も変わってきた。社内の教育は設計技術、ソフトウェア技術の二つの技術を分けて行われる。BIMは新しい技術なので、作業が若手に集中しがちだが、設計技術を覚えるべき新人の時期に、ソフトウェア技術に偏って吸収しないよう、バランスを取る必要がある。また、ソフトウェア技術は組織の上の世代が新たに覚えなければならない技術になるため、上の世代が下の世代から学ぶ場面が出てくる。設計技術とソフトウェア技術を分け、すべての世代が、不足する部分を学ぶ業務環境をつくる必要がある。

業界としても若手の教育を考える必要がある。建物のライフサイクルを通じてデータを積極的に活用するためには、自社の教育だけでは対応できないため、新しい仕組みが必要である。業界の若い技術者が組織を超えてつながり、BIMを担うことができる世代を育てていかなければならない。2017年から2018年にかけて4回開催されたBIM IDEATHONは、参加企業18社、延べ人数120人の若手技術者が同席したハッカソン（アイデアソン）[*5]であり、次世代をつなぐ試みであった。

大学教育も変わる必要がある。BIMは日々変わっていく技術であるため、常に最新の情報を学生に伝える必要がある。そのためには、業務

**＊4 CSV**
*Creating Shared Value*

共有価値の創造。企業による経済利益活動と社会的価値の創出（＝社会課題の解決）を両立させること、およびそのための経営戦略のフレームワーク。企業の競争戦略を専門とするアメリカの経済学者マイケル・ポーターが2006年、ハーバードビジネスレビュー誌の同年12月号に「Strategy and Society」と題する共著の論文の中で初めて提唱した。

**＊5 ハッカソン／アイデアソン**

ハッカソン：
「ハック（hack）」と「マラソン（marathon）」を組み合わせた造語。IT関連の専門職、プランナー等を対象とし、新たなサービスやシステム、アプリケーション等の開発を目的としたイベントで、1日〜1週間程度の短い期間で成果を競う。
アイデアソン：
ハッカソンの前段部分、アイデア創出を行う段階を、単独で実施することもあり、ハッカソンをなぞって「アイデアソン（ideathon）」と呼ぶようになった。

で BIM を扱っている社会人が最新情報を学生に伝える講義が必要であり、国内のいくつかの大学でもすでに取り入れられている。

## ②③② 断続的プロセスの連携

### 1 | 専門分野の連携に伴う、プロセスイノベーション

　BIM は日本発祥のものではない。既存の分断されたビジネス領域をつなぐ概念であるため、各国で既存の業界システムを見直すきっかけになる。

　海外の BIM に関する記述を日本語に訳しただけでは BIM を推進させることはできない。BIM が海外での事例の通りに運用されない原因や、国内の文化にどこまで合わせられるかを議論することが重要だろう。ここでは、各団体で議論された海外と国内の違いを中心に、断続的なプロセスを連携させるために各団体でなされた議論を解説する。

　IPD (Integrated Project Delivery、p.23 参照 ) というプロジェクトの運営手法がある。設計の初期段階からプロジェクトのキーマンが参画し、プロジェクトの手戻りを減らすというものである。既存の断続的プロセスを前倒ししようとするこのモデルは、アメリカではいくつかの成功事例を持つとされているが、日本国内においてはそのままの形では用いることができないといわれている。アメリカと日本の設計専従事務所の業務範囲の違いにより、IPD に必要なフロント・ローディング (p.17 参照 ) が国内では成立しないというのが理由とされている。その違いが、国内における「設計 BIM」「施工 BIM」という言葉につながっている (図 2.3.2-1)。

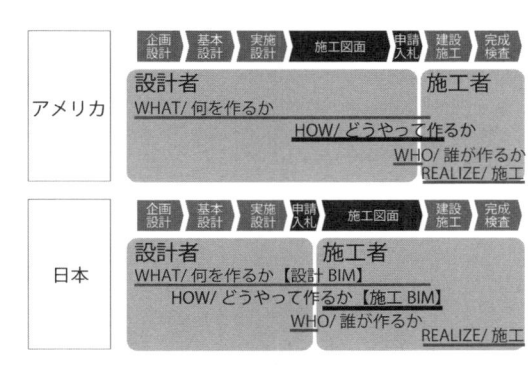

図 2.3.2-1　アメリカと日本の業務範囲の違い

　ただし、設計／施工が業務分離している日本のビジネスモデルが他国よりも劣っているというわけではない。日本のシンプルな設計文化と優秀な施工技術を活かしたまま、日本の良さを活かした日本版 IPD のようなビジネスモデルをつくるべきだ。

　コンカレント・エンジニアリング(CE)[6] という設計手法は設計フェーズでの、意匠、構造、設備の設計プロセスを変えると考えている。従来の直列的な設計手法をシーケンス型（p.87 参照）プロセスとすれば、並行して設計を進めるのがコンカレント型（p.87 参照）プロセスであり（図 2.3.2-2）、概念としては昔から存在したが、BIM の出現で効率的な運用が可能になると検証が進められている（図 2.3.2-3）。

**\*6 CE**
*Concurrent Engineering*

コンカレント・エンジニアリング。設計から製造にいたる多用な業務の担当者がプロジェクトの開始段階から参画し、初期段階から同時並行で業務を進めることにより、開発および量産までの期間短縮を図る手法。

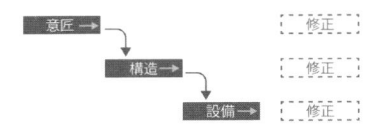
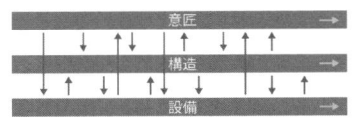

シーケンス型プロセス（段階、連続型）　　　　コンカレント型プロセス（同時・並列型）

図2.3.2-2　シーケンス型プロセスとコンカレント型プロセス

BIMワークフロー（部門間連携）

図2.3.2-3　BIM-ワークフロー*7（RUG ／ Revit User Groupにて作成）

**＊7　RUG BIM-ワークフロー**

意匠、構造、設備の設計者やエンジニアがBIMを用いてコンカレント（同時、並行型）に部門間連携設計をするためのワークフローで、RUG*8（Revit User Group）にて検討された。各部門での設計時に他部門のどの情報を必要としているのかを分析し、スケッチやメモで渡すもの、デジタル情報で渡すものを整理した。また、BIM（Revit*9）上でデータが連携できないものを「ミッシングリンク」とし、BIM-ワークフローとして改善すべき点を整理した（AUTODESK社 HPのRUGのページに図2.3.2-3のPDFが掲載されている。http://bim-design.com/rug/ ）。

**＊8　RUG**

建設業界においてRevitを中心としたBIMを実務的に活用できるような活動を通して、普及と展開に務めるユーザーグループ。

**＊9　Revit**

3D-オブジェクト CADソフトウェアの一つ。AUTODESK社開発。他の汎用ソフトウェアとして、ARCHICAD、GLOOBE、Vector works、MicroStationなどがある。

**＊10　BEP**
*BIM Execution Plan*

BIM-実行計画書
BIMを利用するプロジェクトにおいて、不可欠な取決め。プロジェクトの関係者が情報の入力・確認・共有・管理をどのように実行するのかを事前に協議の上合意し、要件書として発行するもの。

# 2｜BIM が推進する各国の建築産業の国際化

　IFC（Industry Foundation Classes / buildingSMART が　策定している BIM データの国際基準、p.59 参照）の標準化を行う buildingSMART の国際会議に出ると、欧州では標準化により、各国の建築産業が連携を加速していることがわかる。A 国の建物を B 国の鉄骨を使って建設するためには ISO 規格や BIM の統一ルールが求められるためである。アジアの島国である日本はこの国際化の波に乗れていない。一方、アジアの大国である中国は、一帯一路という経済・外交圏構想に関係する道や航路の IFC の標準化に積極的である。

　日本は固有の商習慣があり海外企業が参入しにくいことや、ボリュームメリットのあるプロジェクトが中国などに比べると少ないことから、国内の建築産業の国際化はなかなか進まない。

# 3｜プロセスの連携を促す BEP

　海外クライアントの海外 BIM プロジェクトを行う際は、BEP*10（BIM Execution Plan：BIM-実行計画書）という契約を交わす。これはクライアントがプロジェクトにおける BIM の運用について細かく決めたものであり、スケジュール、ソフトウェア、担当者等、契約の前後で発注

者と受注者間で調整を行うものである。契約により業務範囲が細かく決められている欧米では、プロジェクトのプロセスがシステム化されているといえる。

　一方で国内では、BEP をクライアントから求められることはほとんどない。現在はクライアント側が BIM のメリットを理解していないことが原因ではあるが、クライアント側で BIM の理解が広まり、設計や施工のツールとしての BIM ではない、クライアント・バリュー*11 へつながるデータとしての BIM が求められるようになると、BEP は必要なものになると予想している。受注者側では、BEP に関する現状整理を始めている。

　既存の建物のライフサイクルでは、建物の情報はフェーズごとに紙で納品され、データとしてプラットフォームに載ることがなかった。BEPはクライアント側が求める形式でフェーズごとにデータの提出を求められる。多くの建物を管理しているクライアント側のほうが BEP によるBIM データの価値が上がっていくため、すべてのクライアントに BEPが有効なわけではない。

## 4 ｜ 国と民間の連携が求められるプロセスイノベーション

　日本でも BIM ガイドラインを国土交通省営繕部が出している。国内の受注者側で BEP 等「業界の BIM を取り巻く環境の整理」を行ったところ、国内においても BIM ガイドラインの改定と BEP のひな形を作成することが求められる、との意見が出ている。イギリス等の BIMをリードしている国においては BIM 普及のロードマップが作成され、大学等の複数の施設を抱えるクライアントが BEP 等の書類を公開している。国内においても、国と民間が連携して BIM 普及に必要な施策を考える必要があるのではないか。

　また、設計事務所の報酬は「告示 98 号」*12 が基準になるが、現在（2019年 4 月現在 ) は BIM に対する記述がない。設計ツールとしての BIM はCAD 同様、設計の補助ツールになり、標準業務に近いものだと考えている。しかし、クライアントが必要な情報を BIM から作成したり、動画や VR 等、設計に必要な行為以外にも有効なコンテンツを BIM は制作可能であり、その場合は標準外業務だと考えられる。プロジェクトにおける最終的なアウトプットと、標準業務／標準外業務をプロジェクトの契約段階で決めなければならない。

　第 3 章では、BIM を活用している具体的な事例を取り上げる。国内のデータ連携の環境は未整備ではあるが、各事例での BIM の活用が連携へのヒントにつながることを期待したい。

---

**\*11　クライアント・バリュー**

設計者の成果物は設計図書であり、施工者の成果物は建物自体であるが、BIM の導入により本来の成果物以外のデータを作成できるようになった。設計者、施工者が個々のビジネスフィールドを超え、クライアントの価値につながるデータを BIM でつくることができるか、発注者、受注者がプロジェクトが始まる前に考えなければならない。

**\*12　告示 98 号**

国土交通省告示第九十八号 建築士法第二十五条の規定に基づき、建築士事務所の開設者がその業務に関して請求することのできる報酬の基準を定めたもの。

●エッセイ

# 領域の外から考える

豊田啓介（noiz 共同主宰、gluon共同主宰、Al-Feed共同代表）

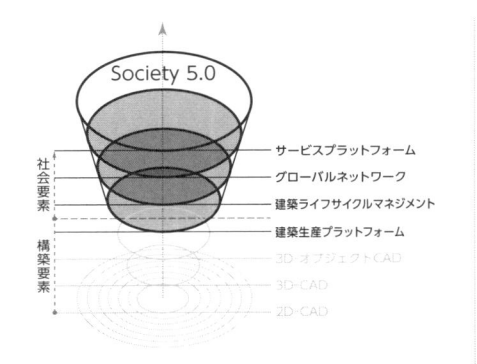

## 1　建築という産業のテクノロジー鎖国

　下記リンクを見てもわかるように、建設や不動産は日本では自動車に次ぐ巨大産業の一つである（図1）。不動産開発や建設は言うまでもなく社会の重要な基盤であり、その分既得権益のしがらみも相応に大きい。特に公共事業中心の計画投資の体制から、民間で競い合いマーケットを消費すると同時に創出しなければいけない時代となって、新しい技術プラットフォームの変化もあり、そこで求められる創意工夫と未来へのビジョンは、明らかに以前とは異なるものになってきている。ところが、大手による寡占傾向が強い、すなわち一定の方向性が比較的形成しやすい自動車産業と異なり、大手ゼネコン5社を合わせても総合建設業シェア10%

にやっと届く程度の、数万社による割拠構造を持つ建設業界には、少数企業による明確なビジョンに基づいて業界の方向を決めるような動きがなかなか難しい側面がある。今や、建設や不動産という業界は、テクノロジーの開拓を受けていない最後の大陸となりつつある。

　一口に日本の建設業界が、特に先端的テクノロジーの実装で「遅れて」いるというが、そこには業界間の競争という視点と、国や地域間の競争という視点が混在している。すなわち「日本」という視点、「建築界」という視点、それぞれの遅れを重ね合わせるかたちで、われわれは二重の意味で遅れている状況にある。では具体的にどう「遅れて」いるのだろうか。

　国や業界をまたぐ動きが足りないという点で直球なところでは、留学が極端に減っていると

図I　日本の産業規模マップ　https://visualizing.info/cr/msm/

いう傾向がある。あいにく明確な統計を持ち合わせていないが、私の大学院留学時の2000年前後では、たとえばコロンビア大学の建築学部の大学院には毎年5〜10名前後の日本人留学生がおり、この数はたいていのアイビーリーグ\*の建築系大学院でも同等だった。しかしここ10年ほど、同じくアイビーリーグの建築系大学院に留学している日本人学生は、おそらく平均すると各大学で年に一人を切るのではないか。ヨーロッパではそこまでの落込みではないとも聞くものの、フルブライト奨学基金などへの応募者数とその質も、以前とは比較にならない落込みようだと関係者からは聞く。舶来礼賛すればいいというものでもないが、これだけ制度も技術も変革が急な時代にできる限りアンテナを広げ、異なる感覚と言語を縦横に操り、柔軟かつ効果的な方向転換や拡張、専門性の乗換えができる人材が十分いなければその領域は確実に化石化する。今の日本の建築界はかなりその状況に近いといえるだろう。

同様に、産業間での人的交流がほとんどないという点も、現在の建築界の抱える大きな問題だ。最近でこそ建築学科の卒業生はかなり広く建設業界の外に職を求めるようになっているが、ひるがえってゼネコンやメーカーが他分野の専門性を活かすかたちで戦略的な採用を行っ

ているという話はほとんど聞こえてこない。では、どんな業界が参考になるのだろうか。たとえばゲーム業界がある。現在のゲームAI（p.53参照）の世界は、1.環境をデジタル言語で構築し、2.属性の異なるマルチエージェント\*をリアルタイムに制御し、3.個々の状況の中で行動パターンや移動のパス\*を地形に応じて生成し、4.ゲーム全体の体験最適化と個別プレイヤーやキャラクターの行動最適化を両方向から同時に行い、5.全体のデータ形式や計算量を最小化する技術を研ぎ澄まし、全世界で何百万というオーダーで実際に製品として販売している。これこそ、都市をデジタル記述したときに必要となる各種技術のショーケースといえる。他にも映画産業のCGにおけるモーション・キャプチャ\*や物理シミュレーションの技術、一部のロボット業界やモビリティ企業がSLAM\*の延長として獲得しつつある空間のリアルタイム認識とそのボクセル記述\*やその中での観測エージェント\*の位置や方向認識技術、さらには分子生物学など医療や化学領域で発展する物理シミュレーションと統計的アプローチをベースにしたジェネレーティブな構造\*や挙動解析など、さまざまな業界が多様な複合的技術を先行実装している事例は数多く挙げることができるが、建築業界はほとんどそれらを取り入れることも参

---

**\*アイビーリーグ**
アメリカ東海岸にある伝統的な私立の名門8大学の呼称。ダートマス大学、ハーバード大学、ブラウン大学、イェール大学、コーネル大学、コロンビア大学、プリンストン大学、ペンシルバニア大学からなり、アメリカの建築教育における中心的な学部を多く擁する。

**\*マルチエージェント**
複数のエージェント（一定の機能や指向性を持った要素）から構成される群。特に、コンピュータの高度な計算能力を活かしたマルチエージェント・システムと呼ばれる固定的な環境設定では、検証困難な問題に対する解法の一環として用いられることが多い。単純化された人工的な社会や自然の挙動をシミュレーションもしくはデザインするのに用いる。

**\*パス**
特にデジタル環境下でゲームや自律走行エージェントが移動する経路を、周辺環境とのインタラクション下において通行可能な線として描き出す、その線型のこと。人に見える形で表示はされないが、各自律的エージェントはその瞬間ごとに動くべきパスを生成しながら次の動きを決定している。

**\*モーション・キャプチャ**
骨格や三次元モデルのスキャニングのうち、時系列的な動きまでをスキャンする技術。特に人体や動物の動きを取得する領域において用いられる。一般にはマーカーと呼ばれる光学的な認識点をキャプチャする対象に複数取り付け、その動きを空間的に取得することで総合的な動きのキャプチャを行う。

**\*SLAM**
Simultaneous Localization and Mappingの略。主に自律走行の分野において、自律走行エージェントの自己位置推定とその蓄積による地図（環境データ）作成を並行して行う技術のこと。

**\*ボクセル記述**
英語表記ではVoxel。主にデジタル空間表現の世界で用いられる、三次元空間表記の立体単位要素。体積（Volume）と二次元画像表記における単位要素「ピクセル（Pixel）」との組合せによる造語。構成全体が複雑で式や線形表現で扱うことが困難なときなど、いわゆる点描表示的に全体構造を無視して各点を扱うことで全体の計算負荷を下げるときなどに用いる。

**\*観測エージェント**
この場合、空間および与えられた環境の中で自律的に移動するエージェント自身のこと。必要な移動や動作を行うため、SLAM等の技術により常に周囲を測位しながら相対的に自己位置および角度の観測・推定を行っている。

**\*ジェネレーティブな構造**
Generative（生成的な）に、常時新しく与えられる環境データに応じて生成・修正される構造のこと。一般に、事前決定的ではない（リアクティブである）、固定的ではない（動的である）、周辺環境や所与の入力に対してレスポンシブである、といった意味を含むことが多い。

考にすることもできていない。

　BIM という建築業界に閉じつつある技術（そのルーツからして造船や航空産業由来であるが）に固執するあまり、外の技術を取り込む努力を、業界規模に相応なレベルで行うことができずにいる状況は否定できない。留学とは国をまたぐことだけにはとどまらない。分野をまたぐ留学や人材確保の努力を、業界内の常識というしがらみを越えて、建築業界はシステムとして推し進める必要があるのではないか。

　こうした産業の内側に閉じて疑問を持たない傾向は、不幸にも相応に大きいそのサイズもさることながら、特に昭和の高度成長という稀有な社会状況を社会全体で共有してしまった日本独特の構造に大きな原因があるように見える。敗戦という歴史的イベントにより、一度社会がすべてのレイヤにおいて強制的にリセットされ、通常は多様な波長や波形が混在する複雑系であるべき現実社会が、よーいドンで波長を合わせてゼロから登り始めるという圧倒的な特殊解であり続けるという状況を、20 世紀後半の日本は経験してしまった。その特殊な環境は稀有な成長と称賛とを生み出し、世代の共有成功体験として昭和フェーズを過ぎ平成が終わってもなお、いまだにシンクロ上昇が絶対的神話であるかのように根強く残ってしまっている。

　筆者は現在設計事務所である noiz とは別に、建築・都市とテクノロジーを結ぶコンサルティングやディレクションの会社 gluon を共同で立ち上げ、さまざまな業界のいわゆる大企業のビジョン構築や経営戦略にいくつかかかわる立場にあるが、21 世紀も 20 年を入り込んだこの時期に、いまだに社会や経済、教育の主要なキャスティングボートを握る人たちの感覚が昭和の成功体験ベースであることが多い現実に、驚きと焦燥を感じることは多い。

　特定の時期には圧倒的な栄養だったものも、別の成長段階では毒にもなり得る。そうした感覚を少しでも早く中和し、早く新しい社会環境でより適切に、強く生き抜くための感覚と判断力、視点と運動神経、筋肉とそれらの複合的トレーニングを身につけた世代を、有効なクリティカルマス* として生み出す必要がある。現在の日本の建築界は、教育、企業いずれにおい

ても、そうした新しい人材を見出し、年齢や前例などの既成の価値観から自由なチームと経験の場を与えるということが（ごく一部の例外を除き）できていない。この時代に、大手・準大手ゼネコンのどこにも 30 代、せめて 40 代前半の取締役がいないことは不思議でしかないし、せめて新しい技術を理解しているべき CTO* 的な立場には 20 代、せめて 30 代のバリバリのテック最先端の人材を登用できる企業が 1 社もないというのは、残念という他ない。本来ならそうした CTO 的な存在の下には企業規模相応の（大手ゼネコンなら数百人単位の）チームを形成させて、BIM など狭小な分野にとどまらずどんどん権限を与えて新しいデジタル関連領域の R&D* と実装それぞれを動かすべきだし、そうしたチームをつくるのには（特に現状国内の建築教育界がそうした人材をほぼ生産できていない状況下では）、海外から優秀な人材をとりあえずクリティカルマスに達する量まで引き連れてくるべきだし、そのために給与や言語環境など、現状の組織の横並び云々とか既存のチームがコミュニケーションできないとか言わずにどんどん世界のスタンダードを適用して、必要な人材に必要な対価を支払って採用するべきだ。そうした権限と行動力、評価を持つ若いチームがあることは、これからの企業がグローバルに生き残るための最低限の条件でしかない。そうした新しく可能性がありかつ「かっこいい」出口がロール・モデル* として業界に存在すらしていないのに、学生や新人にデジタルを身につけろ BIM をマスターしろ新しい領域を切り開けと言ったところで彼らとてバカではない、相応のリターンの見込みの見えない領域に投資はしない。もしくはそうした投資の回収先には、旧態依然とした上司に間違った形で使われるよりも、もっと機会と権限と報酬とを与えてくれる他業種を選ぶだろう。転換期の初期はある程度の人材の流出も覚悟はしておかなければならない。アメリカにおいても、コロンビア大のペーパーレススタジオ等で輩出した初期デジタル・ネイティブ* な人材の多くは映画や広告、ゲームなどの業界に吸い上げられたが、その時期を経ることで多様な業界からの還流も生じ学生もまたそこを目指すようになり、次の世代で業界

を挙げた社会的実験フェーズに入れている。とにかくいけないのは、既成の価値観ベースでいろいろと欠点や難しさを行動を起こす前から挙げ連ね、結果何も変えないことだ。先の見えない、保証のない不安を乗り越えて第一歩を踏み出すのは、本来学生ではなく企業の側、大学の側であるべきはずである。

## 2 建築という領域の外から

本書でも建築界の各分野を主導する方々が個別の技術やビジョンを惜しみなく開帳し、業界の発展のために議論を尽くしてくれている。建築の主要な部分は工学でありかつ社会の現在に資するための実学であることが前提である以上、個々の要素技術や今現在のニーズベースでの積上げが重要であることに異論の余地はない。ただ、この変化が急で、これまでの技術や社会的要請、それらが依拠するプラットフォーム*の構造そのものが大きく変わる時代において、どうしても既存の構造や価値観ベースになりがちな積上げアプローチばかりで業界が動いていてよいのだろうか。工学的に厳密であろうとすればするほど、問題は内に閉じがちになる。

OPEN BIM（p.59 参照）や Common Data Environment*などという言葉がこの本でもあふれているが、そのうちどれくらいが本質的に

建築領域外からの視点から、可能性としての社会的プラットフォームを論じているだろう。設計や施工の合理性を上げ、建築物の性能を上げ、安全性に貢献することは当然施主やひいては社会利益につながるし、BIM というデータがそれらのデータ共有に役立つであろうことも当然ではある。ただ、目的が何らかの情報プラットフォームを「社会基盤として」提供するということにあるならば、その視点は建築の施工合理性や建築産業内での流通の効率化というような、内部からの視点ばかりで論じられるべきではない。

たとえば自動運転や自律走行という流れがある。現段階でまだ Level 3* の実装が、主には法整備の側で手間取っている段階ではあるが、場所を限定する形、たとえば大規模施設の地下駐車場などで完全自律走行が実現されることで、利用者の利便性は高まり、駐車効率も飛躍的に向上し、かつそれらの上部に建つ建築物の構造までも、これまでとはまったく異なる自由度で構成が可能になる。いわゆる人や物を乗せて自動車として道路を走る自律走行車だけではなく、ルンバ*のようなパーソナルスケールの自律走行エージェント、さらには WHILL*のような電動車椅子がちょっとしたモノの集配送や買い物などを受け持ち、かつ簡易な人の移動も補助するような状況が近い将来起こらないことは想

**\*クリティカルマス**
与えられた文脈および領域に対して、十分な影響を与え得るだけの割合と強度を持つ、何らかの指向性や特性を持つ要素の集合。ある影響要素の集合が全体に対して相応の影響を与えるだけの量的な閾値を超えたときに「クリティカルマスを超えた」などという。

**\* CTO**
Chief Technology OfficerもしくはChief Technical Officerの略。最高技術責任者。

**\* R&D**
Research & Developmentの略。一般に研究開発のこと。特にこの場合、それに必要な投資（Investment）が行われていることも含意される。

**\*ロール・モデル**
指標もしくは目標となる役割および社会的な立場。先行事例もしくは参照事例という意味に近い。

**\*デジタル・ネイティブ**
社会環境がデジタル技術ベースで成立している時代に育った、デジタル環境を所与の自然な環境の一部として抵抗なく扱える性質。もしくはそうした感覚を持った世代もしくは人。

**\*プラットフォーム**
この場合、固定的で閉じた構造を持つ前時代的な社会および情報環境に対して、固定的な壁もしくは領域がなく、よりオープンでフレキシブルな社会もしくは情報環境のこと。

**\* Common Data Environment**
この場合は特にBIM環境下において、一つのプロジェクトに複数の事業者もしくは専門性、工程においてかかわる関係者の間でのデータ形式やバージョンの共有および承認プロセスの整合性を担保するような、設計工程における環境もしくは手法のこと。

**\* Level 3**
公道を走る自動運転車の導入において、レベル0（完全な人による運転）からレベル5（完全自動運転）までの6段階で技術的な達成レベルを定義したスケール。レベル3は限定的な条件下での実質的な自動運転が可能だが、常に運転者が操作を行える状態にあることが求められる段階。試験車として現在複数の企業が実装を表明している。

**\*ルンバ**
iRobot社によって開発された、自律的に室内をくまなく移動して床の清掃を行う市販ロボット。簡易ながらSLAM機能を備え、経時的な利用により学習も行うとされる。英語表記はRoomba。

像しがたいし、それはたとえばトヨタが提唱する e-palette* の前提でもある。その実装には、個々の端末側の技術開発はさることながら、領域やスケールを横断した環境側のデジタル・プラットフォーム* の構築が必須となる。現在の自律走行では LiDAR* や各種センサを用いて周辺の状況を端末側で認識し、その蓄積と組合せによりサーバ側で後処理的に SLAM による低解像度の地図を描くという処理が基本となっているが、これはまだ個々の端末側に過度な計算処理を強いるシステムであり誤差も無駄も大きい。ここで環境側が一定の基礎情報を精度高く提供できれば、個々の端末は与えられた環境との差分だけを処理すればよく、システム内での計算や通信処理のボトルネック* は大きく軽減される。

たとえばまだ日本ではほとんど知られていないかもしれないが、昨年（2018 年）カリフォルニアの都市部で BIRD* や Lime* などの e-scooter* が爆発的に普及し、都市の移動のあり方を変えて話題になっている。しかしまだこれらも、1. 端末側、2. インターネット・ネットワーク、に依拠しているシステムで、3. 環境側のデータ化、によりさらにサービスの質や精度を向上させることが可能になると考えられている（これらの e-scooter のシステムは、拡散した端末の収集と充電をインセンティブベース* でユーザーに委ねるという、ビットコイン* とマイニング* のシステムの物質化ともいえるサービス構造を持っている点は非常に興味深い）。類似のサービス・プラットフォーム* は今後他分野でも生まれることが予想されるし、その個別のサービスやハードによらず担保されるべき利便性や価値向上においても、建築や都市といった環境側のデジタル化が貢献する余地は非常に大きい。

都市や物理環境のデジタル記述が必須になるもう一つのわかりやすい例が、AI が建物や施設の OS として導入された状態だろう。彼ら（AI）は竣工引渡し時点からすでに十分なパフォーマンスをすることが求められることから、竣工に先立って事前にその建物というシミュレーション環境に基づいてトレーニングされなければならないし、インストール後も各瞬間もしくは近い未来の状況を予測しながら、自らの

---

**\* WHILL**
日本発の電動車椅子開発および販売を行うベンチャー。車椅子という医療機器のイメージが強い領域に、デザイン性と汎用性、オープンな展開開発可能性を持ち込み、現在自律走行エージェントとしての可能性が広く期待され国際的にも注目されている。

**\* e-palette**
トヨタが 2018 年の CES において発表した、多様なスケールおよび機能の自律走行車およびその制御プラットフォームにより可能になる社会システムの概念モデル。トヨタがメーカーという枠を超えて、環境側およびシステム側のシステムプロバイダになるという大きなピボット宣言を行ったとして大きな注目を集めた。

**\*デジタル・プラットフォーム**
物理プラットフォーム（既存の物理的な街や建築、自然などの環境）に対して新たに人工的に構築される、デジタル・データ上でのサービスの実装やエージェントの機能に必要な環境構造。インターネットも一つのデジタル・プラットフォームであるし、実環境をデジタル記述した BIM をはじめとしたモノのデジタル記述環境も、それをもとに他のサービスやエージェントが機能する環境になる限りにおいてはデジタル・プラットフォームであるといえる。

**\* LiDAR**
Light Detection and Ranging の略。レーダーと同様の原理で、レーザー光による全方位エコー測距によるオブジェクトおよび環境の検知技術。解像度および空間的なカバーレンジはまだ低いものの、時間的な反応性の速さなどの優位性により現時点での自律走行技術には基本的な周辺認知の技術として導入されている。

**\*ボトルネック**
一般的な瓶の注ぎ口が細くなっていることで内容物の流出に一定の物理的制約をかけるように、技術開発や理解、伝達などの過程において、特に他と比較して部分的に能力の欠如した工程要素の存在により、伝達や理解などにおける全体の能力に制限がかかってしまう状況をいう。

**\* BIRD**
カリフォルニア州サンタモニカに本社を置く、シェア型 e-scooter のオペレーションを行う企業。2017 年創業。現在全米およびアジア、ヨーロッパで 100 以上の都市にピックアップおよび乗り捨て自由な e-scooter のシステムおよび実機提供を展開している。

**\* Lime**
BIRD と同様、全米およびヨーロッパ、アジアなどでシェア型 e-scooter のオペレーションを行う企業。本社はサンフランシスコ、2017 年創業。e-scooter 専業ではなく自転車その他のシェアデバイスのサービスも提供する。

**\* e-scooter**
一般には電動自走式のキックスクーターのこと。本文脈では BIRD や Lime のようなオペレータによる電動スクーターのシェアサービス全般をいう。通常のシェアサイクル等と異なり充電のためのドッキングステーションが不要なため街中どこでもピックアップと乗り捨てが可能で、充電もユーザーが自ら回収して自宅で行う。回収と充電、路上へのリリースの作業が変動相場制の報酬ベースで行われ、それがサービス全体の運用を担保することが、ビットコインにおけるマイニングの物理版と類似している点、特に新しいサービスとして注目を受けているが、乗り捨てや交通マナーなどの問題も表面化している。

肉体や環境を「感覚」しその状態を「認識」し、かつ多様な状況に関して学習を続けなければならない。そうした意味では、現在の建築は意識・無意識どちらのセンサも神経系も循環器も持たない、ほとんど死体のような存在にすぎない。今後日常生活の中で、人がセンシング・デバイス*を持ち配送物にはタグ*が付き、パーソナル・モビリティ*が走り回り……と、常時多様なエージェントが複合的にふるまう状況が予想される中で、それらを神の視点から制御し全体最適化をつかさどる AI の導入は必然でしかないし、そのためには彼らが物質系を情報系と等価に認識し、インタラクション*を行えることが前提条件となる。ここで重要なのは、現在の物質系環境である建築や都市は、ただ情報系とのインタラクションに必要な感覚器を持たないだけでなく、情報系エージェントが認識可能な形で記述すらされていないということだ。すなわちわれわれの日常にあるほとんどの物質系は、情報系エージェントから見ると、ほぼ認識不可能なダークマター*でしかないということである。多様なデジタル・エージェントの身体性と自己・対象認識の形をまずはデザインし、その制御の手法を体系化し、人以外の物質系、情報系にまたがる多様なデジタル世界の住人たち誰もが十分な解像度でこの世界を認識し、インタ

ラクションできるように都市を記述し、必要な感覚器を配置し、より汎用性が高くなるようにその仕組みとデータ形式、互換性の一般解を提示することが、つまりはデジタル・エージェントにこの物質世界を「見える化」してあげることが、今の建築界の大きな責務であり同時に新しいマーケットなのである。その点で、BIM はまだ見える化のための記述方式とはいえない。建築界は BIM がそのままコモングラウンド（後述）としての汎用性を持つなどとナイーブに考えるべきではないが、それでも他の業界が逆立ちしても持ち得ないだけの精度の高いデータストックを、先行して蓄積している特異な領域だということはもっと意識するべきである。

## 3 建築・都市のコモングラウンド化

筆者が共同主宰しているコンサルティング・プラットフォームである gluon では、こうした物質世界のエージェントにも情報世界のエージェントにも認識可能なモノと情報が重なり合った状態を「コモングラウンド」と呼んで、いわゆる物質世界とも、インターネットなどのデジタル世界とも区別している。現在の日本の建築・不動産業界が、BIM という建設と管理という目的に特化した一形式を、より汎用性の

*インセンティブ・ベース
義務ではなく報酬に基づく自由参加を前提とするシステム。

*ビットコイン
いわゆるブロック・チェーン技術を用いた仮想通貨の一つの形。一定規模の統計的なスケールで初めて機能する、ネットワーク上での決済と記録、証証のシステム。ブロック・チェーンには企業や国が一定の保証を行うものと、市場のオープン性とシステムの公正性に委ねるものがあり、ビットコインは主に後者をベースとしている。マイニングという独自のプロセスにより市場の持続性と離散的な安全性が担保されるシステムが画期的で、未来の通貨の形態とされる。

*マイニング
ビットコインのシステムにおいて、一つずつの決済の承認を行うために、マイナーと呼ばれるシステムへの参加者が、より高い計算能力により各承認プロセスを競争的に請け負うプロセスをいう。マイナーは個々の承認プロセスを請け負ってシステムに新しい承認情報をリリースすることにより、決まった額のビットコインを受け取ることが可能で、この一連の作業が鉱山における鉱石の採掘に似ていることからマイニングと呼ばれる。

*サービス・プラットフォーム
サービスが成立するためのシステム。特によりオープンで流動性や可変性の高いシステムに関して、境界の壁が見えないイメージかうシステムよりもプラットフォームという言葉が使われる傾向がある。

*センシング・デバイス
さまざまな手段で情報の取得を行うセンサ、特にそのハードウェアのこと。各種カメラやレーダー、レーザー測距、温度センサ、マイク、圧力センサ、モーション・センサ等多様な種類があるものの総称。

*タグ
札、荷札のこと。転じてデジタル領域では、何らかのデジタル情報の認識対象に、その属性情報をまとめてわかりやすい位置に添付しておくこと。または物理世界でのモノへのセンシング・デバイスおよびシールやマーカーを用いた同様の情報添付。主にはタグ側には動力や電源を必要としないものを指すことが多い。

*パーソナル・モビリティ
自動車や電車等多人数が乗ることを前提とした自動機構に対し、主に一人が乗ることを目的とした移動支援機器。既存の一人乗りオートバイや電動サイクル等を含むこともあるが、主には必要なスペースが人とほとんど変わらず、人と混在して移動することが可能な機器を示すことが多い。

*インタラクション
複数の要素がお互いに影響を及ぼし合うこと。相互作用。コミュニケーションが一方向ではなく双方向的であること。

*ダークマター
暗黒物質。天文学的現象を説明するために想定された、質量は持つものの光学的には直接観測できないとされる仮想的な物質。

高いコモングラウンド化するための研究や投資を十分に行っているかというと、業界のスケールに対して十分とはとても言えない状況にある。BIMが非常に大きなポテンシャルを持っていること自体に間違いはない。データは多層にわたり、オブジェクトごとに認識単位が整理され、属性データや履歴データも付随しているし、原則サーフェス系*のジオメトリ記述*も、現在自律走行系が依拠せざるを得ない点群*やボクセル記述に比較して、データ構造として効率的である。ただ問題は、建築の現場では個人や企業、プロジェクトごとに異なるソフトウェアをバラバラに用いていて、おそらくは担当者でないと個々のBIMデータを十分に理解して扱うことは難しいという業界の現状だ。建設が目的であるからデータ化されているのはいわゆる建築工事にかかわる部分のみで、その間の広場や道路、公共財などは実際には使用される部分でもまったくBIM記述されていないし、領域的にも言語的にも、共有プラットフォームとして社会に開放する仕組みには、今のところまったくなっていないと言っていいだろう。点群に比べてBIMのジオメトリや属性記述の効率が良いといったが、よりリアルタイムかつジェネレーティブな記述、レンダリング性能*という点では、原則としてポリゴン*でジオメトリを扱うゲーム・エンジンははるかにその先を行くし、特に今後動的な複合エージェントのリアルタイム制御を行うようになるプラットフォームという視点からは、建築系BIMはゲーム・エンジンに比較して構造的に効率が悪い。Houdini*のようにボクセル記述が得意で点群やピクセル・コラム*など、スキャンデータとの架橋に可能性のありそうなソフトも進化してきている。当然Grasshopper*のような、感覚的に論理回路を扱うVisual Coding*との接続も、どのソフトウェアでも必須になっていくだろう（ゲーム業界はこの点でも圧倒的に進んでいる）。今都市をシームレスにデジタル記述するには、建物部分のBIMやその他のソフトウェア間での標準化と併せ、スキャニングでその間を埋める手法も並行して扱わざるを得ない。現状でBIMとスキャンデータの構造や属性、認識における乖離が明確なボトルネックになることが不可避ななかで、この領域にGoogleやNVIDIA*の1/10でも投資している建築業界の企業があるだろうか。BIMは非常に可能性をもっているが、まだあくまで建築

---

**\*サーフェス系**
主要な三次元モデリング・ソフトウェアには、Rhinocerosや3ds Maxなどがそうであるようにサーフェス（立体を頂点とその間に張られた面で表現）系のモデラと、立体の中身の情報を前提として持つソリッド・モデラがある。サーフェス系は主に建築系やグラフィック系で用いられ、ソリッド系は機械や工学系CADとして用いられることが多い。

**\*ジオメトリ記述**
コンピュータ上の三次元空間に置かれた幾何学的な立体モデルの座標を、視点が原点となる二次元座標系に投影変換する計算のこと。三次元モデラといってもあらゆる図形を厳密に表現できるわけではなく、ポリゴン系やNURBS系などそれぞれ特性を活かした独自のジオメトリ記述を行っており、それらがそれぞれのソフトウェアの特徴となる。

**\*点群**
ここでは空間のデジタル記述の手法の一つ。主に空間の三次元スキャニングに用いられる、レーザーによる点照射とその位置および色に関する取得データをそのままデジタル空間に配置したもの。一般に群としての属性情報がなく、データとして非常に重くなる。

**\*レンダリング性能**
デジタル空間内に構成された構造データを、光や色、素材などの視覚的表現を加味して電子的に計算処理して画像として表現する方法およびその計算性能。ゲームやCAD/BIMなどの発達により、三次元データをコンピュータ内で自在にハンドリングし、そのつど、その確度と見えがかりの画像表現（レンダリング）を行うことが一般化し、専用のチップとしてGPUなどの演算素子が開発されている。

**\*ポリゴン**
三次元構造の記述方法のうち、すべての面を三角形分割し、その頂点と三角面との連続面として表現する手法。

**\* Houdini**
Side Effects Software社によって開発された三次元CGソフトウェア。物理シミュレーションやVoxel等の扱いに長けていて、主に映画製作に用いられる。他の多くの映画向け三次元CGソフトウェアやゲーム・エンジンと同様、プロシージャルな製作を前提としたUIと構造を持つ。

**\*ピクセル・コラム**
自律走行ロボットなどが簡易な深度センサ等により周囲の構造や配置を把握するときに、単純な平面としてのピクセルと、その押出しのみによる高さと立体の表現により簡易にかつ早く立体を把握する手法。

**\* Grasshopper**
建築や工業デザインで用いられる三次元モデラであるRhinoceros上でのみ動くGraphical Algorithm Editor。三次元モデリングにおいて、いわゆるビジュアルコーディングを可能にした初期の、かつ一般への普及に成功したソフトウェア。原則としてオープン・プラットフォームであるため、Rhinoceros以外の多様なソフトウェアやプログラム言語と必要に応じて接続するためのベースとして広く使われている。

**\* Visual Coding**
Grasshopperをはじめとする、通常は文字入力によるプログラミングを、事前に各コマンドや機能に対応したアイコンを接続して論理回路を構成することで行うプログラミングの手法。事前にアプリケーションとして準備されていることが前提になるが、より感覚的にプログラミングを行うことができる。

業界のローカル言語にすぎない。建築外の産業分野が求める形へと拡張し、データ構造の互換性を高めて、都市という物理環境を社会と経済の汎用プラットフォーム化することで、はじめて e-commerce＊やエンタメ、公共サービスから自律走行、商業や税収のシミュレーション、環境シミュレーションから AI の実装プラットフォームまで、多様なサービスが実生活で実効性を持つ新しい世界が生れ得る。多様なデジタル・エージェントが生きやすいデータ形式や密度、センサや各種デバイスの構造、制御のシステムを投資的 R&D で探り出し、大きな方向性を描いた上で実装可能な技術開発へと落とし込んでいく。そうしたグランドビジョンの実装力が求められている。

　Google が Sidewalk Labs＊を通してトロントで、Alibaba が ET City Brain＊を通して杭州やクアラルンプールで、大規模なコモングラウンド構築の実証実験を進めているのは、そうした都市を舞台としたデジタルとフィジカルの連動プラットフォーム、すなわちコモングラウンド構築を次の大きなマーケットと見ているからだ。最近の世界最先端のグローバル企業の投資や買収先、基礎技術の発表の動きなどを見ていると、軒並みコモングラウンド領域への投資を加速していることが見えてくる。

　ここで 20 世紀末以降のグローバル企業の世代と変遷をラフに俯瞰してみることにする（図2）。日本企業が世界を席巻した昭和型モノづくり世代を第一世代とすると、1990 年代以降

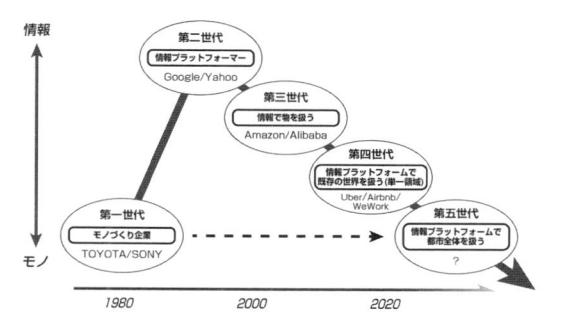

図2　高度成長期後のグローバル企業の世代の変遷（提供 gluon）

一気に Yahoo や Google などの情報プラットフォーマーによる世代交代が行われた。しかし情報側に振り切るだけで社会は十分には機能せず、情報プラットフォームでモノ、特に可動産を扱う Amazon のような第三世代が台頭し、さらには情報プラットフォームで都市に既存の（準）不動産を扱う Uber や Airbnb、WeWorkのような第四世代企業が今世界を席巻している。ただし、第四世代は既存の都市領域を扱うとはいえ、タクシーやホテル、オフィスといった単一領域しかまだ扱えていない。となると当然次に来るのは、既存の物質世界としての都市の「複合的な」領域を扱う情報・物理プラットフォーマーということになり、ここに名乗りを上げようとしているのが前述のような、都市のデジタル化に莫大な投資を行っている、今最も資金力もタレントも抱えている企業群ということになる。第五世代の候補となるには圧倒的な情報プラットフォーマーとしての技術力とノウハウを持つことが前提にはなるが、同時に圧倒的な既

---

**＊ NVIDIA**
カリフォルニア州に本社を置く高性能 GPU（グラフィクス・プロセシング・ユニット）に特化した半導体メーカー。三次元 CGに必要なグラフィクスやジオメトリの処理に必要な性能を高める高性能 GPU を備えていることが、建築はもとよりその他あらゆる立体映像やジオメトリの計算を必要とする映画、ゲーム、医薬、自動運転などの領域で重要度を増しており、先端的な IT 企業の発展の基礎を押さえる企業として重要度を増している。近年 Deep Learningに特化した汎用スーパーコンピューターの領域でも存在感を増している。

**＊ e-commerce**
オンラインでの検索、販売、決済を行う商業行為、もしくはそのサービスのシステム。実地型の小売り業態が急速に Amazonをはじめとするオンラインショッピングに移行し、従来型の小売りや流通の業態に大きな影響を与えている。近年、BtoC（企業/消費者のビジネス。B2C とも表記）プラットフォームを持つAmazon や Alibaba、ZOZOTOWNなどの形態に加え、CtoC（消費者/消費者のビジネス。C2C とも表記）の直接売買を媒介するeBay やメルカリなどの業態が存在感を増している。

**＊ Sidewalk Labs**
Google 傘下で都市環境に関する開発やビジョン構築、実装を行う企業。いわゆる Googleグループである Alphabet の一つ。本社はニューヨーク。近年、トロント市の水際開発において巨額の資金提供を前提にスマート・シティーとしての開発権を獲得しその動向が注目されている。

**＊ ET City Brain**
Alibaba のグループ企業であるAlibaba Cloud により開発されている都市交通監理システムの名称。Alibaba グループの本社のある杭州市との共同により、主に監視カメラと画像認識システムとの併用によるリアルタイムの交通管制や予測、セキュリティのアクティブ制御を行う、いわゆるスマート・シティーの一つの側面をパッケージ化したシステム。マレーシアのクアラルンプールなどの都市にも展開が進んでいる。

存のモノのデジタル記述の能力やその取扱いの
ノウハウも必須となり、ここが従来の IT 企業
の弱みとなっている。すなわち、一周回って第
一世代のものづくり企業の価値が急速に高まっ
ているのだ（繰り返すが、情報プラットフォー
ムを扱う技術と感覚を持つことは条件になる）。
Google が Google Earth などで都市記述の領
域で先行しているとはいえ、所詮彼らにできる
ことはまだ都市の表面の低解像度スキャンにす
ぎない。実用的な精度と属性の多層性におい
て、第一世代企業のモノに関する複合情報を内
部に取り込めている情報プラットフォーマー
は、現時点でまだ現れていない。そうした意味
で、2018 年の CES＊においてトヨタが宣言し
た e-palette 構想は、圧倒的な物理側の強さを
持つ第一世代企業であるトヨタが、物理側の強
度を持ちながら情報プラットフォーマーへと名
乗りを上げる画期的な宣言だったといえるだろ
う。日本企業がこれまでの蓄積を活かすに当た
り、こうした動きは参考になるはずだ。建築・
不動産業界は、情報プラットフォーマー的知見
とノウハウを備える点でいずれも相当な遅れを
取っているが、既存の都市や建築環境を構成す
るモノの情報精度においては圧倒的に高いアド
バンテージを独占的に持っている。問題はその
優位性に、業界内部から気づけていないという
点にある。

　コモングラウンドという名称は、京都大学大
学院情報学研究科の西田豊明教授の言葉から
転用させていただいている。西田教授の専門
は人工知能、特に会話情報学ではあるが、「人
間社会が人工知能のもたらすベネフィットを
最大限に享受できるようにするためには、人
間社会と人工知能がともに依拠できる共有基
盤（Common Ground）を構築し、発展させて
いく手法を確立することが不可欠です」※とい
うフレーズは、そのまま都市基盤のコモングラ
ウンド構築にも当てはまる。フィジカルだけで
も、デジタルだけでもない、デジタルとフィジ
カルが重なり合い、かつ相互に認識し十分以上
の解像度でインタラクションが可能な「第三の
世界」。最近しばしば耳にする、いわゆるデジ
タル・ツイン＊という概念は、このコモングラ
ウンドを構成する、デジタル側の半分を指すも

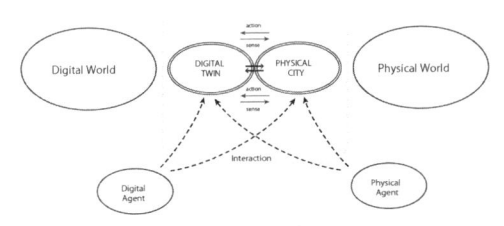

図3　デジタル・ツインの概念（提供 gluon）

のと理解できる（図3）。フィジカル世界があり、
デジタル・ツインが存在するだけでなく、それ
が十分に重なり合い、相互に認識やインタラク
ションが可能であることが、コモングラウンド
の条件になる。

　昨年 11 月に大阪での 2025 年の万博開催が決
定したが、実は万博の開催は、そうした社会
実験の非常に貴重な機会になり得る新しい可能
性を備えている。昨今 EU が、Google などア
メリカ系単一企業に情報を独占されるプラット
フォームへの大きな疑義提示と対策を実行し
て話題になっているが、情報の一企業による占
有を前提とせず、よりオープンにデータベース
が公開され、さまざまな企業や研究機関がコモ
ングラウンド構築にかかわるデータやノウハウ
を共有し、社会としての SDGs＊達成に貢献し
得るようなよりオープン指向のプラットフォー
ムを実験的に実装するような機会は、もはや万
博のような規模のイベント以外にあり得なくな
りつつある。物理実験の世界でも機器の巨大化
がどんどん進み、CERN＊のような実験機器は
国をも超えて、EU を挙げてようやく一つ設置
できるようなかたちになっているように、こう
した都市実験とその結果を多くの国や企業で共
有するような機会は、つまりはコモングラウン
ド・プラットフォームを Google や Alibaba に
独占されず、多くの国や企業がそのノウハウ
やデータをオープンに共有できるかたちで実
証実験を行うには、実は万博は非常に適した
枠組みを有している。日本では特に 1970 年大
阪万博へのノスタルジアが強く、どうしても
万博というとそうしたパビリオン型展示やシン
ボル性を基軸としたイベントを求める空気
がいまだに強くあるが、現代ではパビリオン
型の技術やエンタメ展示であればもはや CES

やSxSW＊、アルスエレクトロニカ＊といったイベントのほうが圧倒的に機動性も高くかつ面白く、もはや万博の価値はそこにはないといっていい。むしろパビリオンや会場運営を横断し、自律走行やデリバリー、動態コントロールやAR案内＊など技術レイヤごとの実装展示というかたちで会場と運営そのものを技術展示化してさまざまな企業の参加を促し、その実験のノウハウとデータを共有する形式こそが、万博という仮設実験都市ならではの新しい可能性になる。われわれはその2025年という絶妙なタイミングを逃すべきではない。

西田教授の話は人工知能の認識における文脈ではあるが、自律走行やロボティクス＊、都市や建築領域に今後多様なかたちで介入してくる各種デジタル・エージェント＊へと一般に拡張できる内容でもある。世間ではLGBT＊などアイデンティティ拡張の議論が活発になっているが、われわれが拡張しなければならない視点は、もはや人の外側、われわれが共存するデジタル・エージェント（明確な身体の境界を持つものもあるし、建築や都市という環境側の主体かもしれない。それこそSFにあるような、ネットに存在するまったく身体性を持たないエージェントがアイデンティティを実効的に持ち得るのかなどは、今後展開が期待される研究領域である）へと拡張されている。彼らデジタル・エージェントたちの視点からもまた認識しやすく生きやすい建築や都市をデザインできるようにならない限り、人間視点だけで構築されたデジタル環境は今後きっと行為と主体との齟齬の蓄積で行き詰まる。そのためにはそもそも建築などという閉じた領域で世界を見ていては始まらない。

「建築」も「日本」も、今や既存の成功体験を狭く共有する、安全な池の内側で議論や勝負を続ける停滞領域となってしまった。BIMという概念も、もっと外からの視点で展開を考える必要がある。

---

**＊CES**
Consumer Electronics Showの略。毎年1月にラスベガスで開催されるエレクトロニクス関連製品の見本市。近年世界的に注目されるようになるにつれ、新技術やサービスの戦略的な発表の場もしくはベンチャーの登竜門的な機会となっている。

**＊デジタル・ツイン**
物質の世界の構造および情報を、リアルタイムに連動するかたちで情報空間にデジタルデータとして構築した構造もしくはその世界そのもののこと。

**＊SDGs**
Sustainable Development Goals（持続可能な開発目標）の略。2015年の国連サミットで採択された国連加盟国向けの達成目標で、世界の公平かつ環境配慮型の問題解決と成長のために世界が一致して取り組むべきビジョンが提示されており、17の大目標やその達成のためのより具体的な169のターゲットから構成される。

**＊CERN**
ジュネーブ郊外にある世界最大の素粒子物理学の研究所で、欧州の21カ国およびイスラエルにより共同で運営されている。現時点で世界最大の円形加速器であるLHC（大型ハドロン衝突型加速器）が設置されていることで知られ、近年ノーベル物理学賞を受賞したヒッグス粒子の検証実験に大きく貢献した。

**＊SxSW**
South by South Westの略。毎年3月にテキサス州オースティンを会場に開催される音楽とテクノロジーのフェスティバルおよび展示会。もともとは1980年代に音楽のフェスティバルとして始まったが、2000年前後からインタラクティブな技術展示も開催されるようになり、ツイッター社が世界的に注目されるきっかけになるなどテックベンチャー企業の登竜門として広く認知されるようになった。近年世界中の大企業の参加する見本市およびカンファレンスとしての性格をより強くしている。

**＊アルスエレクトロニカ**
オーストリアのリンツで毎年開催されるメディアアートの世界的なフェスティバル。メディアアート、デジタルアートの世界で広く認知され、ここでの受賞は高いステータスとして評価される。

**＊AR案内**
AR（Augmented Reality：拡張現実）により方向や移動の案内を行う技術もしくはサービス。利用者個々のニーズや目的に応じてカスタマイズされた表示や案内、インタラクティブなサービスの提供が可能で、近い将来の公共の場での案内やイベントにおけるナビゲーション、避難誘導やチケット管理等への応用が期待されている。

**＊ロボティクス**
ロボットの設計や製作、制御にかかわる技術一般を扱う工学の一分野。モーターやその他駆動機構に関する機械工学の領域、センサや通信機器、その制御にかかわる電子工学領域、シミュレーションや人工知能などにかかわる情報工学領域など複合的な分野からなる。

**＊デジタルエージェント**
この場合は、物理世界での人や動物などの、社会での移動や行動の単位となるある程度自律的な移動を伴う存在に対して、物理世界における自律走行モビリティやロボット、情報世界におけるシミュレーション空間内での人やモビリティ、ロボットなど、活動単位となる肉体に相当する部分が機械もしくはデジタルデータによって構成されている、一定以上の自律的な行動能力を持つ単位のこと。人や遠隔操作の機械・情報媒体と異なり、自らの身体の認識や周辺環境の認識をその機械や情報ならではのかたちで行う必要があり、同時に周辺世界の認識方法も人や動物とは大きく異なることが多い。

**＊LGBT**
レズビアン・ゲイ・バイセクシャル・トランスジェンダーを総称する、それぞれの頭文字からなる略称。セクシュアルマイノリティ全般を示す。

※：2018年度人工知能学会全国大会（第32回）特別セッション「手作りの会話情報学 – 人と人工知能の未来のコミュニケーション」解説文

# 第3章

# 建築と社会をつなぐBIM

# ③①
# BIMの基本性能と可能性

## ③①①
## 建築デジタルモデルの<br>性能と可能性

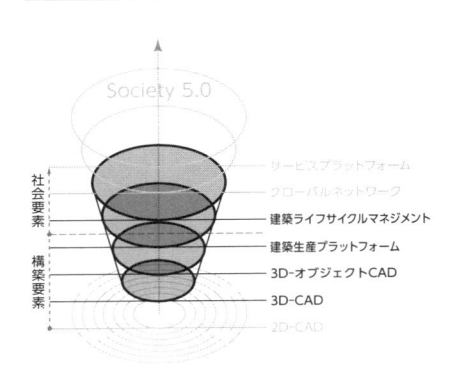

Society 5.0

社会要素 — サービスプラットフォーム<br>グローバルネットワーク<br>建築ライフサイクルマネジメント

構築要素 — 建築生産プラットフォーム<br>3D-オブジェクトCAD<br>3D-CAD<br>2D-CAD

山際 東 (ビム・アーキテクツ)

澤田英行 (芝浦工業大学 システム理工学部)

*1 CA
*Carrier Aggregation*

回線事業者の基地局との通信を複数のバンド帯から同時に受信する大容量の高速データ通信方法。

*2 図面

ここでは、建築物の計画概要・形態・設備・構造・仕様などの設計情報を描画、記述した二次元の図集（紙媒体およびデジタルファイル）を指す。

*3 プラットフォーム

コンピュータ分野では、オペレーティング・システム（OS）やハードウェアの基盤を指す。BIM・CIMでは3D-CADによるオブジェクト指向に依存した階層的データベースのこと。

*4 オブジェクト
*object*

物理的な質や抽象的な意味を属性情報（プロパティ）として定義された、コンピュータプログラム上の処理・操作の手続き（メソッド＝処理・操作の内容を記述したプログラム）を介して操作対象となる実体的な存在。

*5 オブジェクト指向
*object-oriented*

さまざまなオブジェクトを組み合わせ、相互に関連づけて作用させることで、ある性質や働きを発現するシステムを構築する方法。

## 1 ｜ 建築デジタル業務と効率化

　建築設計の仕事は、紙と鉛筆で情報伝達する時代から、パソコン・タブレット・スマートフォンを駆使するCA*1技術によって双方向的につながるデジタル時代へ移行した。ところがその成果物は、いまだに図面*2という媒体から抜け出せない。デジタル化したツールやワーク環境を活用すれば、成果物のありようも変わるはずだが、そうはならない。成果物としての図面にとらわれれば、必然的に作図作業の効率化に目が向く。しかし建築設計業務で肝心なのは、適切な意思決定をすみやかに行うことだ。作図の効率化のみならず、的確で正確な判断を迅速に遂行するための媒体やワークフローが必要なのだ。

　筆者はBIMを、建築生産（設計・製造・施工・運用・維持管理）のライフサイクルを支える情報基盤として認識している。建築デジタル・モデルを形成し、機能や仕様などの属性情報をモデル上に格納し、各場面で必要情報を引き出しながら、迅速に意思決定するためのプラットフォーム*3である。本項は設計者の立場から記す。

　BIMを活用する建築設計の最大の特徴は、一つの三次元モデルを基盤とする点だ。モデルから図面や透視図を取り出し、材料の寸法や数量を算出し、設計情報を関係者が相互に確認・修正し、リアルタイムに共有できる（図3.1.1-1）。一つのモデル情報を常に立体で把握し、修正するので、平面・立面・断面の二次元情報を個別に修正する必要がない。プロセス上で増大する設計情報を三次元モデル上で階層的にデータベース化し、複眼的な判断をすみやかに実行するワークフローを確立できる。

## 2 ｜ オブジェクト指向CADの活用

　情報基盤としてのBIMは、オブジェクト指向*4・*5に依存した3D-CAD（以下、3D-オブジェクトCAD）の活用によって可能になる。まずその基本性能に触れておく。

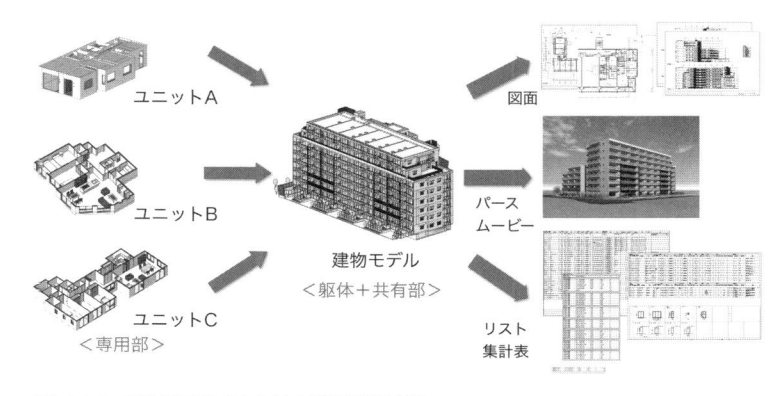

図3.1.1-1　三次元モデルを中心とした建築情報の展開

**\*6　カプセル化**

ある性質や働きに向けて定義づけられたデータ群とその手続き（メソッド）をオブジェクトとして一つの単位にまとめ、外部からのメッセージに応じて情報や手続きを提供する仕組み。操作に必要のない内部構造は見えなくなっている。

**\*7　システム**

複数の構成要素が相互に影響し合い、ある働きをするまとまりや仕組み。

**\*8　振る舞い**

コンピュータ上のモデルに対し、人がある意図を持って指示し、特定の条件下で動作するシステムの働きをいう。

**\*9　メモリー空間**

プログラムの実行中、データを呼び出し、書き出しができるメモリー領域のこと。アドレス空間。

**\*10　クラスの継承**

既存のクラスをもとに新しいクラスをつくる際に、プロパティ・メソッド・パラメータを引き継いで効率よくプログラミングすること。

**\*11　ドミノ・システム**

ル・コルビュジエの言説。近代建築の構造の基本原理は柱・床スラブ・階段に還元でき、これに壁や窓などを自由に追加・削除できることを示した。「近代建築の五つの要点」、コルビュジエの数々の建築形態・空間へと展開する基本的知識と技術の原点とされる。

図3.1.1-2
ル・コルビュジエのドミノ・システム

オブジェクト指向とは、データの属性情報（プロパティ）とその処理・操作の手続き（メソッド）をカプセル化\*6したオブジェクトを組み合わせて、ある機能を持つシステム\*7をプログラムする方法である。

オブジェクトのデータとメソッドの内容や関連性を定義したものをクラスといい、オブジェクトの振る舞い\*8を定義する「設計図」や「テンプレート（雛形）」のような存在とされる。クラスの定義に基づいて生成したメモリー空間\*9上に展開して処理・操作できる状態のオブジェクトをインスタンス（実例、実装、実体の意）という。

オブジェクト指向では、相互に関連するデータが一つのオブジェクトに集約され、かつオブジェクト間の関連づけを定義できるため、意図に応じて情報を分解／統合することが容易であり、組織内外の分業、協業、あるいは大規模なシステム基盤開発に向くとされる。また有効性が確認されたコードを再利用（クラスの継承\*10）しやすく、新たな開発を効率化する。

### （1）オブジェクトの定義づけ

3D-オブジェクトCADは、プロパティ・メソッド・パラメータによって定義づけられる。ル・コルビュジエの「ドミノ・システム\*11（図3.1.1-2）」を事例に説明する。ここでのオブジェクトは、「柱・床スラブ・階段（各段スラブ）」であり、メソッド（処理・操作の手続き）は、「直方体の変形、要素の空間配置、複数配列」などである。プロパティ（属性情報）は、「数量・色彩・材質・名称」などで、パラメータは、プロパティ・メソッドを設定する変数値である。「ドミノ・システム」は、三つに還元されたシンプルな要素あるいはそのまとまり（いずれもオブジェクト）を基本要素とし、つかい手のニーズ・つくり手の技術によってさまざまなプロパティ（属性情報）とパラメータ（変数値）を設定することで、無限の建築デザインを可能とする知識・方法・技術（メソッド）である、と説明できる。

### （2）3D-オブジェクトCAD

3D-オブジェクトCADは、建築の具体的、抽象的な構成要素をすべてオブジェクトとしてモデル化し、機能・特性・状態などの属性情報（プ

ロパティ）を格納し、複数の階層（レイヤ）に分類・整理し、データベース（プラットフォーム）化する、いわば情報体系である。

筆者が活用している 3D-オブジェクト CAD のソフトウェアは Revit（p.70 参照）である。Revit は、三次元モデリングを一元的に制御するためのデータベースを背景に、ある固有の性質・特性に応じて関連づけたクラスとしてのオブジェクトを「ファミリ*12」として自由に形成・整備できる CAD である。Revit のモデル要素は、カテゴリ（柱・壁・梁などの種類）、ファミリ（カテゴリ内の要素のクラス）、タイプ（各ファミリの寸法・配置スタイルなど）に分類・階層化されている。Revit 内であらかじめシステム設定されたファミリをもとに、新たなファミリを作成（クラスの継承）することで、組織独自の三次元モデルを標準要素（既成）とカスタム要素（あつらえ）に分類し、効率よく開発できる。特定の設計組織やプロジェクトの固有の知識・技術をカプセル化したファミリを整備することで、独自のデザインやプロダクトの方法が構築できるのが強みだ。

## 3 | 建築の情報化

BIM はこの性能を背景に、建築設計から施工、そして維持管理まで、建築生産のライフサイクルを、多元的に、シームレスに支えるプラットフォームである。ただし、膨大に蓄積されるデータを有効に活用するためには、データベースのありようと、設計者間の情報伝達を BIM 上で実行するスキルが必要となる。

ライフサイクルの各段階で BIM 活用の目的は異なり、必要な情報量と種別が違い、関係者も入れ替わる。たとえば、分譲集合住宅の企画設計では、販売面積（住戸専有面積）や戸数がわかれば、事業性を判断できる。基本設計では、建築空間の機能・仕様が明示されれば、クライアントのニーズや法的条件が満たされているかなどの設計の適正度が測れる。実施設計では、各部のコスト、個々の工程、使用材料や技術基準などの情報が明確に整理されれば、施工者は見積や工程管理を適正化できる。各段階の目的を明確化し、情報を必要最小限に整理することが重要だ。

そこで設計情報の量と種別を段階的に定義する BIM モデルの詳細度（LOD）*16 の考え方が必要となる（図 3.1.1-3）。BIMForum*17 は、「Mentions of the LOD Specification(LOD 仕様書)」において 6 段階の定義を示した。これはオブジェクトの情報定義についての詳細度であり、クライアントを含む関係者間のコミュニケーションや協業を意識したものだ。日本の建設業で作成される仕様書や見積書は、施工工種別であり、つくり手の論理にもとづくもので、BIMForum などが示す LOD が、いまひとつ日本で実行されない背景となっている。グローバルな観点では、LOD の概念と方法はプロジェクトにおける関係者間のコミュニケーションを多元化、多角化するだけではなく、納期・工程・コストの定義にも拡張されるといわれている。つまりビジネスの基盤となり得るというわけだ。

筆者は、iD（Intelligent Design）という、独自に定義づけた詳細度

**\*12 ファミリ**

Revitで作成されるプロジェクト・ファイルはすべてファミリと呼ばれるオブジェクト（図形要素とパラメータ）で形成され、プロジェクト・ファイルは以下の三つの構成要素に大別される。
①モデル要素（三次元のモデル要素〔ホスト*13、コンポーネント*14〕）、②データ要素（通り芯、レベルなど）、③ビュー固有の要素（作図機能〔注釈要素／文字・タグ・記号・寸法、詳細情報／詳細コンポーネント*15〕）
個々のファミリは、設計意図によって上の三つの構成要素を横断的に組み合わせて形成され、下記の三つに分類して管理される。
① システム・ファミリ：床・壁・天井・屋根などの主なる建築要素とデータ・ビュー要素などのシステム設定を含む要素群。
② ロード（読み込み）可能なファミリ：外部ファイルに作成され必要に応じてロード（読み込み）する汎用可能な建具・家具・設備機器などのモデル要素や詳細コンポーネント。
③ インプレイス・ファミリ：プロジェクトごとの三次元モデル上で作成されるオリジナルの部位的要素。

**\*13 ホスト**

床・壁・天井・屋根などの既存に設定された主なるシステムで構成する要素群。個々のファミリやメソッドをサポートするシステム。たとえば「壁（ホスト）」に「ポツ窓（コンポーネント）」を配置すると自動的に壁が切り取られるなどの機能を持つ。

**\*14 コンポーネント**

一般に工場製作されて現場に搬入される建物要素のことだが、ここではプロジェクト・ファイルとは別に保存された建具・家具・設備機器などのオブジェクト・データ群を指す。

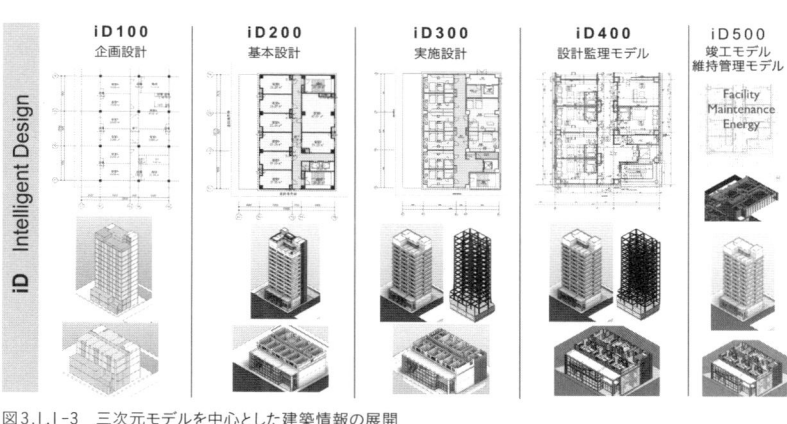

図3.1.1-3　三次元モデルを中心とした建築情報の展開

**\*15　詳細コンポーネント**

ある部位の構成要素を線分で表した二次元図形。各要素（構造、下地、断熱、仕上げ材など）のタグづけやキーノート（製品情報など）を設定して管理できる。

**\*12 〜 15の用語解説は以下の Revit Webサイトを参考にした。**
https://knowledge.autodesk.com/ja/2019.05.11

**\*16　BIMモデルの詳細度**

LOD：Level of Development。BIMモデル情報の詳細度レベルを数値で示したもの。数値が大きいほど詳細度が高く、通常LOD 100・200・300・400・500のように示される。モデルの詳細度レベルに合った属性情報の質と量の関係を定め、検証し伝達すべき内容を対応させることで、無駄にデータを大きくせず、目的に見合った合理的な情報共有の指標となる。

**\*17　BIMForum**

建築産業におけるBIMの導入と促進を目的としたアメリカの企業提携団体。buildingSMART（p.66参照）Internationalのアメリカ支局。

**\*18　シーケンス型**

シーケンスとは、一続き（のもの）の意。IT分野では一続きに並んだ配列、リストのようなデータ構造や手順のことをいう。ここでは順序化された既定のプロセスを順に実行する処理方式。

**\*19　コンカレント型**

コンカレントとは、同時（発生）の意。ここでは業務プロセスの各工程を同時並行的に実行するために関係者の情報共有環境や協業体制を整備するなど、工期やそれに要するコストの縮減を図ろうとする処理方式。

を用いている。これは LOD と似ているが、設計業務に合わせた詳細度である。設計フェーズに合わせているため、企画設計モデル→基本設計モデル→実施設計モデル→設計監理モデル→竣工モデルという順番で詳細度が上がる。設計モデル→施工モデル→維持管理モデルという順番ではないのは、設計者が監理を行い、設計者が判断するためのモデルだからである。設計監理モデルに対して設計者が現場変更や仕上げ情報の製品名などの属性情報を付加することで、詳細度が上がっていく。これをもとに、施主や現場と打合せを進める。社内仕様で詳細度を決めることにより、作業精度をコントロールし、業務効率化を図っている。

# 4│コンカレント型の設計

　建築設計は、従来は平面図を描いてから、断面図と立面図を起こし、パースを作成するというシー ケンス型[18]のワークフローだった。BIMを活用する建築設計では、平面図を指標にするものの、常に一つの三次元モデルを構築するため、コンカレント[19]型のワークフローが可能となる。ICT（p.20 参照）とも連動させれば、異なる職能、職場、時間を超えて協働作業できる業務環境を構築できる。さらに後工程の情報やつかい手のニーズを初期段階に取り込み（フロント・ローディング、p.17参照）、あらかじめ予測される問題解決を行い、コスト・工程を合理化するシスティマティックな生産体制が確立できる。

　ここで、筆者が実践したコンカレント型ワークフローを紹介する。この事例は、ある病院の設計提案で、設計者 2 名、VIZ（Visualization、CG パースやムービーを作成する役割）担当 1 名、オペレータ（図面作成支援）1 名の計 4 名の体制で、提案資料を 7 日間で作成したものだ。各作業を順々に進めるシーケンス型なら、設計に 2 〜 3 週間、提案資料作成に 1 〜 2 週間、約 3 週間から 1 カ月程度

表3.1.1-1　BIMによる1週間のワーク事例

| フェーズ1　計画与件整理・建築モデル検討・成果物の準備（3日） | |
|---|---|
| 設計者 | マスモデルによるボリュームスタディ |
| VIZ担当 | 敷地・周辺環境の三次元モデル化 |
| オペレータ | プレゼン・図面に必要な提案シート作成 |

| フェーズ2　建築モデル詳細化（3日） | |
|---|---|
| 設計者 | 建築モデルによる計画・デザイン<br>各要素モデルの仕上げ素材の検討・決定 |
| VIZ担当 | 仕上げ素材に合わせたパースやムービーの設定 |
| オペレータ | 建築モデルを仕上げ素材ごとに分類・編集 |

| フェーズ3　成果物のまとめ・確認・調整・修正加筆（1日） | |
|---|---|
| 全員 | プレゼンテーションドキュメントとして統合 |
| | 提案シートの全体確認 |
| | パースとムービーの確認 |

の作業だろう。7日間のプロジェクトは三つのフェーズで進行した（表 3.1.1-1）。

「フェーズ1」は3日間で、計画与件整理・三次元モデル検討・成果物の準備を行う。設計者がボリュームスタディを行う横で、VIZ担当が敷地・周辺環境の三次元モデルを作成する。設計者は空間構成を立体的に検討し、機能ゾーニング、動線計画、配置計画をモデルに重ねる。マスボリュームが決まり、オペレータが提案シートを作成し始める。平面・断面・立面などの必要情報を提案シートにレイアウトし、最終成果物の骨格を作成する（図3.1.1-4）。二次元・三次元検討、提案資料作成を同時進行し、進捗状況と成果物の完成度を並行して把握・確認する。コンカレント型では、先行して図面レイアウトやパースアングルを作成し、三次元モデルの詳細度を徐々に上げ、成果物（図面・パース・ムービー）を同時に仕上げる。VIZ担当は設計検討と並行して、パースアングルやムービーパスを作成し、設計者はそれを見ながらつかい手の反応をイメージし、計画に反映する。この段階では、モデルの属性情報は、部屋名称と空間境界、用途、面積など必要最小限の情報で進行する（LOD100、iD100）。

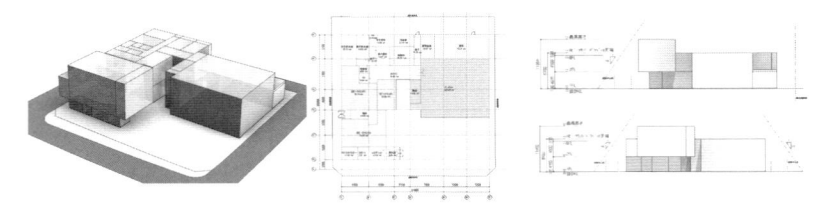

図3.1.1-4　初期段階から提案シートに着手し設計を進めながら徐々に仕上げていく

「フェーズ2」も3日間で、三次元モデルの詳細化を行う。マスモデルから要素モデルへと情報量と種別を増やしながら計画を深める。設計者は三次元モデルを構築しながらファサードや空間配置・構成・構造計画を行い、設計者の意思決定に応じて、オペレータが三次元モデルに壁・床・屋根・建具・窓などを配置する。両者は同一モデル上で情報共有するため、リアルタイムに計画と図面作成が進行する。設計者が各要素モデルの仕上げ素材の検討を行い、オペレータが三次元モデルを仕上げ素材ごとに分類・編集する。この段階で、設計者が計画のポイントとなる主なるアプローチ動線などからの見え方や特定のアングルを、つかい手の視線や視野角で特定し、VIZ担当が仕上げ素材に合わせたパースやムービーの設定を行う（図3.1.1-5）。ここで最終成果物のシートレイアウトの掲載情報の詳細度や密度感を総合的に確認する（iD200）。

図3.1.1-5　初期段階からつかい手の反応をイメージしながら三次元思考でデザインする

　「フェーズ3」は1日で、成果物のまとめ・確認・調整・修正加筆を行う。三次元モデルの修正は、図面・パース・ムービーなどにおいて同時に反映され、初期段階で最終成果物を想定したシートを作成しているため、まとめ段階で、シートレイアウトを変えたり、枚数を増やしたりするような混乱は生じない。クライアントが最も興味を持つムービー作成に計画的に時間を割く。

　二次元図面を中心としたプレゼンは、表記やコメントを工夫しても記号的要素が多く、素人には判別しづらく説明に時間を要する方法だ。ムービーを中心としたプレゼンであれば、外観を鳥瞰で一周、計画建物へのアプローチ、主要部分への動線を見せれば数分で理解してもらえる。モデリング（三次元モデルの作成と活用）は、計画の多元的な最適化（敷地環境と計画建物の関係、ニーズの三次元化、居住環境の質など）に向けたシミュレーションそのものであり、設計の確からしさを高める根幹的なワークである。二次元情報に比して圧倒的に情報量が多いムービーをプレゼンに使えるのは、BIMデータが三次元モデルと二次元図面を精度高く整合しているからだ。筆者は、二次元図面は面積や全体構成を客観的に判断する表現媒体で、ムービーはつかい手目線の動線を検討する表現媒体と考えている。BIMは、設計上の問題や課題を二次元図面、三次元モデル、パースやムービーなどの表現媒体を適宜活用し、コンカレント（同時的）に連動させながら、論理的・感覚的に検討し、問題解決するワークフローを可能にする情報源なのだ。

　以上のことから、BIMによって、異なる役目を持った複数のメンバーが同時に作業できるコンカレント型のワークフローが可能となることがおわかりいただけたと思う。パースやムービーを作成するソフトウェアもジオメトリ処理（p.78参照）などの開発が進み、リアルタイムでレンダリング（p.78参照）が可能な（モデリングと同時にレンダリングが実行される）ソフトウェアもあり、レンダリング処理に時間をかける必要もなくなり、純粋につかい手の立場に立った計画・デザイン・プレゼンの実践に時間を割けるようになった。

　上の事例では、視覚的な表現やドキュメント作成までのワークフローを一括管理できることを説明した。BIMソフトウェアの機能はさまざまなカスタマイズに対応できるため（図3.1.1-6)、建物の物的情報を表計算ソフトと連動して数値管理する、構造・設備ソフトと連動してデザインとエンジニアリングを同時に進行させる、各種の環境解析ソフトと連動してさまざまなシミュレーションを実行する、ビジュアル・プログラミングソフトと連動してパラメトリッ

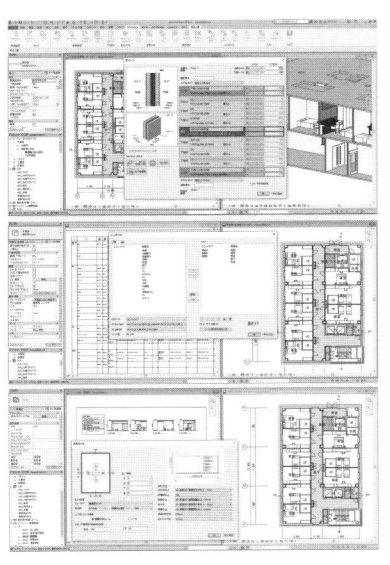

図3.1.1-6
さまざまにカスタマイズできる操作環境

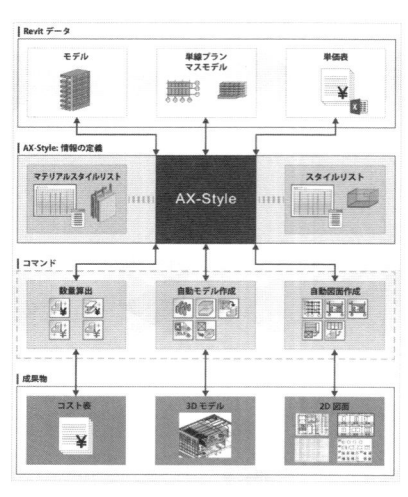（注釈欄、左側）

**＊20　パラメトリック**
*parametric*

媒介変数、母数（パラメータ）によること。CADのパラメトリック機能とは、オブジェクトが持つ図形形状を決定する寸法・方向・断面などの属性情報の数値を変化させて形状に反映させる機能のことをいう。

**＊21**

AReX-Style。BIM architectsで開発、販売しているRevitアドオン・ソフト。
http://ax.bimarch.com/

ク ＊20 なデザインを実行する、など数々のプラグインソフトと連動することで活用範囲のバリエーションを増やせる。この拡張性と設計情報の一元的管理が可能な BIM は、さまざまな目的に応じたワークフローを不整合なく効率的に、しかも多様に実現できるというわけだ。

# 5 ｜ BIMモデルの自動化

　建築の設計要件や仕様を模式化し、情報体系化したものが図面なら、その逆をたどって、三次元モデルの自動化が可能だ。筆者は、仕様情報などの文字情報（一次元）から三次元モデルを作成し、そこから図面（二次元）を取り出す、というワークフローを実現するプログラムを開発した ＊21。建築の自動設計化にはまだまだ到達できないが、三次元モデルや図面作成を自動化することはできる。

### 1. 二次元プランから三次元モデル化

　このプログラムは、単線で描かれた平面図（企画段階を想定）を自動で三次元モデル化できるものだ。たとえば壁として描いた単線を「壁オブジェクト」に変換し、ドアの記号を「ドアオブジェクト」に変換する機能を持たせた。線情報に外壁と内壁の区分や壁種別などの属性情報や、ドア記号に変換するオブジェクト（ドアタイプ）と寸法・仕様などの属性情報を格納しておき、入力時に属性情報を選択するだけで三次元モデルに変換できるというものだ。

　BIM ソフトウェアでわざわざ二次元プランをつくるのには意味がある。二次元プランは、三次元プランとは違い、各平面図が連動しない断片的な情報である。そのため、さまざまな構成を各平面図で検討して最適なプランを組み合わせることができる。二次元は模式図という情報だと考えれば、構成要素を判断する最適な表現である。

　単線による平面図の作図作業から三次元モデルを生成できるようにす

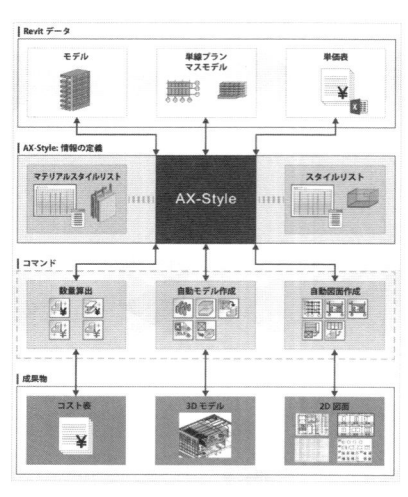

仕様情報から三次元モデルを自動で作成する

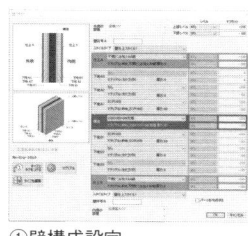

①壁構成設定

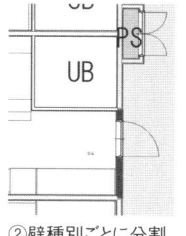

②壁種別ごとに分割

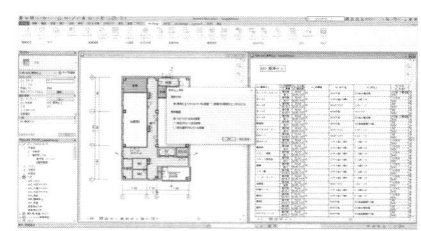

③標準仕上げ更新

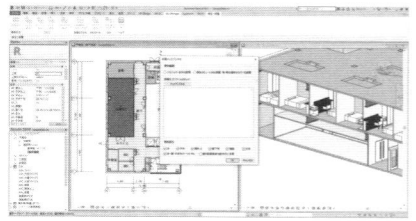

④部屋の仕上げ情報から自動モデル化

図 3.1.1-7　三次元モデル自動化のプログラム

れば、二次元で描きつつも三次元モデルへとシームレスに連携することができる。短時間で合理的な設計プロセスを実行するには、検討内容に応じて二次元か三次元のどちらが的確な手段かを考える必要があるし、また、むやみに情報量を増やすのではなく、扱う情報量を適正にコントロールすべきでもある。そういった場面での活用を想定したプログラムだ。

### 2. 文字情報から三次元モデル化

　本プログラムは、基本設計図から実施設計図へと詳細度を変換する機能も持っている。部屋を構成する基本設計図としての壁表記に紐づけされた仕上げ表から、壁の仕上げ・下地・寸法などの仕様・属性情報を選択することで、指定の壁オブジェクトに変換することもできる。天井や床の高さの設定も行え、入力した寸法体系に合わせて床・天井オブジェクトも作成できる。つまり、計画するすべての部屋を仕上げ表のルールに基づいて選択的に入力することで、三次元モデルが自動的に生成されるというわけだ（図 3.1.1-7）。仕上げ表に基づいた三次元モデル化は、平面詳細図だけでなく断面図や展開図にも反映されるため、各部の納まりの検討時間が削減でき（筆者の感覚では従来の 30% 程度の時間で対応できる）、図面作成の生産性を大幅に向上できる。

　単に作図が早いのではなく、自動化のルールに基づいたモデル化は、ミスがなく簡便な確認ですむ。個人の技量に左右されないだけでなく、人は機能を覚えるだけでよく経験や作図ルールを覚える必要もないため、教育にかかる時間も削減できる。人が判断することも、ルーティーンワークの作業については自動化するメリットがある。

### 3. コストマネジメント

　自動作成された BIM モデルは、正しいモデル化ができる。人がつくる場合は、構成要素の命名則（ネーミング・ルール、p.153 参照）やモデル構成に関して各自の判断となり、同じ内容であるのに名前が違うということになりかねない。数量を算出したいときに、「石膏ボード 12.5」「PE 12.5」「GB-R 12.5」はそれぞれ違う要素として数量が算出される。自動作成されるモデルではルールをプログラム化しているので、このようなミスや仕様外の名前になることはなくなる。

　BIM モデルからリアルタイムに数量を算出できるので、コスト検証に時間をかけることはない。仕上げ表はコストを含んだ仕様設定であり、数量が確認できれば、目的別（部位・空間・工種）のコストを取り出せる。設計中に常時結果を予測できれば、方向性を見誤ったり手戻りすることもない。ゼネコンが見積もったらコストが合わなくて大幅な設計変更が必要になった、などの事態は免れるはずだ。いろいろな選択肢を比較検討し、適正な判断に至ることもできるだろう。

### 4. 設計から施工モデルへの更新

　設計から施工までシームレスにデータを連携させたいとよく言われるが、設計 BIM モデルと施工 BIM（p.118 参照）モデルでは目的が違う。

設計は「ありよう」、施工は「やりよう」と言われるように、設計で決める「仕様」は建築性能と概算工事費のためであり、施工での「仕様」は建築性能と工事費という条件を満足させる製品や工事方法を決めるためである。たとえば、外壁がタイル仕上げの場合、設計モデルではサッシの有効開口の寸法を記載するが、施工モデルではタイルの割付寸法に合わせて、サッシの位置やサイズを5mm単位で調整して決めている（図3.1.1-8）。設計施工の場合は着工前にそこまで決めても問題ないが、施工者を選定する場合にそこまで決めてあると施工の自由度がなくなってしまう。施工段階で施工者の提案で採用した仕上げタイルが当初のものと若干でもサイズが違えば、割付寸法が変更になり、サッシの位置やサイズも変更になる。このとき、設計モデルのデータを修正して施工モデルを作成すると責任区分の問題が生じかねない。設計者のつくった構造モデルに変更が反映されていなければ、そのデータから施工者が作成した躯体図では不具合が生じる。その場合の責任の所在が問題となるため、シームレスなデータ連携ではなく、設計モデルを参考にして施工モデルを再構築するのがよいと考えられている。少なくとも図面による伝達に比べれば設計BIMモデルのほうが情報量が多いので、図面ではわからない設計意図や形状が確認できる。施工BIMモデルを再構築することは、設計と施工の課題や問題を早期にチェックする機能でもあるといわれている。

　筆者は、設計BIMモデルと施工BIMモデルは別々に作成して、仕様情報を共有しながら更新や修正をするべきだと考えていた。しかし、プログラミングによる自動化は「BIMモデルの自動更新」という手段を教えてくれた。先に述べたように、自動モデル化にはミスがない。ミスがなければチェックも少なくてすむ。プログラミングは作図ルールなのだから自動化ができる。先ほどの外壁タイル仕上げとサッシの関係（図3.1.1-8）で説明すると、最初にタイルの割付を自動化する。次にサッシの位置とサイズを計算し適正なサッシオブジェクトを調整する。最後にサッシオブジェクトを変更して位置を修正する。このように自動更新を行えば、納まりの悪いところや実行エラーによって、課題や問題を把握できる。設計BIMモデルをプログラミングの自動更新をして作成する施工BIMモデルは、施工者の仕様やルールを当てはめてチェックをしながら構築することにもなる。これであれば設計から施工にシームレスにデータを連携しながらも、先の問題を解決できる。すべてが自動更新というわけにはいかないが、人が判断をするタイミングが早くなる。施工者の仕事が経験や技術に裏づけられた生産のための手段を図化する作業（作図）から、自動化した作図の結果を判断するサービスの仕事に変化するのかもしれない。

### 5. 自動化とシミュレーション

　BIMモデルの構築方法を人による作業だけでなく、プログラミングによる自動化で行う最大のメリットは、「判断の早さと精度」と考えている。iD200モデル（図3.1.1-8）からiD300モデルを自動構築するには、二つのタイミングと目的がある。一つは基本設計から実施設計に移行す

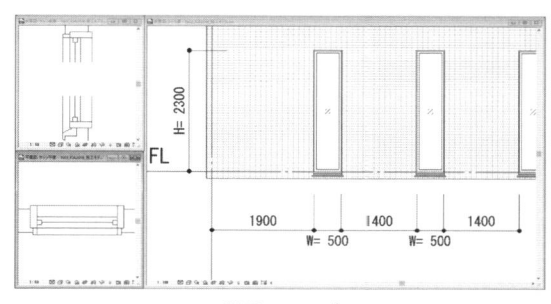
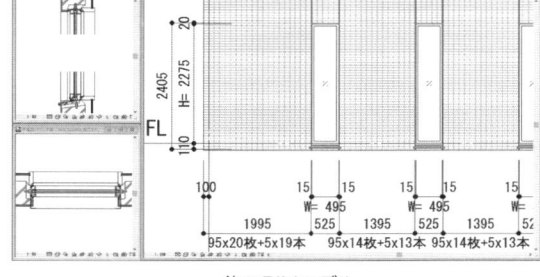

設計BIMモデル　　　　　　　　　　　　　　　　施工BIMモデル

図3.1.1-8　設計 BIMモデルと施工 BIMモデル

るタイミングで詳細度を上げるためである。精度を上げることで詳細図が作成でき、図面の生産性を上げられる。もう一つは、基本設計から実施設計に移行する前に、設計の方向性を予測するシミュレーションである。自動化によりモデルの詳細度を上げることで、基本設計の仕様で進めた場合のモデル構成上（納まり）の課題や問題点を確認できる。詳細度が上がったことで算出できる数量の精度も上がり、工事費の予測もできる。成果物作成の効率化だけでなく、未来を予測でき判断するタイミングが変われば、仕事の責任も変わり、仕事の進め方も変わる。

　BIM ソフトウェアを作図やモデルの生産ツールと見るのと、情報の構築と判断のためのツールと見るのとでは、大きな違いがある。

## 6 ｜ 情報管理と建築の新たな可能性

　従来の設計プロセスは、二次元図面を使った判断が中心であったが、BIM による設計プロセスは、三次元化による可視化やプログラミングによるパラメトリックな比較検討の結果から、生産プロセスのライフサイクル、さらにはつかい手の維持管理や新たな運用方法 まで情報化して取り込むなど、多方面に可能性が見えてくる。

　ジェネレーティブ・デザイン[22] など設計を自動化する技術も開発される時代だからこそ、ものづくりの新たな可能性について言及したい。しかし忘れてはいけないのは、デジタル・ツールが常にメリットをもたらすとは限らないということだ。紙媒体としての図面であればモノとして管理すればよかったが、容易に複製や編集ができるデジタル・データはその管理方法が問われる。今日作成しているデータは数十年後に果たして有効に機能するのか。情報セキュリティやハードウェアとソフトウェアの更新については大きな課題がある。

　建築デジタルモデルは、デジタル・データの情報体系である（図 3.1.1-9）。データが勝手に振る舞うことはない。それを取り扱う人の指示によって働き始める。人は、ソフトウェアの操作を通して初めて、建築デジタルモデルに接することができる。つまり機械操作が必要条件だ。ひとたび情報を書き込み、編集し、引き出せるようになれば、自らの設計上の検討・検証を裏づける根拠は増幅し、判断できる範疇も格段に広がる。

　今後 BIM は、スクラップ・アンド・ビルド（新築）型プロジェクトだけではなく、既存施設の合理的活用を目指した維持管理やストック型

＊22　ジェネレーティブ・デザイン
*generative design*

「生成的設計」の意。ここではコンピュータ上のあるオブジェクトの振る舞い（関数・メソッド）を自動生成する技術。特定の規則や定義（特性・仕様にかかわる数値的条件）を設定した上で、生成過程を再現し、視覚化、最適化する技術である。自然の進化過程をモデル化し、そこにある法則を見出し、人の頭脳では思いつかなかった発想が誘起されるようなデザインアプローチのこと。

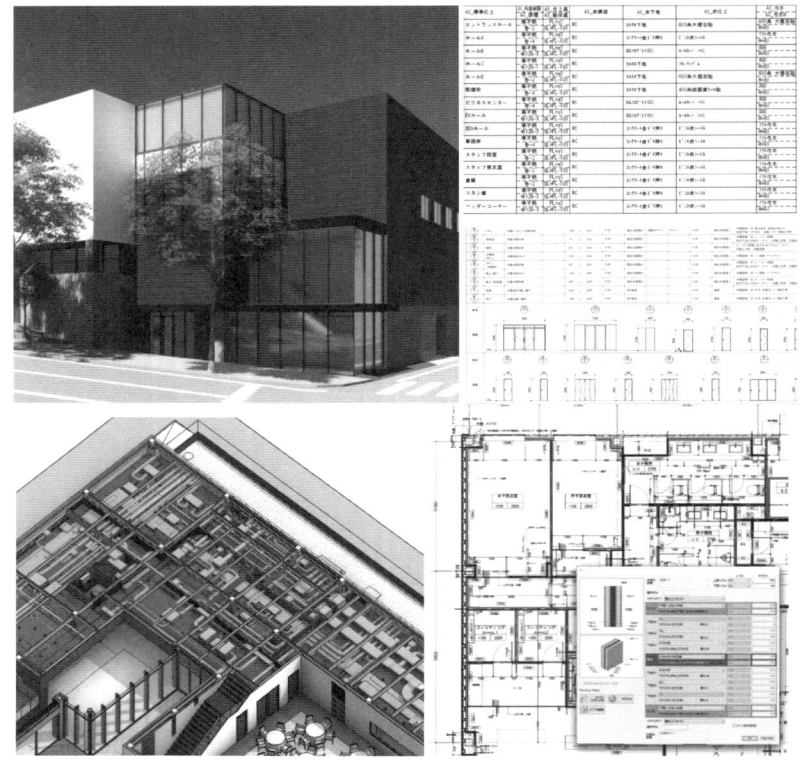

図3.1.1-9　建築デジタルモデルが内包している情報の出力例

（既存資産の利活用）プロジェクトにおけるバリューアップなど、さまざまな場面でその性能を発揮することが期待されている。新築も既存改修も、また新たなビジネスへと幅広く建築（行為）のデジタル化を進めていく必要があろう。企画、設計から施工へ、そして維持管理へ、さらにはさまざまな社会資産・資源のバリューアップへとリレーションできる情報の定義と共有を可能にするプラットフォームの構築が急がれる。

　筆者は、新しい発想や創造のためにBIMと向き合い、建築デジタルモデルの性能と可能性について深く言及し、新たな職能や仕事のやり方、そして建築の可能性について、自らの道を限定することなく取り組んでいきたいと思う。

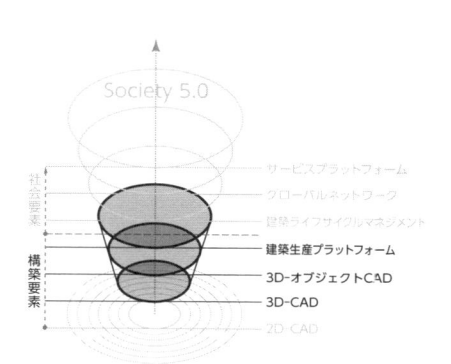

# 建築プロセスの刷新

綱川 隆司 （前田建設工業 BIMマネージメントセンター）

## 1 ｜ 発注方式の変化と業界の構造

　公共建築については、東日本大震災の復興を契機に従来の設計・施工分離方式から、設計・施工一括方式を含め契約方式の多様化を図ろうとした動きがある。「公共工事の入札契約方式の適用に関するガイドライン[*1]」では設計・施工一括方式の他にも詳細設計付工事発注方式、ECI方式（Early Contractor Involvement：施工予定者技術協議方式）などが提示されているが、期待されるのは、工期や建設コストに対して請負者が関与することで施工・生産情報を前倒しで盛り込むことであり、いずれの発注方式においても、設計から施工への引継ぎを従来の着工直前より上流で引き継ぐことになる。従来の設計・施工分離では設計と施工との間の情報の断絶が自明であり、二次元の図面ですら企業をまたいでのCADデータ受渡しが十分にはできていなかった。IPD（Integrated Project Delivery、p.23 参照）の考え方にも通じるが、プロジェクトにかかわる異なる企業が一体となれなければ、三次元のデータ共有など絵空事になってしまう。

　2004 年にアメリカで NIST[*2] と CURT[*3] が指摘した建築発注者の不利益が、BIM が普及するきっかけであった[*4] とされるが、そもそもBIM は建設プロジェクト内の情報流通を促進してコミュニケーションを改善することを求めたものであり、データの三次元化は手段の一つにすぎず、情報技術の進歩に業界の構造が追いついていないともいえる。

　また、建設業特有の重層下請や専門工事業の分化が BIM による情報共有での妨げともいわれてきた。それでは、同様に重層構造にある自動車の完成車メーカーと部品サプライヤーの関係はどうだろうか。自動車は性能を確保するために部品と部品の関係を微調整する「すり合わせ型[*5]」から「モジュール化[*6]」に移行しており、自動車の構成部品の大半を異なる車種間で交換可能のモジュールにすることで、生産投資と開発工数を低減している。このモジュール化により Industrie 4.0（p.67 参照）で目指す「フレキシブル生産」が実現し、顧客の細かいニーズに対応することができるといわれる。モジュール化により完成車メーカーと部品サプライヤーの分業体制にも変化があり、サプライヤー側が自動車の設計段階から深く関与している。モジュール化が先行したパソコンについて考えると、すでにパーツメーカーは完成品メーカーと同等以上の影響力がある。完成品の組立てはバリュー・チェーン（p.23 参照）の底辺であり、

---

**\*1　公共工事の入札契約方式の適用に関するガイドライン**

国土交通省、平成 27 年 5 月

**\*2　NIST**
*National Institute of Standards and Technology*
アメリカ国立標準技術研究所

建設産業におけるコストの分析を行い、調査報告をまとめた。建設プロジェクトにおける情報共有が不適切なために生じる無駄なコストが年 158 億ドル（約 2兆円）にのぼると指摘している。

**\*3　CURT**
*Construction Users Round Table*
アメリカの発注者円卓会議

建設プロジェクトのコストや工期の課題解決には、発注者のリーダーシップによる協調的で統合的なプロジェクトチームの立上げ、BIM によるオープンでタイムリーな情報共有などが有効であるとの提言を行った。

**\*4**
山下純一「BIM の国際情勢」『電気設備学会誌』2013 年 6 月

**\*5　すり合わせ型**
でき上がった部品を単純に組み合わせるのではなく、総合的な性能のために調整された部品を開発する製造プロセス。相応の時間とコストが必要になる。

**\*6　モジュール化**
製品を部位や機能で分解しモジュールとし、モジュール同士の接続の方法を共通化することで異なる製品で共通化する製造プロセス。

先進技術は川上のパーツメーカーに移ったと考えられる。

　建設業に話を戻そう。これまでの BIM は三次元モデルを構築すること自体が目的化しており、情報を共有する手法、共有すべき対象について議論が希薄であった。国内ではつかい手よりつくり手側主体の BIM であるため、つくり手側の観点で語られることが多い。つくり手に閉じた論理や手法ではなく、建築プロジェクトのすべての利害関係者が共有でき、協働活動の根幹をなす BIM であるべきだ。

## 2 │ BIM-オーサリング

　情報流通を念頭に置けば、BIM は建築物のライフサイクルにわたりプロジェクトの関係者間で生成、追加、変更、更新、参照を行うものであり、断続的に編集されるものである。また環境配慮やエネルギー消費の低減、防災技術など扱う技術の内容は高度化・複雑化しており、その解を求めるにはより詳細な設計情報が求められる。現在は BIM に取り組むとはモデリング作業であるという意識が強いが、今後はモデルが存在することを前提に、さまざまな段階において BIM を編集・加工する利活用について考えていくべきだ。今後、この「BIM-オーサリング*7」のスキルは単なる「モデリング」以上に重視されることになる。この際に重要なのは、単一のソフトウェアの良し悪しではなく、データを共有するプラットフォーム（p.84 参照）、CDE（Common Data Environment、p.63 参照）の存在と IFC（Industry Foundation Classes、p.59 参照）のサポートである。

　BIM-オーサリングにおいて BIM を構築するには、二通りの手法がある。全体の構想から入りながら徐々に詳細を詰めていく「トップダウン手法」、詳細な部品から構築しそれらの集積として全体を形づくる「ボトムアップ手法」の二つである。前者はさまざまな法規や規制の掌握と敷地のポテンシャルを具現化することから始まり、LOD（Level of Development、p.87 参照）の低いレベルから徐々に詳細度を増していく手法である。後者は特定の工種や部品の詳細がある状態から始まり、それらを積み上げていく手法である（図 3.1.2-1）。

*7　BIM-オーサリング
オブジェクトを集積し、建築あるいはその一部をBIMとして構築し編集を行う作業のこと。BIMに価値を付加したり引き出したりする行為であり、モデルから図面を作成するのもBIM-オーサリングである。

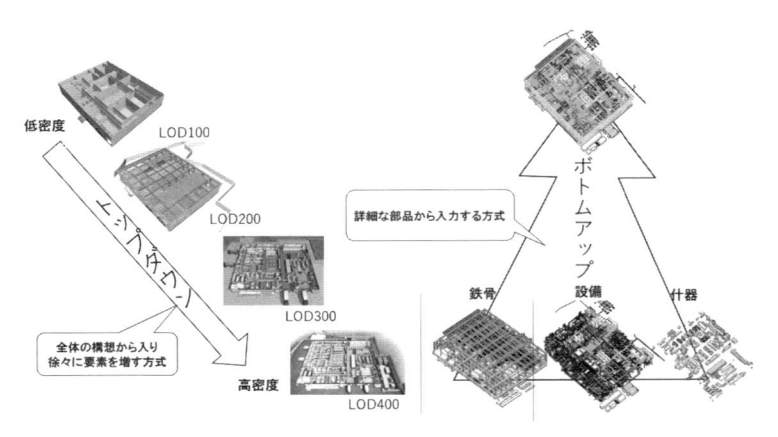

図3.1.2-1　トップダウン方式とボトムアップ方式

現在ゼネコンにおいて「施工 BIM」と呼んでいるのは工種別にデータを構築するボトムアップ手法であり、バーチャルな試験施工「デジタル・モックアップ」「プレ・コンストラクション」としての性格が強く、変更への追従性が低い。製造業のモジュール化が建築においても進めば、ボトムアップ手法はより効率化していくだろう。一方で、つかい手側の要求に対して敷地の諸条件から最適解を導き出す作業は、トップダウン手法から求めるしかない。現在の業界の構造になぞらえていえば、設計会社はトップダウン手法、施工会社はボトムアップ手法がなじむだろう。ゼネコンで設計施工一括を前提とした筆者の設計業務は、まずトップダウン手法で始まり、実施設計中にメーカーやファブリケーターのデータがボトムアップ式に挿入されていく（図 3.1.2-2）。

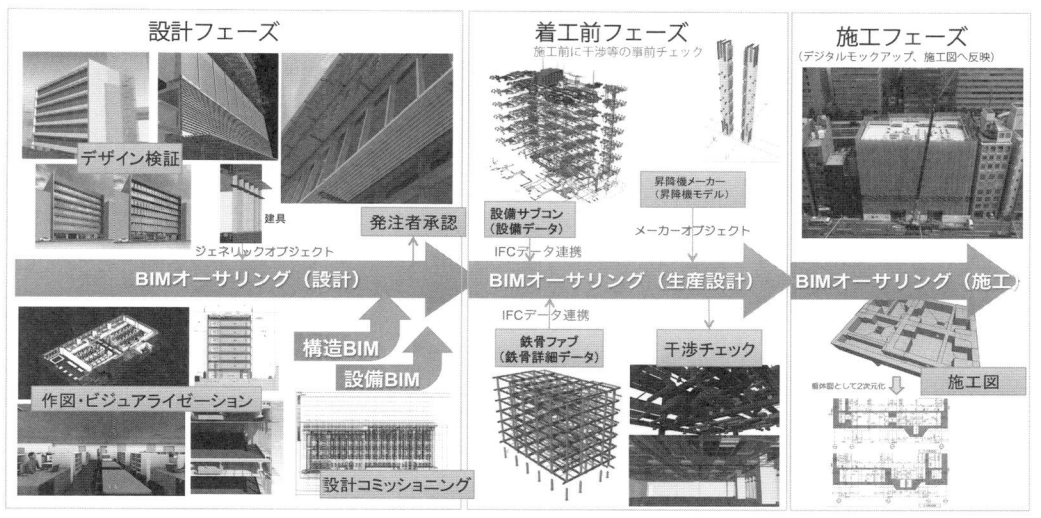

図 3.1.2-2　設計施工一括の場合のフロー

このプラットフォームには CDE が有用である。CDE では特殊なソフトウェアを必要とせず、インターネットのブラウザで IFC モデルの閲覧、ダウンロードやマークアップ（p.63 参照）を行うことができる。切断面を自由に設定できるので見たい箇所を拡大して確認でき、ノート PC でも軽快に動作する。三次元のモデルだけでなく通常の図面や書類も格納ができ、プロジェクトの関係者間で閲覧と承認行為ができる。竣工時点での BIM データを構築すれば、設計者・施工者以外の関係者を刺激し、協働活動の業務改善の実現と高度化を図れるだろう。建設時のみならず竣工後も引き続き建物ユーザー側で利用することも視野に入れた CDE の運用・サービスを提供できれば、今後発注者側が BIM を導入する動機づけの一つになる可能性もある。つかい手のために建設時の情報の整理・保管を行うことは建物のライフサイクルの上では大きな意義があるのだが、つくり手には従来の仕事の範囲を超える作業でもある。

## 3 | LODとデータの信頼性

トップダウン手法により基本計画段階から竣工引渡しまでのプロジェ

① ② ③
建築と社会をつなぐBIM

① ② ③ ④
BIMの基本性能と可能性

① ② ③ ④ ⑤
建築プロセスの刷新

クト進捗に合わせてデータを「育てる」過程において、データの信頼性を表す値として LOD を用いる。LOD は Level of Detail（データの粗密のレベル）ともとらえられているが、各工程の節目においてレビューやチェックが行われ、外部から受け入れるデータについても検収が行われる BIM は、確定した信頼性の高いものとなっているはずで、"Detail" というより "Development" がふさわしい。複数の組織や企業間でデータを交換する際には、各ステップでどの程度まで詳細にデータがつくり込まれているべきかの目安になる。

　BIM データ交換について述べると、データを渡す対象は他分野の企業の場合が多く、その際に使用しているソフトウェアや作業環境が異なる。OPEN BIM（p.59 参照）を実践するに当たり、IFC フォーマットに準拠したソフトウェアを使ったとしても各々の内部処理速度のパフォーマンスの違いもあり、交換するデータの大きさは慎重な検討が必要とされる。すべての BIM データを受け渡すケースよりも、作業に必要な範囲を限定し要素を絞り込むケースのほうが多い。たとえば躯体と設備の整合・干渉を確認する上では、意匠の詳細なデータはないほうが受け取る側は都合が良い場合が多い。CDE 上では目的に合わせてデータの重ね合せ要素の表示・非表示を調整できるような、データ分割を意識したつくり方が必要である。データを CDE 上にアップロードする際の配慮としては、いたずらにデータ量を大きくせずに分割し、ダウンロード側に選ばせる。すべての参加者がメリットを享受できる有意義なコラボレーションにつなげていくためには、ソフトウェアのオペレーションだけでなく業務全体を把握できる人材が BIM - マネージャ（p.63 参照）を担う必要がある。

## 4 ｜ プロセス川上の刷新

　主に民間工事において、設計の段階から BIM を用い、そのまま施工段階においてもシームレスに活用するフローを筆者は標準的に行っている。意匠・構造・設備の 3 部門は異なる BIM ツールを使い、設計 BIM 統合モデルを構築し施工へと移行するが、従来の設計と施工の間の情報の断絶を起こさないように、極力同じ環境を引き継ぎ、可能であれば同じ人間が携わるように、シームレスに BIM を活用している。

　BIM を用いた設計はつかい手を含めた関係者間のコミュニケーションを誘発し、建築で従来はなし得なかった仮想空間でのプロトタイピング型（p.24 参照）のプロセスを実現する。発注者にとって、計画の早い段階から複数の可能性の提示・選択ができる BIM は魅力がある。仮想空間での試験施工とはいえトライアル・アンド・エラーが前提であり、設計工数は低減よりむしろ増加する可能性もある。しかし、その際に生まれる気づきと発見にこそ価値があり、評価されるべきだ。CFD（流体解析）をはじめとするさまざまなシミュレーション技術との連携を図り、性能を検証できる設計手法が構築できて初めて説明責任が果たせ、必然的にプロセスは透明化し、つかい手にもわかりやすい合意形成と情報の残し方が可能となる。BIM にはナレッジ[*8] が組み込まれ、仕事に

**\*8 ナレッジ**
*knowledge*
たとえば、製作可能限界をオブジェクトにあらかじめ標記したり、特定の材料の使用時に過去の品質的な注意点が現れるなど、ノウハウや設計要件をソフトウェア側に実装することができる。

必要な情報が一望できるようになり、2D-CAD が製図板をなくした以上の効果が期待できるだろう。そして、CDE は遠隔地からの共同作業も可能とした。今後設計者の思考過程やプロセスを言語化して記述できれば、AI を活用して短時間でアウトプットできる可能性がある。

また設計関係者全員が三次元のツールで作業を行っていれば、二次元の図面を介さずに効率よく打合せを行うことができる。最近多いのは Rhinoceros ＋ Grasshopper などの VPL[*9] を活用したパラメトリック設計（p.90 参照）の活用である。VPL は従来の手法でなし得なかった新しい形態を建築にもたらしており、この三次元のプリミティブなデータを「ジオメトリ（p.78 参照）」と呼ぶが、曲面を多用した複雑な形状で

**＊9 VPL**
*Visual Programming Language*

プログラムをテキストで記述するのではなく、視覚的なオブジェクトでプログラミングするプログラミング言語。

図3.1.2-3　VPLを活用した事例

あっても BIM 側で受け取り、これを定規にして効率よく生産へつなぐことができる。これを活用して、曲面による新しい建築デザインが続々と実現している（図 3.1.2-3）。

## 5 ｜ プロセス川下の刷新

プロセスの川下に目を向ければ、設計から正確な BIM をファブリケーターへ提供することで齟齬のないスムーズな情報伝達が行え、生産に直結するデータ活用が望める。近い将来、ロボットを導入しての施工自動化や工場におけるデジタル・ファブリケーション[*10] が当たり前になったとき、BIM はそのコア技術となっているはずだ。そして国内のリノベーション市場が成長していくなかで、建設時の情報保管はより重要性が増していく。今後ユーザーや異業種の技術者との連携が求められるが、BIM を通じて得られる情報認識や視覚化された合意形成のシステムは有効に機能するだろう。BCF（BIM Collaboration Format、p.63 参照）は EIM のビューワー上で確認・指摘を行うためのフォーマットであるが、複数の関係者が同じモデルを見て内容確認と修正依頼を遠隔地から行うことができる。建築にかかわるさまざまな領域においてコラボレーションを行う「OPEN BIM」において、すべての参加者がメリットを享受できる有意義なコラボレーションを続けていくには、業務全体を把握できる長い経験を有するジェネラリストが BIM - マネージャを担う必要があり、その主体が関係企業のどこに存在すべきか議論の余地がある。IPD では理想的な姿としてプロジェクトにかかわるすべての企業が一つのチームとして振る舞うことが求められているが、関係者が幾多も存在するなかで、BIM - マネージャの役割はオーケストラのコンダクターに近い。チームのメンバーの各分野に対する知識も必要であり、経験も相応に必要である。

**＊10 デジタル・ファブリケーション**
*digital fabrication*

コンピュータと接続されたデジタル工作機械によって、BIMなどのデジタルデータをさまざまな素材から切削や積層成形する技術。

# 6 | その先の未来

　現在 BIM の援用は施工段階まで拡張され、ゼネコンでは仮想空間内での試験施工（プレ・コンストラクション）を行う場面が増えてきた。さまざまな工種において専門工事会社側でも三次元モデルを活用し始めたが、デジタル・ファブリケーションはまだ少し先の未来に感じる。その一方で ICT（p.20 参照）をめぐる社会のビジョンは現実を上回る速度で展開している。CPS[*11] とは仮想世界（Cyber Space）と現実世界（Physical Space）を重ねてそれらをつなぐ概念であり、Industrie 4.0 の中核をなす技術といわれる。それぞれ孤立していた情報技術を串刺しにする考え方とも取れる。ここでいう仮想世界とはミラー・ワールド[*12] やデジタル・ツイン（p.81 参照）と呼ばれる概念に近いと思うが、空間をモデル化する BIM は仮想世界と現実世界をつなぐ技術でもあり、IoT[*13] の普及によりそのプラットフォームへと進化する可能性がある。実際に竣工した建物とまったく同一の BIM データがあるならば、それらを IoT でつなぎ合わせて CPS が実現する。単一の建築データではなく街並みや都市スケールで構築したときには、想像のつかない利用価値が生まれる可能性がある。また、パラメトリック設計の考え方は AI（人工知能、p.53 参照）技術の進化とともに自動設計へとつながる。建設業界の担い手不足の問題を解決し、働き方改革・生産性向上に寄与できる近視眼的なメリット以外にも、従来なかったまったく異質の建築を生み出すことも予見される。この業界はややもすると個人の能力に依存するきらいがあったが、これからは ICT を用いた情報量と伝達力を活かす業務のやり方へと変化していくと思われる。

　Architecture の語源には「技術を統べる」という意味があるそうだ。建築の領域が曖昧で混沌となった時代に、BIM は私たちが俯瞰的総合力を発揮するための大きな武器となるだろう。

---

**＊11　CPS**
*Cyber-Physical System*

ITと物理的なデバイスや機械を接続した高度システム。センサ・ネットワークなどによる現実世界（Physical Space）と、仮想空間（Cyber Space）の高いコンピューティング能力を密接に連携させ、コンピューティングパワーで現実世界をより良く運用する。

**＊12　ミラー・ワールド**
*mirror world*

現実世界をデジタル化しつくられる仮想世界。

**＊13　IoT**
*Internet of Things*

「モノのインターネット」と直訳される。単に家電製品をネットにつなぐだけでなく、建具の開閉状態や室内の温湿度等のセンサを設置してモニタリングを行うこともできる。

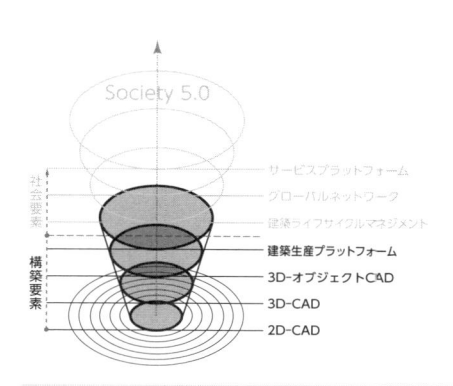

Society 5.0
サービスプラットフォーム
グローバルネットワーク
建築ライフサイクルマネジメント
建築生産プラットフォーム
3D-オブジェクトCAD
3D-CAD
2D-CAD

社会要素
構築要素

### ③①③

# 建築デザインの刷新

村井 一（日本設計 建築設計群 兼 BIM室）

## 1 │ 建築のデザインプロセスにおけるアプリケーションの役割

　建築デザインの歴史をたどると、その時代ごとの技術革新との関係性をしばしば見出すことができる。たとえば、近代建築においては産業革命以降に起きた鉄やコンクリートなどの工業生産が建築デザインを生み出す一因になった。また遡れば、ルネサンス期における透視図法の確立は、空間の表現や記述に大きな影響を与えた。ここではBIMを含むアプリケーション[*1]を現代における技術革新ととらえ（図3.1.3-1）、それによって、建築デザインにどのような革新が生まれるのかを論考したい。

　本節ではまず、建築設計に用いられているアプリケーションを、2D-CAD、3D-CAD、BIMに大別してその特徴を整理する（個別のアプリケーションの中には複数の役割を担うものも多く存在するが、ここでは表3.1.3-1の定義により分類する）。また、3D-CADやBIMと併せて使用されるVPLについても補足する。それぞれの使用の目的や入力・出力情報の違いをとらえ、設計者の思考プロセスとどのようにかかわりを持つのかを、実例を交えながら比較したい。

　建築デザインにおける思考のプロセスを模式化した一例として、ワッツの円筒形モデルが挙げられる（図3.1.3-2）。ここでは対象の「分析」・「総合」・「評価」といった行為がスパイラル構造で示され、建築デザインがそれらの繰返しにより、抽象から具象へと収斂する流れが示されている。

　ではこのスパイラル構造と、前述したアプリケーションはどのような対応関係にあるだろうか。たとえば黎明期には、設計者がCADの入出力を専門の操作者に依頼するケースが多く、建築デザインの思考と情報の操作は必ずしも一体的な関係ではなかったと考えられる。しかし、アプリケーションが汎用化した現代においては、その思考と操作の関係はきわめて密接な関係にあると考えられる。たとえば、敷地や計画面積の把握といった「分析」に用いられ、必要諸室の組合せや構造フレームと

**\*1　アプリケーション**

特定の目的に応じて動作するコンピュータ・プログラムを、アプリケーション・プログラムやアプリケーション・ソフトウェアと呼ぶ。CADやBIMは建築物をはじめとした人工物の設計・生産を目的に作成されたアプリケーションである。

デザイナー　ソフトウェア　ハードウェア

図3.1.3-1
アプリケーションの位置づけ

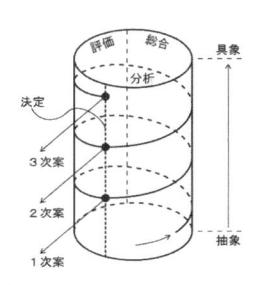

評価　総合　具象
分析
決定
3次案
2次案
1次案
抽象

図3.1.3-2
ワッツの設計プロセスモデル[※1]

**※1**

富岡義人、小野徹郎著『建築デザインの構造と造形』鹿島出版会、2015をもとに一部加工

表3. .3-1　アプリケーションの分類

| 2D-CAD | 二次元の線分や図形により構成されたデジタル情報を作成するためのアプリケーション |
|---|---|
| 3D-CAD | 三次元の線分や図形により構成されたデジタル情報を作成するためのアプリケーション |
| BIM<br>(Building Information Modeling) | 三次元の形状や建築部位により構成され、各々の属性情報が記述されたデジタル情報を作成するためのアプリケーション |
| VPL<br>(Visual Progaming Language) | 3D-CADやBIMで作成されるデジタル情報を操作するためのプログラミング言語で、視覚的なオブジェクト配置と接続によりプログラミングが可能 |

の整合といった「総合」に用いられ、レンダリング（p.78参照）やシミュレーション（p.109参照）などを用いた「評価」に用いられ、といったように、それぞれの思考をサポートするものであるということが理解できるだろう。設計図面の出図のような成果の記述だけではなく、アプリケーションは建築デザインの思考プロセスにおいて、さまざまな影響を与えている。

　一方でアプリケーションは、それぞれに操作の手順や情報処理の内部構造などに違いがある。手描きをベースにした設計プロセスとは思考や操作の手順が一致しない点もあり、それらの特徴を理解しておくことは、現代の建築デザインを実践するために重要な鍵になる。

## 2 | デジタル製図ツールとしての2D-CAD

　CAD（Computer Aided Design）は1960年代から本格的に開発が始まり、航空機や造船、自動車などの製造分野において利用が進められた。建築分野において先駆的な取組み事例も挙げられるものの、本格的な普及はハードウェアの汎用化が進んだ1990年代であった。

　2D-CAD*2は、手描きによる設計と同様に平面図や立面図、集計表といった記述方法に従う点においては、デジタル形式の製図ツールと言い換えられるだろう。一方で、手描きと比較すると形状や寸法が正確に入力できる点や、データの複製・貼付け・配列などが容易な点にメリットがあり、効率的な作図が可能になった。こうした作業効率の向上により、複数プランのバリエーション検討用や、幾何学的なルールに基づいた作図検討が容易になり、手描きによる設計と比較してデザイン検討における思考と操作を素早く繰り返すことが可能になったといえるだろう。

　一方で、設計対象を記述した各図面は個別のデータとなっているため、たとえば平面形状と立面形状の整合性など、それぞれの関係性においては設計者による確認が都度必要である。

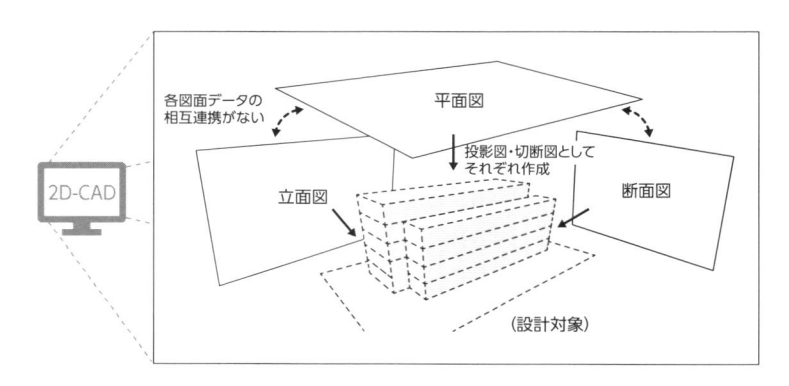

図3.1.3-3　2D-CADの概念図

## 3 | 形状の統合ツールとしての3D-CAD

　3D-CAD*3は立体的な線分や図形データから構成されており、2D-CADのように、建築を投影図として入力するのではなく、立体や

**\*2　2D-CAD**
平面的な線データや図形データ・文字データにより構成されており、角度の拘束や交点の明示などにより作図の迅速化を補助している。データはレイヤ分類などにより、作図対象別に編集を管理することができる。繰り返し利用する範囲や部位は共通のエレメントとして一括編集できる。

**\*3　3D-CAD**
3D-CADのモデル表現方法には、線で入力する「ワイヤー・フレーム」、面で入力する「サーフェス」、中身の詰まった塊で入力する「ソリッド」がある。1980年代まではハードウェアの処理能力が限られていたためにワイヤー・フレームやサーフェスで形状を表現する3D-CADが主流だった。1990年代に入って汎用PCの処理能力が上がるとソリッドを用いた製品が普及する。ワイヤー・フレームはデータ量が少ないため表示速度に優れており、サーフェスは複雑な形状のモデリングを得意とする。また、ソリッドモデルは体積や重心などの計算が可能になるなどそれぞれの特性がある。

**＊4  CATIA**

ダッソー・システムズによるハイエンド3D-CADで、航空機や自動車などの製造分野の設計用に開発された経緯がある。建築分野においてはビルバオ・グッゲンハイム美術館（図3.1.3-5）をはじめとした、フランク・ゲーリーの建築プロジェクトにおける活用例が挙げられる。後にゲーリーテクノロジーズが設立され、CATIAに不足していた建築向けの機能を一部補完するかたちでDigital Projectが開発された。

図3.1.3-5
ビルバオ・グッゲンハイム美術館

**＊5  コンカレント・エンジニアリング**

主に製造業で用いられる概念で、製品開発のプロセスを構成する複数の工程を同時並行で進め、各部門間での情報共有や共同作業を行うことで、開発期間の短縮やコストの削減を図る手法を指す。

**＊6  Rhinoceros**

Robert Macneel & Associatesにより開発された3D-CAD。製造分野をはじめ多方面で使用されている。Rhinoceros用のビジュアル・プログラミング言語であるGrasshopperを使用することができる。

**＊7  SketchUp**

@Last Softwareにより開発された3D-CAD。後にGoogle、現在はTribleが買収し開発を続けている。三次元空間を見た状態で直感的なモデリングが可能であり、無償版も提供されており、広範なユーザーに普及している。

曲面の形状そのものを入力することになる。三次元表示された形状データを画面上でさまざまな視点や角度から確認し、変更や修正を加えられる点がメリットであり、平面図や立面図といったように別々の投影図として記述する2D-CADに比べて、統合的な視点でデザイン検討が可能になる。製造分野においてはCATIA[＊4]をはじめとした高機能な3D-CADが1990年代から本格的に導入され、コンカレント・エンジニアリング[＊5]を推進する原動力となった。

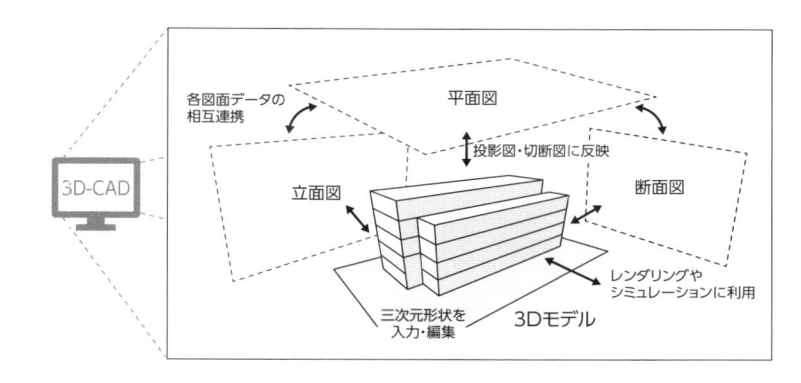

図3.1.3-4  3D-CADの概念図

建築分野においてはアプリケーションが高価でコンピュータの処理能力も不足していたため、プレゼンテーション用のパース作成を主目的に利用されることが多かったが、近年ではRhinoceros[＊6]やSketchUp[＊7]などの手軽に利用できるアプリケーションが普及し、設計の初期段階から模型スタディのように使用されることも多くなった。特に2D-CADでは空間の構成や形状の確認が困難な建築デザインの検討においては、欠かせないツールとなっている。

図3.1.3-6は筆者が設計を担当した計画における使用例である。木造とRC造の混構造による大規模な校舎の設計に当たり、架構の検討に3D-CADを利用した。特に木造部分には前例の少ない構造形式を採用し、内外部に部材があらわしとなるデザインであったため、建築担当者と構造担当者が三次元モデルを用いて部材の配置や接合部のディテール、施工方法について、入念な設計検討を行った。

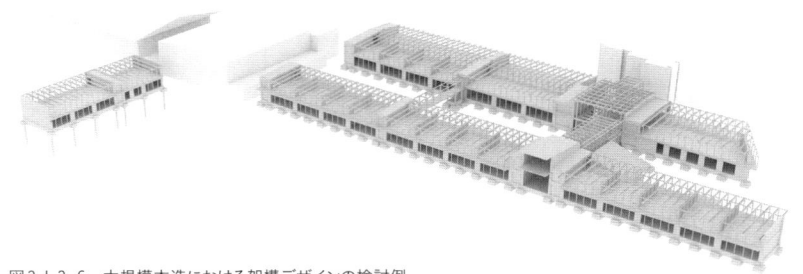

図3.1.3-6  大規模木造における架構デザインの検討例

3D-CADの描画については、さまざまなレンダリング手法が黎明期に重ねられてきたが、近年ではゲーム・エンジン（p.22参照）の利用も加わり、フォトリアリスティックなパースやアニメーションの作成も

進化している。また、光や風といった環境シミュレーションとの連携も注目を集めている。図3.1.3-7は前出のプロジェクトにおける意匠検討用のレンダリング（左）と室内の光環境シミュレーション（右）である。いずれも3D-CADのモデルデータをもとに検討した内容だが、こうした建築空間の視覚化や、環境性能の試算との連携により、建築デザインはより多角的な評価が可能になるといえるだろう。

図3.1.3-7　レンダリングや光環境シミュレーションによる検討例

## 4 | 形状と情報の統合ツールとしてのBIM

Revit（p.70参照）やARCHICAD[*8]といったアプリケーションに代表されるBIMは、立体形状を入力するという意味では前述した3D-CADの側面も持ち合わせるが、建築情報のデータベースとして役割を担うアプリケーションであり、柱・床・壁・部屋といった建築の部位や空間をオブジェクト（p.84参照）単位で入力する点に特徴がある（本節では「3D-オブジェクトCAD」を「BIM」と呼称する）。

**\*8 ARCHICAD**

Graphisoft社が1980年代より「Virtual Building」というコンセプトをもとに開発したソフトウェア。BIMの概念としてはこれが先駆的な取組みとされる。

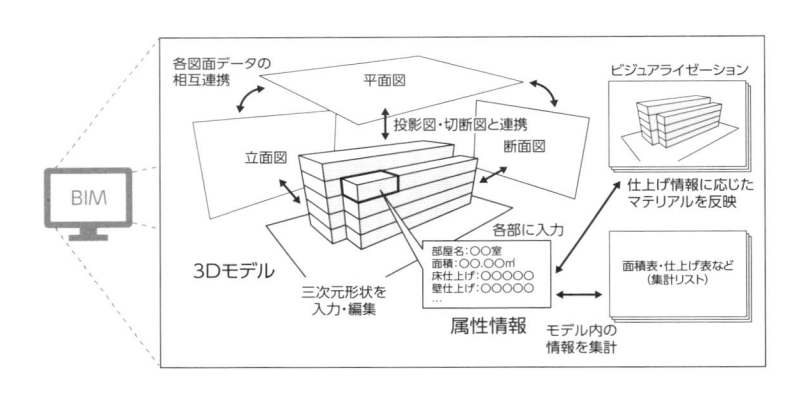

図3.1.3-8　BIMの概念図

ファミリ（p.86参照）と呼称される情報部品にはその「形状」だけでなく、個々に必要な高さや幅、仕上げなどの「属性」を記述することが可能である。ファミリを用いてモデリングされた形状データを投影・切断することで、パースや二次元の平面図・立面図・断面図が作成され、入力された属性情報の集計によりさまざまなリストを作成することができる。諸室ごとの面積や仕上げは、従来であれば面積表や仕上げ表はそれぞれ作成・編集されていたが、BIMを用いることで、これらは一元的に管理することが可能となる。

図3.1.3-9は内部仕上げ種別の塗分け表を一例として示している。部

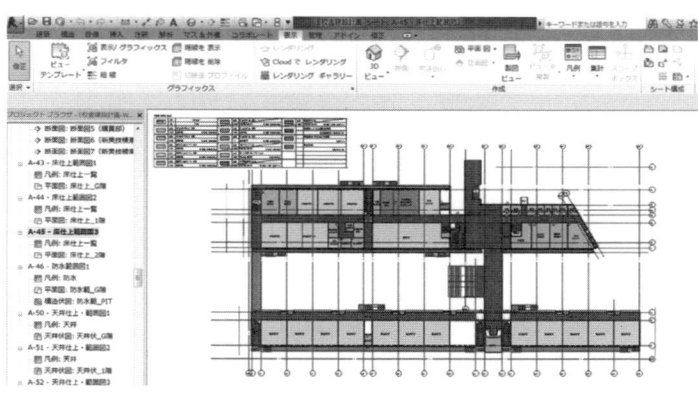

図3.1.3-9　BIMを用いた内部仕上げ情報の一覧化

屋単位で入力された仕上げに関する属性情報の種別に従って自動的に色分けが表示されており、全体構成を視覚的に確認しやすくなっている。また、面積や単価の情報と掛け合わせることにより、コスト概算の指標としても参照できる。図 3.1.3-10 はプレゼンテーションに用いたアニメーションであるが、レンダリングのマテリアル種別を設定する際にも属性情報の種別を参照し、作業の円滑化に役立てた。

※1

作成：日本設計・大成建設一級建築士事務所設計共同企業体

図3.1.3-10　BIMによるアニメーションの作成[1]

　他にも荷重条件の入力による構造計算との連携や、部屋の容積や窓の面積の参照による空調の負荷計算との連携なども可能である。このように、情報の参照関係が意匠設計にとどまらず、構造・設備にも展開する点も BIM の利点であろう。

　一方で、こうしたオブジェクトや属性情報を有効に利用するためには、設計の進度ごとに適したアプリケーションやその操作法を見極める姿勢が重要である。たとえば設計の初期におけるボリュームや配置の検討段階においては、設計対象が柱や壁といった要素に未分化な状態にあることが多い。こうした場合には形状入力の詳細度（p.87 参照）を簡易にしたり、3D-CAD による検討の後、BIM に移行するなど役割分担を工夫することも有効であり、進度に応じて必要な属性情報を付与していくことが望ましい。

# 5 | 関係性の記述ツールとしての VPL

VPL（Visual Programming Language、p.99 参照）はプログラムの作成を構文の入力ではなく、視覚的なオフジェクトの配置により可能にするプログラミング言語である。Rhinoceros と連動する Grasshopper [*9]が 2007 年に、Revit（p.70 参照）と連動する Dynamo [*10] が 2014 年にそれぞれ VPL として登場し、建築分野におけるデジタル・ワークフローに大きな影響を与えている。

**＊9 Grasshopper**

Rhinoceros上で動作するVPL。形状をはじめとして3Dモデルの膨大な量のシミュレーションが可能であり、アイデアの拡張や意思決定の効率化を進めるツールとして利用されている。

**＊10 Dynamo**

Revit上で動作するVPL。形状と併せ、情報の抽出のコントロールも可能であり、構造や設備の解析や設計を含め、より詳細な情報の橋渡しが可能となる

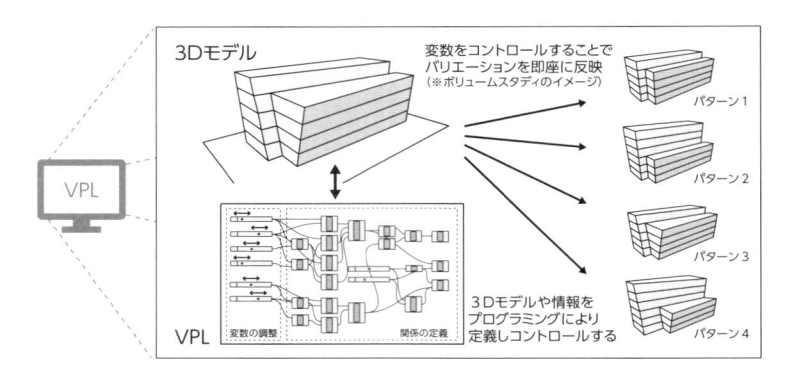

図3.1.3-11　VPLの概念図

VPL を使用することで、3D-CAD や BIM の操作ウィンドウとは別のウィンドウ上に視覚的なオフジェクトを配置・接続し、3D-CAD やBIM の形状や情報の操作をプログラミングできる。それぞれに曲線の定義や分割数の設定などオペレーションの要素が割り当てられており、3D-CAD や BIM 上の形状について、その設定の数値を変更することで即座に反映が可能になる、といった仕組みだ。こうした変数の関係として形状を記述することにより、モデリングの省力化や、さらに複雑な形状への挑戦が可能になった。

図 3.1.3-12 は VPL による建築形態の操作を示す一例である。ここでは屋根架構を検討する際に変数となる項目（部材長さ、断面寸法、柱・梁・桁の位置）について VPL を使って定義し、関係づけている。ひとたび

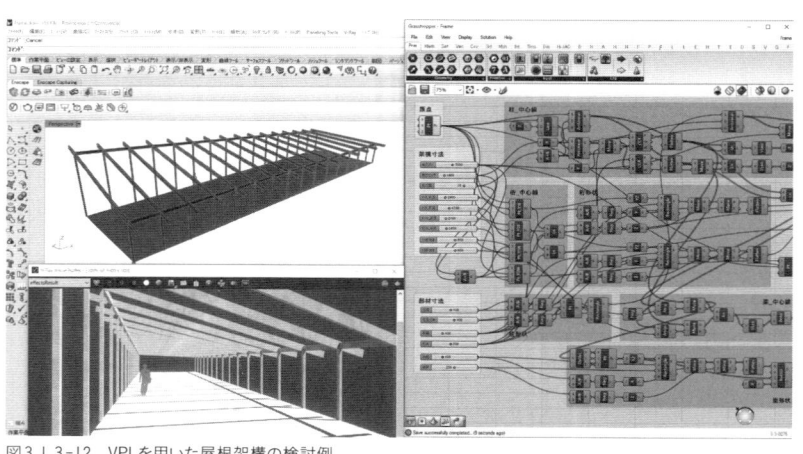

図3.1.3-12　VPLを用いた屋根架構の検討例

この関係づけを行うと、各部の形状や寸法の変更や調整を即座に反映することが可能で、設計の進度に応じてモデリングを深度化させていくことができる。

BIM 上で VPL を利用する際には形状に加えて、さまざまな属性情報を引き出し、その集計や編集ができるようになる点も大きな利点である。たとえば BIM データ内に散在する共通の仕上げ名称に関してテキスト情報として抽出し、いっせいにその変更を反映するといった操作が可能だ。

こうした VPL の活用は、3D-CAD や BIM の形状や情報の操作に対する柔軟性を高めることに併せ、思考や操作のプロセスを記述し、ワークフローを視覚化できることにも大きな利点がある。筆者も日常的に VPL を利用しているが、簡易な検討であっても、形状の操作や各種シミュレーションに関してコメントを併記しながら記述することで、デザイン検討における自らの思考や操作を設計チーム内で共有したり、構造・設備エンジニアとの協働のために役立つことが多い。

## 6 | 関係性の実装によるデザインの刷新

以上、事例に不足もあるかと思うが、代表的なアプリケーションについてそれぞれの特性と、建築デザインの思考や操作への影響の整理を試みた。コンピュータを利用した建築デザインに対する思想は 20 世紀後半から提唱と実践が続けられてきたが、21 世紀を迎え、ハードウェアやソフトウェアの処理能力向上や汎用化によって、一般に普及する時代が到来した。建築デザインの検討プロセスにおける変革をはじめ、本書で紹介されているように、設計・生産環境全体への浸透や、さらには新たなビジネス創出に発展するケース[11] など、多面的な展開が見られる。

手描き図面や模型を用いた思考や操作においても、建築デザインの形状や情報のさまざまな関係性が記述されることに変わりはないが、現代の建築デザインにおいては、アプリケーションやプログラミングによる関係性の実装が大きな役割を果たしており、その量や質に飛躍的な変化が生まれている。

こうした変化は、建築にかかわる職能にも影響を与えると考えられる。設計者としてアプリケーションやプログラミングを駆使し、自らの能力を拡張する者もいれば、設計プロセスの情報マネジメントに関して特化する者、さらには最適化や機械学習などといった手法に専門化・深度化する者もいるだろう。建築デザインのあり方と併せ、今後多様な実践が展開されると考えられる。

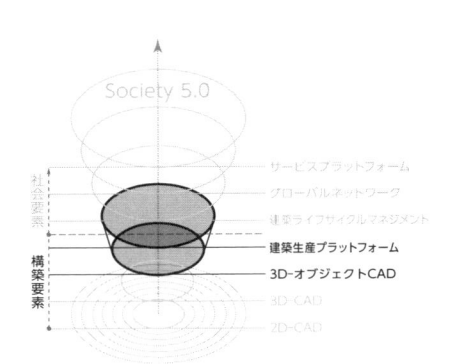

# エンジニアリングデザイン
# の刷新

吉﨑大助（日本設計 環境・設備設計群）

## 1 ｜ エンジニアに求められる役割

*1 **エンジニア**
工学系の専門領域で訓練と経験を積んだ技術者。技師。

エンジニア（Engineer）[*1] は広義では工学的な技術を持った職能の総称であるが、本稿では、建設分野における構造設計者と設備設計者に焦点を当てる。構造設計者と設備設計者がエンジニアとして、企画者・設計者・施工者による「つくり手」とオーナー・利用者による「つかい手」の関係性を考える際、エンジニアにとって建築家（Architect）は「つかい手」の代弁者である。エンジニアは建築家を相手に仕事をすることも多いので、「つかい手」から見ると、あまり実像の見えない縁の下の力持ちとしての存在だったのではないだろうか。当のエンジニア自身も、難解な専門用語による専門家同士の会話に甘んじてきたことも否定できない。しかしながら、度重なる未曾有の自然災害や、地球環境問題、建設業を取り巻く社会的要因を背景にして、エンジニアの責任に対する重要性の認識が高まり、2006年の「建築士制度」改正により「構造一級建築士」と「設備一級建築士」が創設され、高度な専門能力を必要とする一定の建築物[*2] に対する責任がより明確化された。そのため、エンジニアには「つかい手」に対する説明責任（アカウンタビリティ）も、より一層求められることになった。

*2 **高度な専門能力を必要とする一定の建築物**
「構造一級建築士」では、木造で高さ13mまたは軒高が9mを超える建築物、鉄骨造4階建て以上の建築物、鉄筋コンクリート造で高さが20mを超える建築物。
「設備一級建築士」では、3階建て以上で床面積の合計が5,000㎡を超える建築物。

といっても、建設業は複合産業であり数多くの職責を持った人たちがかかわる。法規制および技術基準や従来の商慣習もあり、エンジニアが一人奮闘したところですべて背負いきれるものではなく、実際の実務と責任は制度制定前と大きく変わったわけではない。責任は、もともと重いのである。

筆者自身は電気設備設計を専門としているが、試行錯誤と反省を繰り返す日々を過ごしている。ある程度の経験を重ねても、建設業はやはり奥深く、クライアントや設計チーム、施工チームとの会話で気づかされることも多く、勉強不足を痛感する。そうした会話の中で竣工後に不具合となる要因をいかに消去し、「つかい手」が満足できる高品質の建築物を提供できるかに時間を費やしている。東京スカイツリーの展望台から眺めると、はるか地平まで建築物で覆われているが、戦後これだけの建物がつくられていても、いまだに建設業全体での形式知（p.23 参照）としての最適解はすべて得られていないのである。

BIMは、工学との親和性が高い。エンジニアの負担を軽減し、より高い品質を提供するための強力なツールとなる可能性がある。

**\*3 シミュレーション**
*simulation*

解析的な解が得られない複雑な現象を対象に、その現象を再現できるようなモデルによって模擬的に現象の構造を解明すること。

ここでは、
1. 三次元モデルのシミュレーション\*3活用による見える化
2. BIM導入による設計プロセスの改善
3. BIM導入初期段階における取組み事例

を通して、BIMにより変化するエンジニアリングデザインについて考えたい。

## 2│三次元モデルのシミュレーション活用による見える化

　シミュレーションによる工学的予測の見える化は、建築計画方針を決定する上で、エンジニアのアカウンタビリティとコミュニケーションのツールとして有効と考えている。特に、建築形態を決定する設計初期の、まだ建物の外形がいかようにも展開可能な柔らかい段階でシミュレーションを用いると効果的だが、わざわざ手間をかけてシミュレーションを行う必要があるのか、との意見もある。それは工学の公式を用いた手計算と、経験則でおおよその予測は可能という見解からきたものと推測される。その意見は的を射たところもあり、ともすると、三次元モデルを用いてシミュレーションを行うこと自体が目的となるケースがあるので、必要性の有無を見極め、無駄な作業とならないように注意が必要である。図3.1.4-1に、体育館における昼光による採光と換気効果の解析事例を示す。こうしたシミュレーションによって、建築計画に柔軟性のある基本設計段階で効果的な開口サイズや開口位置などが検証されたが、さらに、シミュレーションを用いることで、クライアントと方針決定のためのスムーズなコミュニケーションを図ることができた。効果が数値指標で示され、ビジュアルで比較できれば、エンジニアとしても説明しやすい。

　シミュレーション・ツールはすでに一般化してきており、大学では環境シミュレーションをもとにエビデンス（evidence：根拠を提示すること）のある設計教育が行われている。新卒採用においても、三次元モデルを活用したシミュレーションになじみのある世代が現れている。図3.1.4-2に、三次元モデルと代表的なシミュレーション・ツールとの関

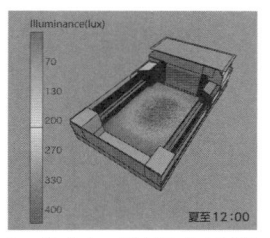

トップライトとハイサイドライトから得られる照度を検証
Radianceによる昼光照度解析

側面換気口からの流入空気が還流し、室全体が換気されることを検証
CFDによる換気量解析

図3.1.4-1
シミュレーション事例

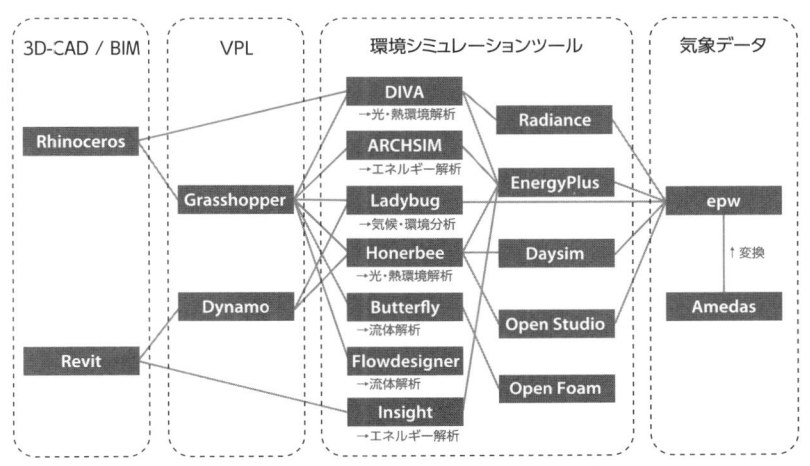

図3.1.4-2　三次元モデルと代表的なシミュレーションツールの連携（作成：村井一）

スチレンボードによるモックアップ

モックアップ内部

モックアップ内部のシミュレーションによる照度分布と実測値との比較を行った。
比較の結果、当初入力条件では20％照度が高く誤差が見られた。壁面の反射率などの入力値補正により、平均照度の誤差は3％以下に抑えられた。

図3.1.4-3
照度シミュレーションと実測値の簡易比較実験例

**＊4　WELL**

人間の健康・快適性を重点に考慮した建築空間の設計、施工、運用に関する認証制度（出典：一般社団法人グリーンビルディングジャパン）。

**＊5　サスティナブル・ビルディング・エンジニア**

CASBEE（p.21参照）やLEED（p.21参照）などの環境性能総合評価システムのコンサルティングを行うとともに、自然採光・照明、音、通風・温熱、エネルギーシミュレーションなど最新のデジタル設計ツールを駆使し、カーボンニュートラルでかつ、健康で快適な空間の実現を目指す技術者。

係を示す。各種シミュレーション・ツールはその充実に加え、建築家が立ち上げた三次元モデルとの連携が容易となっている。

シミュレーション活用の理想形としては、建築家自らがツールを駆使し、その結果をもとに、建築の形状を判断することで自らの求める審美性と機能的な導入効果とのコストバランスを、短時間で検証できることであると考える。そのため、本来はエンジニアを介さずに結論までたどりつけることが望ましいが、現実的にはなかなか難しい。建築家は計画与条件の整理や、建築計画そのものを練り上げなければならず、時間も人的リソースも限られている。シミュレーション・ツールの習得や、解析のための前提条件およびその結果を分析するための工学的知見も必要となる。2D-CADでも言われていたが、シミュレーションは絵になると何となく良さそうに見えるが、肌感覚として実際に結果が合っているかどうかに気づくことが重要である。シミュレーションは工学による事象の再現であるが、そもそもの前提条件や入力が間違っていると、現実との結果が乖離する。また、同条件でも使用する解析プログラムでわずかながら結果が異なる場合もあるため、使用するシミュレーション・ツールの結果と実測との比較を行うなど、PDCAサイクル（Plan（計画）・Do（実行）・Check（評価）・Action（改善））により、そのプログラムの特徴を把握するなどの取組みを忘れてはならない。

図3.1.4-3に、筆者の所属する企業にて行った照明シミュレーション導入初期の簡易的な照度測定実験例を示す。ここではダウンライトを用いて、実測とシミュレーションとの誤差を確認した。実測値との比較により入力値を補正した結果、誤差は3％以下に抑えられた。

このように、まずは各専門分野のエンジニアの経験と事例を集約することで解析に長けた人材を育成し、比較的容易な解析では、エンジニアは建築家が自ら手を動かす際の道標となり、高度な解析であれば、エンジニアが責任を持って解析を担う体制が効率的と考える。

分業により専門性を高めているアメリカでは、LEED（p.21参照）やWELL＊4などの環境性能総合評価システムのコンサルティングや、自然採光・音・換気・温熱環境などの室内環境シミュレーション、エネルギーシミュレーションを専門とした職能が生まれている。

兼業により職能の境界が曖昧な日本では、省エネルギー手法や自然エネルギー利用の知見を持った設備設計者がすでにその役割を担っているともいえるが、今後、ニーズが高まれば、分野を横断した技術を持ったサスティナブル・ビルディング・エンジニア＊5といった職能が生まれるのではないだろうか。

## 3 ｜ BIM導入による設計プロセスの改善

BIMの導入により、コンカレント型プロセス（同時並行処理、p.87参照）の実現が期待されている。

BIMではフロント・ローディング（初期の段階に負荷をかけ作業を前倒しで進めること、p.17参照）が語られることが多いが、リードタイム＊6（工程完了に至るまでの所要時間）の短縮もポイントであると考えてい

**＊6　リードタイム**

主に製造業で用いられる用語。工程に着手してから全工程が完了するまで（完成品の最初の1個ができるまでではなく、出荷単位分の最後の完成品ができるまで）の所要時間。作業に要する時間だけでなく、工程の移行に伴い発生する停滞時間も含む。

**＊7　建築一般図**

建築の実施設計図のうち、各部詳細図、構造図、設備図等の基準となる図面をいう。配置図、平面図、立面図、断面図、矩計図等。

る。一般にリードタイムとは製造業で使用されている用語であるが、ここでは、実施設計段階において建築一般図*7が確定してから、情報の登録委託者が詳細な仕様を決定し、登録受託者が情報を受け取り、情報を把握・整理し、成果品として作図を完了するまでの期間をリードタイムとしている。たとえば、設計工程の終盤に作業が集中する電気設備設計に置き換えてみると、建物内の設備に電気を供給するシステムの設計では、電源が必要な機器と容量の情報を登録する登録委託者は建築や機械設備設計担当者となり、その電源情報を受け取り図面化する登録受託者は電気設備設計者となる。現在の情報データは情報の受渡しにおいて分断されており、受託者は、わざわざ再度データを入力し図面を作成しているが、情報の共有が可能なBIMであれば、登録委託者が入力したデータをそのまま受託者が使用できるため、再入力が不要となる。また、機器名称や数値の転記ミスなどのヒューマンエラーも回避できる。加えて、作図上関連づけられた情報は、変更が生じた場合でも登録委託者が修正すれば、適宜変更が反映され、図面間の不整合はなくなる。

　従前のCADでは実現されなかったが、情報共有に優れた機能を有するBIMであれば、大幅なリードタイムの短縮につながるプロセスを構築できる可能性がある（図3.1.4-4）。

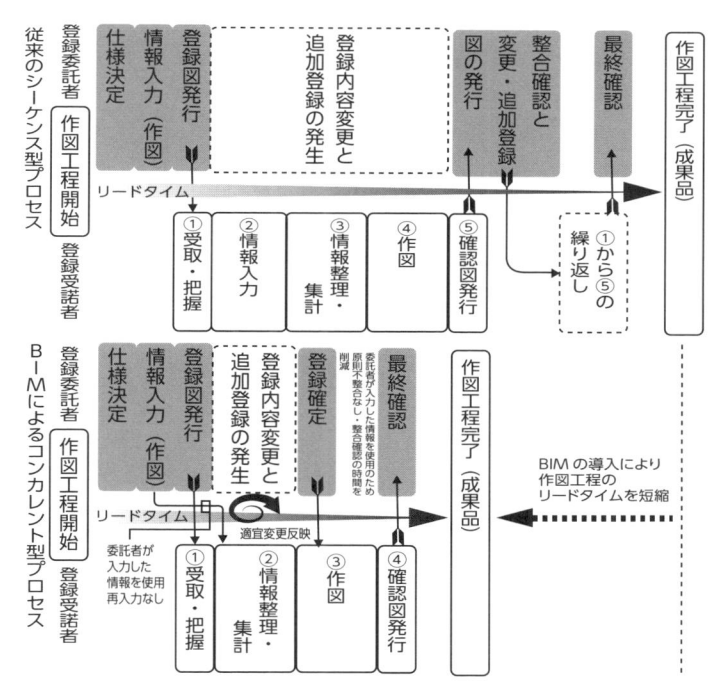

図3.1.4-4　BIM導入による設計段階の作図リードタイムの短縮

## 4｜BIM導入初期段階における取組み事例

　BIMを導入した初期の頃に、構造設計者と設備設計者でBIMを用いた設計プロセスについてまとめた小文*8をベースに、各専門領域でどのような工夫をしながらBIMを活用していったかを紹介する。

**＊8**

山下淳一（構造）、吉原和正（機械）、吉﨑大助（電気）著「建築・構造・設備の思考をつなぐ気づきのBIMスキル」

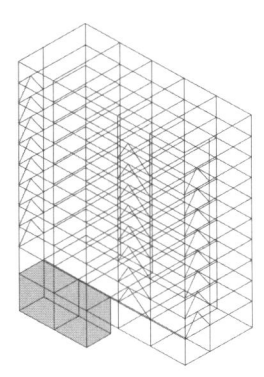

線材モデル

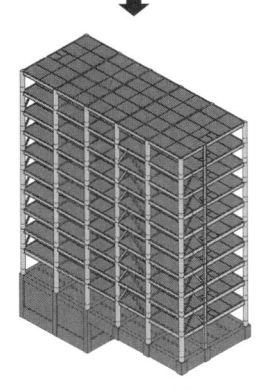

線材から三次元モデルに変換

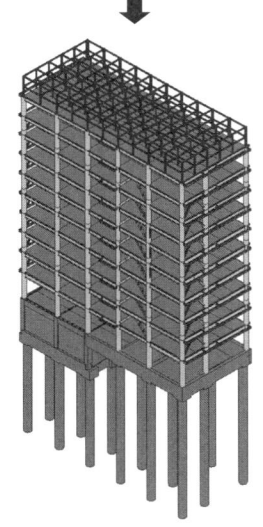

二次部材を追加し建物形状に近づける

図3.1.4-6
線材からの三次元変換モデルと
二次部材追加モデル

最初に、構造設計での取組みについて述べる。

構造 BIM データは、部材断面や位置等の形状を主体とした三次元の機能と、材質や仕様・性能といった情報を持たせた情報機能の二つの役割を備えている。

構造解析は、専用の構造解析ソフトを使用するのが一般的である。使用するソフトは、市販の解析ソフトに加え、大手ゼネコンや組織設計事務所などでは独自に開発したものを使用している。

構造分野において BIM を有効に活用するには、その構造解析に用いた構造解析データと BIM との連携が不可欠となる。図 3.1.4-5 に構造計算書の BIM 連携概念図を示す。

本来は、構造解析プログラムのモデル形状をもとにそのまま意匠や設備との整合を確認できることが理想であるが、構造解析プログラムから得ら

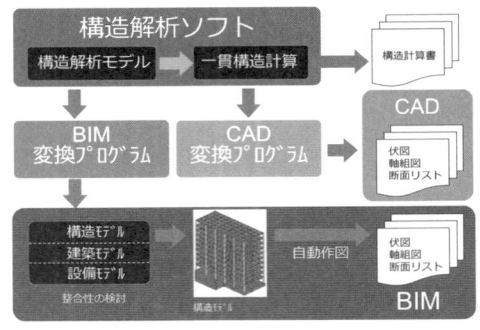

図3.1.4-5　構造計算書のBIM連携概念図

れる構造解析データの柱や梁は線材として扱われている。線材では三次元モデル形状になっていないため、BIM としてそのまま利用することができない。そのため、寸法に加え、柱の回転・傾きや、梁の寄り・レベルといった詳細な位置や形状を再現するための変換プログラムを開発した。加えて、屋上や杭等の二次的な部材を追加するなど、より実際の建物形状に近づけるように取り組まれている（図 3.1.4-6 参照）。

また、市販の BIM ソフトの標準機能では、単純に二次元図面化すると伏図や軸組図として完成されない現実がある。作図工程を省力化し構造図として完成させるための、二次元図面化の変換プログラムも必要となる。図 3.1.4-7 は市販の BIM ソフトの標準梁伏図と、開発途中の変換プログラムによる変換後（一部、手作業で追加）の梁伏図である。このように、市販の BIM ソフトそのままでなく、独自に使い勝手がよいようにプログラムを付加することにより BIM の使い勝手は向上し、ワークフローが劇的に改善される。これは、従来の CAD にはない改善方法といえる。

次に、環境・設備分野では、室諸元情報や機器情報、部材情報などさまざまな情報の活用が効果的と考えている。

初期段階となる基本設計では、主要な大型機器やメインダクト・ケーブルラックなど設備を三次元モデル化し、必要な機器スペースや主要ルートのボリュームにより、建物の階高、天井高、梁丈などを決定する。この際、三次元モデル化の作業は計画上クリティカルとなる最小限の部分にとどめないと、モデル化のための工数が大きくなり逆に負担となるので注意が必要である。クリティカルとなる部分について、最小限の三次元モデリングを作成した後は、BIM 上に設備機器名称・能力・電源容量・コストなどの情報が付随した設備機器のモデルをプロットする。

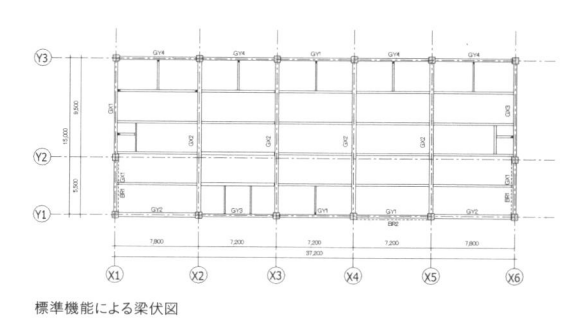

標準機能による梁伏図

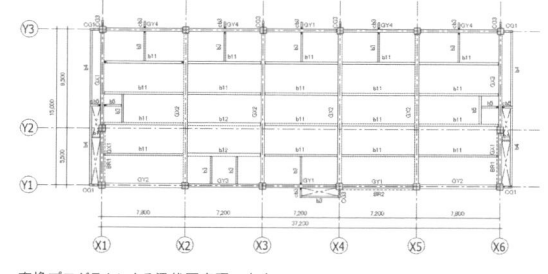

変換プログラムによる梁伏図表現の向上

図3.1.4-7　市販ソフトの標準機能と変換プログラム（開発中）による梁伏図

そこまで入力されたモデルがあれば、詳細にすべてをモデリングしなくても、セクション間の調整と、設備設計図の作成が可能となる。図3.1.4-8に、設備におけるBIM情報概念図を示す。

　ここで、機械設備分野におけるビジュアル・プログラミング（VPL、p.99参照）活用事例を紹介する。BIMは情報を活用できる点に大きな特徴があるが、ここではVPLによる設備設計の自動化に取り組んでいる。図3.1.4-9にBIMのVPL操作画面、図3.1.4-10に設備設計におけるVPL・エクセル計算連携のイメージを示す。

　VPLにより、BIM上の室諸元などの情報をもとにしたエクセル等の負荷計算連携による空調機能力の自動選定プログラムを作成している。空調機器モデルをBIM上に配置した後は、空調負荷となる建築の窓開口サイズ等の変更に自動的に追従し、機器の自動選定機能により空調機器能力の大きさを変えるといった自動化プログラムである。

　従来設計では、負荷条件を図面から拾い、負荷計算を行い、空調機器を選定するといった時間と労力を費やしていた設計上のルーティーンワークを自動化することにより、短時間での設計変更への対応を可能とし、時間的な余裕が生み出されることを期待している。

　最後に電気設備分野であるが、電気設備設計におけるBIMの本格的な活用は

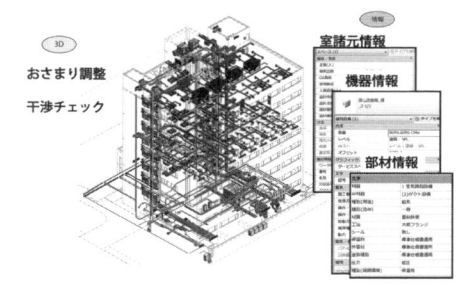

図3.1.4-8　設備におけるBIM情報概念図

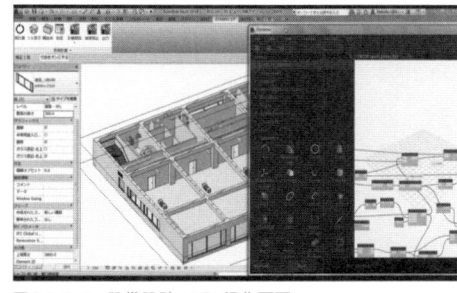

図3.1.4-9　設備設計のVPL操作画面

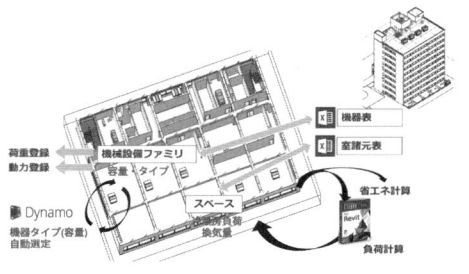

図3.1.4-10　VPLによる空調負荷計算書との連携空調機能力の自動選定機能

これからの段階といえる。

　現段階では BIM 導入の目的として、三次元化による見える化という側面が大きい。電気設備分野においては、電気室などの必要面積も小さく、照明器具や感知器・スピーカなどは、建物規模によって数百から数万台単位となるが、労力の割には見映えがしないなど、見える化にあまりメリットを見出せていないというのが現状ではないだろうか。また、もう一つの特徴として、電気設備は照明、受変電、発電機、電話、LAN、TV、映像・音響（AV）など、多様な機器メーカーに依存する比率が他の分野に比べ大きく、建設業界のみでは BIM 化推進が困難であるという点も挙げられる。しかしながら、BIM 導入によるプロセスの改善でもふれたように、電気設備の BIM データは情報活用面にメリットが大きく、電気設備の技術基準や JIS 基準など、法規や基準が厳格に整備されている電気設備分野と BIM の親和性は非常に高いと考えている。また、メーカー各社の BIM 対応はすでに始まっており、建築保全センターが主導する BIM ライブラリーコンソーシアム（BLC、p.120参照）による建築部材・機器の三次元モデルを集約したライブラリ構築などの動きにも期待したい。

　さて、具体的な取組み事例であるが、図 3.1.4-11 に、設備室まわりの BIM モデル例を示す。ここでは、電気と機械担当者が作成した BIM の初期モデルを統合し干渉チェックを行っている。調整前のモデルでは、設備機器と照明器具の位置関係が照度を確保できず使い勝手の良くない配置となっていることや、空調機（機械設備）とキービクル（電気設備）が近接し、保守スペースが確保できていない点などの問題が生じていることがわかる。このように設計段階で三次元の見える化を活用することで問題点の把握も容易になる。この程度の配慮は設計上当然ではあるが、設計段階で事前にこのような単純な問題がなくなるだけで、施工段階での総合図[*9]作成に

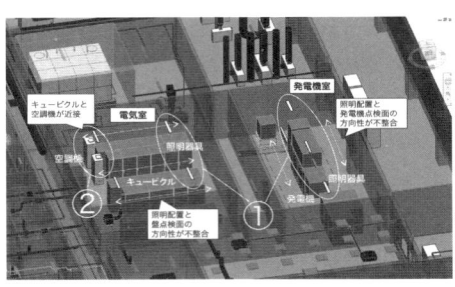

①機器の配置にあわせて照明器具が計画されていない。点検面に配慮して配置すべき。
②空調機とキービクルが近接している。各々の機器を考慮していない。

図 3.1.4-11　設備室まわりのBIMモデル例

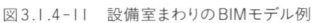
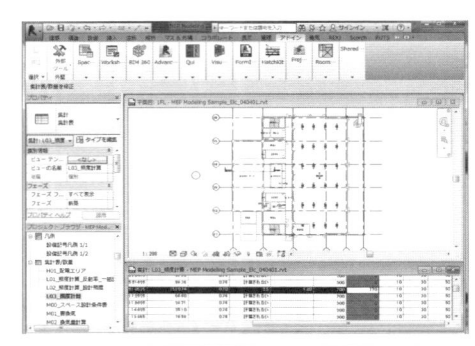

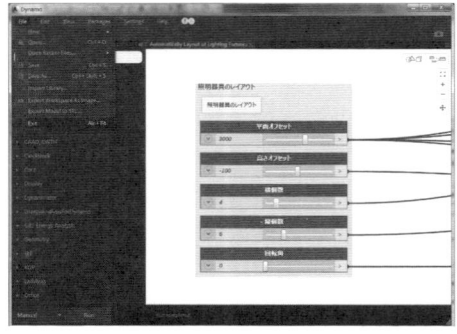

図 3.1.4-12　VPLによる照明器具の自動配置

**＊9　総合図**

総合図の有効性は1990年頃から認識され始めた。建築や設備、その他各種機能に関する情報を一元化し、設備機器などの取付け位置と寸法を入れて表記し、当該工事にかかわる関係者にて機能確認や齟齬・不具合などの事前確認を行うための図面となる。
（参考文献：公益社団法人日本建築士連合会総合図作成ガイドライン）

おける工数の削減にもつながる。

　次に電気設備設計の VPL 活用の一例として、図 3.1.4-12 に VPL による照明器具の自動配置機能を示す。まだ簡易的なものであるが、対象となる室に対して性能として必要な照度を設定し、取り付ける照明器具を選択すれば平均照度が自動計算され、必要な照明器具台数を求め、照明器具の割付けを指定すれば自動で器具が配置されるプログラムとなっている。

　今後、電気分野の BIM 活用はいよいよ本格的に進むと思われる。ここでほんの一部であるが、表 3.1.4-1 に電気設備分野での BIM 活用（案）を示す。電気の BIM 活用による新しいワークフローは多様であり、電気設備業界全体で取り組むべき課題であるので、参考にしていただけると幸いである。

　本稿では、構造・設備（機械・電気）分野の設計段階における BIM の導入初期段階における取組みについて紹介した。建設業では就業人口の問題や、自然災害・地球環境問題への対応も急務である。また、社会的ニーズとデジタル・ツールの発展を背景とした新しい建築も生まれている。今後、従来のエンジニアとしての知識と経験に加え、シミュレーションやプログラムの知識も学ぶことで、より良い建築実現のための一助になると考えている。専門領域は拡大しているが、世界的に見ても稀有な、専門分野の境界領域が曖昧な日本のエンジニアには、とても面白い時代といえるのではないだろうか。

表 3.1.4-1　電気設備分野での BIM 活用（案）

| | | |
|---|---|---|
| 3D | 1 受変電 | 電気室納まり検証　単線結線図より配電盤モデルを自動生成<br>幹線系統よりケーブルラックボリュームを自動生成<br>重量機器搬出入検証（変圧器荷重などELVに影響） |
| | 2 発電機・オイルタンク | 発電機室納まり検証　発電機換気開口サイズの自動計算<br>煙突：発電機煙突・煙道サイズの自動生成<br>重量機器搬出入検証<br>燃料備蓄量よりタンクサイズを自動生成<br>設置条件に合わせた形状検討 |
| | 3 EPS | 設置盤面数およびラック数による必要スペース検証<br>EPSラック天井内横引き展開納まり検証 |
| | 4 照明プロット | 設定照度および設備機器ファミリ配置により自動プロット |
| | 5 非常照明プロット | 照度警戒範囲より自動プロット |
| | 6 誘導灯プロット | 誘導灯有効距離および避難動線より自動プロット |
| | 7 監視カメラ | 警戒・撮影範囲よりカメラ配置を検証 |
| Simuration | 1 昼光利用（自然光） | トップライトやライトシェルフなどの昼光利用効果を検証 |
| | 2 照明 | 三次元モデルにより立体的な照明効果を検証 |
| | 3 太陽光発電 | 建物形状における日射量を解析し効果的なパネル配置を検証、年間の発電量を解析 |
| | 4 エネルギー | 消費電力と点灯パターンを持ったファミリにより年間の照明エネルギーを解析 |
| | 5 音響解析 | 電気音響音圧レベル解析、騒音レベル解析 |
| Information | 1. 電源登録 | シャッター、ELV、空調機、ポンプ等のファミリより電源情報を抽出し動力盤表（エクセル）と連携<br>インバータ等工事区分の明確化<br>一般負荷、保安負荷、防災負荷など電源種別による負荷容量集計の簡略化 |
| | 2. 幹線計算 | 電源登録情報およびケーブル恒長情報を抽出し幹線計算書（エクセル）と連携 |
| | 3. ケーブルラックサイズ計算 | 幹線計算書のケーブルサイズ計算結果をRevitに反映し、3Dのケーブルラック寸法の自動連携 |
| | 4. 負荷集計 | 電灯（照明・コンセント）や動力負荷の盤別自動集計 |
| | 5. 2Dへの展開（色分け図） | 配電エリア図、照度設定図、セキュリティエリア図、自火報警戒手法図 |

Society 5.0

サービスプラットフォーム
グローバルネットワーク
建築ライフサイクルマネジメント
建築生産プラットフォーム
3D-オブジェクトCAD
3D-CAD
2D-CAD

社会要素
構築要素

③①⑤
# 建築生産と製造をつなぐBIM

**西村 雅雄** (LIXIL Building Technology JAPAN エンジニアリング営業部)

## 1 │ 建築部材の3種類のつくり方

　建築物を構成するさまざまな工業製品は、量産品もあればその建物オリジナルのものもある。そのつくり方は、おおよそ三つに大別される。

1. トイレや家具など、形状・材質・性能等をメーカーが決め、その組合せを設計者が選択して完成品が変化する標準製品。
2. 鉄骨のように、構成する部材などは複数の規格化されたサイズ[*1]のものから選択し、長さや寸法などが変えられるセミオーダー。
3. PCカーテンウォール[*2]やアルミカーテンウォール[*3]のように、すべてが自由に設計できるオリジナル製品。

　いずれのつくり方にしても、部材単体の製造に必要な情報はミクロなものであるから、一部を除いて、建築BIMモデルが持つ情報ではマクロすぎて不十分である。一方、そのマクロな情報の中にも、建築部材の工業製品製造に必要なものが存在し、それをいかに有効にメーカーにつなぐことができるかが鍵となる（図3.1.5-1）。

**\*1 鉄骨の規格化されたサイズ**

鉄骨はあらかじめ素材・形状・寸法が決められており、どこのメーカーで製造しても同じものができ上がる。

**\*2 PCカーテンウォール**

プレキャスト・カーテンウォールのことで、あらかじめ工場などで製作した鉄筋コンクリート部材を建物の壁などに使用する。壁は地震などに対して構造として有効な耐力壁と、意匠的な仕上げとして用いられるカーテンウォールに分類される。

**\*3 アルミカーテンウォール**

主要な部分をアルミニウム合金で製作したカーテンウォール。

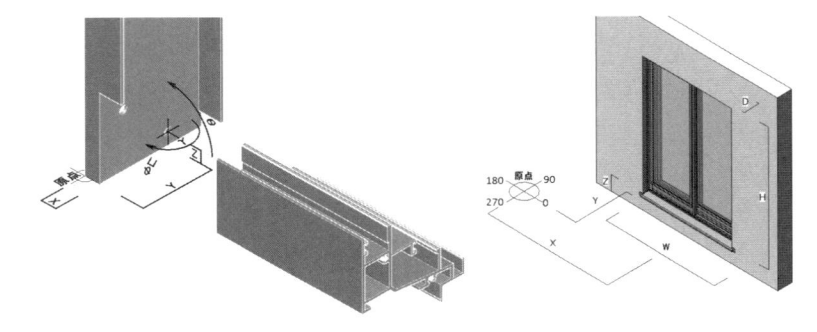

ミクロ情報
原点からの距離X, Y, Zの位置に直径φの孔をθ, γの方向にあける、という情報。製造には数十倍のデータが必要となる。

マクロ情報
原点からの距離X, Y, Zの位置にサイズW, H, Dのアルミサッシを270度の方向に配置する、という情報。

図3.1.5-1　ミクロ情報とマクロ情報

　筆者は、建築部材の工業製品をつくる過程において、今後予想される人材不足の時代に向けて、現在2D-CADの建築図から複数のマクロな情報を人の頭の中で結びつけ判断し、ミクロなものとして入手している情報を、今後は、BIMが持つマクロな情報から機械的に結びつけ判断させて入手し、人はより高度な思考や判断を伴う作業を行うように、ワー

クフローを変えることに取り組んでいる。

その立場から、3種類のつくり方ごとに、建築の設計者や施工者に必要な情報と建築部材の製造に必要な情報の連携について述べる。

### （1）標準製品

トイレなどの製品は形状のほとんどが曲面の構成なので、BIM が普及する以前から 3D-CAD で形状が設計されており（図3.1.5-2）、製造に必要なデータ容量は、ギガ単位の情報となる。

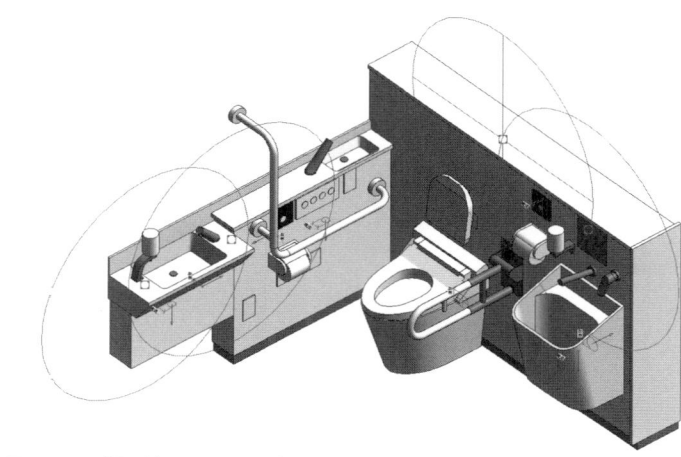

図3.1.5-2　曲面が多いトイレの3Dデータ

これを建築 BIM モデル上に配置しただけで、コンピュータがフリーズしてしまう。

建物 BIM モデルに配置するためのデータは、

① 最低限の製品の外観を有している意匠データ
② 器具表[*4] などが自動的に作成できる品番データ
③ 関連工事[*5] とつながる属性データ（属性情報）[*6]

を持つ必要がある。

トイレの設計を例にすると、リモコンスイッチや紙巻き器の設置位置を壁やドアの軌跡との干渉を確認しながら配置する。結果として配置された場所、給排水の接続位置[*7]、数量の情報取得に①～③のデータが利用される。設備工事とのつながりにおいては、接続管サイズ、電気容量[*8]、仕様をテキストデータでやり取りしている。BIM モデルが持つ情報データを活用して複雑な加工を一気に行いたいが、現行の設備が1軸のみを動かす機械とか、X軸・Y軸・Z軸を動かす機械である場合、さらに回転軸と傾斜軸を制御し三次元加工ができる5軸 NC 加工機[*9] に、人の手のように自由な関節を持つ多関節型ロボット加工機に、設備を一新する勇気のある経営者はいないだろう。企業は利益を得なければ存続できないからだ。しかし、メーカーの既存設備がコンピュータをベースに動いているとすれば、建築 BIM と連携できるケースは多く、必ずしもすべてを変更することはない。つまり、情報のやり取りの大半がテキストデータであるから、メーカー側は従前の生産システムのうち、情報のやり取りにかかわる部分を少しだけ修正すれば BIM モデルからの有効な

**＊4　器具表**

トイレなどの製品の集計表。建物のどの階のトイレにどんな便器がいくつあるかを表す。

**＊5　関連工事**

トイレの場合の関連工事には、給排水の配管工事、電気工事、内装仕上げ工事などがある。

**＊6　属性データ**

トイレの場合の属性データには、給排水の接続位置、配管の口径サイズ、給水量、電気容量などがある。

**＊7　給排水の接続位置**

トイレの器具に接続する給水管や排水管は設備工事の範囲となる。

**＊8　電気容量**

トイレの場合、リモコン、温水洗浄便座、自動水栓などに電気が必要となる。

**＊9　NC加工機**

数値制御（Numerical Control machining）による機械加工を行う機械。ドリルなどの工具の動作を座標値によって定義したもの。建築部材の工業製品製造で使用されている。

テキスト情報を製造に取り込むことができる。しかしながら、ここで取り込むことができる情報量は、品番や数量や取付け位置の情報程度に限定され、製造に必要な全データからすると量的には比較的少ないものである。建築BIMから連携して足りないデータは、メーカー側の生産システム側に保有されており、それらと連携して初めて製造が可能となる。

## （2）セミオーダー

鉄骨製造などは、建築BIMモデルと製造側の生産システムの間でかなり有効な情報をやり取りしている。鉄骨自体の形状がシンプルでしかもデータが軽量で、鉄骨同士の接続ディテールが標準化されているため、複数のCAD間を形状データが行き来しやすく、製造設備につながる情報をやり取りできている。施工BIM[*10]では、鉄骨スリーブ[*11]、付属する二次部材[*12]や仕上げなどの情報が、統合モデル上でアセンブルされ、干渉チェックもできており、加工に必要なかなりの情報が取り出せる（図3.1.5-3）。

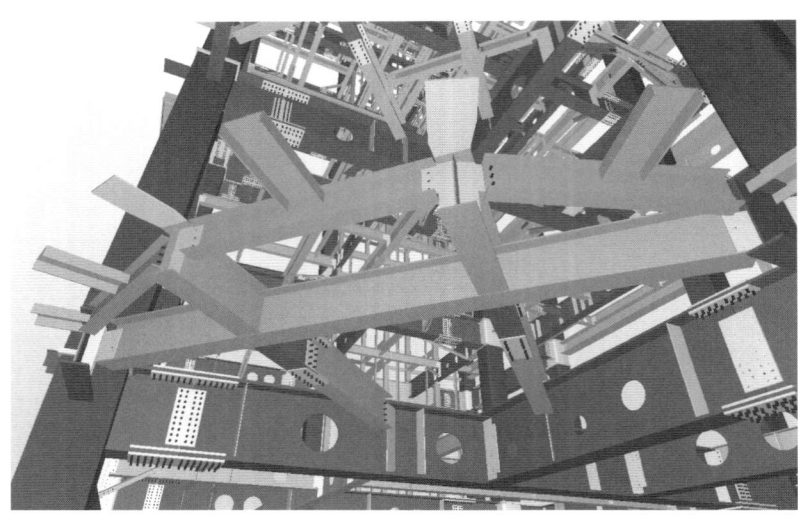

図3.1.5-3　施工BIMの統合モデル

また、標準化が進んでいるため、穴あけや溶接などの加工に対する製造側の固有のノウハウが比較的少ない。NC加工機や自動溶接機により、製造が機械化、自動化するなかで、製造に必要な情報を盛り込んだ設計図を複数工種の二次元情報から読み取り、製作図を作図できるプロフェッショナルが不足したため人件費が高騰し、簡単な鉄骨製作が海外にシフトしたが、今後のBIMの普及により国内に産業が戻ってくるかもしれない。二次元の図面を見て頭の中で三次元をイメージし、不具合を見つけ出す能力は、BIMモデルが代行して表現してくれる。これにより、人は、そのモデルを見て、考えて、判断できる能力があればよい。

## （3）オリジナル製品

形状が自由に設計できるPCカーテンウォールやアルミカーテンウォールなどでは、建築BIMモデルにかかわるデータと製造に必要なデータは粒度[*13]としてまったくの別物で、つながる部分は非常に限定

**＊10　施工BIM**

BIMを活用するフェーズの中で、現場の施工段階で使うBIMのこと。従来の施工図の範囲が主なものとなる。
参考文献：一般社団法人日本建設業連合会『施工BIMのすすめ』2017

**＊11　鉄骨スリーブ**

梁などの鉄骨に配管を通す孔のこと。貫通孔の大きさ、位置、間隔は、強度上の規定により制限を受ける。

**＊12　二次部材**

地震力を負担しないが仕上げ工事などのために必要となる間柱や耐風梁など。これらを取り付けるために、取付け用の部材をあらかじめ鉄骨工場で加工しておく。

**＊13　粒度**

岩石などの粒子の大きさの意味から転じて、ここでは、建築BIMモデルのデータはmm単位、製造に必要なデータは1/100mm単位で、精度が2桁違うということを指している。

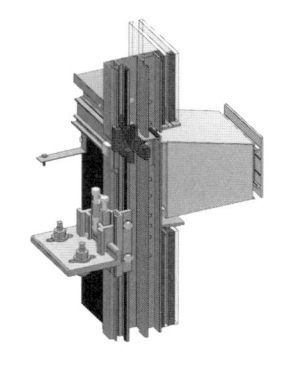

図3.1.5-4　建築 BIMモデルと製造用の三次元モデル

されている。寸法、色、数量情報はつながるが、部材の加工情報を建築 BIM モデル上で再現すると、データが重すぎて使えない。現場単位で設計されるオリジナル製品、いわば特注品は、すべての部材がその現場専用に設計されており、製造側は 0.1mm単位の加工形状や、ビスやボルトのサイズや長さなどの情報が必要だが、これらのミクロすぎる情報は建物 BIM モデルとしては意味をなさない（図 3.1.5-4）。

　つまり製造用のデータとは異なる建築 BIM モデル上の部品データを持つことになる。ものづくりは標準化が効率化のポイントだが、このような製品はその現場独自のディテールであるため標準化が難しい分野で、NC 加工機へのデータ連携のハードルが高い。つくる物の性質によって受け渡す情報の内容が変わるからだ。NC 加工機にどのような情報を伝えるか、塊から削り出してつくるのか、穴あけや切欠き加工などを行うのかにより、NC の動きは変わる。特に後者は、加工の順序や、加工の方向性の手順情報が必要となる。これらをいかに正確に効率よく加工するかは、基本的な規則の他に過去の経験や、製品を知り尽くした知識の蓄積が必要となる。

　BIM データを連携させる高度な専門知識を持った人物がどこにでもいるとは限らない。むしろ、そのような人物がいる企業のほうがまれだろう。連携できるデータをつくり込み、自動的に NC 加工機でものづくりができるように、BIM データを扱える専門家に業務を委託することは、守秘義務を結んでいても製造上のノウハウの流出のおそれがある。製造のノウハウや経験を持ち BIM モデルの持つ情報を扱える人材を企業内で育てるのに年月がかかりすぎるのが課題である。

## 2　同じキーを持つ別オブジェクト

　同じデータを共有して互いにミスのない現場施工を目指せるのが BIM であるが、全データを施工・設計・製造側で共有するという当初のイメージから、同じキー[*14]を持つ別オブジェクト[*15]を、部門ごとに持つという考え方に変化しつつある。施工 BIM では、統合モデルと専門業者のモデルの間を行き来する情報は、アウトラインの形状データとごく一部の属性データだが、それでも両者が困ることなく、かつ、お互

**＊14　同じキー**

設計・施工・製造、それぞれの立場で必要な情報を持つオブジェクト・データ（p.84参照）を、お互いに入れ替えられるように同じ記号や番号を共有するもの。

**＊15　別オブジェクト**

ここでは、建築 BIMモデルに配置されたそれぞれの建築部材のことを意味する。設計側のオブジェクトと施工側のオブジェクトは、最低限の情報を共有し、それぞれに必要な個別の情報を持つ別のものである。

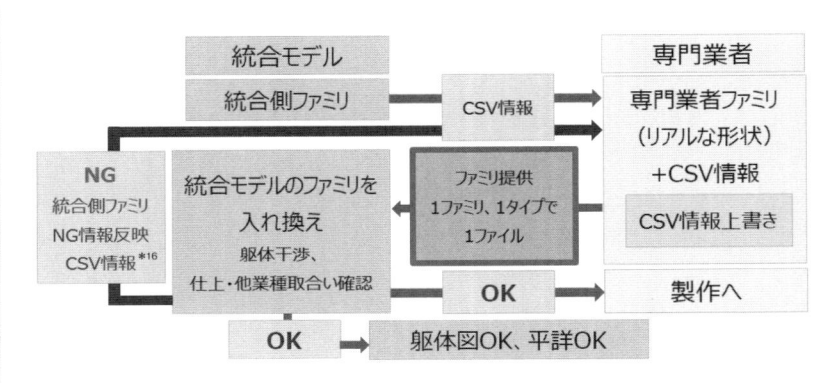

図3.1.5-5　ファミリの入替え

**＊16　CSV情報**

コンピュータ同士でデータを受け渡す際に最も普及したデータ形式。CSVはComma Separated Valuesの略で、コンマで区切った値のこと。企業間でのデータのやり取りに使われることが多い。

**＊17　ベンダー**
*vendor*

ソフトウェアの供給元企業。

**＊18　ネイティブなBIMデータ**

BIMデータは形状と情報から成り立つが、異なるソフトウェア間でデータをやり取りするために中間ファイル形式に変換すると、形状とごく一部の情報のみは連携できるがすべての情報が連携できない。同じソフトウェア間ですべての情報をやり取りするためには、同じソフトウェアで作成したデータである必要がある。

**＊19　BIMライブラリーコンソーシアム**

一般財団法人建築保全センターが運営する組織で、企画・設計・施工・維持管理など、立場を超えた誰もが容易に利用できるBIMに関するライブラリの構築を行っている。

いの情報を有効に活用できる方向に進んでいる（図3.1.5-5）。

　BIMでできること、BIMでできないことは、待つ姿勢から攻める姿勢へと変化している。将来的にはBIMを基盤とするシステムでほとんどのことができるようになるであろうが、現時点ではできないことがたくさんある。数年前はベンダー＊17側のソフトウェア改良を待つ姿勢があり、ベンダーに要求を出していたが、現在では、自分たちで何とかしようという意識が生まれてきた。

　工事に着工する前に建物モデルを完成することが可能なのか。設計という作業にすべての専門業者が参画し、施工図と製作図のレベルまでLOD（Level of Development、Level of detail、p.87参照）の高い建物モデルを完成させ、コストが事前に確定し、合意できるかという課題がある。製作図レベルの検討を行うには事前にメーカーを決定する必要があるが、何を根拠にメーカーを選定するのか。メーカーを選定しなくても建物モデルを完成させ、コストを確定することができるのか。BIMデータからBIMデータまたはネイティブなBIMデータ＊18ではできない範囲を、テキストデータを介して、企業間や違うBIMソフトウェア間でやり取りしようという流れができている。

　施工BIMでは、現場工事にかかわる各企業に同じBIMソフトウェアでのデータ共有を強いるものではなく、中間ファイル形式（p.59参照）やさまざまな形式の三次元データを読み込んで、モデルを統合するビューワーソフトを介して情報の共有ができている。BIMの属性情報の標準化を進めているBIMライブラリーコンソーシアム＊19では、違う企業がつくるBIMオブジェクトに共通のテキスト情報を持たせて、設計段階と施工段階などで採用メーカーが変わっても、情報の引継ぎができるような活動が行われている。建築コストについても、建築資材のコストを意識して積算を行う従来のやり方に加えて、施工手順や施工の難易度による見えないコストを事前に検証することができるようになった。モデル上に存在する各部品に、施工の順序を紐づけし、その工程時のクレーンの位置や作業時間をコンピュータ上でシミュレーションし、より良い施工手順や建築資材の選択や、資材の分割方法を見つけ出すことによりコストダウンを図ることができるようになっている。

　BIMの情報が工事とともに更新され、竣工時には、それぞれのオブ

ジェクトが自身の製品情報以外に製作ロット番号や製造工場の情報を持つことにより、リコールや、製品の寿命や定期メンテナンスの情報を一元管理できる。

だからこそ、「1.3」で述べられている"コネクテッド・ファシリティ"に展開できるし、「3.2.1」で述べられる"社会基盤のデータベース"になり得るのである。

## 3 | 製品づくりの思考プロセス

ここまで BIM による建築生産とそれに関する建築部材の製造について述べてきたが、ここからは、それを実現するための技術、知見の継承に BIM がどのようにかかわり得るかについて、具体的に述べたい。

段窓サッシを建築設計者の思考プロセスに即した順序で設計できるツールを開発し、一部の設計者向けに提供した。この窓ツールは、BIMソフトウェアに標準で用意された、サイズや形式を決めた固定的な窓を配置するツールとはまったく異なるものである。設計者は自分が窓を配置したいおおよその範囲内に窓を置く。設計条件に照らしながら、現実的なサイズにガラスを分割し、開閉する機能部を追加配置することができる。2D-CAD での思考順序の通りに BIM の窓ツールの思考順序を変えたのだ。このように BIM モデルには、人が考える手順や意思決定の流れを埋め込むことが可能である。上記の窓オブジェクトにガラリがある場合、設備側からの要求開口面積[20]を反映させると、自動的に羽根のピッチが計算され修正される。あまりにも開口率が大きくなるとガラリの奥が外から見えてしまうので、ガラリ自体のサイズを変更したり数量を増やしたりして、建築設計者が設備的な要件を反映させながら意匠的に満足できるように設計できる（図 3.1.5-6）。

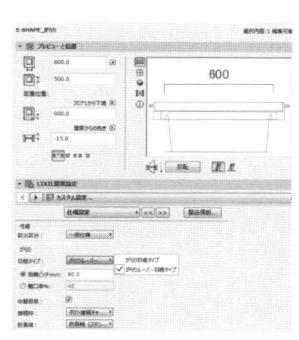

意匠設計者の決めたサイズ　　　　　　必要開口面積を入力　　　　　　反映後羽根ピッチが広がった

図3.1.5-6　開口部のガラリの設計

こうした思考・検討の順序は、過去の現場で発生した不具合情報の蓄積から事前に判断し、後の手戻りをなくすものだ。BIM オブジェクトにさまざまな制約条件を記録し、管理できるようにすると、それを操作する設計者の知識は、自然と増大していくはずである。その制約の原因を理解し、解決策を考え出すことで建物は最適化され、設計者の知識が向上する。設計が進んでから実際にはつくれないという手戻りや、求め

るところではないというレベルでの妥協は、なくなっていくはずだ。そのためには、BIMオブジェクトに持たせる情報を、建設に関するすべての関係者が理解しやすい、共通の言語で表記する必要がある。

# 4 | ノウハウの蓄積と技術の伝承

　建築工事が専門化していくなかで、他業種との調整が必要なことはいうまでもない。このノウハウを持った人が少なくなっていく時代背景のなかで、BIMの力でこの状況を補い、さらに高度化していかなければならない。BIMオブジェクトをもとに、関連するオブジェクトを理解して、条件に基づいた判断ができるようなプログラムをつくり込めるよう、専門的な職能が高いベテランのノウハウをBIMオブジェクトに埋め込み、技術の伝承を行っていく必要がある。

　たとえばガラスの厚さの自動計算を検討してみる。ここで検討するのは、外装の窓オブジェクトにはめ込むガラスとする。建物の壁に配置された窓オブジェクトは、大きさや形式の情報以外に、耐風圧性能[*21]、断熱性能[*22]、防火性能[*23]などの法的に必要な要件に加えて、遮音性能[*24]や色あいなどの条件が入力される。自動的に耐風圧力を計算する際、現在のBIMツールにもとから用意されている機能では、計算に必要な窓が配置されている高さや建物高さ、建設地の地表面粗度区分[*25]といった情報は提供されていない。しかし建築BIMモデル内の各種情報や法的要件、遮音性能の情報に、メーカー側の製造の可否、コストの優位さなどの固有情報を加えれば、決定要素を複合的に絡み合わせることができ、ガラス厚を決定することができる（図3.1.5-7）。

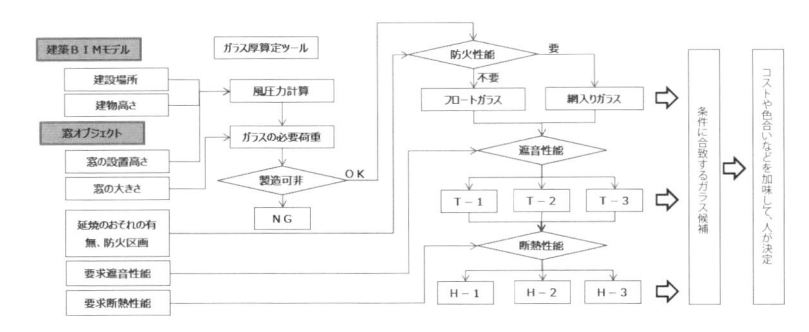

図3.1.5-7　ガラス選定のフロー

　次に、製作制限を超える場合や、要求性能を満たさない場合のモデル入力作業の場面を考えてみる。ヒューマンエラーを防ぐ観点からは作図入力ができないようにするべきであるが、あまりにもエラーが多いと設計作業が進まない。デザインの検討段階ではそこまでの必要要件が確定していないケースも多い。また、そのエラーが、法的にNGとなるものか、建物の性能上の要求を満たさないものか、単にメーカーの製作範囲外なのかによって重要さが違う。設計のどの段階なのかによって、使い分けられるシステムが必要である。

　BIMは、コンピュータに詳しくプログラム作成にも長けた若手技術

**＊21　耐風圧性能**

サッシ、ドアがどれくらいの風圧に耐えられるかを表す性能。設計風圧値は、建築基準法により算出される。

**＊22　断熱性能**

サッシ、ドアからの熱移動をどれくらい抑えることができるかを表す性能。

**＊23　防火性能**

建築物の火災に対する安全性のレベルを表す性能。建築基準法、建築基準法施行令、建設省（国土交通省）告示等で規定されている。なかでも、耐火建築物、準耐火建築物や防火地域または準防火地域にある建築物の外壁で延焼のおそれのある部分の開口部については、炎を遮り延焼を防止するために「防火設備」の使用が義務づけられている。

**＊24　遮音性能**

サッシ、ドアを通して室外から室内、あるいは室内から室外へ透過しようとする音をどれくらい遮ることができるかを表す性能。

**＊25　地表面粗度区分**

海岸沿い、市街地、大都市などの違いにより規定される区分で、設計風圧力を計算する際に必要な情報。

者や、これから建築を学ぼうとしている人たちだけのものではない。技術や知見を伝承できるベテランの存在が必要不可欠だ。単なる自動化だけでなく、技術と知見の継承を賭けた一大イベントでもある。ベテランたちが実際に現場で経験した実績と培った感覚を、いかに数値化し計算式で表せるかがキーポイントとなる。特に、精度管理値の設定は重要である。図面上プラスマイナス 0.5mm の設計のところを、製造的にはわざとプラス 0.3mm、マイナス 0.7mm で管理したりする。このような経験値も、条件整理を行い要件定義を行っていくことで BIM オブジェクトに埋め込み共有可能なノウハウになり得るのである。師匠と弟子の関係は BIM モデルと人の関係へと変わっていくだろう（図 3.1.5-8）。人固有のノウハウから BIM オブジェクトのノウハウへと移り変わり、さらには AI（p.53 参照）の登場でより高度なオブジェクトへと進化していくであろう。

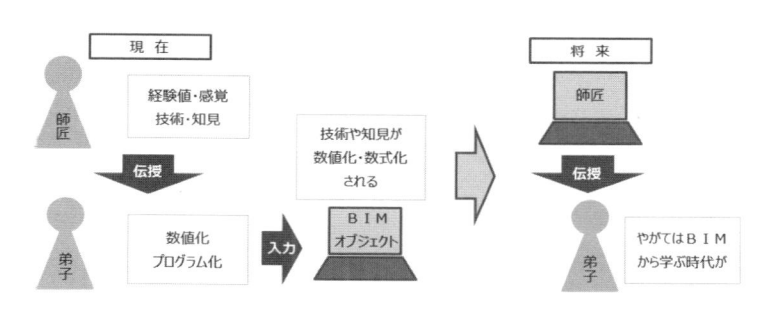

図3.1.5-8　師匠と弟子の関係

## 5 ｜ 仕事の変化と AI との共存

　AI の発達により、人間の業務は変革される。あらゆる視点から検討して最適解を見つけ出す業務は、もはや AI の仕事になる。しかしながら人間の業務がなくなるわけではなく、人間の業務はさらにハイレベルなものに移行する。AI が出した答えが正しいかどうかを判断する業務が生じる。人が一度下した判断は次には AI で判断できるが、人間でなければ判断できない新たな事象が発現するはずだ。

　現今の日本経済において建設業に携わる人口が減少するなか、GDP を増加し続けるには、業務の効率を上げることが必至である。5 人で行っていたワークの 3 人分は AI が行い、実質 2 人の作業になる。2D-CAD データを AI が解読し理解することは、三次元の実際の建物を扱うにはとてつもなく不合理である。BIM に持たせる情報をいかに AI にとっても有利なものにつくり上げるかは、現在の業務を実行している者に課せられた最大のテーマであるに違いない。AI との共存がこれからの建設業の進むべき方向を決定するように思われる。

③ ②

# つくり方が変わる

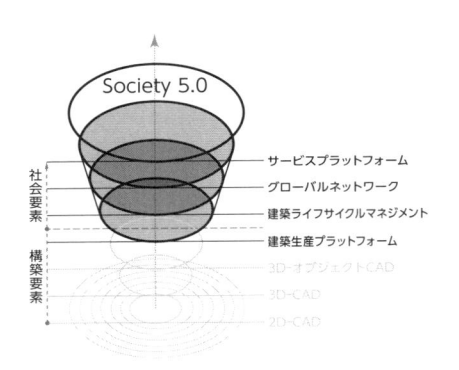

## ③ ② ①
# 新たなビジネスモデルを創る

村松 弘治 (安井建築設計事務所東京事務所長)

BIM-LOD：Level of Development
設計フェーズごとに必要とされるBIMモデルの詳細度や情報レベル

図3.2.1-1　BIM進捗において解決すべき課題

**＊1　統合BIM**
意匠設計、構造設計、設備設計のそれぞれの分野でBIMを用いて設計し、かつ統合してそれぞれの連携・検証等ができる状態のBIM。

## 1 │ BIMへの取組みと展開

### （1）社会やクライアントと設計者を結びつける BIM

　BIM の話題は年々高まっているが、俯瞰的に眺めると、必ずしも順風満帆な進捗とはいえず、むしろ現実的には建築生産プロセスにおける共有 BIM-プラットフォーム化をはじめとして、解決すべき課題が数多く残されていると感じる（図 3.2.1-1）。

　筆者が所属する設計事務所は、2007 年から BIM 設計に取り組んでいる。当初は「設計の効率化」を目指してその活用に取り組み始めたが、理解が深まるにつれて、社会やクライアントとのつなぎ役としての BIM の存在が徐々に見えてきた。

　現在抱えている BIM スタンダード、レギュレーション、LOD（p.87 参照）などの統一ルールの作成や、設計と施工の連携課題などを克服するとともに、従来のわれわれの「殻」を超える、つまり設計監理の前後に広がる事業計画全体への志向こそが、社会やクライアントが求める BIM へ舵を切ることができると考える。この未知の志向の実践には多くのハードルが待ち構えているが、これを超えることで、新たなビジネス展開も期待できる。

　ここでは、これまでの BIM への取組みの経緯を踏まえた上で、その展開とともに、有効な活用手法や新しいビジネスモデルの姿について考察する。

### （2）BIM の有効な活用とは

　現在、一般には設計プロセスや施工プロセスでの BIM 活用が多い。まれに設計－施工を貫くプロジェクトも見られるが、いまだ事例は少ない。ここでの BIM 活用の目的は、三次元による形態チェック、図面連携、そして各シミュレーションによる品質の向上である。さらに意匠－構造－設備分野の統合 BIM ＊1 による干渉チェックなどにも有効性を見出すことはできる。いずれにしても、この場面での利用手法は、三次元デジ

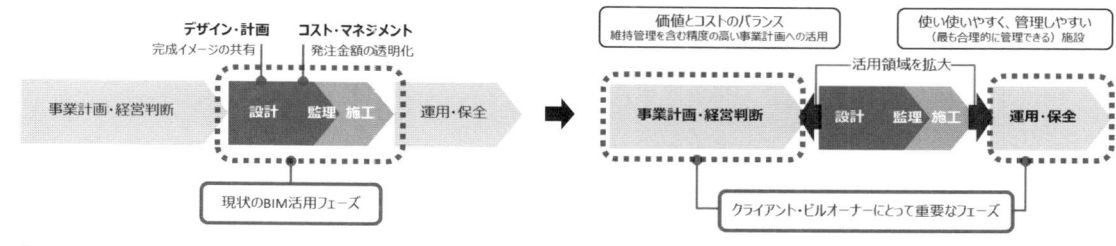

図3.2.1-2 つくり手側の視点によるBIMプロセス

図3.2.1-3 つかい手（クライアント）側の視点によるBIMプロセス

タル・モデル生成による、あくまでもつくり手側の視点でメリットを追求しようとするものである（図3.2.1-2）。

　一方で、つかい手（クライアント）側からBIMを俯瞰すると、設計・施工フェーズでの活用にメリットを感じつつも、上記の活用方法のみでは十分な満足感を得られていないのも事実である。それよりもコストパフォーマンスの高いその前後の事業計画や経営判断、そして維持管理・保全フェーズにおける運営分野の効果に期待が集中する（図3.2.1-3）。

　今後、BIMの展開力を強化するためには、クライアントがメリットを感じ、活用方法を確立することが必須であり、当該フェーズでの有効性を高めることが前提になるであろう。そのためには、プロジェクトにおけるBIMモデル情報の活用と整理、そしてBIMの位置づけを明確にし、従来のプロセス・スキームからの脱皮、そして発想転換が必要である。

### （3）ネットワーク・情報蓄積と活用・コラボレーション

　プロセス・スキーム転換のキーワードは、「ネットワーク」「情報蓄積、情報整理と活用」「コラボレーション」である。BIMを中心とした各フェーズの情報蓄積と活用、それらをコンカレント型（Concurrent、p.87参照）視点でまとめるプロセスに加えて、新しい発想を注入する人と組織のコラボレーションが、クライアントにとって新たな価値創出につながっていく。

　このように有効なBIM活用を行うためには、従来の単純シーケンス型[*2] プロセス・スキーム（図3.2.1-4）から循環・ネットワーク型[*3] プロセス・スキーム（図3.2.1-5）に移行することが肝要である。

**\*2　単純シーケンス（Sequence）型**

各フェーズがガントチャート（Gantt chart）のように単純に連続的に進展するプロセスの形式。

**\*3　循環・ネットワーク（Circulation, Network）型**

各フェーズがサークルの中で相互関係を持ちながら進展するプロセスの形式。

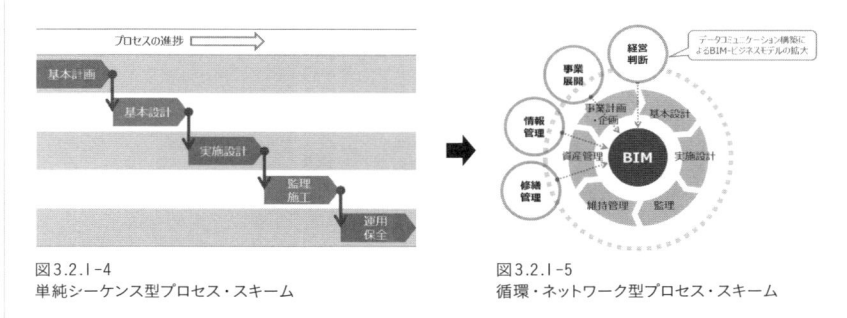

図3.2.1-4
単純シーケンス型プロセス・スキーム

図3.2.1-5
循環・ネットワーク型プロセス・スキーム

　循環・ネットワーク型プロセスの実践は、各フェーズにおける相互データ連携を可能にするため、BIM活用の目的や役割を明確化することで、単なる三次元モデル構築の段階から、データ・コミュニケーション構築へのステップアップを可能にする。さらにBIM活用＋プロセス・スキー

ムを深く理解することで、新たな発見や活用方法などへの「発想」効果も生まれてくる。この「発想」こそが、BIMとビジネスモデルを紐づけ、新たな価値を生み出す第一歩になる。

### （4）循環・ネットワーク型BIMスタイル

従来の設計プロセス・スキームは、クライアントと設計者との単純関係（契約）におけるプロセス履行と業務成果であった（図3.2.1-6）。今後はBIMの本格活用によって、循環・ネットワーク型の設計プロセスへの移行が増加すると考える。またこれは、かつてのシーケンス型の設計プロセスからコンカレント型の設計プロセスへ転換でもある（図3.2.1-5）。

クライアントが求める事業の成否は、建築の完成のみならず、「企画、設計、発注、施工、維持管理」などすべてのプロセス・フェーズに存在する。つまり、これらのフェーズを同時期に視野においてマネジメントし、新しい価値観を見出す工夫をすることが必要である。加えてさまざまなアイデアを注入できるプロジェクト・スキーム（人・組織ネットワーク構成）の参画も必須となる。つまり、われわれが推奨するBIMプロセスとは、BIMデータを中心にコンカレント的視点で循環・ネットワーク型プロセスを進捗させると同時に、クライアントや設計者を含むさまざまな能力のコラボレーションによって、今までにない「価値」を創出することである（図3.2.1-7）。また、これによって、われわれ設計者にも新たなビジネスの機会が到来することになる（図3.2.1-8）。

## 2 ｜ クライアントが求めるBIMとは

### （1）価値とコストのバランス

クライアントが事業計画の成否のカギと見ているのが、価値（Value）とコスト（Cost）のバランスである。つまり、いかにコストをセーブしながら合理的に新しい価値を生み出すかがポイントである。そのためには、価値の品質格づけと段階的コストの明確化が必須であるが、BIMデータベースの活用は瞬時にこれらのケーススタディを可能にする（図3.2.1-9）。したがって、クライアントにとっては即座に最適なバランスの「解」を受け取り、経営判断を下すことができ、言い換えれば価値とコストを早い時期に、かつ精度良く知ることで、大きなメリットを得ることにもなる。

### （2）クライアントにとって重要な情報

BIMには事業計画のために必要とされるデータが数多く含まれている。面積情報、空間情報、仕上げ情報、機器などの属性情報などである（図3.2.1-10）。これらは建築をかたちづくる（構成する）情報でもあるが、コスト算出システムや維持管理・保全算出システムと連携させることによって、施設資産管理も可能にする。

さらに、施設資産のネットワーク管理が可能になれば、建築単体としての高品質な管理から複数施設の同時資産管理まで、クライアントにとっては経営資源としての「CRE [*4] やPRE [*5]」を多面的にとらえる機

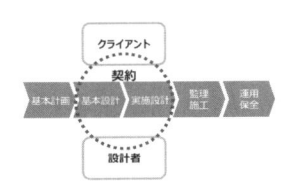

図3.2.1-6
従来の設計プロセス・スキーム

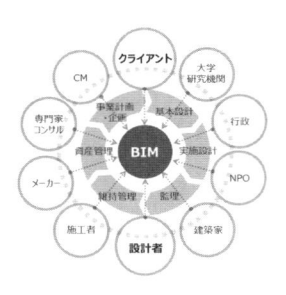

図3.2.1-7　新たな価値と
さまざまなアイデアを注入する
プロジェクト・スキーム

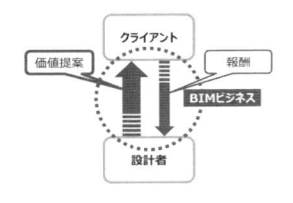

図3.2.1-8
新たな価値の提案とBIMビジネス

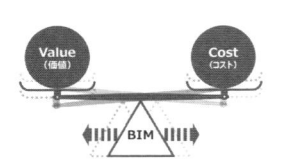

図3.2.1-9
BIMが価値とコストをバランスする

**＊4 CRE**
*Corporate Real Estate*

企業が保有する不動産。

**＊5 PRE**
*Public Real Estate*

地方公共団体等が保有する不動産。

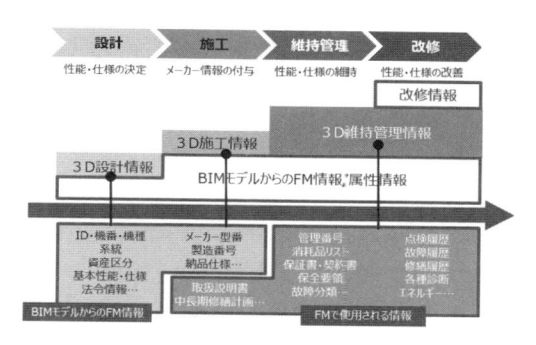
図3.2.1-10 各フェーズでかたちづくる属性情報

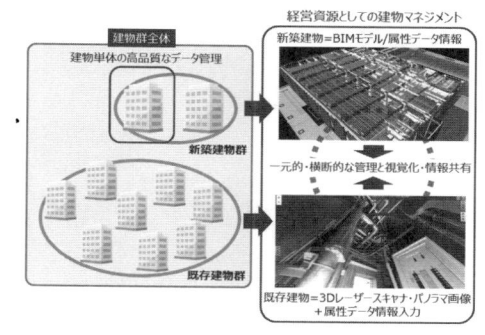
図3.2.1-11 経営資源としてのCRE／PREを多面的に
とらえることを可能にするBIM

会が生まれることになる（図3.2.1-11）。つまり、BIMは今や維持管理・保全、施設資産管理と連携し、合理的経営を可能にするデータベースになりつつある。

## 3 | BIMと事業

### （1）ライフサイクルをかたちづくるBIM

建物のライフサイクルの視点からプロジェクトを俯瞰すると、維持管理コストはライフサイクル・コストの約70〜80％を占めることが実証されており、これらをいかに合理的に低減できるかが経営的には大きなファクターである（図3.2.1-12）。

維持管理コストの中でも、特に省エネルギー化は大きなインパクトがあり、現在はBEMS（Building Energy Management System：室内環境とエネルギー性能の最適化を図るためのビル管理システム）の活用などに委ねられるケースが多い。ただし、これらはエネルギー関連のみ、かつ単体の建築内の運用に限定されており、閉じられたシステムの中での省エネルギー化の実践である。

われわれの思考は、BIMとBEMSの一体化とコラボレーション、つまりBIMのデータベース＋BIM維持管理システム＋BEMSにより、多面的にライフサイクル・コストを低減しようとする試み

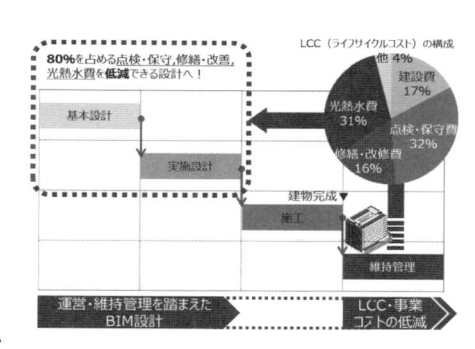
図3.2.1-12 ライフサイクル・コスト低減につなげるBIM

である。さらにネットワーク化により複数の施設・建築も一元管理しようというものである（図3.2.1-13）。そして、ライフサイクル・マネジメントを目的とするBIMは建築生産システムにおける共有のプラットフォーム（p.84参照）をかたちづくることになると考える（図3.2.1-14）。

### （2）FMからPrM・PMへの展開

BIM維持管理システム（以降、BIM-FMと略記／FM：Facility

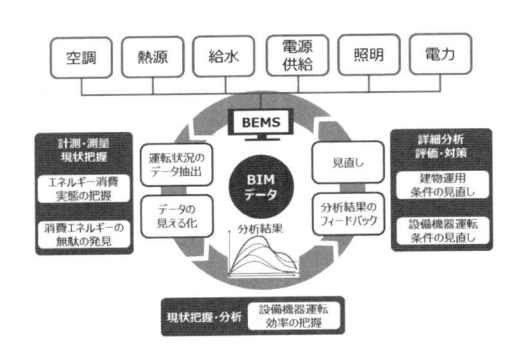

図 3.2.1-13　BIMとBEMSの一体化とコラボレーションイメージ

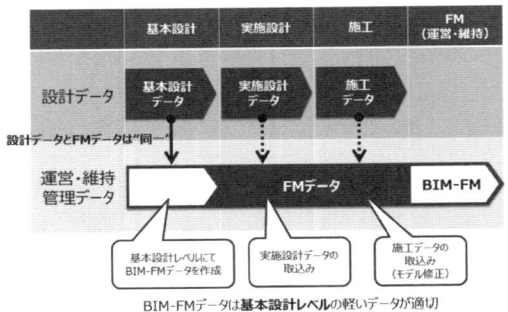

図 3.2.1-14　ライフサイクル・マネジメントを目的とする
BIMプラットフォーム

Management、保有する施設資源や環境を経営戦略的視点から総合的に管理・活用する活動、p.24 参照）＋ BEMS の結果や考察は、資産管理（PrM：Property Management、不動産資産管理の活動）の精度を高め、新たな事業計画（PM：Project Management、プロジェクトを成功させるための企画・プロセス・コスト・品質管理の活動）につながっていく。その原資となる BIM データ（情報）はとても重要であり、将来的には AI（p.53 参照）技術との組合せで、新たな事業計画や経営判断においても革新的変化をもたらす高い可能性がある。この段階における経営をサポートする BIM 活用手法を図 3.2.1-15 ～ 16 に示す。

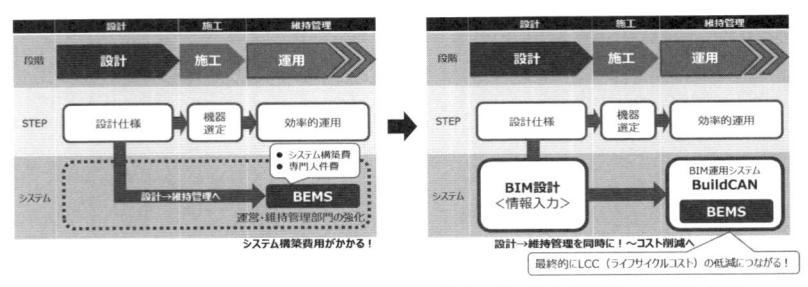

図 3.2.1-15
従来のBIMの活用時期

図 3.2.1-16　設計 BIM情報をBEMSに活用
（効率的情報連携）

　また、新築建物だけでなく既存建物の BIM データ化は、一元的管理、横断的管理を促進させ、さらにネットワーク管理により経営基盤の拡大や社会基盤の再構築をもたらす可能性も高い。

## 4｜建築が通信機能を持つ

### （1）BIMとセンサリング

　前述の BIM-FM についてはすでに実践と検証が行われている。ここでは、現況と今後の展開について説明する。

　われわれは、早くから BIM の属性情報を FM に活用することがクライアントメリットにつながることに注目し、2015 年、ある本社ビルプロジェクトから BIM-FM を試行してきた。このとき用いたシステムが「建築情報マネジメント・システム（熊本大学大西研究室との協働開発）」

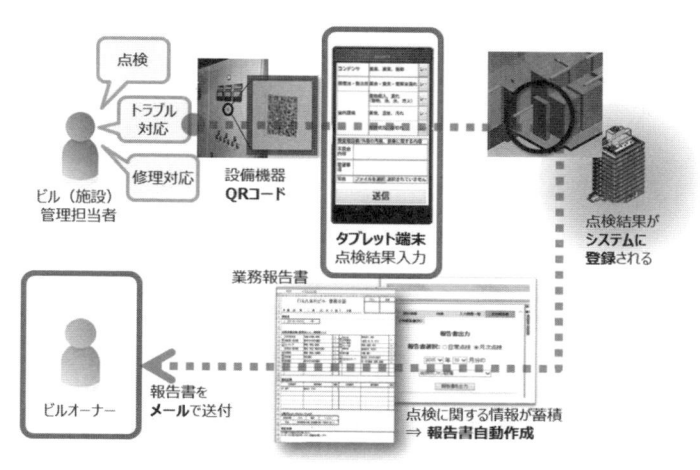

図3.2.1-17 「建築情報マネジメント・システム」日常点検業務の効率化のための管理手法

である（図3.2.1-17）。BIM設備機器モデルの属性情報と連動する現場の機器情報をスマートフォンで読み取り、現地調査結果を入力すると管理報告書として自動的にまとまるシステムである。加えて、センサを設置してBIMデータとセンサ連携も試行してきた。結果、これらによってビル管理費の10〜20%が低減できることを確認している。

このシステムをブラッシュアップし、BIMと通信機能を紐づけるとともに、空間状況や省エネ効果を可視化し、さらに中長期修繕計画まで踏み込もうとしているのが次に述べるBuildCANである。

### （2）BuildCAN（Buiiding＋Cloud＋Architecture by Network：ビルキャン）

これは、IoT環境センサとBIMモデルを連携させた建築マネジメント・システムである。前述したBIMモデルを活用した従来の施設維持管理システム「建築情報マネジメント・システム」に、空間の快適性とエネルギー低減のための機能、そして建築データの一元蓄積・管理機能を付加し、さらに、AUTODESK社のForge（クラウドを介してソフトウェア開発を支援するプラットフォーム）を利用し、BIMデータとIoT環境センサ情報を可視化することで、わかりやすいエネルギー分析をも可能にした。

また、BIMが有する三次元形状情報と各種属性情報を建築マネジメント・データベースとして整理し、これに基づき、以下の管理も実践可能にしている（図3.2.1-18）。

①施設維持管理〜清掃履歴、修繕・改修履歴、保守点検履歴など
②IoT環境センサによる照度・温度・湿度・$CO_2$監視とマネジメント
③建築情報の一元管理（面積、気積、仕上げ材料、各種機器情報）
④施設情報の一元管理（完成図、保守の手引き、連絡網など）

このシステムの特徴はクラウドで情報をコントロールできるところにある。すでに複数の建築で試行しており、データ収集と省エネルギー運転アドバイスを実践している。また、BEMSとの連携も模索中であり、今後、BIM-自動制御連携も視野に入れながら開発を進めている。

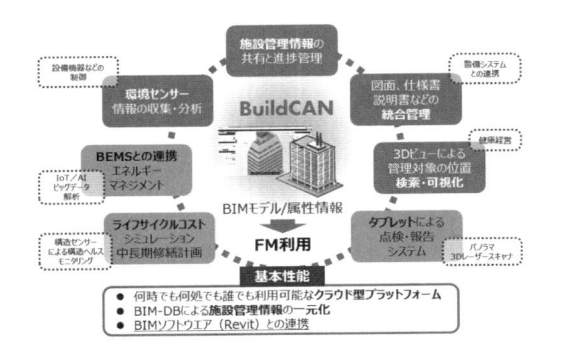

図3.2.1-18　BuildCANサービス（ビル経営・運営のプラットフォーム）

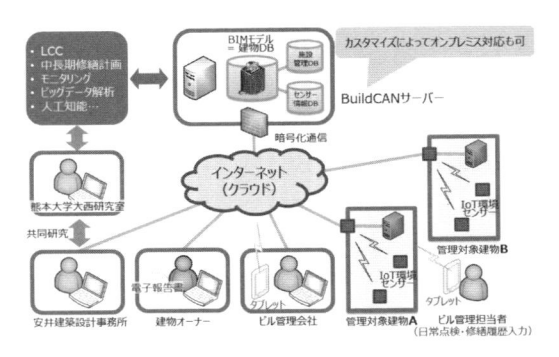

図3.2.1-19　BuildCANのシステムイメージ

# 5 | BuildCANを活用したビジネスモデル

## （1）BuiidCANサービスビジネス

　BuildCAN の全体または一部を、センサリング技術と組み合わせて、施設運用コンサルティングとセットで、ビルオーナーやビル運用会社・ビル管理会社を対象とするサービスビジネスを展開している（図3.2.1-19）。

　当システムを用いることで、「IoT 環境センサー情報×自然通風換気導入」により、1 日当たり最大 60%程度の空調エネルギーの削減効果を期待できる。また、建築計画面においても、具体的かつ高い精度で自然エネルギー導入効果を可能にすることも確認している（図 3.2.1-20 ～ 25）。当システムは、維持管理段階でのクラウドサービス・システムであるが、クライアントやビルオーナー、設計者、施工者が情報を共有し目的を同じくすることで、設計・施工段階から合理的に BIM データを構築することも可能である。

　いずれにしてもランニングコストやエネルギーコストを削減しつつ、快適空間を実現するネットワーク管理システム「BuildCAN」はクライアントニーズを満足させる BIM ツールの一つととらえることができる。

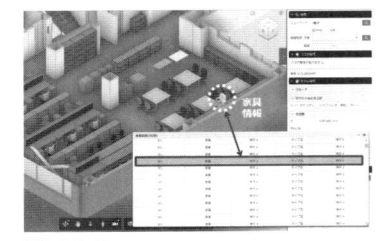
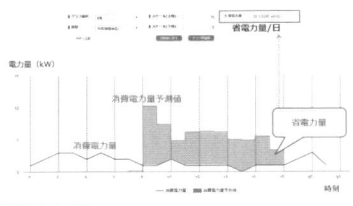

図3.2.1-20
建築 BIMモデル以外のBIM属性情報「家具類」の管理・検索

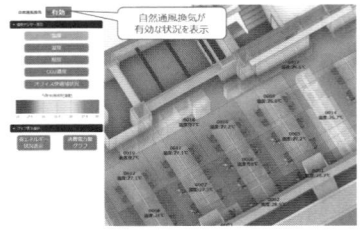
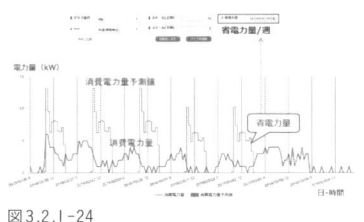

図3.2.1-21
IoT環境センサから取得した「温度・湿度・$CO_2$濃度」情報の可視化

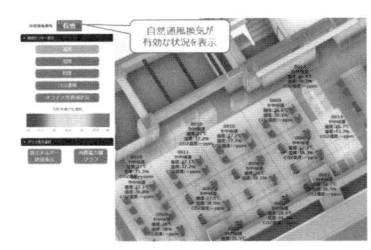
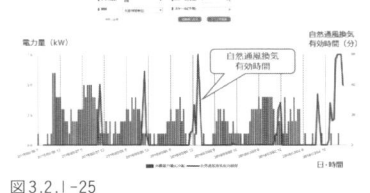

図3.2.1-22
IoT環境センサ情報からオフィス快適域状況（不快指数＋$CO_2$濃度）を算出

図3.2.1-23
IoT環境センサ情報の分析・評価（消費電力量と予想値比較による省エネルギー状況）

図3.2.1-24
IoT環境センサ情報の分析・評価（消費電力量と予想値比較による省エネルギー状況）

図3.2.1-25
IoT環境センサ情報の分析・評価（自然通風換気の有効アドバイスによる消費電力量の削減）

### （2）PIM（360°パノラマカメラ）の活用

　筆者が所属する事務所では、2016 年からパノラマカメラを利用した維持管理システム・サービスも運用している。360°パノラマカメラに建築・設備などの情報を落とし込み、それらとデータを紐づけた、いわば BIM-FM の簡易版であり、PIM（Panorama Information Modeling）と命名した。

　データ容量も小さく、どのような PC でも活用可能であり、かつ、平面プランと写真によるわかりやすく、扱いやすいシステム構成となっている。さらにメモ機能の付加により、簡易な施設管理も可能であり、病院をはじめ多くの施設で利用されている。360°パノラマカメラによる完成建物のビジュアルデータは、機能補完情報として前述した BuildCAN と連携し、よりわかりやすい維持管理を可能にすると考えており、引き続きシステム構築を進めている。また、これとは別に、施工段階の現場の確認にもパノラマシステムを導入し、監理の効率化をも図っている。

## 6 | ICT／BIM が社会基盤づくりに革命をもたらす

### （1）ICT／BIM＋CIM プラットフォーム

　ここまで BIM を中心に今後の展開や有効な活用手法、さらにそれによってもたらされる新しいビジネスモデルについて述べてきたが、従来の BIM 単体の活用のみでは、新しい価値の創造に到達することは困難であることが理解できたと思う。むしろ、BIM のデータや成果をうまく結びつけるネットワーク、さらに BIM を内在する都市基盤を構成する CIM（Construction Information Modeling/Management：三次元モデルにて設計・施工・維持管理を連携させ、建設生産システムの業務効率化や高度化を目指す）との統合が必要であろう[6]。そうすることによって、BIM・CIM のモデル上に建築・地域情報を集約し、都市基盤情報を整備し、結果として社会基盤整備にもつながる。さらに、相互データのネットワーク化が社会基盤を可視化し、市民がかかわる社会資本の整備を踏まえて、スマート・ビルやスマート・シティを形成し、サステナブルな社会への転換をも図ることができると考える。

　これらの情報は、都市防災や BCP（Business Continuity Plan：災害リスクなどに対して重要業務が中断しないための戦略に向けた事業準備計画）、都市セキュリティ、そして高齢者ネットワーク・相互扶助にも役立てることが可能であり、その結果、最適な地域情報を展開し、新たな社会基盤構築につながる（図 3.2.1-26）。つまり、さまざまな情報統合／ネットワークを意味する「ICT（Information and Communication Technology：IT 技術を用いたコミュニケーション活動）」こそが、BIM・CIM を活かし、発展させ、社会基盤づくりに革命をもたらす重要な理念である。また、ICT によるこれらのプラットフォームづくりがしっかりと構築できてくることで、Society 5.0 にも確実につながっていくと考える（図 3.2.1-27）。

### （2）これからの ICT／BIM

**＊6　BIM と CIM**

BIM は建築分野、CIM は土木・都市分野で活用されている。双方ともに三次元で設計をすることで、設計の質を向上させ、関係者がイメージを共有し、スムーズなプロジェクト運営を可能にする。また、それぞれのデータベースを活用し、コスト数量算出や維持メンテナンス、事業計画にも活用が試みられている。限られたプロジェクト環境のなかで、施工情報や建物情報の集約を得意とする BIM に対して、CIM は不確定要素が多い自然や都市情報とのスムーズな連携集約に特徴がある。詳細な建物情報と広がりのある都市情報をつなげることで、人々に必要な生活情報を集約し、都市セキュリティ、都市防災、BCP（Business Continuity Plan：事業継続計画）、高齢者ネットワーク（福祉）や相互扶助、都市インフラ管理・整備などの社会基盤整備・構築に役立てることができる。

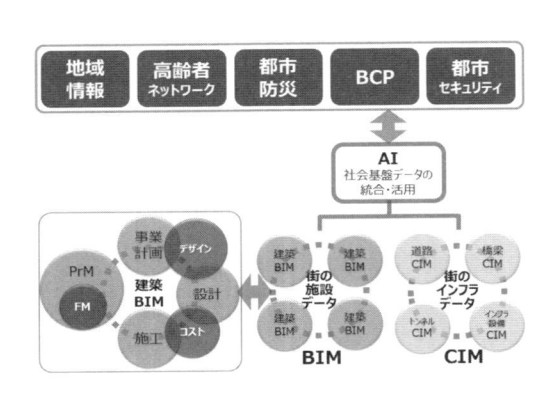

図3.2.1-26　社会基盤を構築するBIM

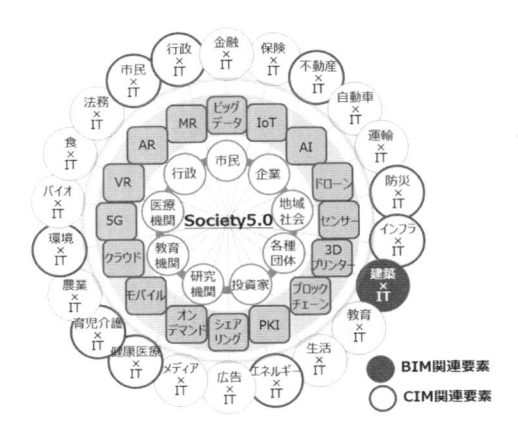

図3.2.1-27　ICTによるプラットフォームの構築による
Society 5.0とのつながり[1]

※1
日本経済団体連合会「データ
利活用推進のための環境整備
を求める」2016年7月

　BIMへの取組みの経緯を踏まえた上で、その展開とともに、有効な活用手法や新しいビジネスモデルの姿について述べてきた。ICT／BIMは現実空間（フィジカル）空間と仮想（サイバー）空間を結びつけるシステムと理解できる（図3.2.1-28）。とりわけBIMが有するビックデータは、ICT理論やAIの活用で、これまでの設計監理の枠を超えた業務スタイルやビジネスにも踏み出せることが容易に想像できる。われわれが取り組んでいるBIM-FMはその入り口にあると考えている。今後、その展開は深まるであろうし、これまで閉じていた業界の技術連携も柔軟に起こり得るであろう。

　これまでの建築界の常識が変化し、新しい基盤が構築されることで、クライアントサービスにも大きな変化が生まれ、さらにわれわれの社会（Society）が抱える課題（経済発展と少子高齢化対応のバランス化など）も解決することができるだろう（図3.2.1-29）。

　BIMはコミュニケーションのためのツールでもある。さまざまな人・組織そして情報データが集まり、新しい価値の創出や社会基盤づくりの基礎（原資）になり得る。今後、ICT／BIMの役割はさらに大きくなるだろう。

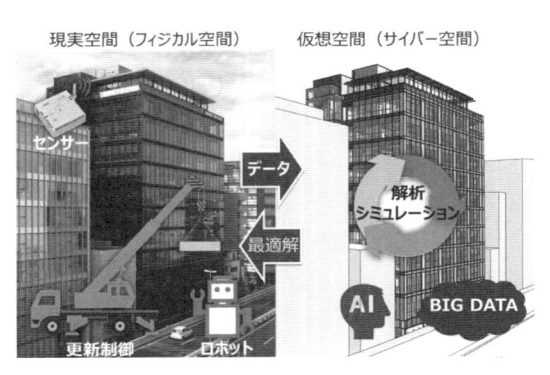

図3.2.1-28　現実空間と仮想空間を結ぶ
デジタル・ツイン（Digital Twin）のイメージ

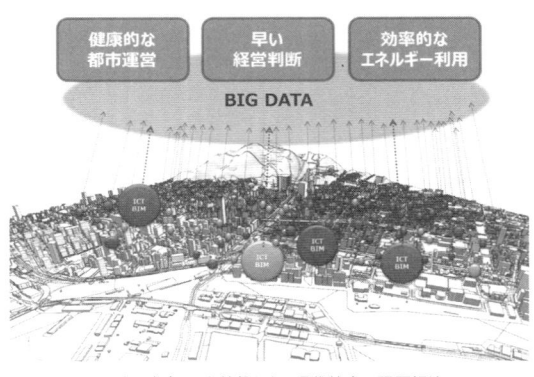

図3.2.1-29　ビッグデータを基盤とする現代社会の課題解決

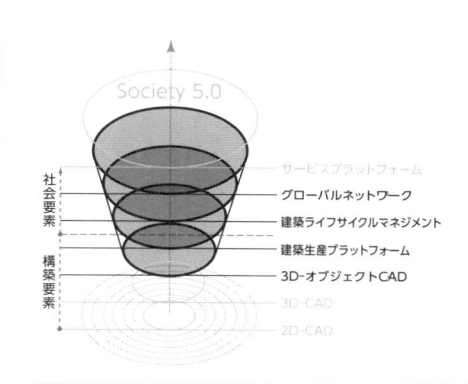

# BIM・ICTの特性から見出した<br>新ビジネスのプロデュース

山際 東 (ビム・アーキテクツ)<br>
澤田英行 (芝浦工業大学 システム理工学部)

## 1 | 建築の情報化と生産

**\*1 生産**

消費者の生活・活動に必要な物資やサービスをつくり出すこと。

**\*2 製造**

ある原材料を加工し、特定の機能・用途を持つ製品にすること。ここでは建築設備、建築資材、製材、家具・備品などの製品生産を指す。ゼネコン、工務店の業務は除く。

　建築設計・生産\*1のプロセス上の業務負荷といえば、何といっても設計変更だ。企画段階の多種多様な与件整理、計画段階のクライアントの逡巡、設計段階のデザインとエンジニアリングのすり合わせ、生産段階の施工現場や製造\*2側からの納まりや手順上の問題提起など、あらゆる段階で設計変更は繰り返される。設計変更のタイミングが後工程になればなるほど、プロジェクト全体に及ぼす影響が大きく、変更に対応する負担（人工（にんく）、コスト、時間など）が増す。

　そうした設計変更に際して、的確に、迅速に、正確に対応できる枠組みとして、BIMの三次元モデル＋属性情報（オブジェクト指向、p.84参照）の特性を活かした、一つのモデル上で、多元的、多角的な情報をシステム化（体系化）する方法に期待が寄せられている。

　一つの三次元モデルを中心とした業務フロー（図3.2.2-1）は、一次元（文字や数値）、二次元、三次元情報へのアプローチが自由であり、検証・製図・製造・施工・維持管理などの局面で、適宜、情報を取り出せる。この性能は、設計と施工・製造、つくり手とつかい手の関係、さらにはつかい手の資産活用にまで影響を及ぼす。

　設計者、施工者に加え、製造メーカーサイドにもBIMが備われば、BIMデータから、ダイレクトにモノ（製品、設備、家具など）に変換することも可能だ。一つのモデルにさまざまな製造情報（形状、仕様、品質、期日、流通など）が一元的に格納されるため、整合性はおのずと

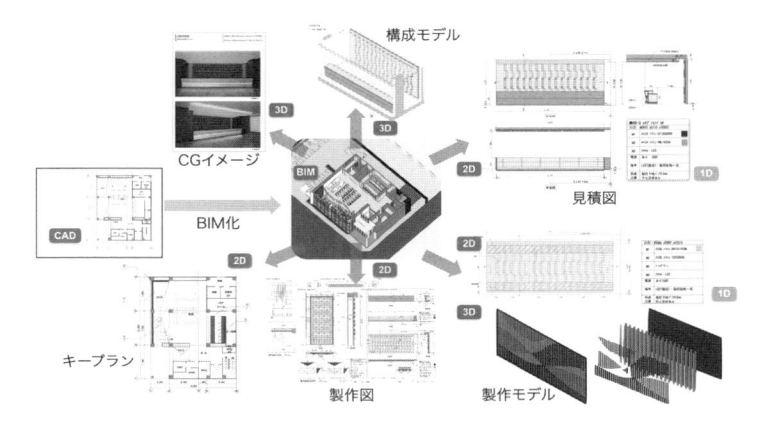

図3.2.2-1　一つの三次元モデルを中心とした業務フロー

**＊3　製作**

工場などにおいて工作機械・道具などを用いて、ある機能・用途を持つ製品をつくり出すこと。ここでは「制作（プロデュース、後出＊15）」と区別している。

**＊4　シームレス**
*seamless*

継ぎ目のない状態のこと。ここでは異なる専門、業種などの垣根が従来に比べて低く、ひと続きのワークフローとしてとらえることをいう。

**＊5　AI記者**

日本経済新聞社が、人工知能（AI）を使った決算の要点を自動的に文章化する「決算サマリー」サービスを始めた。AI記者の特徴は、数字を間違えない正確性と人間に比して圧倒的に速い処理能力にあることから、一定数の定型業務に向き、現場の働き方改革にも寄与するという。

**＊6　インフラ・ロボット**

インフラや大規模な施設の施工や点検・修理、または災害時の調査等で、現場で人間には困難な作業を代行するロボットのこと。

**＊7　創発**
*emergence*

発現。複数の階層で形成されたシステムにおいて、上位レベルの特性に、下位レベルの諸要素の性質の総和にとどまらない別次元の性質が現れること。たとえば、異なる専門能力を持った人員で構成されたチームが協働を経た結果、個人の専門力にとどまらず、どの専門にも見られない新たな価値が生み出されるような現象。

**＊8　生産性**

ある生産に要する生産要素（労働・資本・原材料・設備など）の投入量に対する生産量の比率。

担保され、かつ誰にでも容易に確認できるようになる。従来のプロセスでは、まず設計図から施工図を起こし、両方の図面から施工・製造に必要な情報を取捨選択し、特定の製作＊3のための図面を再編集しなければならなかった。一つの製品にかかわる人間も図面の種別ごとに存在し、情報伝達に齟齬があると正確な製作に到達できず、大きな手戻りを起こす。BIMデータには、物的情報のみならず生産に関連する時間的要素も含んだコミュニケーション要素（設計意図・経緯・注意事項・法律など）も刷り込むことができ、情報伝達に異物が混入せず、シームレス＊4に、位相が異なる各種の情報が伝達可能である。BIMによる情報伝達方法の変化は、つくり方、働き方、さらには生産システムそのものを変革する。

私たちがスマートフォンで目にするニュースは、AI（p.53参照）が各種のSNSに記述される膨大な情報（ビッグデータ）を解析し、その時々で最も興味が向けられるトピックスを刻々と抽出し、各分野（政治・経済・科学・健康・文化・芸術・芸能など）に分類しながら自動的にレイアウトしたものだ。日本のトップメディアでも「AI記者＊5」なる技術を活用し始めた。AIに仕事を奪われるという疑念より、人とICT、AIがいかにつながり、融合して、眼前の問題を乗り越え、新たな価値を創出するかに軸足が移っている。

土木分野では、社会インフラにIoT（p.100参照）を融合し、現場を常時センシングし、遠隔で構築物の働きを制御できるようになったし、インフラ・ロボット＊6によって、スーパースケールの構築物の施工や点検の省力化と効率化が図られている。建築分野でも、BIMモデルと連携したBEMS（Building Energy Management System：ビルエネルギー管理システム、p.35参照）を建物に実装し、エネルギー消費の状況を常時数値化し、エネルギー利用の最適化を図っている。

つくる現場において深刻なのが、大量離職時代を背景にした技能者の高齢化と退職による人手不足だが、建設現場では、溶接ロボット、内装工事の多能工ロボット、搬送ロボットがすでに導入されつつあるし、立入りが困難な場所の調査や物品のデリバリー、超高層の外壁点検などにドローンが活用され始めた。

IoT、AR（拡張現実、p.56参照）、VR（仮想現実、p.56参照）、ロボット、3Dプリンタなどは、これまで別の世界だと思われていた分野・領域・産業をつなぎ融合する、人の知識・知見・技能・技術を伝承するテクノロジーでもある。この急速な変革は、テクノロジーと人々のアクティビティの双方向的な応答によって、新たな生活・行動様式・ビジネスモデル・組織体制、そして社会的な価値を創発＊7していくだろう。

## 2 | デジタル・ファブリケーション

### （1）建設業の生産性

建設業の生産性＊8は、他産業と比べていちじるしく低いとされている。単品の受注生産であることから、現場作業の標準化、合理化が難しいというのがその理由の一つだ。規模が大きく外部での作業は天候に大きく

左右され、仮設資材以外の材料の使い回しも難しい。請負契約（仕事の成果に対する報酬）が基本であるため、生産体制が、元請け・下請け・孫請けによるツリー構造となることが多い。人材の階層構造によって成立するシステムである以上、人材不足が予見される現状では、その生産性の改善は見込めない。

### （2）ITと生産性

　少子高齢化の労働力不足は慢性化しており、高齢化する技能者の技術の伝承と若手の技能者（後継者）の育成は切実で、早急に解決しなければならない課題だ。建設投資の低迷、コスト競争の激化、利益率の低下、その一方で人材不足、後継者不在、顧客ニーズの多様化が叫ばれている。この状況を打破するために、上述したデジタル・テクノロジーの導入が望まれているのである。

　2004年に国土交通省が、中小建設企業向けに発信したパンフレットで「経営コックピット\*9」なる方策を推奨している。ずいぶん古い情報だがその中で、企業内の各業務における業務管理レベルとIT活用レベルのバランスを調査・分析し、ITを積極的に活用して業務管理を遂行する企業は、効率よく投資し、業務改善を図るマネジメント能力があり、経営効率が高いとしている。現在これに継続的に取り組み、高度化する企業がどれほどあるだろうか。

　建築業（建設業・建築設計業・関連産業を含む）の生産性を向上させるためには、ITによって企業経営の状態を一元的に数値化・可視化し、実行予算が効率的、合理的に分配されていることを確認するところから始め、これまで分業化・専業化していた、経営・工事・購買・営業の各業務を一元的に関係づけるマネジメント能力が必要だ。工事情報としてのBIMモデルは、経営・購買・営業と紐づけられ、統合的な業務体系を構築する基盤となる。その意味でBIMの「M」はマネジメントだ。建築業に閉じず、異分野、他領域と連携して業務を確立する時代が来ている。

### （3）変わるものづくりの環境

　建築の現場でも、デジタル・ファブリケーションが活用され始めた。筆者がデザインからプロダクトまでを一元的に管理するプラットフォーム（p.84参照）はRevit（p.70参照）である。自社で手がけるさまざまなプロジェクトに共通して使用できるファミリ（p.86参照）を整備しシステム化することで、各種のデザインを合理的に発想し、アッセンブルする手法と環境を開発してきた（図3.2.2-2）。

　ファミリは、作成するモデルに設計の意図や仕様を属性化できるため、設計者が変わっても同質の意思決定が可能となる。設計工程の合理化のみならず知見・技能・技術の情報共有・伝達も可能だ。またファミリに埋め込まれた属性情報は要素間で共有されているので、関連するすべてのファミリを同時に修正することも可能である。事務所の設計思想や変更・修正情報を、メンバー全員がリアルタイムに共有できるため、時間の縮減だけではなく、設計の質を一定に保つことができるというわけだ。

**\*9　経営コックピット**

ITを活用して、経営状態を一元的に数値化・可視化し、コスト管理を合理化する手法。実行予算を中心に経営・工事・購買・営業をITで連携させPDCAサイクル\*10を回し、業務ルールや社員教育を徹底することで業務管理レベルを向上させ、徐々にITを整備していく方法。

**\*10　PDCAサイクル**

生産プロセスにおける品質管理などの継続的な改善手法。Plan（計画）–Do（実行）–Check（評価）–Act（改善）の4段階を順次実践し、次のPDCAに発展的に移行するプロセスモデルである。下図のように円環状に表記することからこの実践を「PDCAサイクルを回す」という。

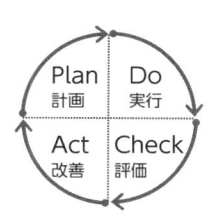

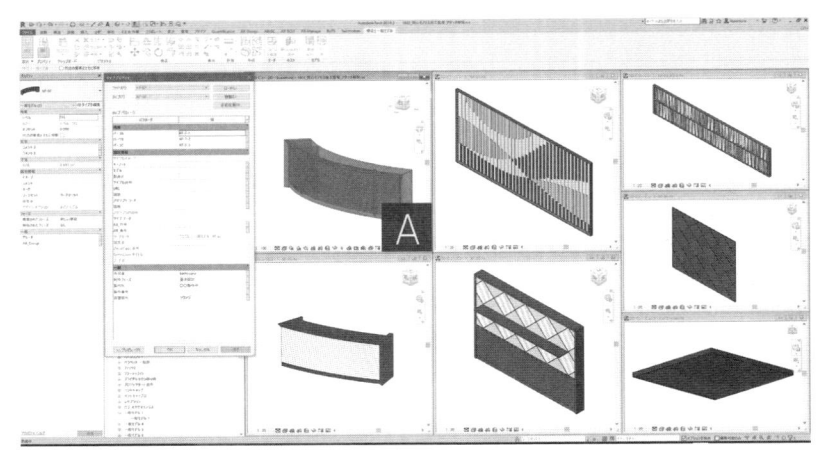

図 3.2.2-2　属性情報を格納した自社開発ファミリ

デジタル・ファブリケーションによるものづくりの現場は、工場のみ
ならず、ICT を通して、オフィスワークと同期[*11] し、デザイン・ビルド（設
計・施工）・ファブリケーション（製造・製作）をコンカレント（p.87 参照）
に実行する複合的なワークプレイス（図 3.2.2-3）に移った。これはプ
ロセスの効率化、合理化だけではなく、異業種、異分野、そして他領域
にわたる関係者とのコラボレーションを可能にするものだ。

**\*11　同期**

ある一つのデータを、異なる端
末からネットワーク上で同時に
更新することをいうが、ここでは
一つのBIMモデル上で、工程管
理と施工・製造・製作など位相
の異なるワークを同時的に管理
することを指している。

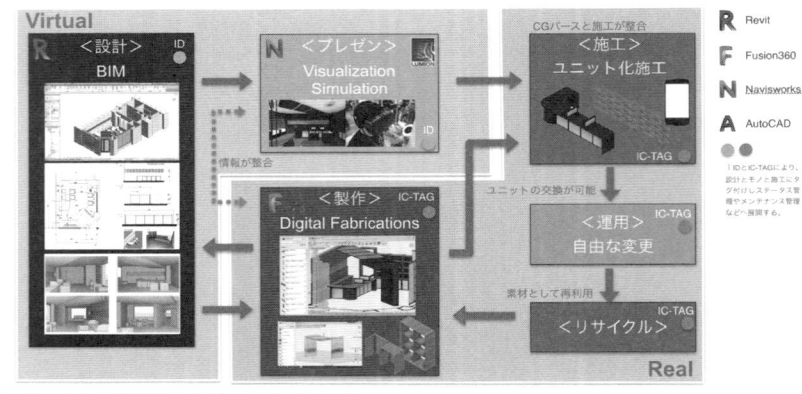

図 3.2.2-3　デジタル・ファブリケーションのフロー

## 3 │ 新たなつくり方が生む新たなビジネス

### （1）つかい手に選ばれるパートナー

　デジタル化を起因とした社会システムの変化を背景に、建築のつくり
方はこれまでのつくり手の論理を優先して築かれてきた生産プロセスか
ら、つかい手優先の視点に立ったものづくりへと見直されている。これ
までの慣行的なプロセスは、物理的な資源配分を中心とした生産・流通・
消費のスタイルから、可変的な情報体系の操作によって価値をやり取り
するシステムに再編されていく可能性が高い。新築（フロー）を前提と
せず、既存活用（ストック）から事業検討する事例も増え、その傾向は
一層強まりそうだ。そうなると建築は、物質的な環境としてのモノづく
りだけではなく、つかい手の欲求を具現化する機能やサービスとしての

コトづくりを意識したものとなるだろう。

　つかい手は、自らが望む機能やサービスを具体的にイメージできないし、フロー型が良いかストック型が良いかは判断できない。そこでつくり手の知見や技術が必要とされるのだが、モノをつくることを前提とした思考に慣れたつくり手ではそのパートナーは務まらない。実際のところ、つかい手側に立って、市場・経営・運営・管理を総じて判断できる建築専門家は希少だろう。必要となるのが、機能・サービスの可視化である。つかい手がイメージする利益を双方で情報共有する可視化技術だ。つかい手が求める建築（事業）がどういった要素（自然、社会、市場、文化、アクティビティなど）と連関するのか、わかりやすく三次元的、四次元的に示し、それを媒体にコミュニケーションすることが必要となろう。つかい手の方向性をよりわかりやすく示せる者がパートナーとして選ばれる時代といえよう。筆者はそこに、建築業のサービス・プロバイダ[*12] としての職能を予見している。

### （2）つかい手に理解されるものづくりの体制

　現在の建築業は、つかい手に真にフィットした価値を提供できているか。ゼネコンのものづくりは総合的でスキがなく、高度な技術の集積であることに疑いはない。しかし、つかい手各々の事情や思惑にフィットするボトムアップ[*13] 的な機能やサービスの提供を実現できているだろうか。

　筆者はこれまで、ゼネコン、建築設計事務所、ディベロッパーなどの多様な立場で建築にかかわってきた。その中で、設計・施工・運営・維持管理の各フェーズにおける不整合の事例や、つかい手とつくり手の齟齬を数多く目にした。その経験から、効率的な協業体制、各局面における無駄の排除、効果的なプレゼンテーションなどについて考えるようになった。BIM を活用した設計や事業に従事するようになり、オブジェクト指向の性能（三次元モデル＋属性情報）を活用することで、それらの改善が可能であることに気づき、「3.1.1」で紹介した単線入力から三次元モデルへの自動変換ソフト開発に至り、さらにここで紹介する、紙を芯材とした「カミコアパネル」と呼ぶ装飾パネルや間仕切り壁システムの開発に到達した。

### （3）協働を生み出すプロダクト

　ここで筆者が現在開発に取り組んでいる、デザイン・ビルド・ファブリケーションの方法を紹介する。このプロジェクトは、紙を芯材にしたコアパネルを開発し、内装材や間仕切りシステムとして広く活用するもので、BIM モデル上で空間デザインから製作・施工・改修、そして製品のリサイクルを試行した上で、具体的な生産段階に入る、BIM とICT を活用したプロダクト[*14] である（図 3.2.2-4・5）。

　これは、新建材や工法の開発に加え、内装デザインの提案や将来のリニューアルもターゲットにした四次元的情報を BIM に組み込んだ総合的な建築・内装プロデュース[*15] である。このプロダクトは、上述したデジタル・ファブリケーション技術を基礎とし、施工・製造プロセス

**＊12　サービス・プロバイダ**

プロバイダとは、必要とされる機能・サービスを提供する事業者のことで、一般にはインターネットへの接続サービスを提供するものを指すことが多い。ここではBIM・ICTの特性を活用し、建築のデザイン、建材、工法など生産プロセスを構成する個々の業務とそのワークフローをコーディネートする業務提供をいう。この場合のクライアントは、建築の所有者のみならず、施工者、製造者、あるいは個々の職人まで含まれる。

**＊13　ボトムアップ**

組織や機関の経営や運営において、下位から発議された意思を重視して意思決定がなされる管理方式。この個人の意見調査・分析に基づいた経営判断方式をボトムアップ・アプローチという。それに対し、上位でなされた意思決定が、下位に伝達され実行に移される指示系統、管理方式のことをトップダウン・アプローチという。

**＊14　プロダクト**

工業生産品（製品）の意だが、ここでは特定の機能・サービスから、デザイン・施工・製造・製作などの個々の生産プロセスとそのワークフローにまで拡張したプロデュース[*15]の起点としている。

**＊15　プロデュース**

和製英語。制作。日本では音楽や映画などのコンテンツを企画しつくることを意味する場合が多いが、ここではある方法によって、対象とするモノ・コトの価値を上げる活動のことを指す。

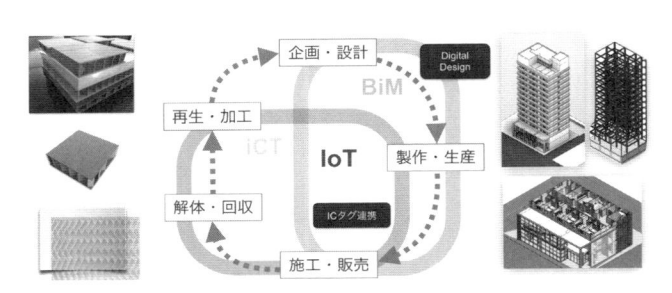

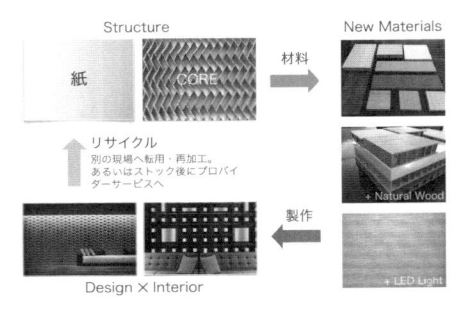

図3.2.2-4　BIMは人と建築のサイクルをつくりICTは人とモノをサイクルする　　図3.2.2-5　紙を芯材にした内装プロダクトのサイクル

のバーチャルな試行とリアルな製作工程を同期しながら進行するもので、デザインをダイレクトに形にするものづくりの方法だ。

　「カミコアパネル」は、芯材（構造体）がバイアス形状の紙であり、紙や木材、集成材などを表面に貼って仕上げたパネルである。従来のフラッシュパネル*16に比べて、木製の芯材がないためはるかに軽量な建材である。紙をバイアス状*17にしたコアで強度を持たせ、軽くて強い性能を発現した。すべて工場生産であるため、職人技術が必要な従来の内装工事を軽減し簡単な組立てで施工が可能で、技能に左右されない軽便な施工手順と方法を実現する。この特徴は工期の大幅な短縮にもつながる。

　プロダクトはRevitで統合管理する。「カミコアパネル」のファミリを整備・システム化し、設計者はつかい手のニーズに応じて、それらをアッセンブルし、迅速に各種のデザインを提案できる。ファミリには「カミコアパネル」の設計意図や仕様が属性化されており、担当者が替わるときも短時間で引き継げる。ファミリは事務所全体で一元的に管理するので、変更内容は常に共有され、どんな依頼にも一定の質を担保して提供できるようにしている。

　このプロダクトシステムは、所属組織に閉じない。設計、施工、製造、さらにはつかい手も一緒になって、最適な方法や内容を確認し合うことができる、協働のためのプラットフォームである。

### （4）設計・製作・施工のシームレスな関係

　このプロダクトの実践に活用しているのがFUSION360*18だ。このツールによって、従来ではバラバラの時間・場所で実行されていたデザイン・検証・ファブリケーションをクラウド上のプラットフォームでつなぎ、シームレスに実行している。製品の細部にわたる部品をモデル化し、製作工程上の組み上げ方や動きをバーチャルに確認・記録し、改良点をプラットフォームのRevitモデルに反映するという手順によって、情報の整合性を担保し、製品の品質を確保することができる。一連のワークは、時間と場所に拘束されることなく、デジタル上で自由に遂行できるのが強みだ（図3.2.2-6）。

　現在「カミコアパネル」一枚一枚にICタグをつけて、施工管理だけではなく、竣工後の建物管理にも役立てるように開発を進めている。ICタグによって、リアルな世界とバーチャルな世界を紐づけて管理す

#### ＊16　フラッシュパネル

フラッシュ構造と呼ばれる木の角材の枠組みで芯材を作り、表裏にベニヤを貼りつけた、内部が中空のパネル。

#### ＊17　バイアス状

斜めの線で構成され、平行四辺形が連続した形状のこと。

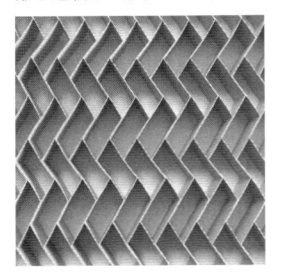

#### ＊18　FUSION360

3D-CAD・CAM*19・CAE*20を総合したデザイン・製作支援ツール。AUTODESK社開発。

#### ＊19　CAM

*Computer Aided Manufacturing*

コンピュータ支援製造。

#### ＊20　CAE

*Computer Aided Engineering*

製品の設計・開発工程を支援するコンピュータ・システム。

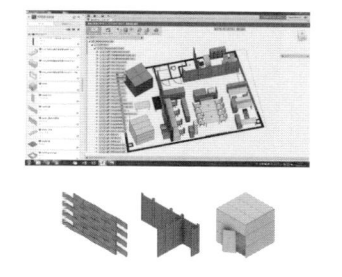

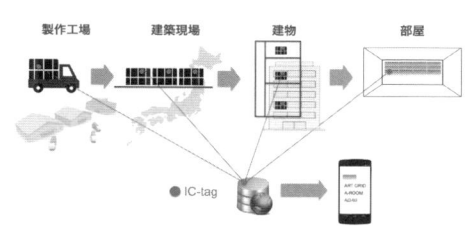

図3.2.2-7
ICタグで輸送・調達・建物使用などを総合的に管理する

図3.2.2-6　FUSION360でカスタマイズ
した設計部品ツール

ることで、破損時の迅速な交換対応や、効率的な修繕計画が可能となる（図3.2.2-7）。「カミコアパネル」をベースとした、間仕切りシステムと床・壁・天井、さらには棚・収納・スイッチ・コンセントなどの設備プロットをトータルにアッセンブルした空間ユニットも開発した。建物の中に入れ子的に内装をつくることができ、さまざまな用途に対応できるシステムであり、IoT センシング機能を埋め込む開発も進めている（図3.2.2-8）。

　この一連のプロダクトは、モノによる機能・サービスのみならず、新たなコトとしてのビジネスも生み出す。サブスクリプション型[21]ビジネスが可能で、たとえば季節ごとにアートワークを変えたい、ある短期間の催事に対応したブースを用意したいなど、場面ごとの顧客ニーズにも対応できる。内装をレンタルで提供する

*21　サブスクリプション型

ある商品やサービスを一定期間利用したり、権限の提供を受けることに対して、定額料金を支払う方式。

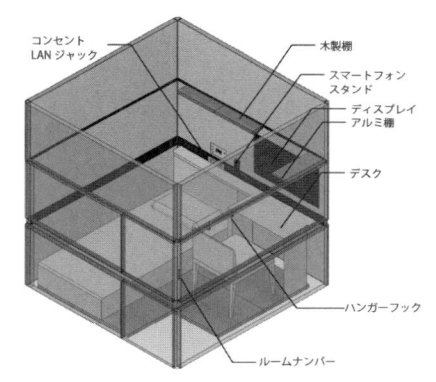

図3.2.2-8　間仕切りシステム、床・壁・天井、設備、
IoTセンシング機能をトータルに組み込んだ空間ユニット

ことで、そのつどリニューアルするよりはるかに低コストですむし、初期投資の負担も軽減できる。サービスの利用者が増えれば、ユニット各部の標準化とメニュー化を進めることができ、選択肢を増やすことで、つかい手主導の新たなニーズが創発される。

　図3.2.2-9 は、設計・製作・クライアントをつなぐデジタル・ファブリケーションのフロー図であり、あらゆる局面で三者が緊密につながり、情報を共有し合っている様子がわかる。図3.2.2-10 は、BIM と ICT を活用した〈企画・設計〉→〈製作・生産〉→〈施工・設置〉→〈運用・管理〉→〈企画・設計〉の循環的なレンタルサービスのビジネスモデルである。BIM モデルを中心に、レンタル在庫を集中管理し、多様なニーズに即応できることを示している。これはつくり手側のフローではなく、つかい手とも協働するビジネスのエコシステムといえる。

　こうなると BIM は、もはや単独の建築業の合理化・効率化技術では

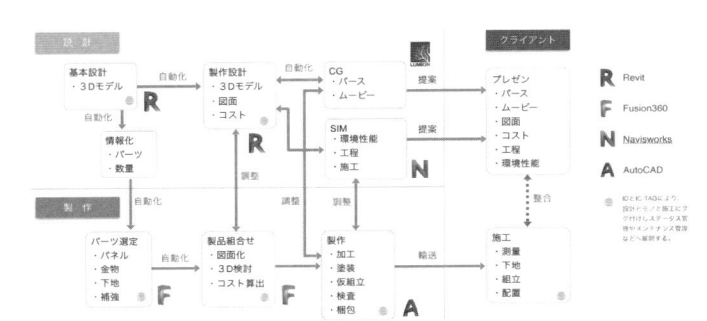

図3.2.2-9　デジタル・ファブリケーションのネットワークとフロー

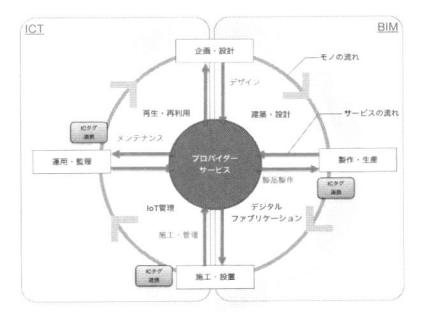

図3.2.2-10　レンタルサービスを軸に4極のワークを
つなぐビジネスモデル

なく、ICT を通じて異分野、他産業、そして異なる価値観とつながり融合したライフサイクルを創り出す起点として、つかい手とつくり手が思いのままに進化できる循環型のサービスを生み出す駆動部といっても過言ではないだろう。

### (5) 創発的ビジネスのためのプラットフォーム

　今後日本の建築業はますます二極化が進むだろう。一方は、これまでの高度な技術とデザインのインテグレーションによる建築方法であり、もう一方は、個々のつかい手の声に応じた多様な情報をそのつどアッセンブルする小回りのきく建築方法である。つかい手のニーズを起点（顧客起点\*22）に情報を BIM モデル化し、つかい手とつくり手双方が必要情報を加えながら構築し必要最小限の投資を実現する、建設後もその BIM モデルをプラットフォームに更新し続け、新たな価値向上（バリューアップ）を見出しては改変を加えていく、といったつかい手志向の体制を支えるディマンド・チェーン・マネジメント\*23 が必要となる。そのセンスを身につけたつくり手が、BIM プラットフォームを活用し、つかい手とつくり手を包括し連携するネットワークを形成したとき、請負から脱した、双方向的で、創発的なビジネスの時代が建築業にも到来する。

**\*22　顧客起点**

企業経営などにおいて、消費者情報や顧客の購買動向を調査・分析し、アクションプランを組み立てる発想のこと。現代社会の消費者の多様化、細分化を背景とする。

**\*23　ディマンド・チェーン・マネジメント**

需要側の動向調査などの情報をもととする商品開発、生産体制、在庫管理を統合的に最適化する情報管理システムのこと。供給側の情報をもととする同システムはサプライ・チェーン。

# 伝統建築とBIM

Society 5.0

サービスプラットフォーム
グローバルネットワーク
建築ライフサイクルマネジメント
建築生産プラットフォーム
3D-オブジェクトCAD
3D-CAD
2D-CAD

社会圏層
構築要素

**本弓 省吾** <small>（竹中工務店 設計部兼アドバンストデザイン部伝統建築グループ）</small>

**野田 隆史** <small>（竹中工務店 設計部）</small>

建設業界で問題視されている専門工事業者における熟練工の高年齢化、減少化の課題は、伝統建築分野においても例外ではない。また、特殊な伝統的技術や技能、知識を要する伝統建築分野におけるそれらの教育・伝承については、徒弟制の就労の場や専門学校等ごく一部で実施されているものの、大多数の伝統建築に従事する人材は、そのような環境にない状況にある。さらに経済性や効率が優先され、十分な時間や人工（にんく）が確保できないことも伝統的技術や技能の伝承においては不利な条件となっている。そういった社会的背景を視野に入れ、設計施工一貫BIMで実施した「薬師寺食堂復興事業」（図3.2.3-1）を通じて、伝統建築におけるBIMの可能性について考えてみたい。

図3.2.3-1 復元された薬師寺食堂の外観<sup>※1</sup>

※1

撮影＝古川泰造

**＊1 薬師寺**

天武天皇の発願（ほつがん）により白鳳時代に建立された寺院。平城京遷都（710年）に伴い養老2年（718年）に現在の地（西ノ京）に移された。法相宗大本山。

## 1 ｜ 薬師寺食堂の復元

　奈良市に所在する法相宗大本山薬師寺<sup>＊1</sup>は、1997年に「薬師寺旧境内」として史跡指定され、1998年に「古都奈良の文化財」として東大寺や唐招提寺とともにユネスコの世界遺産に登録された。

　薬師寺は、国宝である東塔を配する白鳳伽藍の全面復興を目標に、昭和40年代以降より史跡の保存を図りつつ段階的に歴史的建造物の復興等の整備を進めている。建造物の復興は、先行して実施する発掘調査結果に基づき、遺構の保存と史実に忠実な調査研究を踏まえて実施されている。また、復興した伽藍は寺院本来の宗教活動の場として活用されることを第一義とし、同時に参拝者が薬師寺の歴史と価値の理解を深めることができるような活用も図られている。

　創建当時の伽藍配置は、古文書などの史料や近年の発掘調査によりその内容が明らかになってきた。南北の軸線上に、南から佛を祀る「金堂（こんどう）」、法を示し研鑽する「大講堂」、そして僧が一堂に会して食事をとる「食堂（じきどう）」が配置され、伽藍の主軸を構成し、金堂の南側に東塔・西塔が配されている。すでに金堂・大講堂は復元され、残る食堂が復元されることにより佛・法・僧の三宝がすべて揃い、白鳳伽

藍の主要堂塔の復興がすべて完成する。食堂は元奈良国立文化財研究所所長の鈴木嘉吉先生の監修のもと、文化財保存計画協会が発掘調査による遺構や「縁起*2」等の史料および同時期・同種の現存建造物をもとに復元考察を行い、復元案が策定された。

食堂は本来、僧侶の食事の場であるが、薬師寺食堂は、現代における仏教の多様な宗教活動を目的として、外観は創建当時の姿を忠実に復元しながら、内部は、復元意匠と現代の意匠が融合した大空間が求められた。そのため内部については、本来あった入側柱*3や虹梁*4を基本的にはなくす方向で構造検討をする必要があった。

一方で金堂は5年、大講堂は7年という工事期間に対し、食堂は実施設計と施工を合わせて3年余りの工期で完成させるという時間的制約があった。遺構保護に十分配慮し、古代木造建築の外観の意匠を忠実に再現しつつ、無柱の大空間を短工期で実現するために、設計施工一貫でBIMを活用することを決定、以下の設計方針とBIM活用方針を設定した。

## 【設計方針】
### ①史跡指定地における復元
- 古代の伝統建築の屋根形状を史実に忠実に復元する。
- 架構および細部意匠の復元と創建当時に使用された大工道具（槍鉋：やりがんな）による仕上げを再現する。
- 遺構保護層を確保の上、ベタ基礎の採用により上部構造の荷重を分散し、遺構面への接地圧を低減する。

### ②鉄骨造による架構と古代木造建築の意匠復元 （図 3.2.3-2）
- 約16m × 27mの無柱空間を実現するために鉄骨造を採用し、鉄骨を覆うようなかたちで古代木造建築の意匠を復元する。
- 内外観とも木造復元の意匠性を損なわぬよう、鉄骨の柱を極力細くし、波形鋼板耐震壁*5にて耐震性能を確保する。
- 合掌鉄骨梁のスラスト（外方に向かって軸方向にかかる力）対策としてタイビームを採用、現代意匠の化粧天井を支持するぶどう棚として兼用する。
- 耐震性能確保のため開閉する扉を限定し、建築基準法上必要な排煙に有効な開口を避難安全検証法により免除する。

## 【BIM活用方針】
- 古代伝統建築の様式を踏襲した三次元で捻りながら反（そ）る屋根を鉄骨造で実現するため、最

**＊2　縁起（えんぎ）**

社寺や宝物の起源や由来、沿革などを記した書。「薬師寺縁起」は長和4年（1015年）に書かれたとされている。

**＊3　入側柱（いりかわばしら）**

建物の最も外側の柱（側柱）より1列内側に入った柱。

**＊4　虹梁（こうりょう）**

社寺建築に用いられる柱頭をつなぐ弓形に反った部材。

**＊5　波形鋼板耐震壁**

波形に折り曲げた鋼板を用いた耐震壁。高いエネルギー吸収力を有し、大地震時に建物の損傷を低減することができる。

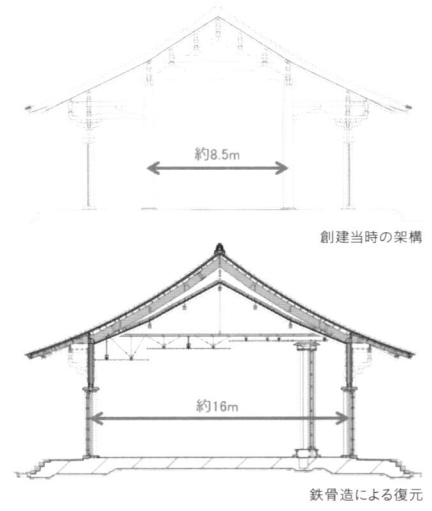

約8.5m

創建当時の架構

約16m

鉄骨造による復元

図 3.2.3-2　創建当時の架構と鉄骨造による復元の架構の断面図

**＊6　規矩術（きくじゅつ）**

曲尺（かねじゃく）を用いて木造部材の接合部や屋根勾配に応じた実形状をつくり出す日本の伝統的図式解法。

適なモデリング・ソフトを選定する。

- 伝統的な大工の作図技法である規矩術＊6をモデル化のプロセスに導入し、コンピュータ上で複雑な屋根形状をモデル化する。
- 設計段階で設計・構造・設備の各モデルを細部までつくり込み、整合した重ね合せモデルを作成し、建築主をはじめ関係者に対し全体から細部まで部材の見え方をバーチャルで説明し、完成イメージを共有することで合意形成を図る。
- 設計段階、施工段階ともに重ね合せモデルにより、施工管理者、宮大工などとの情報共有や合意形成に活用し、事前に関連する工事の納まりの理解を深め、課題を共有、解決策を講じることで手戻りなく施工段階の品質向上に役立てる。

## 2│伝統技能と現代技術の融合

### （1）古代伝統建築の屋根の特徴
#### ①屋根の曲線について

屋根面は、軒反り、棟反り、屋弛（やだる）みの三つの異なる曲線で構成され直線部分がない。軒裏面は、軒反りと丸桁の反り（隅延び＊7の影響を受ける）の二つの異なる曲線で構成されている。これらの異なる曲線により、屋根面、軒裏面ともに捻れた三次元曲面となる（図3.2.3-3・4）。

#### ②軒まわりの納まり

古代伝統建築の屋根構成部材には屋根荷重を受ける桔木＊8と呼ばれる部材がなく、軒の懐（野地板と軒天井の間）は非常に狭い。設計方針により鉄骨造を採用したが、古代伝統建築の軒まわりの意匠と鉄骨架構を成立させるためには図3.2.3-5に示す通り、複雑で厳しい条件のもとで鉄骨を納めなければならず、鉄骨の精度がそのまま仕上げの精度に大きく影響する。

**＊7　隅延び（すみのび）**

隅部の柱の高さを少し高くすること。軒の長い建物で両端が下がって見える錯覚を補正することにより軒裏が美しく見える。

**＊8　桔木（はねぎ）**

深い軒を支えるために軒裏に入れる構造部材。この下に軒天井を張り化粧垂木が配されるため、外部からは見えない。平安時代以降に用いられるようになる。

### （2）規矩術とBIMモデル
#### 規矩術による屋根形状のBIMモデル化

伝統的な大工の作図技法である規矩術による図面データ（図3.2.3-6）をBIMモデル・データ作成プロセスに導入し、バーチャル空間で木と鉄骨の厳しい納まりを検証した。

屋根面は複雑な曲面になるため、鉄骨部材も含めて三次元曲面のデータ化に有効なソフトRhinoceros（p.103参照）でモデル化し、鉄骨部材の詳細はこのモデルをベースにTekla Structures＊9に変換して詳細情報や属性を付加した。設備関連はReblo＊10を用い、これらのモデルを統合し、干渉確認を行い設計段階で不整合のない重ね合せBIMモデルを完成させた（図3.2.3-7）。

### （3）BIMモデルによる情報共有とフロント・ローディング

BIMの効果の一つにフロント・ローディング（p.17参照）が挙げられるが、設計施工一貫で行うことで、よりその効果を発揮することがで

**＊9　Tekla Structures**

三次元構造モデルを作成、管理できるBIMソフトウェア。

**＊10　Reblo**

BIMに対応した建築設備専用の3D-CADソフトウェア。

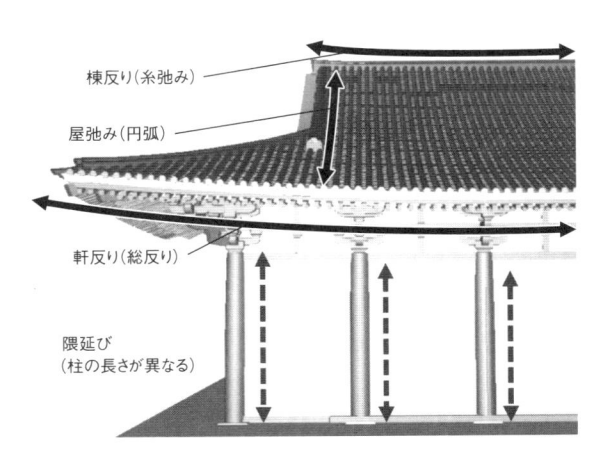

図3.2.3-3　屋根の曲線

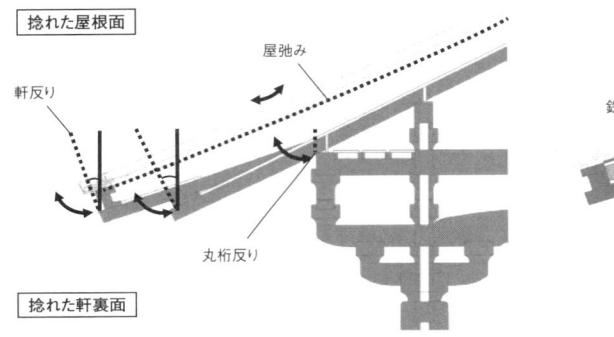

図3.2.3-4　軒断面図（創建当時）

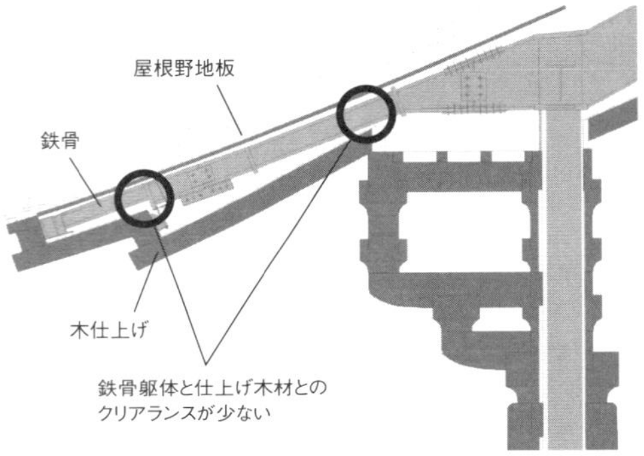

図3.2.3-5　軒断面図（復元案）

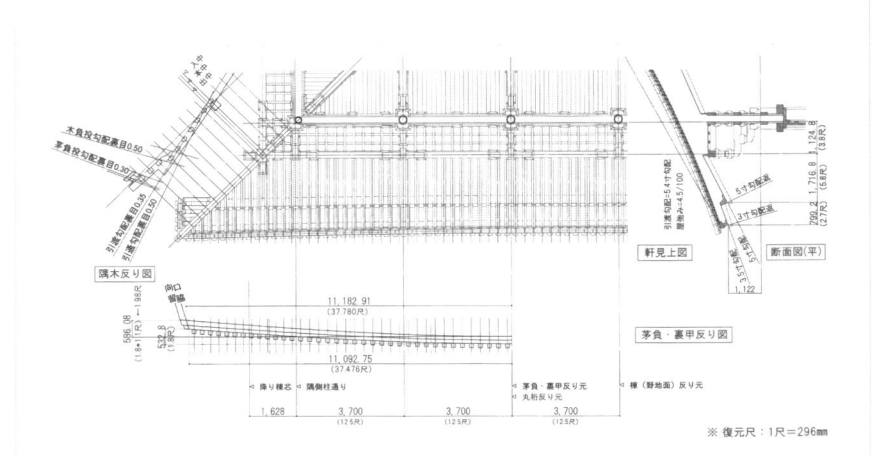

図3.2.3-6　規矩図（軒まわり図）

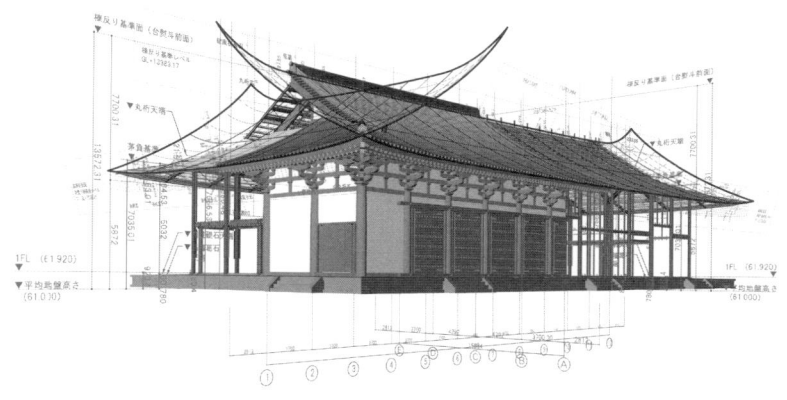

図 3.2.3-7　規矩術を用いた重ね合せモデル（BIMモデル）

きる。薬師寺食堂では設計段階で、工事担当者、宮大工や鉄骨ファブリケーターなどの専門工事業者と、重ね合せ BIM モデルにより設計意図や施工性確認（納まりや施工クリアランスなど）について、活発なコミュニケーションを行った。共有方法としては、関係者が一堂に集まり相互にモデルを確認する意見交換会を実施した（図 3.2.3-8）。意見交換会以外でもそのつど関係者間で確認し、部材の干渉や不具合があれば共有し、モデルのつくり込み精度を上げた。複雑で厳しい納まりが要求される条件下でありながら、各職能が一つのモデルをもとに活発に議論することで、各職能が抱える課題を把握・共有し事前に解決策を立案しながら設計を進めた。

図 3.2.3-8　BIMモデルによる鉄骨工事打合せ

　建築主や監修者に対しては、この BIM モデルをもとに部材プロポーションやディテールの納まりについて説明を行った。従前の二次元の図面による説明とは異なり、実物に限りなく近いモデルを三次元であらゆる方向から提示したため、専門家ではない建築主に対しても、視覚的に理解しやすいという効果があり、スムーズに合意形成ができた。

### （4）施工段階でのBIMの活用

　施工段階においては、設計段階で作成した重ね合せ BIM モデルに鉄骨二次部材のデータを付加し、関係者が一堂に会し BIM モデルのつくり込みを行った。専門工事業者との鉄骨建方打合せにおいても BIM モデルを活用し、三次元で情報を共有することで、安全かつ効率的な作業計画の立案と実施につなげた。

　またフロント・ローディングにより生産情報を設計段階で盛り込めたことで手戻りがほとんどなく、施工を進めることができた（図 3.2.3-9）。

## 3 ｜ 伝統建築における BIM の可能性

　伝統建築は古代よりその時代の最先端の技術を駆使してつくられてき

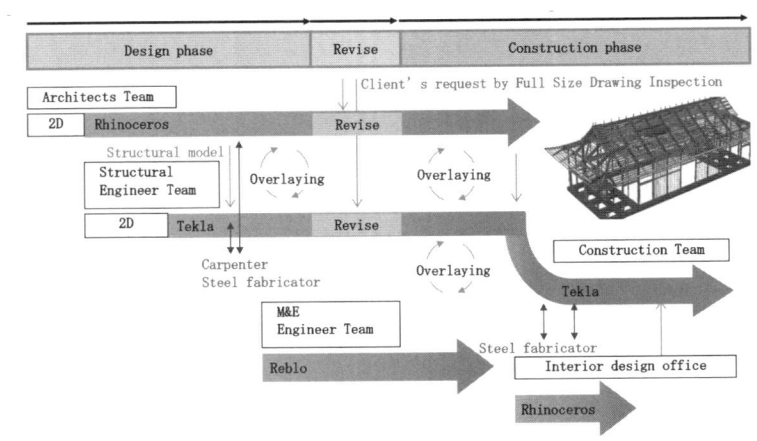

図3.2.3-9　薬師寺食堂の実施 BIM フロー

た。復元した薬師寺食堂は、そうした歴史の中で将来を見据え、現代社会において取り巻くさまざまな条件や要求を解決しながら建築された。意匠的には創建当時の復元とし、様式や規矩術などものづくりの伝統を守りながら、現代の多様な宗教活動を行うための大空間を、BIM を駆使して鉄骨造で実現した[12]（図 3.2.3-10）。このことは、現代における

*12

**監修** 鈴木嘉吉
**復元基本設計・実施設計監修**
文化財保存計画協会
**内部基本設計・実施設計監修**
伊東豊雄建築設計事務所
**実施設計、構造・設備設計**
竹中工務店

伝統建築の一つのあり方と可能性を示しているといえる。伝統とは決して過去のものではなく、現代においても生きているからこそ伝統なのである。

宮大工のみで完結しえない、薬師寺食堂のような短工期でかつ複雑で厳しい納まり条件下でのプ

図3.2.3-10　薬師寺食堂の内観　入側柱を抜いた大空間[1]

ロジェクトにおいて、BIM はきわめて有効である。請負形態による制約・制限もあるが、設計施工一貫 BIM フロー（図 3.2.3-11）に見られる通り、フロント・ローディングを図ることができれば、生産性を向上し、高い品質を確保することが期待できる。また BIM によって、宮大工をはじめ専門工事業者がこれまで多くの時間を費やしてきた施工段階での調整業務を低減し、ものづくりの原点である手仕事に専念する時間を確保することができるようになる。すなわち、高度な伝統技術や技能の修得や伝承においても、BIM は有効に機能する可能性を十分に持っているということができるであろう。

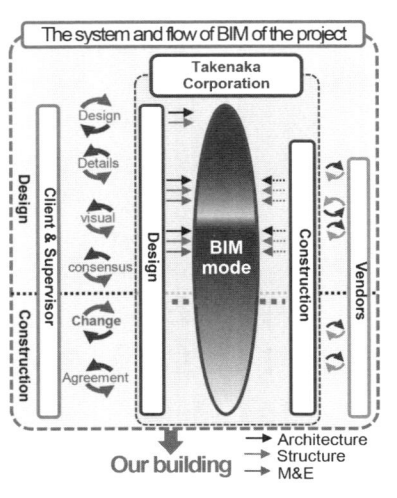

図3.2.3-11　設計施工一貫 BIM フロー

# ③③ 働き方が変わる

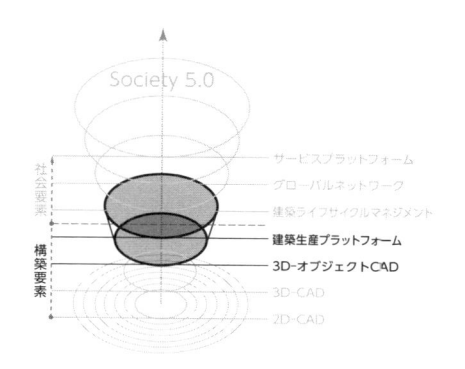

## ③③① 未来に向けた働き方

大槻成弘 (SEEZ)

## 1 | 日本人の働き方の問題

　世界は、1990年から2000年のわずか10年という短期間で情報通信技術が急速に発展し、工業社会から情報化社会へと大きく変化して、現在すでにSocietey 5.0（p.15参照）という新しい時代へ向かってさらに進化し続けている。テクノロジーの発展によりインターネットや携帯電話が普及し、人々の生活は便利になり、働き方まで含めたライフスタイル全体に大きな変化をもたらした。そのような情報化の恩恵を受ける一方で、必ずしもライフスタイルのすべてが良くなってきているわけではない。常にどこにでも表裏一体の関係が存在するように、時代の変化とともに今まで見えていなかった問題が顕在化してきているのも事実である。日本の社会でいうならば、超少子高齢化社会、労働環境問題、国際競争力低下、都市圏一極化、地方の過疎化など書ききれない問題が複雑に絡み合い、今までとは異なる考え方による働き方や仕組みが求められてきている時代でもある。

　変化の激しい現代社会において建設業界では、一般社会問題に加え業界内の問題が悪循環し、若手や女性の離職だけではなく、技術者の高齢化による離職超過などの問題を抱えている。労働生産性において製造業やその他の全産業界と比べると、建設業の労働生産性は1990年代後半から現在までの約20年間、横ばいが続いている（図3.3.1-1）。

　この生産性の問題は、日本国内だけではなく世界が直面している顕在的問題である。原因を一つ挙げるとすると、建設業では企業のIT投資が少なくコンピュータ活用が低調である。製造業は産

※1
一般社団法人日本建設業連合会『建設業ハンドブック2018』に一部加筆
https://www.nikkenren.com/publication/pdf/handbook/2018/2018_04.pdf

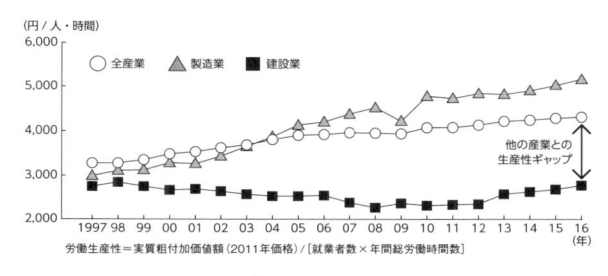

図3.3.1-1　労働生産性の推移※1

**＊1 働き方改革**

少子高齢化が進み、社会全体でのビジネスとプライベートの両立のバランスが崩れ、経済だけではなく人々の生活環境にまで影響を及ぼしている。そのようななか、従来の考え方や意識を変え、現在から未来へ柔軟に対応し、個々が自分らしい生き方や働き方を選択できる社会を築くことを目指している。

**＊2 仕事と生活の調和（ワーク・ライフ・バランス）**

男女ともに人生において健康であり、公平な立場のなかで充実感、達成感、満足感、安心感、幸福感を感じながら、ビジネスとプライベートの両方がバランスよく、人間らしい生き方を実現できる社会。

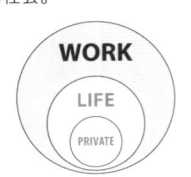

仕事と生活の
バランスが崩れた人生
（仕事優先型ライフスタイル）

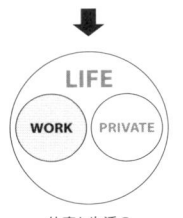

仕事と生活の
バランスが取れた人生
（調和型ライフスタイル）

**＊3 テレワーク**

情報通信技術（ICT＝Information and Communication Technology）を活用した、場所や時間にとらわれない柔軟な働き方のこと。テレワークの取組みは、1970年代にエネルギーや環境問題による大気汚染の緩和などを目的に、アメリカで始まった。日本では1990年前後のバブル経済期に注目され、多くの企業では、2000年代から計画的に、戦略的にテレワークを活用することで、環境への負荷軽減、通勤時間の削減、オフィス内でのコスト削減などさまざまな問題解決を図っている。

業ロボット導入や生産ラインの自動化で付加価値を高め、他の産業では景気の低迷などで苦しみつつもリストラを進める等で体質強化をした時期があるが、建設業は構造的な変革に出遅れ、年々格差が開き、現在に至るわけである。2018年現在、若干景気はいいように見受けられ、どこも人材確保に一生懸命だが、この先を長期的に考えた組織づくりなのか、急場をしのぐ数の確保に終始していないか、よく考えてほしい。アメリカ、イギリス、シンガポールでは、この問題にいち早く視点を変え、少しずつ改善を繰り返し結果に結びつけている。

問題はコンピュータやITではなく、仕事の仕組みや取組み方、それ以前に考え方に問題があるのである。古いルール、方法、プロセスにしがみついて見直しをしないまま新しい手段や道具等を使い始めても、表面的な問題の一部しか改善されず、根本的なことは何も変わらない。

長年世界経済第2位でありながら、現在第3位に転落した日本経済が、今後順位を上げるか、少なくとも現状を維持することができるかは、これからの学校教育はもちろんのこと社会人教育にどう取り組むかが重要である。「働き方改革」＊1の前に「意識改革」であり、その後に企業内で顕在化している問題一つ一つに取り組む必要がある。

こうしたなか、筆者は、人手不足といわれる都市圏ではなく地方の人財に着目してきた。建設業界の働き方改善と未来のワーク・ライフ・バランス＊2をより良くできるのが、デジタル・テクノロジーや情報推進技術と融合していくBIMテクノロジーであり、地方でのBIM人材育成に取り組んできた。その進化し続けているテクノロジーにより、都市圏内の企業やオフィス内で働く環境という枠組みを超え、地方の持続的な活性化に向けた取組みや、日本の未来への働き方の可能性について紹介する。

## 2 ｜ ICT× BIMを活用した新しい働き方の実践

人材不足や労働時間超過で悩んでいる企業は、人材確保では必要な人材を派遣員や中途採用で増員するか、社外への業務委託でアウトソーシングを利用し、業務を分散しているのが一般的である。最近では人材やリソースを増やして問題解決するのではなく、もともとある企業の人財とタイムマネジメントで解決するということで、テレワーク＊3への注目度も高くなってきている。聞き慣れてきたテレワークという言葉であるが、セキュリティ問題やIT導入の低迷が続いている建設業界では、これにかかわっている人はまだ少ない。取り組んでいる企業では社会・企業・就業者の3者が価値と価値を交換できるように、社会面からは、地域創生または地域活性化、雇用創出と労働力創造、企業面では生産性の向上と人材確保、就業者面では、ワーク・ライフ・バランスの向上や女性・高齢者・障碍者等の就業促進といった問題に対応しようと努めてきている。

テレワークには二つの型が存在する。企業被雇用者がオフィス以外の場所で在宅勤務、モバイルワーク、サテライトオフィスで業務を行う「雇用型」と、企業に属さない個人事業主などが自宅やコワーキングスペー

スなどで業務を行う「非雇用型」がある。現在、労働時間等の改善やワーク・ライフ・バランス推進のため、在宅やサテライトオフィスにおいて就業するテレワークに取り組む中小企業事業主に対して国の助成金があり、また地方自治体もテレワークだけではなく女性の活躍推進を対象に、費用の一部を助成している。

都市圏を中心に人材確保の取組みが過熱しているが、地方では、若者や技術者などの経験がある人材は仕事を求め都市圏に出ていく。中には、自分の時間を投資してきた学業や経験を積んできたスキルを活かせない地元企業に、諦めて転職する人たちもいる。この都市圏と地方のギャップを、双方のニーズをマッチングさせることで解決しようとする活動として筆者が発展させてきたのが「BIM ×テレワーカー」である。現在取り組んでいる「BIM ×テレワーカー」は非雇用型テレワーカーで、全員が女性で在宅勤務である。時には、市や区といった地域で用意されたニワーキングスペースで集合しての業務も可能である。雇用型に比べるとセキュリティ、責任、品質の担保などに対して発注者が不安を感じることも多いが、筆者のような企業が仲介役として品質を担保できれば、発注する企業があることも実証されつつある。筆者の事業でも積極的にBIMテレワーカーに業務を委託している。

国や地方自治体も、未来の可能性が高まるテレワークを通して、BIMにかかわる人材育成や新規事業開拓を前向きに支援している。未来の日本を考え、「まち・ひと・しごと」をつなげる新しい働き方によるワーク・ライフ・バランスが実現できる仕組みや、長期的で継続的な仕事の創出が可能であれば、比較的協力的であり、融資もなされるのである。

まだ少ない地域での活動であるが、地域の BIM テレワーカーに応募する人たちの中に必ず優秀な人財がいるという発見は大きな収穫である。もちろん、教育カリキュラムを通して学んでいくうちにダイヤの原石が磨かれていくように頭角を現す人財もいる。このような優秀な人財に巡り合えたときに、昔アメリカの番組でよく視聴していた「アメリカン・アイドル」[4] を思い出す。日本にもまだまだ優秀な人財という資源があるが、発掘できていないばかりではなく、発掘しようとしていないのが現状だと考えている。「BIM ×テレワーカー」を通してユニークな人財を見てきたが、この人財育成・活用の仕組みがどのような体制であるかを説明しよう。

## 3 | BIMテレワーク体制とデジタルツール

「BIM ×テレワーカー」[5] の取組みは、テレワーク事業、ソフトウェア・ベンダー、営業、教育・監修と、それぞれを担当する企業があって成り立っている（図 3.3.1-2）。

重要なのは、仕組みづくりの上で教育担当と監修担当が作業の流れを構築することである。これまでの経験から、「BIM ×テレワーカー」を経験と計画なしで始めてもすぐに結果は出ないことがわかっている。長期に継続的な仕事創出を目指す上で、地域の人財発掘から教育カリキュラム、そして業務へとつなげる一貫性ができあがり、良い結果へと結び

**＊4　アメリカン・アイドル**
*American Idol*

2002年から2016年までの15シーズンにわたりFOXテレビで、2018年からABCネットワークで放送されている、全米規模で行われるアイドルオーディション番組である。高い人気を誇り、リアリティ番組と呼ばれる視聴者参加型番組の中でも特に有名である。アメリカ全土から、それも聞いたことのないような町や村から、凄い才能を持った人たちがアイドルになるために応募してくるのである。

**＊5　BIM×テレワーカー**

筆者が立ち上げた、自治体と協業してテレワークで3D-CAD業務を行う人材育成の仕組み。テレワーク企業、ソフトウェア・ベンダー、営業企業、教育・監修企業の参画により成り立っている。

ついている。現在、派遣員向けや個人設計事務所向けの BIM ソフトウェア研修はあるが、その後継続的に研修を受け、業務につながる仕組みまで準備されている BIM カリキュラムはない。それほど難しい仕組みではないのだが、たいていの企業

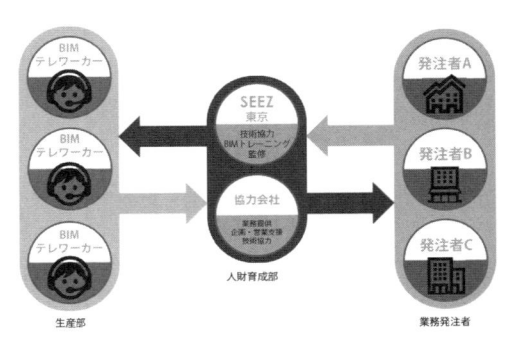

図3.3.1-2 「BIM×テレワーカー」の仕組み

や教育機関は頭で描いていながら実行できていないのである。

　毎年、地方の各所で前期・後期合わせて約 10 名の女性 BIM ワーカーが誕生する。建築・建設の経験者限定ではなく公平に、誰でも応募できる。応募者は、Revit（p.70 参照）の操作方法の動画を見ながらの簡易的ハンズオン試験と面接試験を受ける。選考された応募者にはノートパソコンとソフトウェアが支給され、5 カ月間の BIM カリキュラムを受講できる。BIM カリキュラムは、全 4 回の Revit 集合研修と各回の課題と認定テストによって構成されている。その内訳は、Revit の基本操作を学習する基礎研修 2 回、簡単な家具づくりを通して学ぶファミリ（p.86 参照）研修 1 回、業務に備えての OJT（On the Job Training）研修 1 回となっている。集合研修は、市や区などの協力により提供してもらうコワーキングスペースで実施され、それ以外の受講中は、週 1 回ウェブ会議、オンラインオフィス、SNS を積極的に活用し、効率的に打合せや質疑応答ができるようにしている。この研修を継続的に続けることで、受講生が基本的なスキルを習得できる流れがつくられていて、最後の認定テストに合格すれば BIM 関連業務委託が受けられる。ここまでの仕組みを一企業だけでつくり上げるのには時間と労力がかかったが、関係企業各社の連携によって結果が出せている。教育には時間が必要で、どの企業もあまり積極的には取り組めていないところを乗り越えられたのが、結果に結びつけられた一つの理由だろう。

　その他にも、作業時間の異なる BIM テレワーカーと管理者や発注者とのコミュニケーション、データの受渡しは最も重要で、クラウド（p.193 参照）が進化しそれに伴ったソフトウェアの利便性の向上が「BIM ×テレワーカー」を可能にしている。データの受渡しに関しては、守秘義務や契約で発注側の指定のクラウドを活用し、メールでのデータの受渡しや専用サーバの活用は一切していない。

　在宅勤務作業の透明化対策と品質向上には、作業管理システムを使用することで勤怠管理し、作業画面の自動撮影で業務内容を確認し、筆者が実務関連教育や品質の担保をすることで解決している。これまでつくり上げてきた「BIM ×テレワーカー」の仕組みにより信頼関係が構築されているので、BIM テレワーカー業務の管理にビデオカメラ等は一切使っていない。

　さらに BIM テレワーカーは、業務数と経験値が上がると一定の評価

を受け、講師やアシスタントとして次期受講生にかかわる。このように、一定の期間内に BIM テレワーカーが成長し、教わる側から教育側に立つことで自営型テレワーカーがより自立した個人事業主に育ち、シナジー効果を得ることができる。ここまでできて初めて取組みが流動的に成果と収益をもたらし、BIM テレワーカー、テレワーク企業、ソフトウェア・ベンダー、営業企業、教育・監修企業の連携による長期的目標の一部を達成できたことになる。

しかし、結果が出ると必ず新たな問題が顕在化し、従来の作業方法を改善するか、新たな対処法を模索する必要性が必ず発生する。企業被雇用者の雇用型テレワーカーと異なり、個人事業主の非雇用型テレワーカーの BIM テレワーカーにとって最も大きな問題は、ハードウェアとソフトウェアの維持費である。現在すべての BIM ソフトウェアはサブスクリプション（p.139 参照）による年間購入であり、そのためには安定した受注数が必要となる。

今後、BIM 活用プロジェクトは増加する。各地で BIM テレワーカーをさらに育成し、BIM テクノロジーを全国に一層拡散することで、プロジェクトが集中する都市圏と仕事が減少傾向にある地域とのアンバランスを調和し、地域が抱える問題も解決できると考えている。

## 4 ｜ 地域人財とBIMテレワーカーの可能性

建築・建設業界での人材不足問題は今始まったわけではなく、早く・安くと国外へ業務委託し、解決する考え方を定着させたことにより、日本中に潜在している優秀な人財が見えなくなっているだけである。外に目を向け国外の人材を教育し続けてきた投資を国内に集中するだけで、今後の人材不足は軽減できると予想する。今後のさらなるデジタル・テクノロジーや情報通信技術の進化により、今以上に場所や時間に制限されることなく仮想空間でデータや意識の共有ができるようになり、場所を問わずどこでも業務ができるようになる。今以上に、「ひと・まち・しごと」がつながりやすくなる時代が来ているのである。さらにAI、IoT、ロボットなどと融合することで、効率良く国内の人財を発掘して育成できるようになり、BIM テレワーカーも一層創出しやすくなるだろう。教育機関と企業が今まで以上に連携して深いかかわりを持つことで、現在あるシステム以上のものを生み出し、地域と都市圏のバランスが取れるときが来ることを願っている。

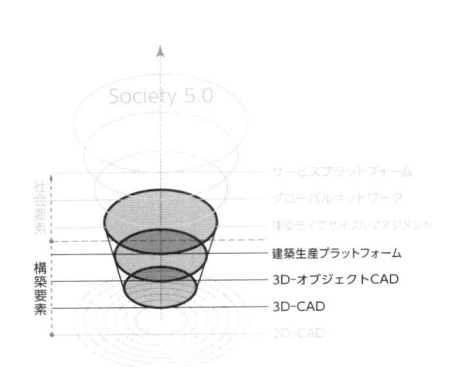

# デジタル・コラボレーションは
# ジェネラリストを要求する

勝目高行（ペーパレススタジオジャパン）

## 1 ｜ 知識より知恵

アパレル系グローバル企業の事業戦略会議での、担当役員の言葉が新鮮だった。「BIM は思想である。」この企業とは、数年前に BIM 導入の相談を受け、それ以降、グローバルで展開される店舗設計に BIM を採用することで企業としての競争力をいかにつけていくかを、二人三脚で試行錯誤してきた。上記は、数年間にわたる成果をまずはアジア市場をターゲットとして積極的に導入することを決定した時の担当役員の言葉である。BIM を推し進める者として、BIM をツールやプロセス、またはプロダクトとして認識してきたが、「思想」と認識させられたことは大変衝撃的で、BIM の可能性を感じた瞬間であった。

それまでにも BIM を用いた計画・設計プロセスで店舗設計の最適化を行い、その承認プロセスやクライアントによる数量把握、ファシリティ・マネジメント（FM、p.24 参照）への BIM データの活用など、一般に BIM の利点といわれる取組みを行ってきたが、われわれにまず求められたのは、各店舗の売上げを拡大することだった。その企業では、売上げを左右している一番の要因は「店長の技量」である。商品をいかに訴求力のある形で店舗に陳列できるか、客の動線や商品間の関連性を考慮し、客の視野に入ってくる商品群を店長独自の経験からくる感覚でレイアウトする。インターネットショッピングにおいては、レコメンダ・システム[*1] によって、その顧客の購買履歴などをもとに商品を次から次へとブラウザ上で提案し、購買意欲を誘引する。店舗の場合は、顧客の動線と視線の動きを予測し、関連性のある商品を次から次へと商品棚に陳列していく必要があるわけだ。BIM を導入しただけでこれらの経験値が再現されるわけではない。われわれが重視したのは「BIM によるコラボレーション」である。地方の大型店舗計画の際に、実験的に BIM のコラボレーション機能を活用することにした。ここで設計者は中央に吹抜けのある特徴的な空間を活用し、伸び伸びとした店舗設計を行った。一方店長経験のある店舗営業責任者は、その空間を VR（Virtual Reality、p.56 参照）で確認し、吹抜けを壁で仕切って狭くするよう訴えた。「これでは、エスカレータで最初にこの店舗に訪れたお客様に商品を訴求できない。商品とお客様の距離が遠すぎる」と。建築設計者は空間を創造する意識で店舗を設計していた（図 3.3.2-1）が、営業責任者は、商品配列を想像して店舗設計を評価した（図 3.3.2-2）。この二つ

**\*1 レコメンダ・システム**
*recommender system*
ユーザーの情報収集に対して、そのユーザーのプロファイルから予測される興味や関心の傾向に応じた情報、いわゆる「おすすめ」を提示するシステム。情報フィルタリング（IF）技術の一つ。

図3.3.2-1 設計者案

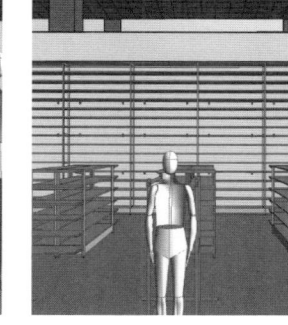
図3.3.2-2 営業責任者案

の異なった視点と想像している内容の齟齬（そご）を BIM のコラボレーション機能は見事に抽出し、最適な店舗設計へとプロジェクトの方向性を修正していった。

　これは、このプロジェクトにおける一例にすぎない。さまざまなシーンにおいて BIM コラボレーション機能は、まず関係者それぞれの視点の違いや想像の相違点を三次元映像の違和感として抽出してくれる。人間の感覚は、われわれが想像している以上に正確である。これが「BIM は二度建てることによってそのベネフィットを最大化できる」といわれる所以である。まずは、仮想の三次元空間にみんなで建ててみる。そこで感じた違和感をもとに議論・改善をする。簡単なことだが、ようやく PC パワーとネットワークスピードが仮想三次元コラボレーションを実現できる時代となったのだ。

　われわれは一つの店舗設計を通して、店舗設計と店舗運用の視点を経験することができた。この大型店舗は低コストで施工を完了し、開店後、売上げ目標を 120％達成し続けた。プロジェクト完了後、BIM によるコラボレーション記録を再検証したが、何か特別なことを行ったわけではなく、各段階においてしっかりとコラボレーションしたことがプロジェクトを成功に導いたことが改めて検証できた。たった一つのプロジェクトでここまで多くの経験をしたのは初めてだった。商品の配列、その配列から予測される店舗売上げロジック、ディベロッパーとの工事区分折衝、内装工事を担当する企業の施工上の技術、什器開発を担当する企業の製造技術、店舗運用をする場合の運用ノウハウ、そのいずれの技術・ノウハウも時系列に沿ってトレースできる状態で、BIM デジタル・データベースとして BIM オブジェクトに紐づいて記録されている。プロジェクトの初期の段階で、Uniformat [*2] に基づく BIM オブジェクトのネーミング・ルール [*3] をプロジェクト・ルール [*4] として適用したことで、全情報は Uniformat 構造を持ったデータベースとして整理できる。

　知恵とは「知識＋経験」と言い換えられる。インターネットが普及し、知識は、それが専門的な事項であっても、「検索」によって容易に手に入れることができる時代となった。しかし経験は、いまだに現場に赴かないと得ることができない。建築の分野においては 50 歳で新人といわれるほどで、プロジェクトサイクルが長いため経験を積むには多くの年月が必要となる。では、時間をかけずに多くの経験を得るにはどうした

**＊2 Uniformat／ユニフォーマット**

CSI（アメリカ建築仕様書協会）が制定した建築積算にかかわるコードの体系で、工種別の標準仕様書（マスタ・フォーマット）の仕様情報を体系的に管理できるシステム。

**＊3 ネーミング・ルール**
*naming rule*

ここでは、BIMオブジェクト命名ルールのことを指す。異なるソフトで作成されたBIMデータを統合管理するときなどに有効。接頭語にユニフォーマットなどのコードを付けるのが一般的。
例：A1022_002_地中梁

**＊4 プロジェクト・ルール**
*project rule*

BIMを用いるプロジェクトではプロジェクト特有の規約を定義し、それに則って運用することが重要である。上記のネーミング・ルールもプロジェクト・ルールの一つ。その他のプロジェクト・ルールに、LODの定義、数量を算出する際のルール、データを更新する際のルール等。

らよいだろう。筆者はよく、BIMをパイロット教育におけるフライトシミュレータにたとえる。仮想空間の中で失敗を恐れることなく、一つのプロジェクト内で多くの疑似経験を得ることができ、その経験はデータベース構造を持っており、いつでもリレーショナルな関係性を持った状態で引き出すことができる。つまり、細切れにされデジタル・データとして構造化された疑似経験は、さまざまなパターンへ対応できる基礎訓練となり得ると考える。

## 2 │ 広がる知恵

### （1）設計するのは誰か、設計できるのは誰か

　GitHub*5 という、ソフトウェア開発のプラットフォーム（p.84 参照）がある。ソフトウェア開発においては、自分で作成したプログラム・ソースをプラットフォーム上で公開し、他人にその改善や一部開発を依頼することができる。許されれば、他人が作成したプログラム・ソースを自分のプログラムに組み入れることもできる。それを世界的に広めたのがGitHubであり、今や、このオープン・ソースという手法を用い、ソフトウェア開発はかつてないスピードで進化している。つまり、知恵は所有するものではなく共有し、お互いに利活用するという世界観がソフトウェア開発の分野では一般化しつつある。知恵の所有者としての個のアイデンティティは、その知恵をプログラミング・ソースとして誰よりも早く（世界で一番目に）プラットフォーム上に公開することにより、そのオリジナリティを確保し、そのソースの一部が多くの人に利用されることによってその優位性を担保していく。また、全履歴（全バージョン）をプラットフォーム上に記録することにより、完成品に対する各開発協力者別の貢献度を定量的に判断することも可能だ。では、その完成品は誰のものか。また、その完成品の開発者は誰か。平たく言ってしまえば、「みんなのもの」である。これが、全世界同時性というインターネット・プラットフォームが実現した新しいものづくりのスタイルである。かつてオリジナリティは、知恵をひた隠しにして自分だけがその知恵を活用し、メリットを自分だけが享受することによって担保されてきた。今や、担保の仕方はまったく逆になっている。いち早く公開し、メリットをより多くの人へ与え、より高い次元での達成感を得ようとしているのだ。

　乱暴な言い方をすると、BIMによる設計も、参加者みんなのものであり、みんなの知恵の結集からなる完成品でなければならない。ここでいう完成品とは、建築物そのものだけでなく、その建築が生み出すさまざまなベネフィット、環境、そして暮らしそのものを含んでいる。

### （2）求められる知恵は広がる

　建築の設計・施工に必要な知恵とは、どのようなものだろう。もちろん、意匠・構造・設備に分類される建築分野の知恵は必要である。しかし、その知恵は基本計画から設計、施工、運用され、廃棄または再利用されるまでを考慮したライフサイクル・デザインでなければならない。われわれが証券会社グループと取り組んでいるリート*6 では、部位別資産

*5  GitHub（ギットハブ）
GitHub社が保守管理している、ソフトウェア開発のプラットホーム。ここにソースコードをホスティングすると、ホスティングしている他の開発者と一緒にソフトウェアの開発を行うことができる。

*6  リート
*REIT(Real Estate Investment Trust)*
不動産投資信託。不動産への投資を目的とした法人が、投資家から集めた資金により、マンションやオフィス等の不動産を証券化の後、保有・運営を行い、賃貸収入や売却収入を投資家に分配する仕組み。

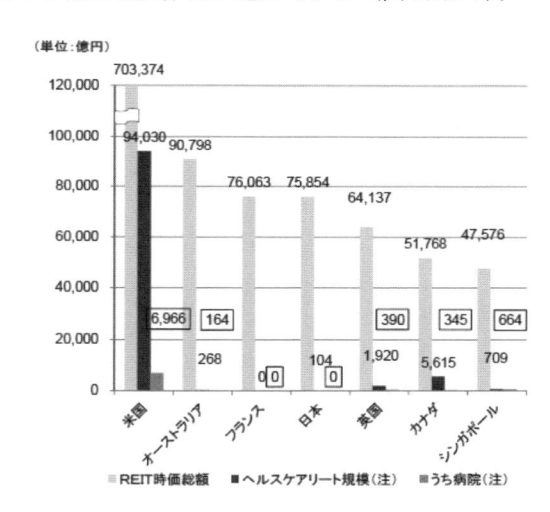

管理が求められる。部位別に資産価値を算出し、部位別に減価償却を行い、その価値の推移をマネジメントし、価値維持を施策しつつそれらの集合体として建築物全体の価値算定を行い、適正に賃料等を設定し、投資家の資産を適正運用する必要があるからだ。つまり、建築を構成する部位を適正に設計し、設計通りに施工を行い、その過程をエビデンス[*7]として記録し、第三者（この場合は投資家）に適正価値を説明し、その集合体として建築全体の資産価値算出を行い、運営後に変更（改修・改築）が行われた場合もその変更情報を部位別に更新し、その時点での資産価値算出を行わなければならない。建築分野以外のIT、金融、保険などの幅広い知恵が必要とされ、それらが程よく融合されていなければならないのだ。このような芸当を可能にするには、BIMをプロセスとする三次元建築部位別データベースを運用するしかない。

### （3）証券会社グループとのBIMへの取組み

　日本国内のヘルスケア・リート市場において、病院の証券化はまだ本格的に実現されていないが、アメリカをはじめとする諸外国においては、BIMをプロセスとする「ビルディング・インフォメーション・マネジメント」が進み、病院の本格的な証券化が進んでいる（図3.3.2-3）。

　ことさら地震の多い日本において、建物の性能を保証し、エビデンスをもって投資家にその資産価値を説明する義務は非常に高く、かつて起きたマンションの施工不良による資産価値の大幅下落は、証券会社にとって最も避けなければならない事態である。われわれは、建機リース国内ナンバーワン

図3.3.2-3　主要国のリート投資における病院向け投資の概況[※1]

企業、データセンター事業者と協業し、現場において毎日の工事進捗をデジタル・エビデンスとして記録する実証実験（図3.3.2-4）を開始した。また、第三者立会いの下に三次元レーザースキャナを用い、施工精度をBIM設計データと比較することも検討している。

### （4）保険会社とのBIMへの取組み

　施工不良事故による損害賠償を保険で賄えないか、保険会社と検討も始めている。今までの施工検査といえば、黒板に記載された事項とその写真、そして施工者からの検査記録を信用するしか方法がなかった。それだけで信用し、建物を証券化したり保険適用するのはあまりにもリスクが大きい。かつての杭における検査記録偽装事件を見ても明らかだ。

**\*7 エビデンス**
*evidence*

根拠、証拠などと訳される。判断の根拠として客観的に検証できる証拠を提示するという意味で用いられ、医療分野では臨床結果などの科学的な根拠を、金融関係では物や人の帰属や所有に関する公的証明書、監査や検証に用いる記録文書などを指す。

**※1**

各リートのマニュアルレポート、不動産・為替情報等から、デトロイトトーマツファイナンシャルアドバイザリー作成

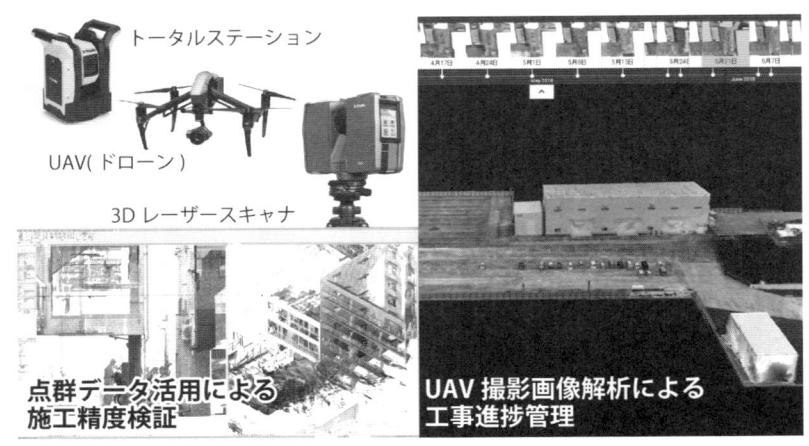

トータルステーション

UAV(ドローン)

3D レーザースキャナ

点群データ活用による
施工精度検証

UAV 撮影画像解析による
工事進捗管理

図3.3.2-4 最新計測機器による測量データをBIMデータと連携しクラウド上に日々記録していく

偽装がきわめて困難な状態で、記録を毎日取り続ける方法の確立が望まれているなか、BIM プロセスによるデータ・マネジメントは、これらを実現する最善の方法であろう。

## 3│補完し合う

　諸外国においては、BIM の浸透とともに IPD（Integrated Project Delivery：計画の初期段階から関係する企業が協働すること、p.23 参照）的契約が増えている。IPD、すなわち、プロジェクトの初期段階からその情報をあるルールの下に統合・共有することは、何を意味するのだろう。ルールの下に情報を統合しようとすると、ルールにそぐわない情報は抽出され、議論の対象となる。情報を統合しようとしないことは問題の先送りとなり、結局 BIM の利点とされるフロント・ローディング（p.17 参照）がかなわない。日本においては、個の利益を守ろうとする意識が情報統合と共有のタイミングを遅らせている。しかし諸外国においては、情報を早期に公開・共有することによって他者の知恵を自分の知恵と融合し、プロジェクトの全体利益を追求し、その一部を自分の利益として受け取ろうとするチーム意識が個の意識より先行しているように思える。
　BIM における情報共有の一番のメリットは何だろう。それは、リスクの共有であると考える。日本人は、責任感の強い民族だ。予測できないことに対して、自分の責任を果たすためにリスクバッファーを設ける。「自社工事が順調に進んでも、他社工事が遅れればその影響を受けるかもしれない。そうなっても、自分の請け負った工事は完了できるように見積り額を増やしておこう」と。俗に、これを「盛る」という表現で非難することもあるが、見方を変えれば責任感の表れでもある。BIM による仮想空間におけるバーチャル施工は、これらの予測できないリスクを予測できることとして解決してくれるのだ。もちろん、天候不順や政治的リスクなど予測できないリスク（表3.3.2-1）は依然として残るが、少なくとも関係者同士がリスクを前もって共有して事前調整しておけば、施工時のリスクを確実に低減させることができる。関係者各々のリスクを早期に共有し、チームリスクとして管理・解決し、それでも起こり得

表3.3.2-1　予測されるリスク

| リスク | 起因者 | コスト負担者 |
|---|---|---|
| 政治的リスク | 誰にも起因しない | 保険の活用や関係者間のリスク分担割合などを契約書にて定義 |
| 経済リスク | 誰にも起因しない | 保険の活用や関係者間のリスク分担割合などを契約書にて定義 |
| 社会リスク | 発注者に起因 | 発注者 |
| 不可抗力リスク | 誰にも起因しない | 保険の活用や関係者間のリスク分担割合などを契約書にて定義 |
| 契約リスク① | 発注者起因 | 発注者 |
| 契約リスク② | 請負者起因 | 請負者 |
| 契約リスク③ | その他の関係者に起因＝請負者が制御可能 | 請負者 |

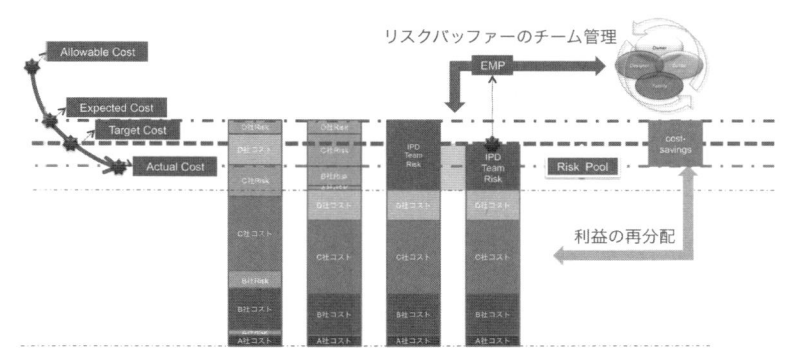

図3.3.2-5　リスクバッファーのIPDチーム管理概念図

るリスクに対しては、チームリスクバッファーとしてリスクプール金や保険を設定するなど（図3.3.2-5）、その原因と責任、発生した場合の対処法をBIMデータベースとして管理することは、BIMプロセスにおいて最も意義のあることだと思われる。

　早期の情報共有が重要であることを頭で理解をしていても、なかなか実行に踏み切れないのが現状である。プロジェクト関係者の視点を全体利益に誘導するためには、以下の二つが重要である。①クライアント主導でプロジェクト利益に対する貢献度に応じてその利益を再分配することを明確にコミットする。②技術料・労務費・材料費を明確に区分して管理する。いわゆるVE（Value Engineering：バリュー・エンジニアリング）が労務量と材料費を下げ、プロジェクト利益を最大化し、その技術的貢献が技術料としてその技術者に配分されることを、プロジェクト・ルールとして明確に契約書に織り込む努力が必要である。日本における契約形態において大変難しいことは百も承知だが、クライアント主導でプロジェクトの旗振りを行えば、できないことではないと考える。

　建設プロジェクトのみならず、プロジェクト利益を最大に享受できるのはそのプロジェクトにおいて最大のリスクを取った者である。IPD的な契約形態に移行すれば、予測できないリスクも許容しつつプロジェクト資金を捻出しているクライアントこそが、プロジェクト利益を最も受け取るべき、となる。日本のクライアントはこれまで、この責任とチャンスをゼネコンに一括発注することで逃してきた。しかし、BIMというデジタル・ツールが発展した今、発注者は建設プロジェクトに自ら積

極的に参加し、その「旗振り役」という責任を果たし、その結果である利益を最大限受け取るべきだと考える。BIM や IPD が発展したからといって、損をする関係者はいないのだ。技術料・労務費・材料費を区分管理し、お互いのリスク（無駄）を共有し、その発生を抑制、その貢献度に応じて利益の再分配を受けるのであれば、無駄な労務と材料をその技術で削減することに集中すればよい。もともと無駄なものを削るだけなので、誰も損はしないはずである。

# 4 ｜ 分野を超えて

　BIM プロジェクト管理において最も難しいのは、責任区分といえる。リスク発生時にその責任が誰にあるのかを明確にすることは、大変難しい課題である。たとえば、竣工後の運用時にトイレの配管が詰まり水があふれ出し、その建物の運用が一時中断され多大な損害が発生したとする。配管の設計ミスか、施工不良なのか、設置されたトイレの性能に問題があるのか、運用時の問題か。原因を調査したとしても、一概に責任の所在を明確に指摘することは難しい。今までは、運用時に重大な過失がない限り、元請であるゼネコンが瑕疵（かし）責任においてこの損害を補償することが常であった。しかし、IPD 的契約や保険によってこの賠償責任の保証を行おうとした場合、その責任を明確にする必要がある。今まで以上に、日々刻一刻と変化する現場の施工状況を確実な方法で記録していく必要があるのだ。幸い、昨今の高精度測位社会[*8] においては三次元レーザースキャナや画像解析による点群データの取得など、利活用できる技術の発展は目まぐるしい。

　ゼネコンに代表される総合建設業は、どのように変化していくだろうか。今までの建設生産プロセスは、プロジェクトの川上で発生した曖昧な情報を紙（図面）というこれまた曖昧な媒体に載せて川下に伝達しつつ、その情報伝達の過程で、多くの技術者が介在し、その曖昧さを訂正しながら現実のものとして具現化してきた。しかし BIM に代表されるデジタル・コラボレーション・ツールに、川上から川下という情報の一方的な流れは存在しない。むしろ、情報は川下から川上に集められ、川上で常に統合管理され、検討・訂正され進化させていくプロセスをたどる（図 3.3.2-6）。

　GitHub 的世界同時性と技術者的ヒエラルキーを排除した知の集合としての建築を具現化できる時代の到来、といっても過言ではない。建築家フランク・ゲーリーの言葉を借りると「設計者が設計し、施工者が施工する時代は終わった。」設計者を中心として構築されたマスター BIM モデルは、ネットワークを通じて世界中の技術者に即時に共有され、その技術によって部位・要素ごとに進化していく。部材は世界中の工場でデジタル・ファブリケーション（p.99 参照）され、現場にスケジュール通りに搬入され、建築が具現化されていく、そんなものづくりが実現できる時代がやってきたのである。

　これからのものづくりで最も重要なことは「オンライン・アンド・オンタイム」であること。同時性が生み出す知恵は、とてつもない可能性

**＊8　高精度測位社会プロジェクト**

国土交通省が推進する、スマートフォンなどの携帯端末を活用して円滑な移動や活動ができる社会の構築に向けた環境整備。屋内外の電子地図や測位環境などの空間情報インフラの整備、それらの維持・更新体制の構築を目指す。

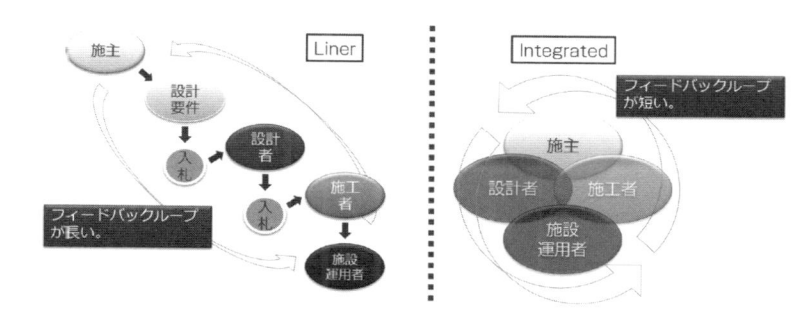

図3.3.2-6　旧来の情報伝達 (Liner) とIPD的情報管理 (Integrated)

**\*9　マクルーハン**
*Herbert Marshall McLuhan*

1911〜1980年。カナダ出身の文明批評家。印刷物から電子媒体へと移行するメディアと人の感覚や社会への影響を考察した。メディア自体がある種のメッセージを含んでおり、メディアとその技術を人の身体や感覚の拡張ととらえる独自の視点で、メディア研究をリードした。

を秘めている。かつて、マクルーハン\*9は「ネットワーク（メディア）は神経系の延長である」と定義づけたが、まさに建築においてもそれらが体現できる時代が来た。知識はネットワークを通じて共有し、知恵はオンタイム・コラボレーションによって育てるべきなのだ。

ジェネラリストの教育は、その知識を捨て、オンラインの知の集合体（インターネット）に委ねることから始まるのかもしれない。世界の常識は刻々と変化している。一時的な知識を取得し、自分の脳細胞に固定化することは望ましくない。もちろん、オンラインから得られる情報を理解できる理解力は今まで以上に必要とされるが、後は最新の情報・知識を試す機会を増やすことのほうが重要である。幸い、パイロットに仮想の墜落が可能なフライトシミュレータが用意されているように、建築技術者には、BIMという仮想建築の環境が用意された。仮想建築を通じて多くの人とコラボレーションを繰り返すことによって、短時間で多くの知恵を得ることができる。BIMによってこそ、ジェネラリストの育成が可能だといえるだろう。

BIMの普及を拒む理由はまったく見当たらないが、その分野を超えた「破壊的イノベーションの利点」を建設分野の人々が気づいていないのか、はたまた気づかないようにしているのか。日本におけるBIMの普及スピードが鈍いのが残念でならない。グローバルな視点でビジネスを俯瞰している人たちにとっては、まさに「思想」といえるイノベーションなのである。

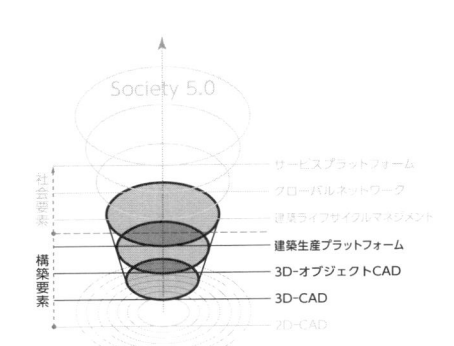

# 複眼的な意思決定を可能にする楽しい協業組織

藤村 正 (鹿島建設 建築設計本部)

大抜久敏 (アルモ設計 デジタル・ソリューション部)

澤田英行 (芝浦工業大学 システム理工学部)

## 1 │ 多様化・複雑化する社会ニーズと建築設計組織のあり方

　建築のつくり手は、多様化・複雑化する現代社会における建築物や建設行為の社会的影響について、ステークホルダー*1 への説明を求められ、社会的責任（CSR*2）がますます重くなっている。設計者や施工者の選定は、競争を原則とし、各社は競って新技術や工法を開発し独自性を模索する。多様化する発注者のニーズを最適に具現化するために、品質・工程・コストなどの情報管理を発注者の立場で行える業者を選任する方式（CM*3 方式）も一般化しつつある。

　度重なる社会的インシデント*4 が、法規の改正と複雑化をもたらし、至る所で思わぬ自然災害が頻発する時代でもある。社会・自然環境に左右される発注者のニーズに柔軟に対応できる設計組織とはいかなるものだろうか。今、外部から見えにくい専門知識や技術を多面的に可視化し、わかりやすく説明する技量が必要とされ、その説明を裏づける膨大な検討・検証作業が発生している。多元的、多角的な問題解決を果たす設計組織は、さまざまな課題に関連する周辺知識と技術、さらには地域・社会にも広く関与する諸問題を包括的に解決する開かれた組織として、適応力を増す必要がある。

## 2 │ BIMで連携する協業組織

### （1）双方向的なコミュニケーション

　つかい手（発注者・ユーザー）の率直な要求と、つくり手（設計者・施工者）の専門的な思考は必ずしも一致しない。つかい手は自らの必要性を想定した曖昧なイメージを描き、つくり手はそのイメージを探りながら具体化し、技術的解決を図る。しかしイメージの伝達は簡単ではなく、共に歩み寄り、合意形成を図る方法が必要となる。つくり手は、つかい手を「説得」するのではなく、十分に「納得」してもらう努力を怠ってはいけない。把握しづらい立体的空間を理解しやすくする最適な手法を駆使し、また見えない事象を可視化するシミュレーション（p.109 参照）を通して、そのデザインに至った根拠を示しつつ、双方向的なコミュニケーションを成立させなければならない。

**\*1 ステークホルダー**
*stakeholder*

社会セキュリティ用語として「組織に影響を与える可能性のある見解をもつ、個人または人々の集まり」（ISO22300:2012, 2.1.2）と定義される。
建築業関連では、発注者、ユーザー、投資家、債権者、および地域社会・行政機関、さらには社会全体などの利害関係者のこと。

**\*2 CSR**
*Corporate Social Responsibility*

企業の利益追求のみならず組織的な事業活動の社会への影響を考慮し、広い意味でのステークホルダーのニーズに対して適切な意思決定を果たし、社会貢献する責任のこと。

**\*3 CM**
*Construction Management*

建築・建設プロジェクトの各段階において、品質・工程・コストなどの情報管理に対する、建築主（事業主）の立場に立脚した業務管理方式のこと。

**\*4 インシデント**
*incident*

社会セキュリティ用語として「中断・阻害、損失、緊急事態または危機になり得るまたはそれらを引き起こし得る状況」（ISO22300：2012, 2.1.2）と定義される。

図 3.3.3-1
さまざまな専門の担当が協働する
インタラクティブな協業組織

**＊5 インタラクティブ**
*interactive*

一般に「相互作用」と訳される
が、デジタル・メディアでは送信
者の情報に対し受信者が何らか
の応答をし、送信者側の情報が
変化していく対話型の情報処理
方式のことを指す。

**＊6 協業**

一般には一つの生産行為に対
し複数の労働者が集って協力
し合いながら生産に従事するこ
と。ここでは、多様で複雑な様
相を呈する（相異なる生産過程
が輻輳化した）一つのプロジェ
クトに対し、異なる技能・技術
を持った者が協働し問題解決
を果たすものづくり行為を指す。

**＊7 シーズ**
*seeds*

いまだ市場に出ていない新たな
価値を生み出し得る、企業（つく
り手）の持つ新たなモノ・サービ
ス・技術・方法を開発する創造
的技量。

## （2）インタラクティブな協業を可能にするデジタル環境

つかい手とつくり手の双方向的な交流の場を構築するためには、つくり手側に、包括的な問題解決を支えるさまざまな知識と技術を総合したインタラクティブ＊5 な協業＊6 体制（図 3.3.3-1）が必要だ。

筆者らは、そのためには三つのスキルが必要と考えている。一つ目は、最適な意思決定を支える組織のポテンシャル（シーズ＊7）を把握し向上させる意欲に満ちた知識・経験、二つ目は、あらゆるアナログ／デジタル・ツールの特性を理解し各局面に活用できる技術・技能、三つ目は、デジタルを効果的に活用しデザインの根拠を効率的・合理的に検討・検証する総合的なソリューション力だ。これらのスキルを一人の人間が備えることは難しい。仮に備えられたとしても、一個人でこれらを遂行する時間がない。

そこで、これら三つのスキルを組織的にインストールすることが必要となる。これを可能にするのが BIM である。BIM をものづくり行為の基盤とし、さまざまな知識と技術を組織的に情報共有し、多岐にわたる課題に向けた数々の検討・検証作業を繰り返し、さまざまな場面における意思決定や説明責任を果たすのだ。これが、つかい手とつくり手の双方向的な合意形成を実現するインタラクティブな協業体制である。BIM で連携する協業組織では、プロジェクトごとの動機と目的に応じて BIM を活用する目的・方法・範囲・スケジュールを設定し（BIM-マネージング）、個別に目標を掲げて実行することになる。

つまり、協業組織における BIM とは、組織で共有するべき情報の基盤であり、またプロジェクトごとに BIM の活用方法を定義することで、そのつど新しい協業のかたちやシーズを開発する土壌となる。BIM を活用した協業は、参画する者のイノベーティブな意欲をかき立てる。しかし漫然とした参画で創造を生み出せるものではない。筆者らは、インタラクティブな協業に参画する「楽しさ」を実感できることがその原動力になると考えている。

多様な価値観があふれ、先行きが不透明な時代であればこそ、組織には、新たなつながりを見出し、新たな発見をし、新たな価値を創発しようとする能動性が必要だ。つかい手とともに、チームメンバー同士が情報を可視化して共有し、互いに確認し、語り合える、楽しさにあふれたデザインプロセスを実践できる設計環境が必要なのだ。

## （3）意思決定を支援する BIM を活用した情報ネットワーク

筆者の所属する組織は、多様なつかい手・プロジェクトに対し、限られた時間の中で、多元的、多角的な意思決定を支援するネットワーク型協業組織体制の構築を目指している。プロジェクトは、規模が何万㎡でもまたは数百㎡でも、意思決定する設計者の人数が大きく変わるものではない。上述の通り、プロジェクトごとの課題に関係する広汎な知識・技術を属人的な技量に依存することはできない。個人に過重な判断を課さず、設計組織、設計支援組織、関連組織に行きわたる情報ネットワークを張り巡らすことで、複眼的な意思決定（多種多様なニーズに応じた設計内容・仕様の決定）を実行できよう。

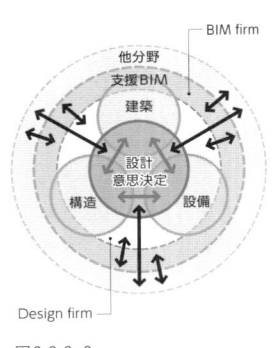

図 3.3.3-2
意思決定を高度化する
BIM支援体制

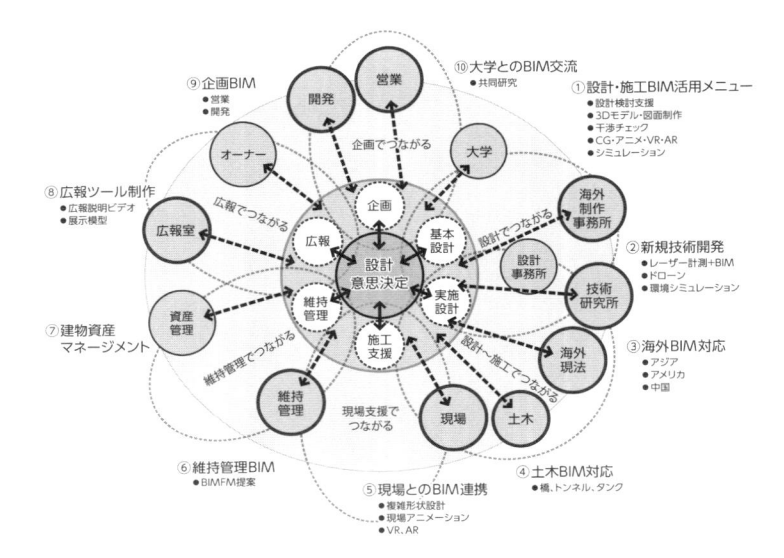

図 3.3.3-3　意思決定を支えるインタラクティブな協業体制の拡大イメージ

　図 3.3.3-2 は、「設計組織（建築設計部：Design firm）」および「設計支援組織（BIM技能を備えた設計支援会社：BIM firm）」の関係を示したもので、図 3.3.3-3 は、プロジェクトに関連する社内外の部署、国内外の異分野組織との関連を示したものである。設計組織がプロジェクトの推進と主なる意思決定を担い、設計支援組織が意思決定者の実践に応じて適正な支援業務を行う。意思決定者が属人的な偏りのある判断に陥らず、多様な情報リソースを背景に、自由な発想と判断を実行できる設計環境（ネットワーク）を表現したものだ。

　図 3.3.3-2、図 3.3.3-3 のコアは、プロジェクトを推進する設計担当者の「意思決定」である。コアを取り囲む企画・基本設計・実施設計・施工支援・維持管理・広報は、プロジェクトに関連するさまざまな情報リソースの提供ルートであり、デジタル・データのやり取りや各種 BIM 関連ソフトウェアの互換性などのつなぎ役は設計支援組織が担う。

　たとえば「企画」は、設計者自身も蓄積のない新規分野や社会動向にアンテナを張るネットワーク、「基本設計」「実施設計」は段階ごとの発注者との対話、設計者間のコミュニケーション、研究関連部署、他社、海外部署（機関）、他分野との情報交換、「施工支援」は現場のリアルな施工情報、「維持管理」はユーザーのつかい方、資産管理運用などのフロント・ローディング（p.17 参照）情報、「広報」は広報関連情報や実績事例からのフィードバック、実行中のプロジェクトの社会的バリューの評価など、当該プロジェクトの性質によってさまざまに選択可能な情報リソースを手繰り寄せられる設計環境を目指している。

　このネットワークの基幹は、設計組織のデジタル・データを基盤としたものであり、ICT（p.20 参照）・BIM をはじめとしたデジタル・ツールの活用を前提としたインタラクティブな協業のための三つのスキルを、プロジェクトごとに設計組織と設計支援組織でバランスよく役割分担し融合した組織形態を形成することで可能となる。

### 1.設計検討・検証
● BIMデータで納まりや仕上りを検討、修正を指示。
● 簡易VRで施主や関係者にわかりやすく説明。

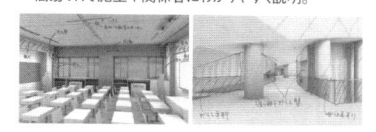

### 2.設計図書作成
● 基本設計図、実施設計図をBIMデータから作成。
● 平面図、立面図、断面図が連動して完全に一致。

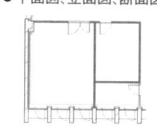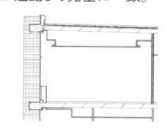

### 3.CG・アニメーション
● 3Dデータをベースとして、CG・アニメーションを作成。
● にぎわいや利用のイメージを施主にわかりやすく説明。

### 4.干渉チェック
● 建築・構造・設備・機器の取合い・納まりをチェック。
● 設計者、施工者、機器メーカー、施主も参加する協業。

### 5.シミュレーション
● BIMモデルを活用して、設計課題の可視化。
● 計画・検証内容を視覚的に確認。

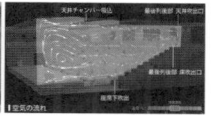

### 6.レーザー計測
● 既存建物をレーザースキャンしてBIMモデル作成。
● BIMモデルから図面・パース・VRを作成。

### 7.VR・AR
● ゲームなどの高品質なレベルと同等のVRやARを作成。
● 大学やゲーム開発会社と協業し開発。

### 8.3Dプリンタ
● BIMデータを3Dプリンタで出力して、繊細な模型を製作。
● 設計検討や工法説明に活用。

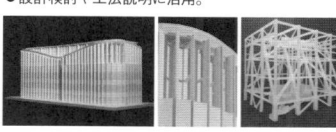

### 9.ドローン
● ドローン画像とBIMデータから作成したCGを合成。眺望シミュレーション（左）、景観シミュレーション（右）。

図 3.3.3-4　BIM活用メニューの例

## （4）意思決定と課題解決を支える多彩なBIM活用

　BIM を効果的に活用するためには、プロジェクトの工程すべてに活用するのではなく、モデル・データを活用する目的・用途・段階などを検討することも重要だ。適用方法によって、モデリングの方法・時間・担当者が変わり、適材適所を図って合理化できるからだ。

　筆者が所属する設計支援組織では、設計組織の意思決定・合意形成・説明責任の迅速化、設計品質の向上、現場・部外研究機関・異業種との協業の円滑化を図るために、「BIM 活用メニュー」（図 3.3.3-4）を開発した。設計検討・検証、設計図書作成、CG・アニメーション、干渉チェック、シミュレーション、レーザー計測、VR・AR（p.56 参照）、3D プリンタ、ドローンなどにカテゴリーを分類することで、意思決定者がプロジェクトの特性に合わせて自由に BIM 活用方法をカスタマイズし、有効な意思決定システムを構築することを目的としており、プロジェクトを実施するごとに情報を更新し、内容を拡充している。

1. 設計検討・検証：基本設計や実施設計において BIM でモデリングしながら納まりや仕上りを検討し、VR で設計内容を確認する。修正箇所は画面のキャプチャ画像で記録し、修正を指示する。VR によって施主にわかりやすい説明ができる。

2. 設計図書作成：基本設計図、実施設計図、施主説明・会議で使う設計図書を BIM データから作成する。平面図、立面図、断面図が連動して一致するため、2D-CAD で平面図、立面図、断面図を別々に作成するより正確に作成できる。

3. CG・アニメーション：BIM データから、CG・アニメーションを制作する。空間の仕上げ、照明、演出、にぎわい、つかい方などを施主にわかりやすく表現する。BIM の導入で高品質な CG・アニメーションの制作が増加している。つかい手からはさらなる設計品質の

説明が求められている。

4. 干渉チェック：建築・構造・設備・各種機器の干渉箇所のチェックを行う。施工段階での設計変更の最小化、設計品質の向上を図る。つかい手も参加する協業が可能となる。

5. シミュレーション：地震、避難、風・温熱・光等の環境シミュレーションを行う。研究機関と連携して高度な解決を図り、課題の可視化、設計者、関係者、つかい手との合意形成を図る。

6. レーザー計測：既存建物をレーザー計測し、点群データ、モデル・データに変換し耐震補強や改修計画に活用する。

7. VR・AR：ゲーム・映画・テレビの高品質なレベルと同等のVRやARをゲーム開発会社や大学と協業し開発する。

8. 3Dプリンタ：BIMデータを3Dプリンタで出力する。設計検討や工法の説明に活用する。

9. ドローン：ドローン画像とBIMデータから制作したCGを合成して、景観シミュレーションなどに活用する。

### （5）連鎖的に広がるBIM活用

上述のようにBIM活用の目的・用途・段階はさまざまだ。プロジェクトの特性に合わせて、全体的、部分的、断続的な活用形態を考えるとよい（図3.3.3-5）。プロジェクトによって関連する組織も異なり、専門業者やその担当者も入れ替わる。可変的で動的な協業体制を形成するためには、役割分担やスケジュール、モデリングのルールなど、綿密な調整が常に必要となり、プロジェクトに応じて、設計検討・検証、合意形成、設計説明、干渉チェック、設計・施工連携、現場説明、VE[8]提案などBIMの活用形態が考えられる。この多様性に対応するためには定型ではなく、目的・用途・段

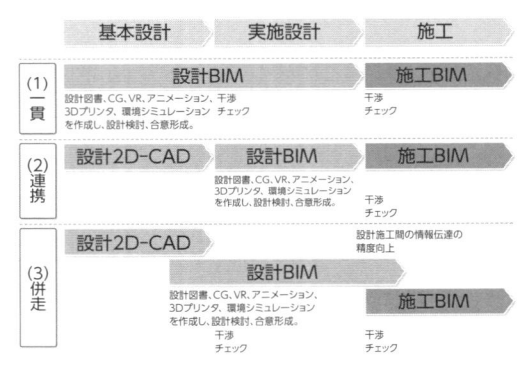

図3.3.3-5 協業を支えるBIM活用パターン

階に応じた、設計BIMと設計2D-CADの一貫型、連携型、併走型など、BIM活用形態をそのつど編集しなければならない。こうした融通無碍なBIM概念を共通言語として組織に浸透させることができれば、さまざまな協業体制がBIMで構築できることになる。

以下に設計支援組織によるBIM活用事例を示す。

## 3│ 設計シーンを楽しみながら高度化するBIM活用事例

### （1）設計者と設計支援者の協業で高める設計品質

従来の模型・パースなどの三次元ツールにBIMを加え、複合的なプ

*8 VE
*Value Engineering*

建物の性能を現状維持しながら、費用を削減すること。

レゼンテーションを実施する。基本的には BIM モデルを先行させ、データから設計図書、CG、VR、アニメーションなどを適宜作成し、設計検証、合意形成に活用している。BIM モデルは、基本デザイン検証から各部の納まり、外装・内装の詳細デザイン検討まで広く展開され、デザインプロセスの合意形成、さらにはアーカイブとして次段階で再利用される。また設計図書の作成には、従前の 2D-CAD と同等の表現も必要であるため、設計者と設計支援者が共に作成ルールを調整し、図面表現のテストを繰り返し、BIM データからの書き出しの精度と効果を高めている（図3.3.3-6）。

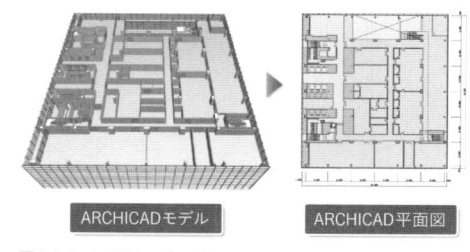

ARCHICAD モデル　　ARCHICAD 平面図

図3.3.3-6　BIM モデルデータから二次元図面の表現検証

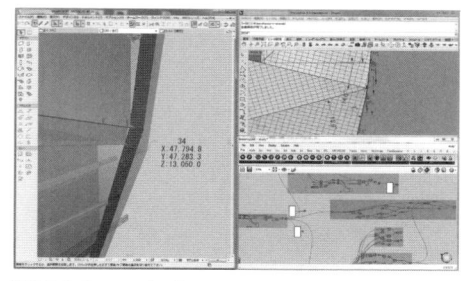

図3.3.3-7　アルゴリズミック・ソフトウエア

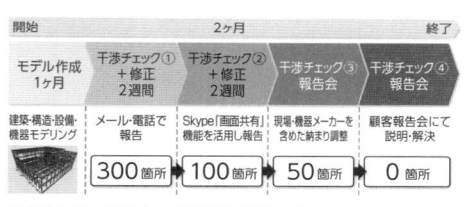

図3.3.3-8　干渉チェック協業のステップ

### （2）設計・施工間の情報伝達の円滑化・効率化・精度向上

　設計の複雑な情報を現場に伝えるために BIM を活用する。アルゴリズミック（p.175 参照）・ソフトウェアでモデリングし、形態生成情報をデジタライズし（図 3.3.3-7）、複雑な設計情報を三次元でダイレクトに伝達し、設計・施工間のコミュニケーションの円滑化とスピードアップを図っている。設計組織から現場に BIM モデルを送り、現場が仮設や現地に合わせた躯体修正をモデリングし、そのモデルを再び設計側が受け取り、最終形態の調整に入る。設計・施工間でやり取りしたモデルからモデルラインを切り出し、実施図を作成する。現地・現場のリアルな情報を取り込みながらデザインを確定していくので、設計者の独善に陥らない設計、施工の精度が向上する。

### （3）建築・構造・設備・生産機器メーカーの協業

　亖産施設などの建築・構造・設備・生産機器の干渉箇所を BIM でゼロにする。各専門担当者が、BIM データを介して Skype（無料のチャットとビデオ通話）や会議で解決する（図 3.3.3-8）。BIM データは三次元と図面が連動するので、三次元を修正すると同時に平面・立面・断面図を同時に修正でき、各担当間で問題を共有しながらリアルタイムに解

決する。遠隔でも関係者の連携が可能なため、後工程や関連工程を効率化するクリエイティブな協業が実現できる。

### （4）既存空間の計測とモデル化

　既存建物の天井耐震設計や歴史的建造物の保全のために、レーザー計測したデータから BIM データを起こし、設計対象をモデル化する。天井裏などの見えにくい部分を可視化し、図面で読み取れない課題を見出し、設計品質の改善を図る。作成フローは、①既存建物のレーザー計測、②点群データによる既存建物可視化、③点群データから既存建物 BIM モデル作成、④ BIM を活用して図面、パース、VR による可視化である（図 3.3.3-9）。こうした実在する老朽化した建築の傷みを発見し治癒する臨床的な方法は、歴史的な価値の保存・保全・再価値化などの文化事業にもおおいに貢献できる。

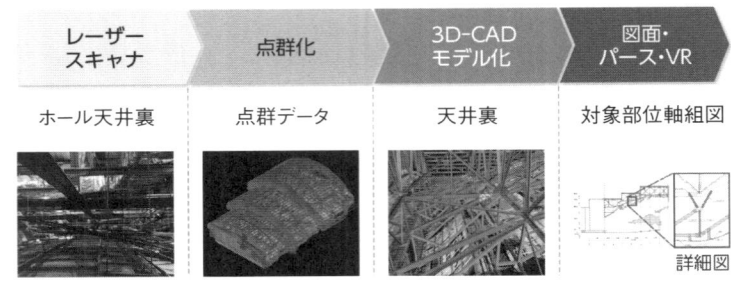

図 3.3.3-9　既存建物の天井裏の状況をレーザー計測してBIMデータ作成

### （5）見えにくい変化を可視化するシミュレーション

　BIM データを活用し、内外の空間に発生する気流をシミュレーションする。気流解析の条件設定は、設計エンジニアや専門研究者と協働する。作成フローは、①モデル作成、②モデル条件設定、③シミュレーション条件設定、④解析、⑤可視化である。CG・パース制作で培ったプレゼンテーションのノウハウを活かして、気流解析結果の可視化技術を確立し、CG・アニメーション・VR に展開する。情報の正確さに加え、視覚的表現のわかりやすさによって、複雑で難解な情報の説明責任を果たす（図 3.3.3-10）。見えにくい自然の変化や建築の周辺環境への影響の検証を、上流工程から設計者・エンジニア・研究者が協働して実行することで、建築行為の責任と可能性を深く認識し、社会的価値の高い建築を目指す意欲を高める。

### （6）異業種の知識と連携し設計意図をVR・ARで可視化

　設計から施工、維持管理の各段階で計画と周辺環境の関係を客観的にとらえ、VR・AR でわかりやすく説明する。ゲーム業界や大学の研究室との協業を通じて、VR・AR の知識と最新技術を習得した。BIM とゲーム・エンジンを連動させ、設計情報を三次元的に可視化する。①室内では VR、②現場では AR と使い分けている。
①CG で VR を制作。ヘッド・マウント・ディスプレイで見る。現場に行かなくても計画をリアルに体験できる。事務所や客先でのプレゼン

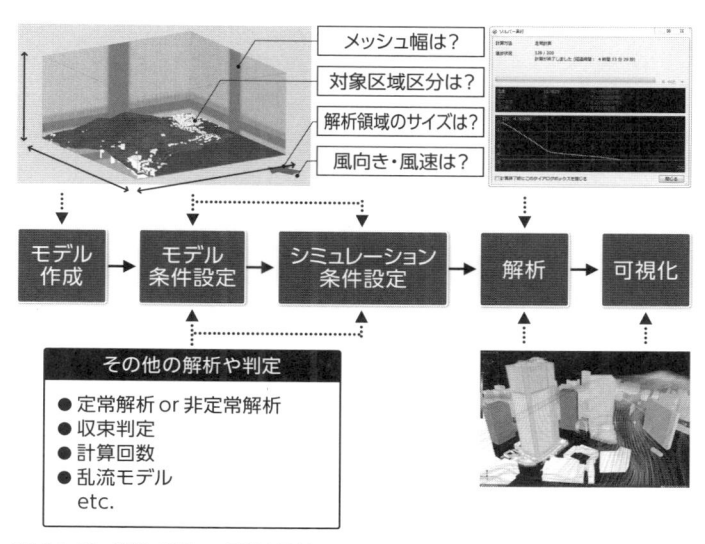

図3.3.3-10　建築の環境への影響を深く知る

テーションなど（図 3.3.3-11）。

②現地画像と CG を合成し AR を制作。現場の空気の中で体験できるため現実的な臨場感があり誰にでもわかりやすい（図 3.3.3-12）。得られる没入感（VR）と刹那的なリアリティ（AR）は、専門的な建築設計の世界を専門外の人々に理解してもらえる。つかい手とつくり手の関係を対等にし、双方向的な意思決定が可能となる。これを楽しめない「つくり手」はつかい手に近づけない。

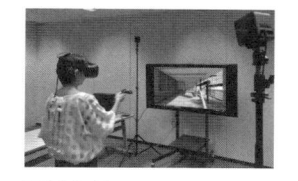

図3.3.3-11
VRの没入感によって誰でも空間を
わかりやすく疑似体験できる

### （7）手づくり模型と 3Dプリンタの融合

　迅速な設計検討・検証や合意形成のために 3D プリンタで模型を製作する。手づくりでは難しい複雑な部分や繊細な部分を 3D プリンタで出力し、手づくりの部分と組み合わせる。手づくりの模型製作のノウハウとデジタル・ファブリケーション（p.99 参照）を適材適所に融合することで、新しい模型表現の可能性が広がっている（図 3.3.3-13）。従来の技術に新しい技術を接ぎ木し、新たな手法と表現を開拓する楽しさはものづくり本来の

❶ 敷地実写と外観CGを合成
❷ 外装 複数案の切替え
❸ 現地でわかりやすく説明

図3.3.3-12　実際の敷地に立ってモデルをリアルに確認するAR

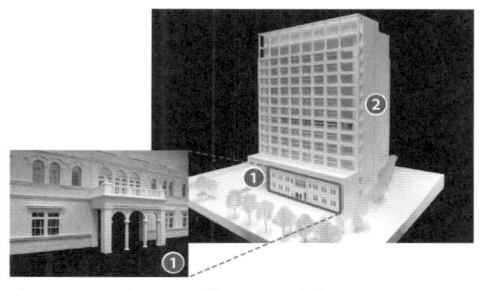

❶ 詳細な部分を3Dプリンタで製作
❷ は、手作業で制作

図3.3.3-13　手づくり感と3Dプリンタの精度と効率を融合した新質感

ものである。

## 4 | BIMで変わる働く環境

　海外拠点は国内より BIM の活用が進む。BIM 活用の事例やノウハウについて情報交換し、設計・施工業務での協業を深めていきたい。海外と協業する BIM 活用の課題は、①実践的な BIM 技量の習得、②現地と国内の設計・施工に関する知識・経験、③ BIM 技能を備えた人材の育成と運営である。①は、組織間における協業の中で学び教える意識醸成と機会創出。②は、現地の法規・実情・工程などの学習。③は、プロジェクトごとの計画的な教育環境の整備が必要である。各国の習慣や考え方の違いを積極的に学び、BIM を共通言語とし、慣れない言語と Skype を駆使して楽しく協業することが肝要である（図 3.3.3-14）。

　三つの課題への取組みとして、BIM を活用する設計業務の実践と研究のために、国内外の拠点をつなぐ BIM 活用情報を共有する場「BIM ワークショップ（図 3.3.3-15）」を定期的に開催し、各拠

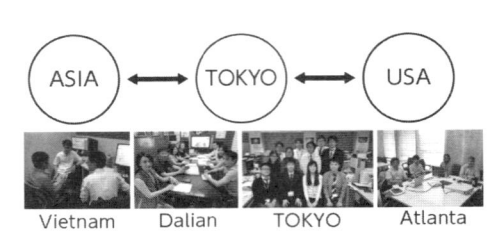

図3.3.3-14　BIMでつながる国内外の拠点

点のプロジェクトにおける BIM 活用の工夫・技術・ノウハウの共有を進めたいと考えている。また、BIM を活用できる人材の育成と確保のために、国内外の大学などの教育機関で建築設計での BIM 活用を紹介し、意見交換を行っている。

　筆者らは、上述した三つの課題に取り組むことで、現地の特殊性に応答し、新たな BIM の活用方法を試しつつ、新たな知見を開拓し蓄えていきたいと考えている。BIM という知識・方法・技術はいまだ不明瞭であるが、本稿で記した実証をもとに、国内外にとらわれず、未来への窓として BIM を据え、広やかな世界で建築の可能性を広げていこうと意欲を高めている。

図3.3.3-15
BIM活用情報の共有を図る
ワークショップ

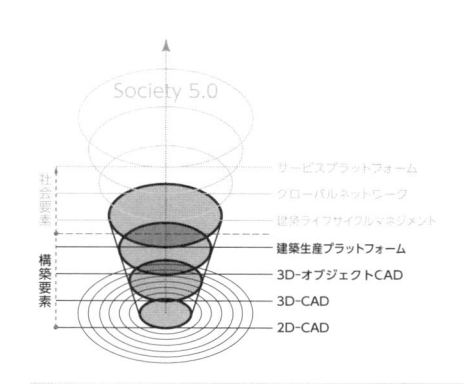

# 個々のBIM技能が変える
# チームデザイン

綱川隆司 <small>(前田建設工業 BIMマネジメントセンター)</small>

## 1 | 建築設計の道具の変遷

　設計のツールが手描きから2D-CADそしてBIMへと移り変わり、設計業務に携わる者のICT（p.20参照）に関する職能や職域は拡張しつつある。また今後、材料系をはじめとする他領域の技術の流入を含め、異業種とのオープン・イノベーションが期待される。BIMは建築情報を視覚化するものであり、そのための有力なプラットフォーム（p.84参照）となる。さらに、今後自動設計やAI（p.53参照）の適用を見据えたときには今まで以上に他業種との協働を求められる。ここではBIMがもたらした建築技術者の職能・職域とチームデザインの実践について述べる。

　建築業界は同質性の高い人材が集まった業界である。建築系の学校出身者がほとんどで、そもそもイノベーションを生む多様性に欠けている。建築設計に限っていえば、頭に描いた空間と機能を何らかのカタチにして示すために、筆者の学生時代はもっぱら紙と鉛筆を用いていた。頭の中だけにある正解と信じる何かを他者へ伝える（正確さよりカッコよさ優先で）ための技術を磨いていたようなものだ。

　2D-CADとCGパースの普及は1990年代後半に訪れた。アウトプットには機械を通して表出した「客観性」が求められ、作図した者が誰であれ均質なアウトプットを得ることが期待され、CADオペレータという新しい職能が生まれた。このときすでに、手描きのスケッチ・図面は情報の起点にはなるものの、後工程では情報の中心となり得ておらず、一般図のCADデータを関係者で使いまわして仕事をしていた。

　BIM導入後は情報の核が一つ据わり、設計を進めていく過程で全員が常に同じBIMを見続けることが可能となった。アウトプットに感じる「客観性」はより強くなり、設計者自身が気づいていなかった発見が随所に生まれた。最大のメリットは同時に多数の関係者が同じBIMを見ることができることで、複眼的に課題を抽出し、解決していくチーム設計の流れができたと感じる。CDE（Common Data Environment、p.63参照）を実装することで、BCF（BIM Collaboration Format、p.63参照）を介したコミュニケーションをクラウド（p.193参照）上で行えるようにまでなった。しかしこのBIMを構築する側の人間は2D-CAD時代以上に、建築のものづくりに対する知識と経験がなければ手が止まってしまうこともわかった。

## 2 │ 職能と職域

　建築技術者のありようを考えるとき、日本では職能を意識するが、職域の変化も考える必要がある。海外の組織事務所の求人でいえば、BIMに関する求人は使用するソフトウェアが指定され、必要なスキルレベルも詳細に書かれており、職域そのものが細分化されている。3D-CADといっても、1990年代のCG等のビジュアライゼーションと現在の作図を伴う統合的な設計環境では内容がまったく異なる。ツールは汎用の3D-CADから建築専用の3D-オブジェクトCAD[*1]へと置き換わり、2005年頃にBIMという言葉が普及し始めた。2010年以降は設計段階から施工段階までBIMの対象が拡張されており、仮想空間内での試験施工（プレ・コンストラクション）をゼネコン各社が志向している。さまざまな工種において専門工事会社側でも三次元モデルを活用し始めており、職域は拡大していると見るべきだ。部分的ではあるがデジタル・ファブリケーション（p.99参照）の可能性も見えてきている。この四半世紀の間、ICTの目まぐるしい進化を追いかけるかたちでわれわれの業務の手法も変わりつつある。合わせて建物の機能は複雑化し、社会が求める品質についても急速に高度化されてきた。組織がBIMをどのように位置づけているかで求める人材の職能は変わるはずだが、BIM黎明期から現時点おいては、2D-CADと同様に、専業のオペレータを求める傾向にあった。BIMのメリットは入力中の気づきや発見にあると述べたように、本来は設計者自身がハンドリングしてこそ最大の効果が発揮できる。職域の細分化に合わせて分離してしまった職能だが、今後再統合する可能性とそのメリットを考え始めている（図3.3.4-1）。

**＊1　3D-オブジェクトCAD**

汎用の3D-CADに対して3D-オブジェクトCADは実際の建材と同様の属性を持った部品（オブジェクト）を配置しながら入力していく。これらのオブジェクトの集積がBIMとなる。

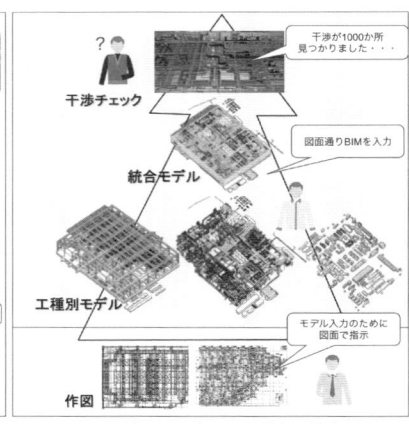

図3.3.4-1　BIM組織のあり方の違い

## 3 │ 仮想設計コンペへの参加で組織づくり

　BIMという言葉が話題になり始め周囲の期待が高まっていた時期に、ある仮想設計コンペが始まった。建築の三次元データを流用してのCFD[*2]（数値流体力学）解析利用も手法としては理解していたが、当

**＊2　CFD**
*Computational Fluid Dynamics*

数値流体力学。流体運動の基礎方程式をコンピュータで数値計算・解析し、空気や水の流れを可視化し観察する手法。近年ではBIMデータをIFC形式で読み込んで手軽にパソコンで検証できるソフトウェアも多い。

時 CFD 側の IFC(Industry Foundation Classes、p.59 参照 ) サポートが不完全であり、限られた時間の中で限定的に試行した。当時は CFD のソフトウェアを建築設計の部署で所有しておらず、技術研究所の人間を巻き込んだ。初めはデータの変換もうまく働かなかったが回を重ねていくと、CFD 側で読み込める IFC の形状が増えて機能し始めた。大きな変化は、それまで技術研究所でしか用いなかった CFD を設計の人間が利用し始めたことだ。ただし実際にはソフトウェアの解析結果をアウトプットして終わりではなく、考察と再解析についての理解が追いつくまでの間は技術研究所に知見を求めた。毎年このイベント（Build Live Japan *3) に参加し続けた結果、CFD による熱流体解析の他、照度・輝度の解析や非常時の避難解析などさまざまなアウトプットを設計側から提示できるに至っている。つまり、それまでと異なる職域に対して設計者が踏み込んで、結果、自身の職能としていったことになる。興味深い変化としては、室内空間の照明解析を行うソフトウェアを電気設備設計と意匠設計で共有している。照明計画は意匠と電気設備の中間領域にあり、従来はコミュニケーション不全で実施設計時に問題になることもあった。つまり、BIM をきっかけに互いの職域に対する意識が高まり、境界領域で職能が融合するようになっている。同じ現象は他の分野間でも起きている。このコンペの特徴は期間が極端に短く、2009 年に始まった当初は 48 時間という驚愕の時間内で計画とプレゼンを完了する必要に迫られた。短時間で作業を行うに当たり作業フローを事前に検証し、担当者を決めて後工程に作業を引き渡す時間を決めた。さらに同時並行で作業化できるものを検証し、全体の作業計画を立てる。これは BIM-実行計画書*4 として毎回提出しているが、その年ごとに何かしら

**＊3 Build Live Japan**

一般社団法人 BuildingSMART Japan が 2009 年より毎年開催している、BIM を活用することを前提とした仮想設計コンペ。具体的な敷地と課題が与えられ 96 時間（4日間）でアウトプットを作成、それらはリアルタイムでネット上に公開される。

**＊4 BIM-実行計画書**
*BIM Execution Plan:BEP*

プロジェクトごとに作成される。本来は上位に発注側のガイドラインがあり、それをもとに、参照情報から成果物をつくるプロセスを明示する。

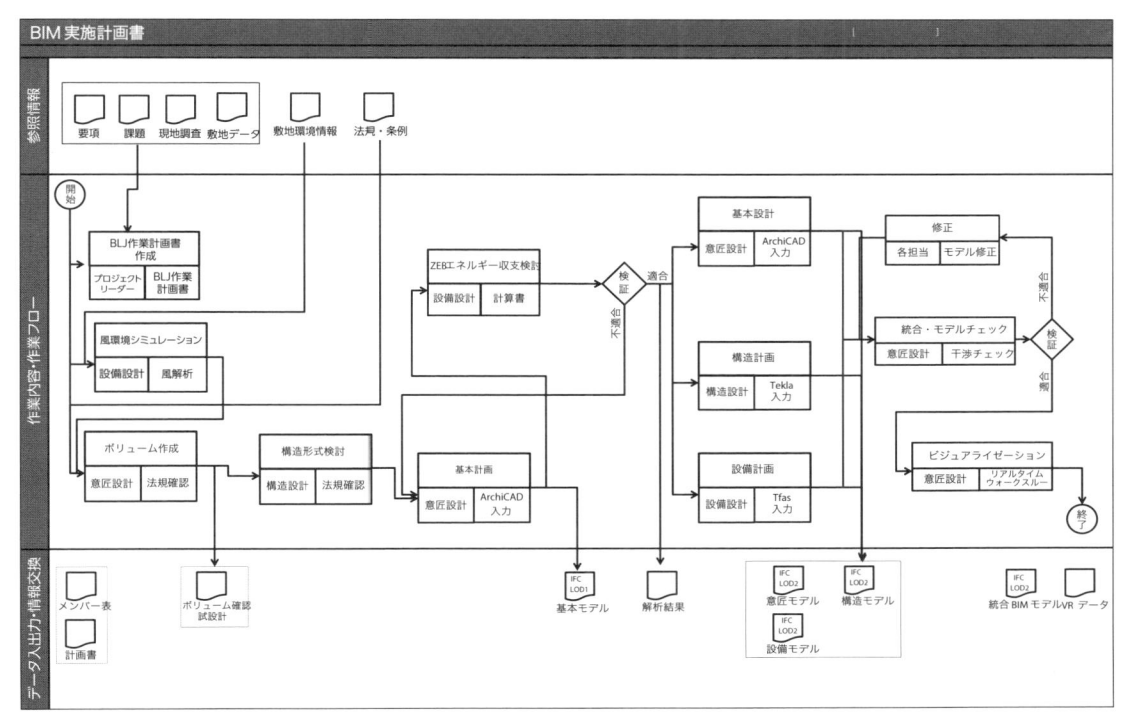

図 3.3.4-2　BIM-実行計画書（Build Live 2017）

新しいチャレンジ項目を盛り込んでいる（図 3-3-4-2）。

このコンペに参加し続けたことで、BIM にかかわる職域と携わる人間の職能のあり方が変化した。たとえば、①先述したように技術研究所の助けなしに CFD 解析が行えるようになった。②最終工程で半日見込んでいた CG と動画作成は、ウォークスルー（p.23 参照）・ソフトウェアの表現力が向上したために、専属の人間と時間が要らなくなった。③意匠・構造の双方にパラメトリック（p.90 参照）設計を行う工程が追加された。人間側の変化としては、前工程の流れを理解し後工程を慮る姿勢が随所に見られるようになった。計画中の各部門間をまたいでの議論も活発化し、つくり手、しかも設計者の限られたメンバーとはいえ、BIM を核に活発なコミュニケーションによるチームデザインが可能になった。

# 4 ｜ BIM-オーサリングとBIM-マネージャ

従来の BIM はモデルを構築すること自体が目的化しており、その先の利活用の意識が希薄であった。モデルの入力作業（モデリング）を一度は設計側が行い、施工者側で協力会社決定後に詳細に入力し直すことを無駄ととらえる意見もあるが、本来 BIM は建築物のライフサイクルにわたりプロジェクトの関係者間で生成、追加、変更、更新、参照を行うものであり、断続的に編集されるものである。モデリングとは担当ごとの入力作業でしかなく、そのモデルの集合である統合 BIM（p.124 参照）を構築すること、そしてそれを編集・加工し何らかのメリットを享受する「BIM-オーサリング」について考えたい。

今後この「BIM-オーサリング」は、単なる「モデリング」以上に広範囲に適用され、重視される。重要なのは、異なるソフトウェアからデータを読み込むことができるシステムの柔軟性と、全体の統合データが大きくなってもスムーズに動く処理速度である。また共通のファイル・フォーマットとして IFC の重要度も増している。buildingSMART（p.66 参照）が推進する IFC は建築業界での異なるソフトウェア間でのデータ連携を可能とし、工種ごとにそれぞれの専門分野において最適なソフトウェアを選び、作業の効率化を図ることができる。近年メーカーや専門工事会社においても BIM データの作成・納品に対応できる企業が増えており、「孤独な BIM」から多くの関係者間で「育てる BIM」に変化し、そこから価値を生み出す方法を考える段階になった。

2010 年頃から、この BIM-オーサリングを行う「BIM-マネージャ」という職能が話題になり始めた。簡潔にいえば、組織の中で BIM について取り仕切る人のことだが、その組織の大小や戦略によって果たすべき役割に差異がある。ゼネコンや組織設計事務所で社内の BIM 組織を立ち上げる際には、もっぱら社内の BIM 推進を行う人間がこれに該当すると見られる。

BIM-マネージャを筆者は定義していない。いずれ、すべてのプロジェクトのマネージャが BIM についての知識を持ち、仕切っていかなければならないと考えている。ただ先述の職域と職能の関係性でいえば、当

面の以下の職域は誰かが果たさなければならない。

① ソフトウェアの知識に長け、評価やカスタマイズを行う
② 運用におけるルールやガイドラインを整え、標準化を図る
③ 内部教育を実施し、技術的なサポートを行う
④ 各社の利害を把握し、BIM データ交換と統合 BIM 構築を行う

　近年の BIM の流れは 1 社が単独で構築・運用するのではなく、実際の施工同様に、複数の企業間でデータを流通させるスタイルへと変化してきた。その場合は使用している CAD や BIM ソフトの種類が異なるケースが常であり、データ形式や受渡しのルールを事前に打ち合わせる必要がある。この際には、業務に精通した上で異なる企業間の利害関係も把握している必要があるので、単に CAD が得意な人では務まらず、一般にはプロジェクトのマネージャ級の人材となるだろう。BIM は若年層だけでなくベテラン層こそ学ぶ理由がここにある。今後の建設業界のあり方を考える上で各企業の BIM 担当の責任は大きく、単に実績を積み上げるだけでなく、同時に将来図を描きながら戦略を練ることが必要だ。それはもはや将来の建築技術組織の姿を考えることに等しいのではないか。

## 5 | BIMで達成するチームデザイン

　敷地の持つポテンシャルを最大化し、発注者のニーズを引き出すために、さまざまな可能性をつかい手に提示する必要がある。これには先入観にとらわれず複眼的に考えるほうが良い結果を生む。案を収斂させ検討を深掘りする作業も含めて、BIM はモデルがあればさまざまな視覚化の方法があり、つかい手との意思疎通が自然と密になっていく。単に「二次元より三次元のほうがわかりやすい」というわけではなく、見せ方を考えないと三次元はわかりにくい。数学の解き方の「次数下げ」のように、BIM の時代でも図面は情報伝達の手段として重要であり、モデルから図面を導くことは意味のあることだ（図 3.3.4-3）。課題が発生したとき、複数人が異なるアプローチを提示できるチームのほうが強いだろう。

　「職域の細分化と再統合」が今後建築技術組織に起こり得る。その際に周囲が理解できないプロフェッショナルが集まっても限界があり、異業種との連携も果たせないだろう。「ジェネラリスト」では何もできないネガティブなイメージもあるので、変化する職域を柔軟に埋めていく人材を筆者は「マルチロール*5」と呼びたい。その職域も境界線が厳密に引かれてしまうのではなく、曖昧なほうがいい。現実の複雑な問題を解決できるのはそのような人間の集合体だろう。

　これまで「未来の都市」のビジョンを語るのは、有名建築家をはじめとする建築技術者であった。しかし現在では、スマート・シティ*6などの未来都市のビジョンを提案するのは他産業ばかりで建築技術者が主体となり得なくなった。多様性に欠けた人材や閉鎖的な業界の状況によるものなのかわからないが、本来俯瞰的な総合力は「建築」の特色であり、複雑化した技術統合を果たすのも本来の「アーキテクト」の職能で

**＊5　マルチロール**

直訳は「一人で何役でもこなす人」。BIMに限らず、新しい領域に挑戦する場合は従来の役割を越境していく人材が必要。

**＊6　スマート・シティ**
*smart city*

ICTや環境技術などの先端技術を駆使し、街全体のエネルギーの有効利用を図ることで、省資源化を徹底した環境配慮型都市。

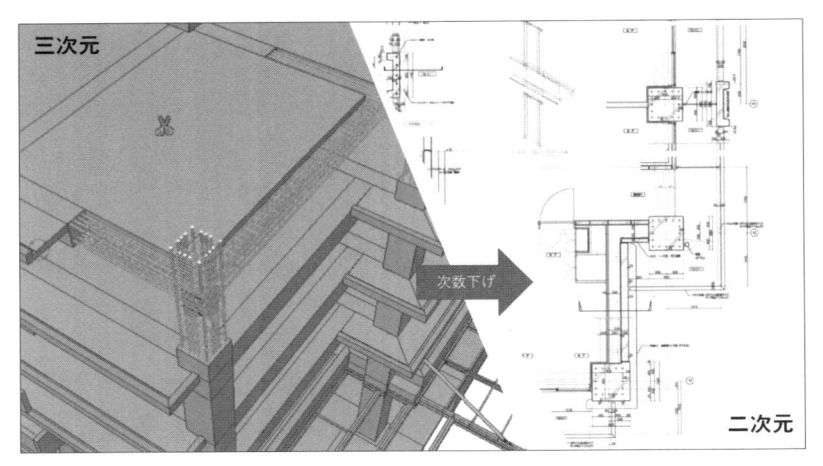

図3.3.4-3　三次元から二次元への次数下げ図

あったと思う。課題解決に異業種を交えた連携が求められることになるのは当然だが、その際には、BIM を通じて得られる情報認識や視覚化された合意形成のシステムを軸に、建築技術者も主体的な役割を果たすことができると考える。

　また BIM に携わるとき、国際色は豊かになる。BIM・ICT を用いたグローバルな入札や建材調達も普及するだろう。IFC は国際規格であり、クラウドを利用した CDE は国境や距離を超越したチーム編成を実現する。CPS（Cyber Physical System、p.100 参照）は産業を超えた概念であり、孤立していたさまざまな情報技術が串刺しで連なっていく。仮想世界と現実世界をつなぐプラットフォームへと BIM が進化したとき、われわれの空間を仮想化する技術が世界の基盤となるかもしれない。そのとき「BIM のモデルを見ること」は「リアルの建築を見ること」以上の情報量を得られると実感するはずだ。今後もさまざまな領域からこの建設業界に目が向けられ、優秀な人材が参加してくれることを願う。

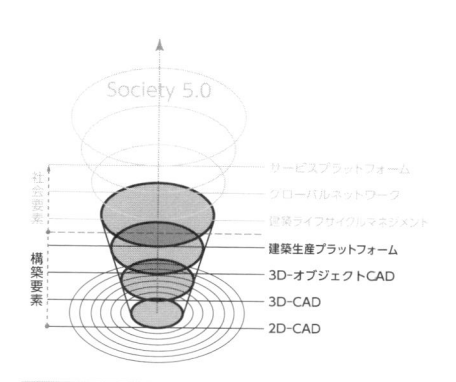

③③⑤

# 人工知能から人工技能へ

平沢岳人 (千葉大学 大学院融合理工学府)

## 1 | 新しいデジタルツールがもたらす効用と実運用の難しさ

**\*1 アルゴリズミック・デザイン**
*algorithmic design*

数式や論理的な手順により生成する形状デザインのこと。自然物（例：植物、地形）や物理現象（例：流体の渦）など、何らかの規則性に基づく形状生成をデザインで応用すること。

**\*2 プロシージャル・デザイン**
*procedural design*

コンピュータのプログラムを記述することでデザインする方法。通常、プログラムは手続き（procedure）の集合であるためこのように称される。

　3D プリンタ等の出力装置の低廉化で、アルゴリズミック・デザイン\*1 あるいはプロシージャル・デザイン\*2 の成果物が奇抜な CG にとどまらず、実物として具体化できるようになった。もちろん、現時点ではこれらの装置の出力のほぼすべてが模型レベルにとどまるが、将来的には実建築に適用されることは間違いないだろう。

　3D プリンタの活用でも、全体をひと塊で出力するような使い方をする場合には気づかないが、実建築と同じように複数のパーツを組み立てて全体を構成することを前提に、個々の部品を別々に出力する場合に、思いのほか苦労することが多い。たとえば、継手仕口のような嵌合いがある場合（図 3.3.5-1）、形状として正確であることは当たり前の前提となるが、スムーズな嵌込みとがたつきのない接合を両立するには、きめ細かい設計が求められる。さらに、部材の数が多くなると（図 3.3.5-2・3）、組立て工程では手順が複雑化し、膨大な個数となる部材の管理が難しくなる。

　前者の問題には、嵌合部の設計にあそびを設けたり、すり合せとなる面に勾配を設けるなどして対応する。これは実建築の場合でも同じで、たとえば大工による継手仕口でも、勾配を持たせたり、墨線に対して鋸の当て方を選択したりする。

　後者については、大規模な多品種少量

図3.3.5-1 伝統木造の継手仕口

図3.3.5-2 屋根隅部の精密模型 (1/5スケール)

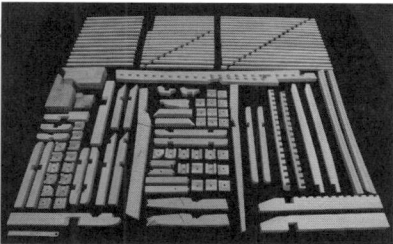
図3.3.5-3 屋根隅部の部品160個一覧

生産の実例が建築には乏しいので手法が確立しているわけではないが、データベースを中心とした最新の情報技術を用いて対応することになる

だろう（図3.3.5-4・5）。

　どちらかといえば施工段階の問題意識から本文を始めたのは、建築行為の最終段階にこそ、BIMと呼ばれる建築づくりの情報統合化が成し遂げられたときの絶大なメリットがあるからである。

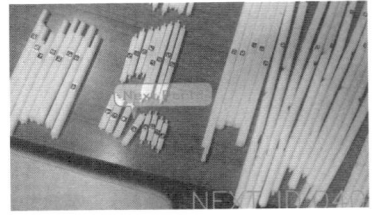

図3.3.5-4　AR（p.56参照）を用いて類似の部品から確実に選択する様子

3Dプリンタによる模型　　　設計データを左の模型にAR重畳して、差を直感的に目視確認

図3.3.5-5 設計データをARで重畳して出来形を確認する様子

## 2 ｜ なぜBIMは普及しなかったのか

　BIMという用語が一般化したのはおそらく21世紀を迎えてかなり経ってからであるが、いわゆる情報統合化の研究は1980年代まで遡ることができる。2D-CADの本格的普及と同時期に、CADデータの包括的な運用をどうすればよいのか、活発な議論が始まっていた。

　振り返ると30年以上の継続的な運動[*3]であったにもかかわらず、掛け声倒れの感が否めないのは、明確なメリットを感じられることが極端に少なかったからである。精緻なモデルをCAD入力するコストに対比して、報酬として得られる利益が小さすぎた。設計でつくり込んでも施工で使えないなら、建築コストへの影響は質・量ともに小さいのは明らかである。BIMツールが低廉化したり教育が行き届いて使える技術者が増えたりすれば少しはマシになるかもしれないが、それらは普及へのブレークスルーにはなり得ない。

　BIM普及の切り札は、建築を実現する最終段階で絶大な効果が実感できる革新がもたらされることである。冒頭で紹介した3Dプリンタ等が個人ユースのデジタル・ファブリケーション（p.99参照）にもたらされたように、これらのBIMと連動した出力装置が大型化し洗練されて実建築でも応用可能な水準に到達すれば、BIMに取り組むインセンティブになる。

## 3 ｜ 次世代の出力装置で実現するものは何か

　実建築に応用できる出力装置を検討する前に、これによりもたらされるメリットを説明しよう。

　新しい出力装置は、これまで難しかった表現の具体化を可能にする。難しさとは、従来技術でも加工できたがコストがかかりすぎて実現困難な状態や、そもそもこれまでは加工できず具体化を断念する状態のことをいう。これらの状態を解消できれば、建築設計の制約が減り新しいデ

*3　継続的な運動

多くの製造分野で起こった情報統合化（Computer Integrated Manufacturing、建築分野ではComputer Integrated Constructionと呼ぶ）の運動や、1980年代に始まった第二次AIブームでの知識ベース（knowledge base）の議論が、BIM概念の源流に位置づけられる。

ザインの展開可能性が増す。技術的理由でアンビルトとされた建築も、現実のものになり得る。設計したままのものが実現するのであれば、建築家はこれらの出力装置を積極的に使いたくなるはずだ。そして、これらの出力装置の入力には精緻なモデルが

図3.3.5-6 木造カテナリードーム

精度の求められるドーム部材の加工には5軸加工機（後述）を用いた。数値制御の加工機は、人力では困難な部品ごとに異なる留めの形状および山切りを可能にする。部品は全部で53種類ある。

部品の接合の補強としてカーボンファイバーで強化したコネクタを3Dプリンタで出力。コネクタも接続箇所ごとに形状が異なるため、表面に部品番号を刻印することで部品管理を容易にしている。

脚部の部品加工は断面が大きいため6軸腕型ロボットを用いた。ドーム本体と脚部の接続にもカーボン補強された3Dプリンタによるコネクタを使用。

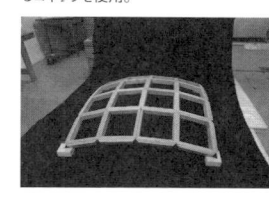

図3.3.5-7 カテナリードーム制作過程

必須であるので、結果として3D-CADでのモデリングにも精が出る。

　施工側から見ると、設計側で精緻に記述されたモデルがそのまま使える水準でつくり込まれていれば、これまで強いられていた総合的な整合性の確認から解放される。これは直接的なコスト低減につながる。また、これまでもBIMの効用として喧伝されてきたように、事前のシミュレーション（p.109参照）で高い品質の設計となっているならば、完成物の品質にも期待できる（図3.3.5-6〜8）。

　この段階に到達すれば、BIM実践のメリットは設計者側、施工者側双方においてそれぞ

図3.3.5-8　伝統的な校倉構法をアレンジしたアルゴリズミック・デザインの塔「Maker Faire 2018 Tokyo」

れの立場で認識することができる。従来は発注者や設計者の自己満足としかいえないケースも多々あったが、建築プロジェクトの上流から下流、関係主体の隅々まで、実践する意味を共有できる。

# 4 │ 人工知能とロボット、そして人工技能

筆者の研究室では、多軸の自動加工機*4 を研究開発している。多軸とは、可動部となる関節と見なせる機構が多数ある状態のことをいい、たとえば 3D プリンタは X・Y・Z の 3 軸構成を基本とする。

多様な加工を実現するためには 3 軸では不足し、4 軸以上の構成となる場合が多い。研究室では、加工にかかる時間コストの大幅な低減を目的に、丸ノコを採用した 5 軸加工機を開発している。丸ノコを自在に扱うには少なくとも 5 軸以上の機構が必要とされるからである。製造業で使われる腕型ロボットは 6 軸以上の機構を持つが、腕型ロボットに多様な加工用の刃物を搭載して建築部材を製造する開発も行っている。これらの加工機は、ハードだけを実現してもその能力を最大限に活用することはできない。腕型ロボットの多くは 6 軸となっているので多彩な動きが可能であるにもかかわらず、ティーチング*5 と呼ばれる大変に手間のかかる過程が必須なため、一般のイメージとはほど遠く、単純な機能の実現に使われることが大半である（図 3.3.5-9・10）。

情報統合化が BIM と名前を変えて再び耳目を集め始めているのと同様に、かつての人工知能研究もディープ・ラーニング*6 という新しい名称を得て再びブームとなっている。両者は年代的にも流行の波がほぼ一致するところがおもしろい。再び注目され始めた人工知能研究だが、これがロボットの使われ方に大きな変革をもたらす可能性がある。ティーチングによらずロボットの潜在能力を引き出すには、ロボットの周辺環境を含めた作業環境のモデル構築を自動化する新しい運用手法が必要である。具体的には、精巧な視覚とそれによる的確な判断、多数のシミュレーションから生成する合理的なロボット動作の自動定義などが必要になるだろう。これらは人工知能の研究テーマとしても親和性があり、今後急速に新たな知見の蓄積が進むと考えられる。

筆者の研究室ではティーチングなしのロボット運用を前提とした多軸構成の木材加工機の研究開発をすでに始めている。現時点で一部は実用段階に入っており、ロボット加工機が切削した構造軸組材を部分採用した建物も誕生している。人間の活動が知能と技能からなると仮定すると、人工知能が成立するならば人工技能*7 も成立するはずである。この研究では、初期的段階ではあるが人間を超える技能も一部実現できており、すでに人工技能開発の萌芽段階を迎えている。多品種少量生産さらには変種変量生産の現場でも有効なロボット運用手法の確立はそう遠くない。

人工技能の研究が進めば、人件費などコスト要因で難しかったディテールの採用が可能になり、また、職人技を超えた技能からまったく新しい構工法も生まれるだろう。画一化に陥りがちだった半世紀前のプレファブ技術とは違い、建築デザインの多様性を拡大し得る。これが建築における情報統合化すなわち BIM の、本格普及のブレークスルーとなる。

**＊4 多軸加工機**

ヒンジやスライダなどにより可動となっている部分が多数ある加工機のこと。

図 3.3.5-9
ロボット加工機

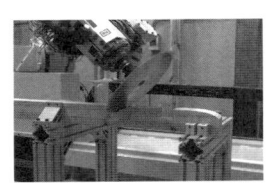

図 3.3.5-10
加工中のロボット加工機

**＊5 ティーチング**
*teaching*

ロボットに動作を教えること。俗にペンダントと呼ばれる入出力装置を用いる。日本語では教示という。

**＊6 ディープ・ラーニング**
*deep learning*

人工知能における学習手法のひとつ。従来手法では 4 層以上のニューラル・ネットワークは十分な性能が得られなかったが、この手法により実用的な性能を獲得するにいたった。

**＊7 人工技能**

吉川恒夫京都大学名誉教授によれば、人工知能を人間の知能作業の代行とするなら、そのアナロジーで、人工技能は人間の技能作業を機械化することに相当する。

# 学び方が変わる

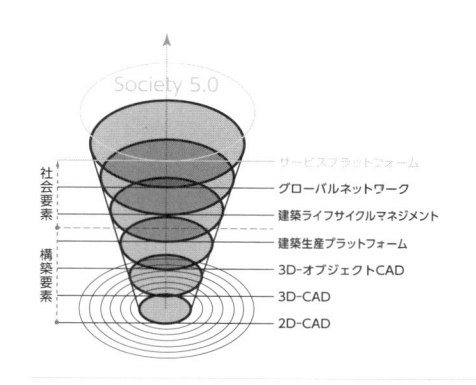

社会要素
- サービスプラットフォーム
- グローバルネットワーク
- 建築ライフサイクルマネジメント
- 建築生産プラットフォーム

構築要素
- 3D-オブジェクトCAD
- 3D-CAD
- 2D-CAD

Society 5.0

## 社会に紐帯をつくるための建築デザイン情報教育

澤田英行（芝浦工業大学 システム理工学部）

## 1 ｜ 建築デザイン教育にBIMが必要な理由

### （1）揺れ動く建築教育の現場

　わが国の建築教育は、独自の優れた建築文化を背景に、広範囲に分野の深耕が図られ、包括的な教育環境が整備されてきた。慣れ親しんできた土壌に、今デジタルの波が押し寄せている。デジタル化によって新たな研究を掘り起こす分野もあれば、従来の知見と接点が見出せない分野もある。いずれにせよデジタル化、ICT（p.20 参照）化は避けられない潮流であり、便益を享受するために迅速に応答し、新たな展開へと歩を進めたい。とはいえ、歴史的に築かれてきた教育方法を変えるのは容易ではない。質保証をしつつ、建築デザイン情報教育[*1] に取り組むには多くのハードルがある。

　諸産業の就業環境や、小中学校の教育環境の ICT 化の進展はめまぐるしい。社会から情報社会に適応できる人材資源を渇望され、初等中等教育からは子供たちが飛躍できる高度な学習環境を要請されるなど、大学の情報教育環境の整備は待ったなしだ。

　ICT・BIM を活用した建築のつくり方、働き方への活用範囲は今後拡張の一途をたどるだろう。環境が激しく変化する現場に人を送り出す教育機関の一端にいる筆者は、変化の場面に臆せず向き合えるレジリエンス（しなやかな適応力と強靭性）を備えた人材の育成を念頭に置く。情報社

**＊1　建築デザイン情報教育**

本項では、ICT・BIM などのデジタル・ツールを積極的に活用した建築デザイン専門教育のこととする。

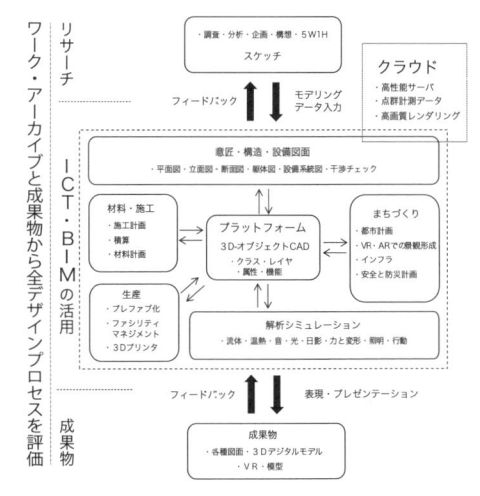

図3.4.1-1　BIMを活用した建築デザイン教育のフレームワーク

会において、かつてと異なる様相における人のつながり（紐帯）を把捉する力、人と建築と自然・社会環境を一体的にとらえ、あり方をデジタルで可視化、構造化し、能動的な紐帯を萌芽する建築をつくる力を育てる教育が必要と考える。それには、現実（フィジカル）と仮想（サイバー）の世界を横断する歴史と未来を架橋するデジタル技術とその技能・技量（スキル）とモラルを備えることが必要条件であり、実践的教育のフレームワーク（図 3.4.1-1）が必須だ。

### (2) アナログとデジタルを往復する

デジタルは、ある状態を示す物理量を離散的な数値（とびとびの整数）で表す処理方式で、客観的な信頼性が高く劣化しない。アナログは、連続的変化の物理量を視覚的（時計やメーターの針など）に表す処理方式で、微妙なニュアンスを伝えるが、曖昧でノイズが入りやすく劣化しやすい。デジタルは、不連続的（量子的）で共時的（経時的変化ではなくある一定点のさま）な機械的変換を要する表示媒体で、アナログは、連続的で通時的（経時的に現象が継起するさま）な人の感受性を刺激しやすい直感的な情報処理が可能な表示媒体ともいえる。

あらゆるコミュニケーションが自動的にデジタル化する時代に、アナログ／デジタルを選択する必然性はない。人が通時的に生み出すアナログ情報を共時的に活用できるデジタル情報に変換し、編集・加工が可能な知として記録・保存するために、アナログ／デジタルを自由に往復し、融合する意欲とスキルが必要だ。たとえば、図 3.4.1-2 は設計の対象地に関する SNS 上の声（アナログなワード群）からテキストマイニング[*2]で傾向分析し、活動イメージを抽出し、共起ネットワーク[*3]が示す行為・行動の関係をデジタル空間上に布置し、アナログとデジタルを交錯させて見えなかった活動空間を発見するプロセスである。

本項では BIM を、オブジェクト指向（p.84 参照）によって、対象の情報を物理的／機能的特性に分け、三次元でデジタル表現し（model）、プロセス上で生成されるデータを蓄積・活用し（modeling）、プロセスの組織化・制御によって問題発見・解決する（management）ための、知識・技術・フレームワークとして扱う。属性（本質：事物の恒常的な特性）を記述しつつ、その様態（偶有性：事物の偶然的な性質）を時間軸上で確かめるためのデジタル・プラットフォーム[*4]（以下、DPF）である。つまり BIM は、物理的な情報体系としてのみならず、人と建築と自然・社会環境の揺れ動く関係性を対象化した動的なシステムとして構築され、建築のライフサイクルを包括的に理解するための媒体といえ

**＊2 テキストマイニング**

SNSなどに記されたテキストを対象に、言葉の出現頻度、時系列を解析し、傾向を見出す分析方法。

**＊3 共起ネットワーク**

テキストマイニングで、共起的に出現した言語パターンから同質のワードを線で結んでネットワークで示す方法。

**＊4 デジタル・プラットフォーム**
*digital platform*

狭義ではコンピュータ、OSなどのアプリケーションが動作する環境のこと。ここでは複数のヒト・コト・モノをつなぐ情報基盤のことをいい、異なる目的・分野・組織のデータ群をAPI (Application Programming Interface) で連携し、ビジネスモデル、地域コミュニティ、ソーシャル・ネットワークなどを形成するIT基盤の総称。APIは、OSやアプリケーションを、外部のプログラムから呼び出して利用するためのインターフェース（手順・記述方法・データ形式などを定めた規約）。APIを公開することで機器とサービスを組み合わせた複合的なサービスを提供することが可能となる。

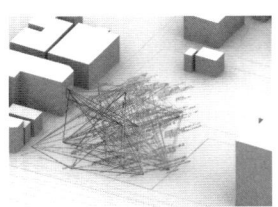

①活動を示すワード群を空間に重合　②個々の活動の共起ネットワーク　③考えられる活動空間の量的把握　④ワード群にない新たな空間の創発

図 3.4.1-2　テキストマイニングから機能化し、見えなかった空間を発見するプロセス

る。この BIM の働きが社会の新たな紐帯の創発に向けることができると考えられ、筆者が建築教育に BIM を導入する理由である。

## （3）デジタル・ネイティブ世代

まず現代の学生たちについて考えておきたい。1980 年代後半以降、インターネットが商用利用され、身辺にデジタル技術があるなかで育った彼らをデジタル・ネイティブ*5 世代という。文化人類学者木村忠正は、この世代は情報リテラシー（情報を扱う読み書き能力）が高く、複数のソーシャル・メディアを柔軟に使いこなし、さまざまな属性のコミュニケーションをコントロールするという[1]。消費社会において個人が他者や資源とつながろうとする様子（コネクション*6）から、「不確実性回避傾向*7」の態度が読み取れるという。こうした社会的要因が大きい特徴、性質を世代の傾向と括るのではなく、資質、能力、あるいは悩みといった強みや弱みとして理解することで、ようやく彼らが目指せる人材像、教育方法の端緒が見出せる。筆者もネットワークにつながる頻度が増すほどに、情報への信頼性や見えない相手の変化に敏感になってきた。行動様式の変容は、特定の世代の問題ではなく、社会文化的な問題である。

## （4）人と環境をつなぐデジタル・プラットフォーム

ヒト・コト・モノを包摂する空間システム（構築環境＝建築とする）のデザインとは、諸環境に影響を受けながら、要素ごとに最適化を図り、より良い生活・活動をもたらす働きを見出すものである。図 3.4.1-3 は、人と生活環境、社会環境、自然環境を調和する、構築環境（建築）の包摂関係を示したものだ。構築環境は物理的な要素としてのみならず、制度・文化・社会などの諸相の枠組みに紐づく諸システムのネットワークとしてとらえたい。位相の異なる環境間では、必然的に異分野、他領域の融合が必然となる。こうした関係を DPF で可視化し、関係する者同士で情報共有することが必要だ。

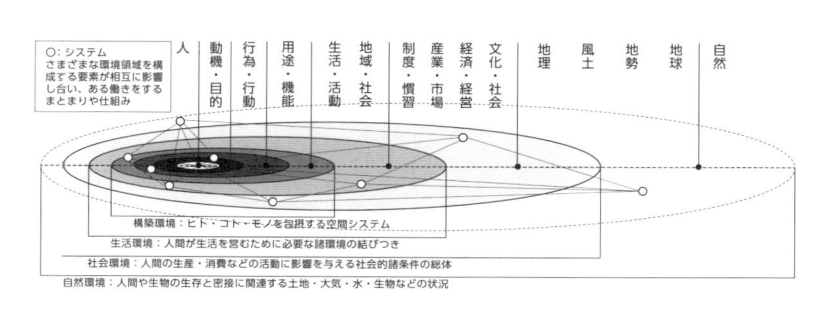

図 3.4.1-3　人とさまざまな環境の関係を可視化するプラットフォームのイメージ

DPF 上でのやり取りは、独自の考えを持つフラットな個の関係が前提だ。個の自律性が担保され、双方的な応答が迅速になされ、少しずつ文脈化し、合意形成に向かうのが理想だ。個の評価を起点とした公平な信頼性を構築するコミュニケーション・スタイルはデジタル・ネイティブ的である。しかし、この自由なやり取りを実行するには一定のディシ

**\*5 デジタル・ネイティブ**
*digital native*

木村はこの世代を、「社会的コミュニケーション空間の構造化と変容」の観点において、「空気を読む圧力」「テンションの共有」「高い匿名性志向」「不確実性回避傾向*7」の四つの特性から言及している。[1]

※1
木村忠正著『デジタルネイティブの時代―なぜメールをせずに「つぶやく」のか』平凡社新書、平凡社、2012

**\*6 コネクション**

木村によるデジタル・ネイティブ世代のコミュニケーションの特性。「高度に個化が進展した消費社会の主体であるポストモダン的主体」が「他者や資源と取り結ぶつながりのあり方」のこと。「コミュニティ：情緒的親密さを含んだ長期継続的、安定的関係を形成するつながり原理」、「ソサエティ：近代社会の進展に伴う都市化した空間におけるつながり原理」と区別している（括弧内[1]）。

**\*7 不確実性回避傾向**

流布する情報への不信感や資源の不均一な分配に対する不安感を持つ「漠然とした不安（anxiety）に根ざし、不確実さや未知の状況への耐性が低い社会心理的態度」のこと（括弧内[1]）。

プリン（修練）が必要だ。時代の変化をとらえる高感度な感性もさることながら、責任ある透明性の高い言葉のやり取りと態度が必要であり、高次のモラルに基づいたマインドセット（個々の思考や行動を支える枠組み）とスキルが不可欠である。

## 2 ｜ つながるための設計スキル教育

### （1）求められるリーダーシップ

建築デザインやまちづくりの観点から見たマインドセットは、つかい手のニーズや地域・社会に貢献する動機と意欲に向けた、行動様式・思考方法・専門技術を統合する包括的なスキルである。個と組織の関係で教育方法を考えなければならない。

ピーター・M・センゲは著書『学習する組織[*8]』[※2]で、新たなリーダー育成のための五つのディシプリン[*9]を掲げた。多元的、多角的な視点から見たこの能力は、価値観が多様化、複雑化するデジタル時代の社会様態に応答するためのものでもある。

センゲは、リーダーシップを一人のリーダーのみならず、組織全体に備わるべきものとする。「学習する組織」の実現のためには「戦略的に考え、行動する」必要があるという。図3.4.1-4は、リーダー（筆者の立場では教員）の掲げる戦略（教育ポリシー）を、メンバー（学生）がより理解し、身につける

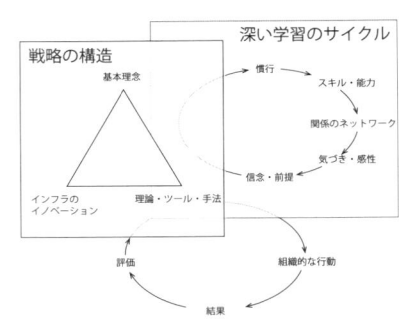

図3.4.1-4　センゲの「学習する組織」に向けた枠組み[※2]

ための枠組み（教育手法）である。「一定の質の結果を確実に生み出す能力開発（深い学習のサイクル）」とそれを「持続するのに必要な学習環境（戦略の構造）」といった二つの側面でとらえている。「深い学習のサイクル」は経験に基づく組織文化（教育手法）の革新であり、「戦略の構造」は組織が存在する理由・目的・ビジョン（教育ポリシー）である。

差異性が際立つ時代では、こうした学習理念とそれに適したツールや手法をチーム（学部・学科・研究室）が共有する「学習する組織」を形成したい。リーダーが組織の構造を形成し、それを理解した者が構造によって育てられる。ICT・BIM・DPFを教育に活用するには、機械操作に先立って、戦略の構造（何のために）と深い学習のサイクル（何をすれば何が得られるか）からなるマインドセットの教育が必要だ。

### （2）個のマインドセットからチームのフレームワークへ

UX[*10]デザイナーのリア・バーレイは、UXデザインのあり方を、「マインドセット（philosophy）」と「実践（practice）」の2側面から説明している。デザインプロセスを、四つのフェーズ「1.現状把握と計画立案、2.ユーザー・リサーチ、3.デザイン、4.テストと検証」で展開し、1から4の実践をチームと関係者に「普及させる」ことを勧めている[※3]（図3.4.1-5）。

**＊8　学習する組織**

「学習する組織とは、目的を達成する能力を効果的に伸ばし続ける組織であり、…変化の激しい環境下でさまざまな衝撃に耐え、復元するしなやかさ（レジリエンス）を持つとともに、環境変化に適応し、学習し、自らをデザインして進化を続ける組織である」（『学習する組織』[※2]より抜粋）

**※2**
ピーター・M・センゲ著、枝廣淳子・小田理一郎・中小路佳代子訳『学習する組織―システム思考で未来を創造する』英治出版、2011（図3.4.1-4は本書をもとに筆者作成）

**＊9　五つのディシプリン**

「共有ビジョンの構築」：未来の共通像を掲げ長期的に取り組む姿勢を育む。「メンタルモデルへの対処」：鏡を内面に向け自らの欠点を把握する。「チーム学習」：ダイアローグによって共に考えより大きな全体像を探す。「自己マスタリー」：本当に大切なことを明確にし、自らの最高の志を見出す。「システム思考」：世界と繋がる自分として考える。[※2]

**＊10　UX**
*User Experience*

ユーザー・エクスペリエンス。ユーザー（つかい手）がアプリケーションなどの製品・サービスを操作する際に、楽しさや心地よさを感じさせるインタラクティブな認知を誘発する総合的な効果。

**※3**
リア・バーレイ著、長谷川敦士監訳、深澤大気、森本恭平、高橋一貴、瀧知恵美、福井進吾、遠藤茜、齋藤健、柴田宏行訳『一人から始めるユーザーエクスペリエンス―デザインを成功へと導くチームビルディングと27のUXメソッド』丸善出版、2015（図3.4.1-5は本書をもとに筆者作成）

図3.4.1-5には、マインドセットを有するUXデザイナー（リーダー）が、チーム活動のなかで、周囲に新たな理解者、実践者を育成し、次のUXデザイナーを生み出すという持続可能性が示されている。UXデザインを一人から始め、実践しながらマインドセットを強化し、メンバーの間で伝え合い、理念・思考・行動を共有する組織へと成長するプロセスモデルである。この図はUXデザインの設

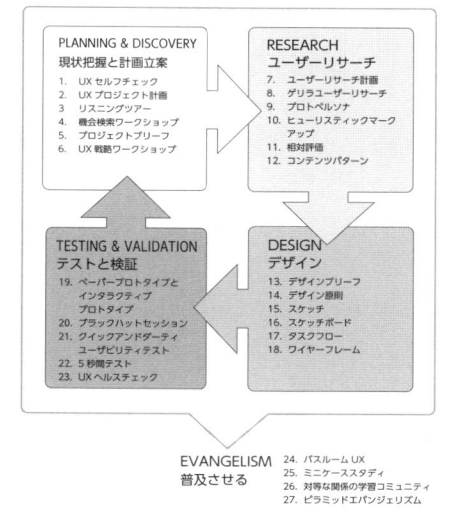

図3.4.1-5　バーレイのUXデザインの設計図[※3]

計図として示された、つかい手志向を基本としたデザイン思考[*11]の基本的なフレームである。27のUXメソッドは、多角的な意思決定をイテレーティブ（反復的）に実行するものだ。

### （3）唯一無二から情報体系としての建築へ

デザイン思考では、アジャイル型フロー[*12]と呼ばれるプロセスモデルが知られている。従来型のウォーターフォール型フロー[*13]と異なり、段階的につかい手の評価を取り込み、問題解決を図るデザイン手法で、建築デザインやまちづくりに応用できる（図3.4.1-6）。建築は、唯一無二の物理的な有形資産の側面が強調され、デザイン・技術の専門性が際立つことから、プロセスがつくり手以外に見えにくく、つかい手の参画が難しいとされる。しかし情報社会の進展で資産のバリューアップが問われ、建築を建設するリスクに耳目が集まるなか（1.1-3、p.22参照）、建てるためのデザイン・技術のみならず、ライフサイクルを考慮したマネジメントが求められ、複数のステークホルダー（p.160参照）や異分野間に横断的な思考方法や評価軸が必要となる。

BIMの特性が、三次元のデジタル表現（model）、データ蓄積・活用（modeling）、プロセス組織化・制御（management）からのプラット

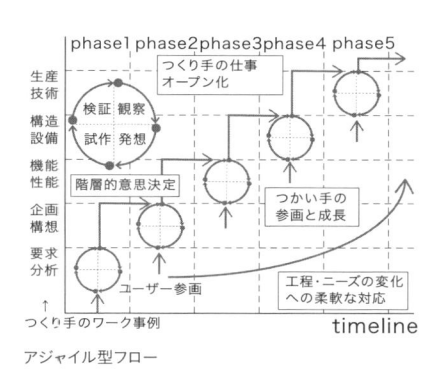

図3.4.1-6　アジャイル型フローとウォーターフォール型フロー

**＊11　デザイン思考**

「失敗から学べ！」を標語に、イノベーション（新しい価値の創発）に向けた観察・発想・試作・検証を繰り返す協創活動を通して、既成概念にとらわれない積極的な行動や主観的な感覚を重視した右脳的な実践方法。

**＊12　アジャイル型フロー**

agile＝機敏な。主にソフトウェア開発で採用され、イテレーティブ（反復的）なデザインプロセスをベースに、階層的な意思決定を実行する適応的開発手法。試作・検証にユーザーが参加し、徐々に開発を進めることで、仕様・デザインの変更に柔軟に対応できる。一方スケジュールやマネジメントのコントロールが難しく、高いコミュニケーション能力が必要とされる。

**＊13　ウォーターフォール型フロー**

waterfall＝順次的な。時系列上に組まれた作業工程に沿って進捗管理をする開発手法。原則として前工程に間違いがないことを前提に次工程に進む。従来型の経験値を活かしやすく、工程の進捗管理がしやすいのが特徴。一方、工程上の変更には対応しにくいとされる。

フォーム性によるライフサイクルの包括的理解にあり、こうしたつかい手志向や複眼的な問題解決の実践と親和するのだ。

# 3 | ICT・BIMを活用した建築デザイン情報教育

### （1）教育・研究へのBIMの援用

NIBS（National Institute of Building Sciences）はNBIMS（National BIM Standard – United States）でBIMを以下のように定義している[※4]。

①建築の物理的／機能的特性をデジタル表現する

②建築のライフサイクル（初期の企画・構想段階から解体まで）における意思決定を支える信頼できる情報基盤を形成し、建物情報に関する共有すべき知識源として機能する

BIMモデルは、オブジェクト指向（BIM基本性能の用語は3.1.1参照）によって個々の構成要素（オブジェクト）やある性質を持ったまとまりとして定義（クラス）された複層的なシステムとして構築され、詳細度（LOD）によって時系列や意思決定レベルに階層化（レイヤ）できる。建築産業では、つくり手のプロセスの合理化を目的に開発されているが、上の性能において利用形態は無限だ。

筆者の研究室では、オブジェクト指向と階層性を活用し、つかい手の抽象的な動機・目的を物理的／機能的特性に変換しデジタルで三次元的に表現・記述する、建築モデルを閉鎖系の単体システムとせず社会とつながるDPFとして構築し第三者と共有するなどの方法を研究している。以下にその一例を示す。

### （2）つかい手とつくり手がシンクロする意思決定アプローチ

研究室では、建築の社会的価値を決めるのは構想・建築計画段階だと考えている。構想段階で自然・社会・生活環境の情報を調査・分析し、つくり手を想定した（ペルソナ手法[*14]）段階的な意思決定をアジャイル型フローで実践する。図3.4.1-7は、構想・建築計画（動機づけ・機能化・空間・システム化）から建築設計へと展開するフローを模式化したものだ。つくり手は、構築環境（建築）をオブジェクト指向でモノとコトの関係を階層的システムとして可視化し（図3.4.1-8）、つくり方やプログラムを多角的に示す。つかい手はそれに応じて理解を深め意見

※4
NBIMS-US: National BIM Standard – United States, Web site https://www.nationalbimstandard.org/about, 2019.3.28

**\*14 ペルソナ手法**
商品開発、販売方法を策定する際に、典型的な顧客像を設定しターゲットとすること。ここでは、建築を必要とする人やつかい手として想定されるプロトタイプを属性（年齢・性別・住まい・職業・趣味・価値観など）設定し、つかい手志向の設計をより具体化する方法とする。

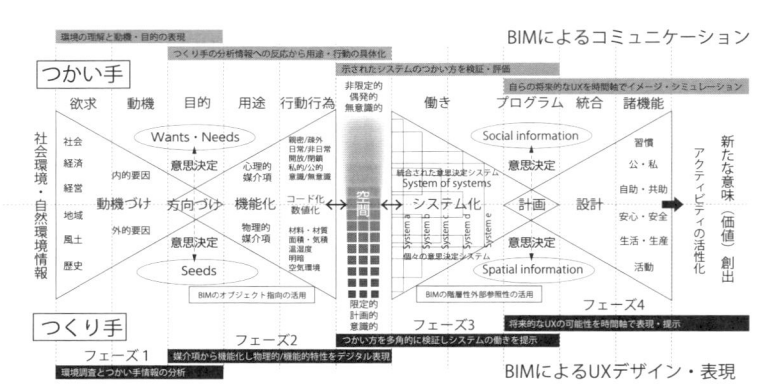

図3.4.1-7　つかい手とつくり手がシンクロする意思決定アプローチ

図 3.4.1-10
VR上で空間体験しながら
設計内容を確認していく
(ヘッド・マウント・ディスプレイ画面)

**\*15 RESAS**

Regional/ Economy/ Society/ Analyzing /Systemの頭文字をとった略語、地域経済分析システムの意味。「地方創生の様々な取り組みを情報面から支援するために、経済産業省と内閣官房(まち・ひと・しごと創生本部事務局)が提供」する情報(括弧内[5])。

[5]
RESAS(地域経済分析システム)、経済産業省および内閣官房(まち・ひと・しごと創生本部事務局):https://resas.go.jp/#/13/13101, 2019.05.08

**\*16 統計 GIS**

地図上で各種統計データを表示し、視覚的、空間的に諸情報を横断的に把握できる地理情報システム(GIS:Geographic Information System)。
日本の統計が閲覧できるe-STAT(政府統計ポータルサイト)内の地図で見る統計(jSTATmap)など。

図3.4.1-12
Google Earth上に社会情報を重ねた
調査・分析図

**\*17 ArcGIS**

応用的なGIS分析ツール。特定の組織業務のワークフロー(情報収集・分析・共有・利用)を地理的視点から活用できるプラットフォーム。Esri 社開発。

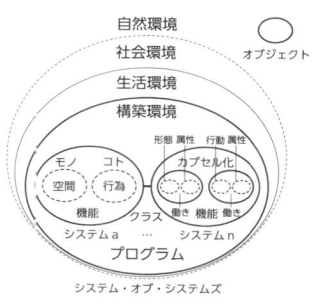

図3.4.1-8　オブジェクト階層的システム

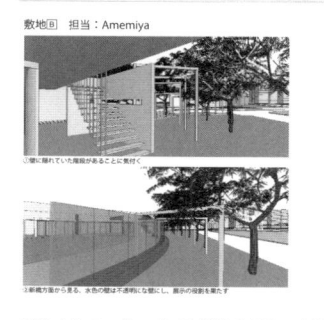

図3.4.1-9　チャットで対話しながらの空間確認

を述べる(図 3.4.1-9)。VR(p.56 参照)上で設計中のモデルを体験する方法も定着しており、第三者との意思交流に効果的である(図 3.4.1-10)。つくり手は、双方向的につかい手と交流し、アナログとデジタルを往復しつつ新たな空間を創発する(図 3.4.1-11)。これが私たちが考える、つかい手とつくり手がシンクロする意思決定アプローチである。

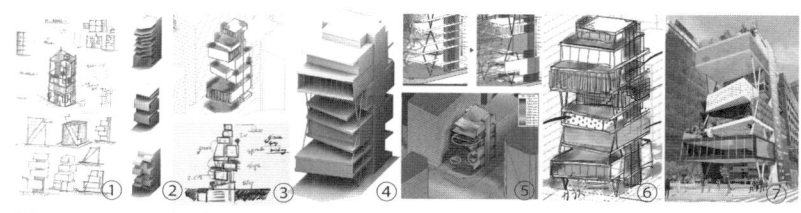

図3.4.1-11　アナログ/デジタル思考を往復しながら発想するデザインプロセス

　図 3.4.1-7 のフェーズ 1 は、両者がともに存する自然・社会環境情報とつかい手の動機・目的の背景にある市場の欲求(ウォンツ)の顕在化と分析である。RESAS[15]、統計 GIS[16]、ArcGIS[17]、テキストマイニングなどの手法を用い、客観的な社会情報を蓄え、地図情報に三次元モデルや各種の社会情報を重ねて可視化し(図 3.4.1-12)、社会学的な観点で多面的、包括的に建築を思考する。

　フェーズ 2 は、フェーズ 1 で醸成されたつかい手の具体的な目的・用途を心理的/物理的媒介項に振り分け、評価対象として機能化する段階だ。つかい手サイドが発信したテキストなどの情報を、SD 法[18]や共起ネットワークの手法で記述・読解し、潜む文脈や意図を抽出する。抽象的な情報を形容詞対で数値化し、パラメトリック(p.90 参照)に操作しながら閾値を探り、空間の質を見定めていく。パラメータ(媒介変数)は、視覚的、空間的変化を連動させ、つかい手/つくり手が同じ視点で空間を評価できるようにした(図 3.4.1-13)。

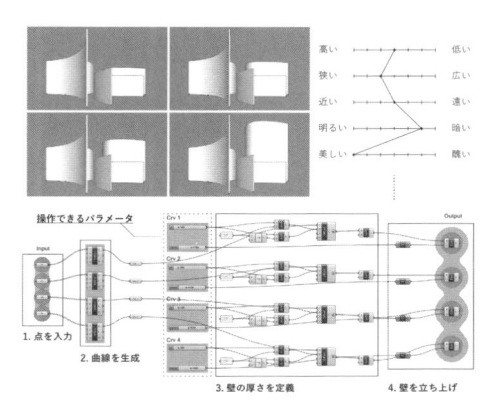

図3.4.1-13　SD法によって空間と形容詞対の評価尺度をビジュアルプログラミングで紐づけ、視覚的、三次元的に変化させながら空間を体験的に評価する。

**\*18 SD法**
*Semantic Differential Method*
意味差判別法。多変量解析法
の一つ。対立する形容詞対に
よって判定された概念を多次元
のユークリッド空間（意味空間）
座標上で点として位置づけ、距
離的な相関関係を定量的にとら
える方法。事象の動機調査な
どで利用される。

**\*19 システム思考**
「木を見て森も見る！」を標語に、
対象を全体と部分の関係から
理解し、時系列上の因果関係の
メカニズムを明らかにする概念
的な枠組み。樹木の葉、枝ぶり、
さらには群生する森の様態にも
目を向けるような包括的な視点
で、明晰な分析と客観的な論理
性を重視した左脳的な思考方
法。

**\*20 破壊的イノベーション**
すでに確立したビジネスモデル
や技術体系によって形成された
安定的マーケットの秩序を根底
から覆すような、業界構造その
ものを変えてしまうイノベーション
のこと。

フェーズ3は、フェーズ2で有用と判断した諸空間とつかい手の行動をオブジェクトとしてカプセル化（図 3.4.1-8）し、ある働きを有するシステムとして規定する。個々のシステムを、上位の機能に向けて個と全体が連動し、さまざまな働きを示すことを確認する。この段階で、デザインプロセス（意思決定の総体）としての建築計画（プログラム）を操作可能な三次元モデルとして明示でき、つかい手／つくり手はともに、構成要素とまとまりの働きを検証・評価することが可能となる。

フェーズ4は、三次元的プログラムの物理的な完成に向け、個々のシステム、まとまりとしてのシステム、そして全体のシステムの諸相における実効性を高めるために、材料、技術、生産、施工、維持管理などの後工程の技術的課題をあらかじめフィードバック（フロント・ローディング、p.17 参照）し、現実世界にコミットする建築物へと収斂する。

以上は、つくり手の中で閉じず、社会に開きながら意思決定する価値の創発を誘起するプロセス・モデルである。筆者の理解では、構想・建築計画は、不確定な要素を四次元的に包含し把捉しつつ、限定／非限定、計画／偶発、意識／無意識などの二値コードに振り分け閾値をバランスしながら、ある必要性に向けた働きを有するシステムの構築である。つくる建築もシステムなら、つくり手／つかい手がつながり合って活動するプロセスもまたシステムである。

つくるものとつくり方は強い相関関係にある。この論理的なプロセス・モデルは、システム思考[19]（論理的な思考の枠組み）とデザイン思考（感性を重んじた行動様式）の融合によって可能になると考えられ、筆者の所属する学科では、二つのスキルの習得を教育手法に通底させている。地域・社会に新たな紐帯をつくるためには、上述したマインドセット、デジタルツールを活用したプロセス・モデルとそれを実行するためのスキルの教育が必要なのだ。

## 4 ｜ エコシステムとしての教育環境

建築業は、眼前の顧客を見るだけではなく、異なる価値観と横断的につながり、自らの適材適所を見極め、分野に閉じない透明性を発揮し、社会的価値を提供する立場にあることを自覚したい。

私たちは今、これまで経験したことのない一切の経験や慣習の埒外にある。時代を予見できなくても、時代の変化を少し意識すれば、新たな欲求、要求、需要がイメージできるかもしれない。既成の流通や因習的なしがらみを脱した破壊的イノベーション[20]を開拓できなくても、視線を少し変えれば、ビジネスの萌芽が見えるかもしれない。BIM を縦横無尽に活用できなくても、デジタル・データから思いがけない気づきと発見があるかもしれない。

デジタル・ネイティブ世代はベテランを友人に持とう。ベテランを自負する者はデジタル・ネイティブに語りかけよう。

ともに時代を元気に生き抜くためのアイデアを出し合い続ける意欲を持続可能にする魅力的な教育環境（エコシステム）を整備することが、私たち先立つ者の役目である。

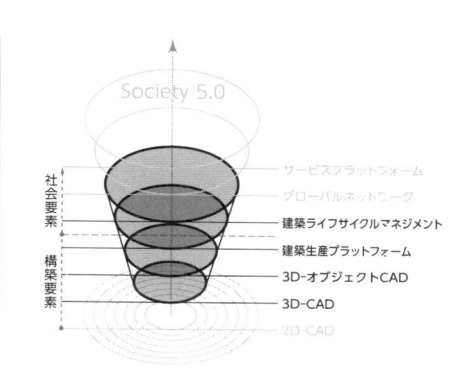

# BIMからアプローチする
# 建築系専門職教育

山野大星 （日本工学院八王子専門学校）
渡辺秀樹 （リノベイトダブリュ）

## 1 ｜ 転換期の職業教育

BIM によって、建築系専門職教育の基本概念に変革が起きている。BIM の三次元モデルを活用することで、これまで独立的な講義科目として、「建築構造」「建築設備」「建築法規」などで教えられていた内容を相互に関連づけることができ、いわば科目の融合が可能となり、さまざまな要素の総合体として成立している建築が理解しやすくなるという教育効果を生む。また、企画→計画→設計→施工→管理という建築のライフサイクルを見据えた流れを理解しながら、それぞれの分野を関連づけた学修ができるようになる。これは社会のニーズでもあり、そのため、特に設計製図の授業は BIM を活用する前提で行われるべきである。そして、これからの建築系専門職教育は、「BIM を学ぶ」とともに「BIM で学ぶ」という視点が必要である。

また、地域ごとに特有な業態や人材ニーズに対応させた教育ニーズが強まるなか、後述する「バーチャル八王子」構想のような BIM を中心技術・アプローチに据えた「こと」をきっかけとして地域で学び、参加し、交流し、コミュニティを生むプラットフォーム（p.84 参照）を形成しながら、地域ニーズに合った人材を育てることも求められている。

このような BIM の可能性を教育の現場において具体的に展開する試みを通して、建築系専門職教育を一段高いレベルに引き上げることができると考える。

現在、わが国ではさまざまな教育改革が進んでいる。高等教育段階の職業教育における教育制度の改革も進行中であり、実践的な職業教育を行う新たな高等教育機関「専門職大学」「専門職短期大学」「専門職学科」（以下「専門職大学等」*1 という）を創設する改正学校教育法が成立し、専門職大学等が誕生する。

そのような高等教育における職業教育の転換期に、筆者の所属する専門学校では、文部科学省委託事業である「成長分野等における中核的専門人材養成の戦略的推進事業*2　社会基盤分野」等（以下「中核的専門人材養成事業（建設分野）」という）を受け（表 3.4.2-1）、建設分野にかかわる社会・経済の変化に伴う人材需要に即応した質の高い職業人を育成し、次世代の中核的専門人材養成のための「BIM からアプローチする建築系専門職教育カリキュラム」の開発を進めた。

BIM は三次元モデルを使って効率的な設計および文書作成を可能と

*1　専門職大学等

学校教育法の一部を改正する法律（平成29年法律第41号）が成立し、平成31年度より、実践的な職業教育を行う新たな高等教育機関として「専門職大学」「専門職短期大学」「専門職学科」が創設される。「専門職大学等」は、大学制度の中に、実践的な職業教育に重点を置いた仕組みとして制度化され、卒業時には「学士（専門職）」等の学位が与えられる。

*2　成長分野等における中核的専門人材養成の戦略的推進事業

文部科学省は、2011年度より「成長分野等における中核的専門人材養成の戦略的推進事業」を学校法人などに委託する形で実施している。同事業は、教育機関、業界団体・企業、その他関係機関で構成される職域プロジェクトを組織し、各地域の人材ニーズに対応した教育プログラムの開発・実証、社会人等が学びやすい学習システムの導入促進や、後期中等教育段階における特色ある教育推進のための教育カリキュラムの開発等に関する取組みを展開するとされている。

表3.4.2-1　実践した中核的専門人材養成事業（建設分野）

| 年 | 事業 | 活動概要 |
|---|---|---|
| 最初の3年間 | 社会基盤整備分野の中核的人材養成プログラム開発プロジェクト産学官連携コンソーシアム | 求められる人材像の把握／学習システムの検討／モデル・カリキュラムの検討　等 |
| | 次世代国内インフラ整備における中核的専門人材養成プログラム開発プロジェクト | 企業ニーズ把握／シラバス・学習計画表の作成／建設IT技術カリキュラム開発／学び直し対応モデルコース開発　等 |
| | パッケージ型インフラ海外展開における中核的専門人材養成プログラム開発プロジェクト | 海外で働くために必要なスキル・学習システム開発／海外での実証講座／建設エンジニアのコア科目の検討　等 |
| 4年目 | 社会基盤整備の建設IT技術における中核的専門人材養成プログラム開発プロジェクト | 建設IT技術にかかわる科目の開発／BIMによる教育可視化検討／BIM地域版学び直しプログラム開発　等 |
| | 多摩地域建設にかかわる地域版学び直しプログラム開発プロジェクト | モデル・カリキュラムの検討／多摩地域委員会と4専門部会を設置（建設IT技術、スマート技術、沖縄、コンソーシアム）　等 |
| 仕上げの2年間 | 社会基盤分野における建設IT技術（BIM・CIM）にかかわる中核的専門人材養成プログラム開発プロジェクト | モデル・カリキュラム検討／建設IT技術（BIM・CIM）で統合したカリキュラムの更新・開発／可視化実証講座、中級者BIM技術講座、スマート技術講座等実施　等 |
| | 社会基盤分野における次世代ニーズにかかわる中核的専門人材養成プログラム開発プロジェクト | モデル・カリキュラム完成／次世代新技術・海外展開人材を養成するカリキュラムの更新・開発／建築とプログラミング、eラーニング建築士講座等実施　等 |

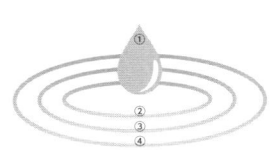

① BIMからアプローチする建築系専門職教育カリキュラム開発
② カリキュラムの実証と地域での展開
③ 地域での人材育成の検討
④ BIMによるまちづくりへ

図3.4.2-1
BIMによる「カリキュラムづくり」から「まちづくり」へ

**＊3　スキル／コンピテンシー**
「わかる」「できる」を可能にする「基本姿勢」「知識」「技術・技能」。

**＊4　「逆向き設計」論**
ウィギンズ、マクタイの『理解をもたらすカリキュラム設計―「逆向き設計」の理論と方法』(2012)で提唱されている。指導を行った後で考えられがちな評価方法を指導の前に考えておく点、最終的な結果から遡って教育を設計する点から、「逆向き」と呼ばれている。第1段階は、「求められている結果（ゴール）」を明確にすることで、どのような「永続的な理解」が求められているかを明解にする。第2段階は、「承認できる証拠」（評価方法）を決定することで、「求められている結果」の達成度をパフォーマンス課題も含めた評価方法で確かめる。第3段階は、「求められている結果」「承認できる証拠」に対応できる学習経験と指導を計画する。そして、単元設計（ミクロな設計）と長期的な指導計画（マクロな設計）を往復させながら、カリキュラム全体の改善を図っていく。

**＊5　クロッシング・テクノロジー**
ある分野（ここでは建設分野）の技術と他の分野の横断・領域融合するところに生まれる技術。

し、建築物の構造計画、設計、施工、管理方法を改善できる。また、可視化によって合意形成のツールとしても有効で、チームで仕事を進められる等の優れた点が多い。現在、建築の基盤技術になりつつあり、建築教育においても職業実践的な技術だと考える。

ここでは、① BIM からアプローチする建築系専門職教育カリキュラム開発、②カリキュラムの実証と地域での展開、③地域での人材育成の検討、④ BIM によるまちづくりへと、波紋のように展開している現在進行形の教育的実践について述べる（図 3.4.2-1）。

## 2 │ 教育カリキュラムの開発

「BIM からアプローチする建築系専門職教育カリキュラム」開発のプロセスは、以下の3点にまとめることができる。

第一に、建設分野における産官学連携による「コンソーシアム」「職域プロジェクト」等の委員会により、育成する人材像や修得すべきスキル／コンピテンシー＊3 などの調査・議論等を行い、新たな専門職（建設分野）のための教育プログラムを開発し、「逆向き設計」論＊4 に基づきモデル・カリキュラムを作成、年度を重ねて完成度を高め、最終的にモデル・カリキュラムとして取りまとめた。

モデル・カリキュラムの特色（図 3.4.2-2）は、①スキル・マトリックスによる育成する能力（スキル／コンピテンシー）の可視化、② BIM による科目関連づけと教育内容の可視化、③クロッシング・テクノロジー＊5 科目の設定による関連技術領域の可視化が挙げられる。BIM の特性である「建築を情報としてとらえる」ことを重視し、科目同士の分野横断・領域融合をできるだけ実現させようとしている。

第二に、モデル・カリキュラムにおける各科目のシラバス、コマ・シラバスおよびスキル・マトリックスを作成した。「逆向き設計」論に準拠し、コマ・シラバスには、科目単元ごとに「本質的な問い」「永続的

な理解（スキル）」「（真正な）評価」を明確にした。科目ごとに、その科目で育てる能力（スキル／コンピテンシー）をスキル・マトリックスとして可視化し、全科目のスキル・マトリックスを作成した。スキルは、科目の中で教えるべきことを網羅的に抽出しただけなので、体系化し適正な分布をチェックできるようにした。

第三に、モデル・カリキュラムの一部科目において、実証講座を実施し、実証講座から得られた知見を各年度のモデル・カリキュラムに反映した。また、実証講座の実施に伴い各種教材等を開発した。

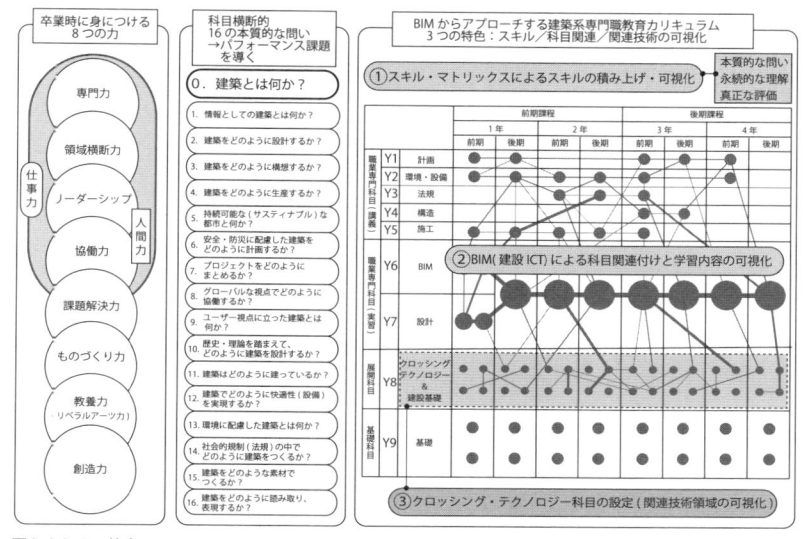

図 3.4.2-2　教育カリキュラムの概念図

## 3 ｜ カリキュラムの実証と地域での展開

教育カリキュラム開発においては、モデル・カリキュラムの一部科目において、社会人対象学び直し等実証講座（開発した科目の一部を授業として実施し、その結果を評価し、カリキュラムへフィードバックする）を地域で実施した（表 3.4.2-2）。

学び直し実証講座は、さらに発展させて、専門学校をベースにした「地学地就」（地域で学び、地域で就職する）を確立するとともに、産官学の連携をもとに地域と一体となった「地学地就」を推進することとした。具体的には、地域の技術者による実習やインターンシップなどを盛り込んだ授業を段階的に実施する。建設業などの地域企業には、地域特有の業態と人材ニーズがあり、それらに合致した実践的教育が求められていると考えるからである。

実証講座等により、BIM によって専門科目を可視化し、関連づけて学修していくモデル・カリキュラムは、効果が高いという意見が得られた。今後は、BIM モデルを学生の手元に置く PC に示しながら、構造、設備、法規など、これまで講義科目で別々に教えていた内容を関連づけ、可視化しながら進める授業を行うことも検討している。このような展開を可能にするのが BIM である。また、ヒアリング対象の立場は建

表3.4.2-2 主な実証講座の概要

| 年度 | 講座名 | 受講者人数 | 成 果 |
|---|---|---|---|
| 初年度 | 初心者BIM演習講座 | 学生34 | BIMとは何かを理解した |
| | 実践BIM演習講座 | 学生15 | 実践的なBIMの使い方を学んだ |
| 2年度 | スマート・シティ概論講座 | 学生30 | スマート・シティの概要を理解した |
| | BIM導入講座 | 学生3<br>社会人26 | 「学び直し」ニーズとBIMが合致していることが明らかになった |
| 3年度 | BIMによるバイオクライマティックな建築設計講座 | 学生19 | シミュレーションによって温熱環境に対する意識が高まった |
| | CAD応用とBIMの基礎講座 | 社会人9 | BIMの概要と今後の普及の必要性が明らかになった |
| | インフラメンテナンスとCIMの基礎講座 | 社会人12 | インフラメンテナンスを具体的にどのように実施するのかを理解した |
| | 建築の仕事と資格・CADの基礎講座 | 社会人8 | 再就職のための「学び直し」のあり方が検討できた |
| 4年度 | ICT活用CIM講座 | 学生10<br>社会人8 | ICTの現場への活用方法を理解した |
| | BIM活用講座 | 社会人23 | BIMの有効性と導入の必要性を理解した |
| | ドローン技術活用講座 | 社会人25 | ドローン技術活用の全体像を理解した |
| 5年度 | BIMシミュレーション講座 | 学生40 | 温熱環境を可視化して理解した |
| | 建設系社会人のためのキャリアアップ講座 | 学生17<br>社会人115 | BIMの全体像を理解し、応用技術を学んだ |
| | CIM講座 | 学生2<br>社会人36 | i-Constructionを具体的に理解した |
| | ドローン技術講座 | 学生1<br>社会人23 | ドローン技術の概要を理解できた |
| | スマート技術講座 | 学生54<br>社会人199 | 建築と電気・家電との分野横断・領域融合を理解した |
| | 海外展開人材BIM・CIM講座 | 学生10<br>社会人5 | 海外展開人材のスキルとしてのBIM・CIMを理解した |
| 6年度 | 中級者向けBIM技術講座 | 学生13<br>社会人7 | BIMを活用したグループワークの方法を理解した |
| | 建築とプログラミング講座 | 学生5 | ビジュアル・プログラミングの初歩を理解した |

築家・ゼネコンBIM活用推進担当者・BIM人材派遣会社社員など異なるが、建設分野におけるBIM技術あるいはアプローチ（思考の方向性）が、必要不可欠であるという認識で一致していた。このモデル・カリキュラムは、次世代のニーズに合致した、効果的な教育プログラムであると、設計事務所勤務者・ゼネコン現場担当者・ハウスメーカー勤務者などから判断された。

## 4｜地域での人材育成の検討

　筆者の所属する専門学校では、モデル・カリキュラム開発と並行して、「専修学校による地域産業中核的人材養成事業　社会基盤分野における建設IT技術（BIM・CIM）にかかわる中核的専門人材養成プログラム開発プロジェクト」（以下「建設IT技術（BIM・CIM）中核的専門人材養成事業」という）にも取り組んだ。このプロジェクトは、国が掲げている将来の社会ビジョン＝Society 5.0（p.15参照）と建設ICT（BIM・CIM）の発達・普及など建設産業人材養成を取り巻く時代の背景を踏まえ、モデル・カリキュラムで目指した内容を地域での具体的な展開に結びつけるものである。

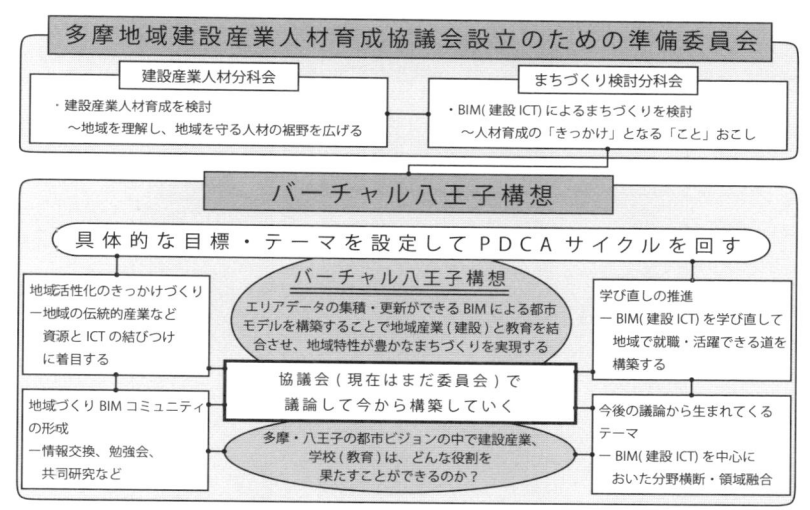

 の位置に図。

多摩地域建設産業人材育成協議会設立のための準備委員会

建設産業人材分科会
・建設産業人材育成を検討
〜地域を理解し、地域を守る人材の裾野を広げる

まちづくり検討分科会
・BIM(建設ICT)によるまちづくりを検討
〜人材育成の「きっかけ」となる「こと」おこし

バーチャル八王子構想

具体的な目標・テーマを設定してPDCAサイクルを回す

バーチャル八王子構想
エリアデータの集積・更新ができるBIMによる都市モデルを構築することで地域産業(建設)と教育を結合させ、地域特性が豊かなまちづくりを実現する

地域活性化のきっかけづくり
一地域の伝統産業など資源とICTの結びつけに着目する

協議会(現在はまだ委員会)で議論して今から構築していく

学び直しの推進
−BIM(建設ICT)を学び直して地域で就職・活躍できる道を構築する

地域づくりBIMコミュニティの形成
−情報交換、勉強会、共同研究など

多摩・八王子の都市ビジョンの中で建設産業、学校(教育)は、どんな役割を果たすことができるのか?

今後の議論から生まれてくるテーマ
−BIM(建設ICT)を中心においた分野横断・領域融合

図3.4.2-3　地域での人材育成の検討

　建設 IT 技術 (BIM・CIM) 中核的専門人材養成事業では、「地域で建設産業人材を育てる」ためには具体的に何をすべきかを検討している(図3.4.2-3)。

# 5 | BIMによるまちづくり

　建設 IT 技術 (BIM・CIM) 中核的専門人材養成事業において検討したプログラムの特徴は、人材育成の「きっかけ」となる「こと」として「バーチャル八王子」構想を掲げたことである。この構想は「バーチャル・シンガポール*6」に触発された。

　バーチャル都市構想では、エリアデータの集積・更新ができる BIM による都市モデルを構築する。われわれはそれをまちづくりに活用することによって、地域産業(建設)と教育を結合させ、地域特性が豊かなまちづくりに結びつけることを目指している。その際、議論を始めるのに必要な以下の具体的目標・テーマをまず示し、そこからさらに新しいテーマが生まれてくることを期待している。

① 地域活性化のきっかけづくり

　　地域の伝統産業や学園都市である等の資源を活かし、建設 ICT (BIM・CIM) を関連づけ具体的な新しい展開を生むきっかけとする。

② 学び直しの推進

　　地域での学び直し、働き方改革などと、建設 ICT (BIM・CIM) を関連づけることで具体的な展開を始めるきっかけとする。

③ 地域づくり BIM コミュニティの形成

　　建設 ICT (BIM・CIM) を活用したまちづくりを進めるプロセスにおいて必要となるであろう教育、情報収集、研究開発等をサポートするとともに、地域での起業・創業に結びつける。

　以上を総合的に視野に入れながら、プロジェクトを具体的に進めることで、地域における建設教育のあり方と地域建設産業との結びつきを議論し、「多摩・八王子の都市ビジョン」*7の中で建設産業、教育機関は

**＊6　バーチャル・シンガポール**

シンガポールの都市構造とインフラをデジタル化、シミュレーションし、すべての情報を一つのコラボレーション・プラットフォームに組み込むプロジェクト。行政および民間企業が、都市計画、セキュリティ、エコロジーに関して適切な判断を下すために構築された。

**＊7　多摩・八王子の都市ビジョン**

「2040年代の東京の都市像とその実現に向けた道筋について答申」(2016年9月、東京都都市計画審議会)によると、八王子市は東京の四つの地域区分のうち「(仮)多摩広域拠点域」の中心にあり、さらにその中に位置づけられた日本と東京圏の持続的な成長と活力をリードするエンジンとしての役割が期待される「(仮)多摩イノベーション交流ゾーン」の中心にある。

**＊8　八王子 MICE 構想**

MICEとは、M：Meeting(企業系会議)、I：Incentive(企業の報奨・研修旅行)、C：Convention(国際会議)、E：Exhibition/Event(展示会・見本市、イベント等)を総称した造語である。八王子の優位性や八王子らしさを意識し、「多摩地区最大規模のMICE施設となる産業交流拠点の誕生と既存MICE施設の連携・活用」「大学と先端産業の集積とグローカル経済の意識化」「髙尾山をはじめとする自然・歴史・文化、農業、食といった観光資源や、市内のさまざまなイベントなどを活かしたプロジェクトの構築」などを軸にスタートした。現在、「八王子MICE都市推進センター活動計画基本構想」をもとに、JR八王子駅と京王八王子駅の間の産業交流拠点整備といった大型プロジェクトをきっかけに、地域経済やまちの活性化のみならず、MICE戦略の主体となる市民の文化・ライフスタイルの創造、地産・地消・地活など社会的波及効果も視野に入れた八王子独自のMICE戦略の推進を図っている。
(八王子観光コンベンション協会ホームページより)

③ 建築と社会をつなぐBIM

④ 学び方が変わる

② BIMからアプローチする建築系専門職教育

191

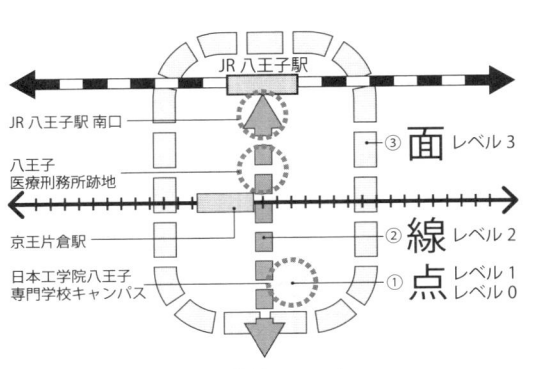

図3.4.2-4　バーチャル八王子構想のイメージ

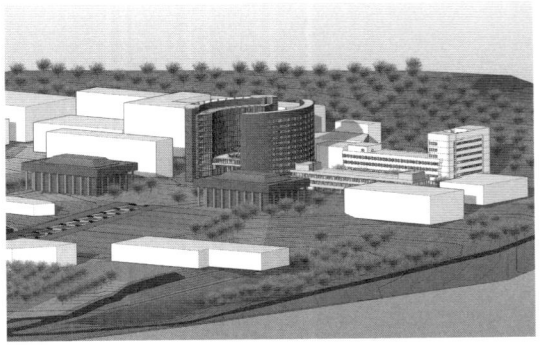

図3.4.2-5　キャンパスのBIMモデル化

どんな役割を果たすことができるのか検討を進めている。

「バーチャル八王子」は、図3.4.2-4のように点→線→面で段階的に構築していく。八王子市のBIMモデルを段階的に構築・蓄積・更新し、徐々に範囲を広げながら都市計画、まちづくり、観光などの地域振興に役立たせようとするものである。初期の段階で、問題課題を抽出・解決しながら発展させていく。

① 点：レベル0およびレベル1

日本工学院八王子専門学校キャンパスをBIMデータ化し（レベル0、図3.4.2-5）、「モバイル空間統計（NTT docomo）」といったアプリケーションとの組合せによって「学生の行動パターンを空間との関係を見ながら把握する」など、何ができるかを実験する（レベル1）。

② 線：レベル2

キャンパスから八王子医療刑務所跡地を経てJR八王子駅南口に至る道路の沿道をBIMデータ化し、人が歩くのが楽しいまちづくり等のテーマの下、ICT(BIMデータ、AI、IoT等）を活用して「車と人の動線計画、ファサードの形成、交差点のつくり方、街区の中への人の引き込み方と小さなスポットの計画」など、医療刑務所跡地への新しい計画案も含めてまちづくりの提案を行う。

③ 面：レベル3

BIMデータ化の範囲を拡大し、現在、八王子市で進められている「八王子MICE構想[*8]」をBIMデータやそれと連動したスマートフォンによるモバイル空間統計情報等でバックアップし、人の動きと店舗情報の可視化などによる中心市街地の活性化を推進するなどICT活用により、「（仮）多摩イノベーション交流ゾーン」の先進事例となるまちづくりを進めることを検討する。

以上、① BIMからアプローチする建築系専門職教育カリキュラム開発から、②カリキュラムの実証と地域での展開を経て、現在、③地域での人材育成の検討および④ BIMによるまちづくりへと、波紋のように展開している、BIMによる現在進行形の教育的・まちづくりの実践について述べた。この実践は、Society 5.0における新世代のBIM建設人材の養成とBIMによる地域での具体的なまちづくりへの展開を目指すものである。

参考文献
● 中央教育審議会(2016/5/30)「第一部　社会・経済の変化に伴う人材需要に即応した質の高い専門職業人養成のための新たな高等教育機関の制度化について」『個人の能力と可能性を開花させ、全員参加による課題解決社会を実現するための教育の多様化と質保障の在り方について（答申）』第107回中央教育審議会、2016
● 学校法人片柳学園　日本工学院八王子専門学校『2012－2017 文部科学省委託事業　成長分野等における中核的専門人材養成の戦略的推進事業　社会基盤分野の中核的専門人材養成プログラム開発プロジェクト』2018
● グラント・ウィギンズ、ジェイ・マクタイ著、西岡加名恵訳『理解をもたらすカリキュラム設計―「逆向き設計」の理論と方法』日本標準刊、2012

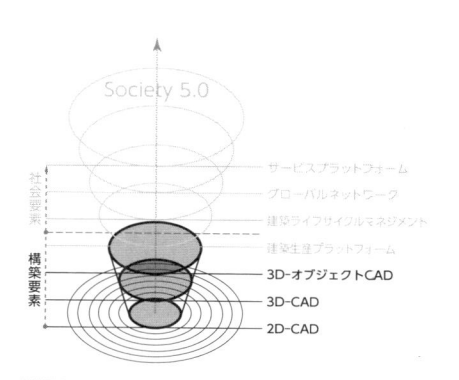

Society 5.0

サービスプラットフォーム
グローバルネットワーク
建築ライフサイクルマネジメント
建築生産プラットフォーム
3D-オブジェクトCAD
3D-CAD
2D-CAD

社会要素

構築要素

# 大学でのBIM教育

森 元一（TAKシステムズ）

## 1 | 時代とともに変わる教育のあり方

昔から「道具が変われば仕事のやり方が変わる」と言われ、時代とともに道具により仕事の進め方が変わってきている。FAX のなかった時代は郵送でのやり取りを行っていた。しかし、FAX が登場して図面を瞬時に送れるようになった。さらに、メールが一般化した時代では電話でのやり取りが少なくなり、メールを送ることで仕事が進むようになってきている。現状ではインターネットの通信網の発達で、離れた場所と画像通信やソフト上でのやり取りが可能となっている。BIM によって建物全体がモデル化されると、図面1枚を送付するという発想はすでに時代遅れで、クラウド[*1]上でモデル全体を閲覧するという考え方に変わっており、クラウドを介してデータ交換し、クラウド・サーバ[*2]を介して複数の場所から同時に同じファイルにアクセスして、コミュニケーションを図る時代に大きく変化している。筆者は非常勤講師として大学で教えてもいるが、単なる BIM ソフト操作だけではなく、クラウドを使って協業をする方法など、今後のあるべき姿を見据えて教育を行っている。

BIM の活用が本格的になった時代では、クラウドを使ったネットワーク環境を構築できない企業や学校は時代遅れになってくるのではないかと危惧している。なぜなら、図面をメールで送ってきたこれまでの業務の方法は、二次元を使ったこれまでの業務の延長であり、データ容量が重く同時アクセスが可能な BIM の本来のメリットを活かし切った使い方から考えると、企業を超えてクラウド上での協業を行った使い方が必須といえるからである。

企業においては、ノートパソコン、iPad[*3] などモバイル端末が一人に1台の時代となっている。紙媒体をやめてクラウドを使った教材、動画や三次元教材を利用することにより、学生がより深い理解を得られる可能性がある。教材をデジタル化することで、教材の更新も容易になる。また、クラウドとモバイル端末活用が当たり前になると、授業を休んだ学生に対しても自宅学習ができるチャンスが与えられ、近い将来、授業内容によっては、必ずしも学校へ来なくても授業が受けられる仕組みに変化していく可能性を秘めている。このことは、アカウント情報技術[*4]や顔認証技術[*5]、位置情報測位技術[*6]、セキュリティ技術[*7]の発達で、企業でいえば、特定の業務については、在宅業務を可能にする可能性を

**＊1 クラウド**
*cloud*

インターネットを介して集約した大規模なデータを、利用・交換できる環境を提供するサービス。

**＊2 クラウド・サーバ**
*cloud server*

インターネット上でデータのやり取りをするためのサーバ。

**＊3 iPad**

アップル社が開発したタブレット型の製品。

**＊4 アカウント情報技術**

コンピュータやネットワークなどを利用する権利の情報を確認する技術。

**＊5 顔認証技術**

カメラで人の顔の形状を識別する技術。

**＊6 位置情報測位技術**

携帯電話など電波を発信する機器の位置を把握する技術。

**＊7 セキュリティ技術**

データのやり取りの内容を他者に知られないように安全に行う技術。

秘めている。

# 2 | 大学でのBIM教育の取組み

　筆者が担当している大学の講義では、3年次の前期、後期にオブジェクトCAD演習と称して、BIMの中心技術となるBIMソフトウェアの操作方法、クラウド上での協業の方法など、下記の四つを重点的に教育している。

**BIMで何ができるかを学ぶ**
　　①BIMソフトウェアの便利な点、不便な点
　　②手描きや2D-CADとの違い
　　③BIMソフトウェアのソフトウェア（メーカーによる）ごとの違い

**BIMソフトウェアの操作を学ぶ**
　　①Revit（p.70参照）の基本操作

**BIMを利用したプレゼンテーション手法を学ぶ**
　　①BIMソフトウェアと模型を使った違い
　　②BIMソフトウェアによるプレゼンテーション手法

**BIMを利用した協業の手法を学ぶ**
　　①BIMソフトウェアを用いたクラウド上での協業の進め方
　　②4Dシミュレーション、数量集計など多様なアウトプット

　われわれが狙っているのは単なるBIMソフトウェアの操作ではなく、BIMの授業を通して建築そのものを教える、つまり、BIMとは何かの基本の習得とBIMの特徴を利用した効率的な協業の方法を教えると同時に建築を教えるといったことである。特徴的な教育として、自分たちが利用している校舎の実際の意匠設計図、構造設計図を見ながら数人の共同作業でBIMモデルを入力する。これらの実施設計図をもとに意匠と構造を統合した実際に建った建物を入力することで、図面の見方を理解することができる。また、実際に現物を見ることで、納まりを理解することができる（図3.4.3-1）。

　設計図から実際に建った建物を一連で見ることで、建築生産のプロセスなども学ぶことも可能である。

　また、クラウド・ネットワーク上での共同作業で演習を進めることで、

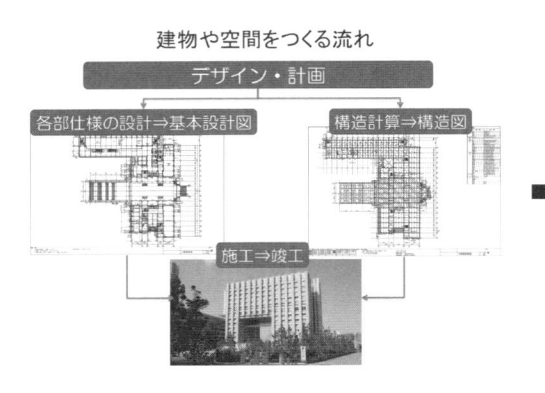

図3.4.3-1　実施設計図をもとに校舎のデータを入力

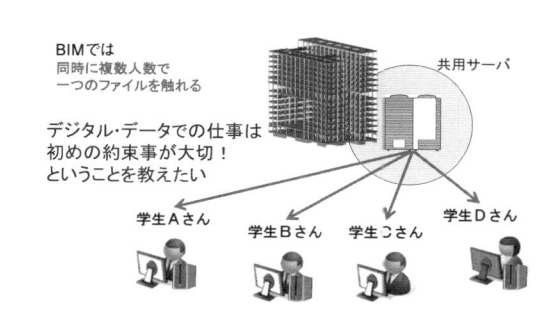

図3.4.3-2 ネットワークを利用したモデル構築

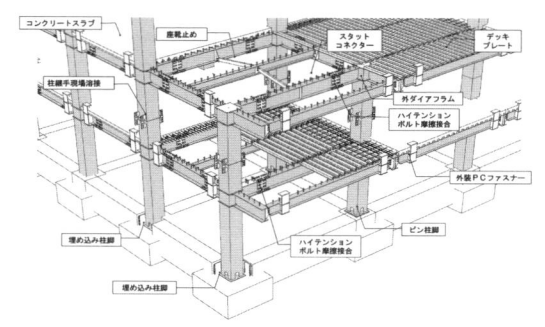

図3.4.3-3 三次元で作成されたモデルの鉄骨教材
（さまざまな角度から閲覧可能、構築プロセスを再現することも可能）

離れた場所で業務を進める方法など、これからの時代に必要なネットワークを利用した ICT（p.20 参照）技術も同時に教育している。共同で仕事をしていく上でのルールや制約を理解して、役割分担を自分たちで決めて入力することで協業の仕方、ネットワークを使った仕事のやり方など、実際の業務に必要な知識を教えている。

　単なる BIM ソフトウェアの操作教育の枠を超えて、実際の図面を見ることに加え、実際の建物を見て、意匠および構造の納まり、部材の数量算出、協業の方法など、建築生産プロセスと BIM のかかわりを教えることが有効である。

　BIM を使った作業の特徴として、一つのモデルに同時アクセスできることが挙げられる。一つのファイルを複数人で作成することが BIM ソフトウェアに求められる作業になる。自動車業界でも航空業界でも、三次元モデルを使った業務については、一つのモデルの詳細度を上げていく方法、すなわちモデルを部分的に置き換え、精度を上げながら作成していくのが本来のモデルのつくり方となっている。そのためには、モデルのつくり方やアクセス制限など、BIM を使ったネットワーク上での利用ルールの構築が最大の課題となる。筆者の講義では実際の操作をして、体験しながらこれらのことを学んでもらっている。授業時間以外にも、自宅から学校のクラウド・サーバにアクセスして作業を行っている事例も出てきている（図 3.4.3-2）。

　現業で使う図面から情報を読み取るに当たり、図面が何を示しているのか、記号としての二次元図面の見方を教える必要があった。そのために三次元モデルを活用し、理解を深めている（図 3.4.3-3）。二次元の図面だけでは理解が難しい空間構成や納まりを、具体的な三次元モデルで見せることにより、より理解が深まっている。実施事例の紹介や、Revit を教えるためのオリジナルテキストを整備し、三次元による授業資料の準備を行ったが、履修した 9 割の学生が内容をほぼ理解できたという。授業資料の整備と、実際の身近な建物をモデリングすることで、単なる操作教育の枠を超えて理解度が上がっていると推測される。

## 3　BIM教育を実施して見えてきたこと

　BIM 教育を実施して、いくつか見えてきたことがある。

① ② ③
建築と社会をつなぐBIM

① ② ③ ④
学び方が変わる

① ③ ④ ⑤
大学でのBIM教育

① BIMソフトウェアと2D-CADソフトウェアという概念の違いを教える必要がある（図3.4.3-4）。

② 現業でどのように活用されているかを伝えることが、実際のBIMの理解につながる。

③ 学生が作成したモデルを見ると、構造や施工に関する理解度がある程度わかる（図3.4.3-5）。

④ ある規模以上の建物のモデルを協業で入力するためには、ネットワークの概念や運用ルールを教える必要がある。

　BIM教育においては、単なる操作教育にならないように実施事例や現業での使われ方を意識しながら教えることが、BIMの有効性を学生に伝える良い方法ではないかと考えられる。

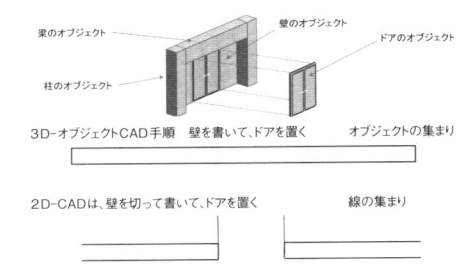

図3.4.3-4　両開きドアでBIM（3D-オブジェクトCAD）と2D-CADの概念の違いを解説

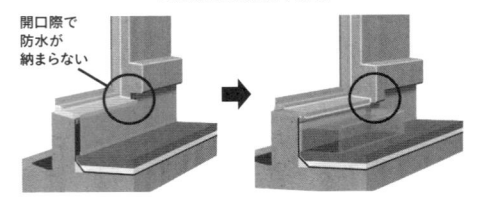

図3.4.3-5　モデルで構造や施工への理解度がわかる

　BIMを使った建築生産のあり方に変化が起こっているが、BIMを活用した業務の進め方は企業側でもまだ確立されていない。一方、教育現場では、教育関係者にICTスキルが必要であり、適切な題材（実際に建っている建物とその基本設計図・実施設計図のセット）が学ぶ場の近くにあり、クラウドを利用できる環境整備が必要である。学校教育においてBIM教育を展開するための課題は多い。

　ICTを活用した建築生産の推進は、生産性向上のために必要なことであり、その中でBIMの利用はICTを推進するために必要な技術である。大学教育でもBIMソフトウェアの利用方法、ネットワーク上での活用ルール、実際の企業でのBIMへの取組み事例紹介など、建築生産の変化に対応した教育を実施していかなければならない。また、これまでの紙の文化から、疑似体験や感覚的にとらえられる三次元の技術を教育に取り入れていくべきである。そのためには、教材の充実と、教える側の教員自身の変化も求められる。

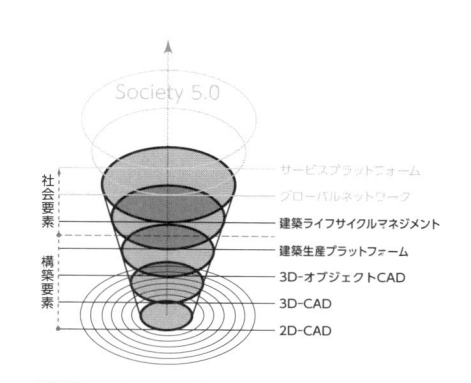

Society 5.0

社会要素
構築要素

サービスプラットフォーム
グローバルネットワーク
建築ライフサイクルマネジメント
建築生産プラットフォーム
3D-オブジェクトCAD
3D-CAD
2D-CAD

# BIMをプラットフォーム
# にした建築情報教育

大西康伸（熊本大学 大学院先端科学研究部）

## 1 ｜ 建築学びのイノベーション―情報がつなぐ教育の未来

「大学の建築教育で最新の建築情報技術を教えてほしい」。最近、企業の方々がよく口にする言葉である。大学の建築教育で実践的技術を教えることに関する賛否は、大学内で以前から存在する。「大学での教育は、建築のより本質に近い部分を中心に教育するのであって、すぐにでも役立つかもしれないが流行り廃りのある内容には手を出さない」。これが企業の方々の先の要望に対する大学側のおおよその反応である。

日本における BIM 元年[*1] と呼ばれた 2009 年から早くも 9 年余りが経過した。当初 BIM は大手のゼネコンや組織設計事務所を中心に普及が進んでいたが、今では建設業界全般で導入が進んでいる。また、シミュレーション（p.109 参照）、VR（p.56 参照）、コンピュータ・プログラミングによるデザイン、デジタル・ファブリケーション（p.99 参照）などの情報技術の近年の目まぐるしい発展により、それら先端技術は導入フェーズから活用フェーズへと移行しつつある。

先ほど述べた大学の「おおよその反応」の一方で、建築の新たな「学び」が芽生えつつある。情報技術の革新によって、企画から運用までの建築プロセスのさまざまな段階において、「学び」が「オープン」になりつつあると感じる例が散見され始めた。ここでは、筆者が教鞭を執っている大学の建築学科にて 2007 年度より試行を開始し段階的に拡充してきた教育実践を、『BIM で「建物」を学ぶ』、『BIM で「設計」を学ぶ』の二つの教育的視点から紹介する[*2]。

## 2 ｜ BIMで「建物」を学ぶ

### （1）バーチャル・リバース・エンジニアリングで建築を学ぶ

建築の工学的側面（構法、環境工学、構造力学など）を総合的に理解するために、実物の建物を分解する、または各種実測により分析することが一つの方法として考えられる。建築教育におけるリバース・エンジニアリング[*3] の活用である。しかし、建物を分解することは現実的ではなく、また、実物を対象とした各種実測には多大な手間を要する。そこで、実在する著名建築をデジタル・モデル化し、その分解やモデルを対象とした各種解析を実施することで、実物を対象としたリバース・エンジニアリングと同様の効果があると考え、建築教育への導入を進めて

**＊1　BIM元年**

2009年はBIM導入の機運が高まった年であることから、「BIM元年」と呼ばれる。同年には、BIM導入事例に関するシンポジウム「JIAはインテグレーテッドプラクティスをどう捉えるべきか」（JIA主催）が開催され、BIM関連の書籍『BIM建設革命』（山梨知彦著、日本実業出版社刊）が出版された。

**＊2**

本項で紹介した授業では、主に以下のソフトウェアを使用した。BIMツール：Revit、環境解析：Lighting Analysis for Revit、Ecotect Analysis、Desktop Radiance、3ds Max、構造解析：MIDAS/Gen、Robot Structural Analysis、2D-CAD：AutoCAD、3D-CAD：SketchUp 、VR：Revit LIVE

**＊3　リバース・エンジニアリング**
*reverse engineering*

既存の製品を解体・分解して、製品の仕組みや構成部品、技術要素などを分析する手法。

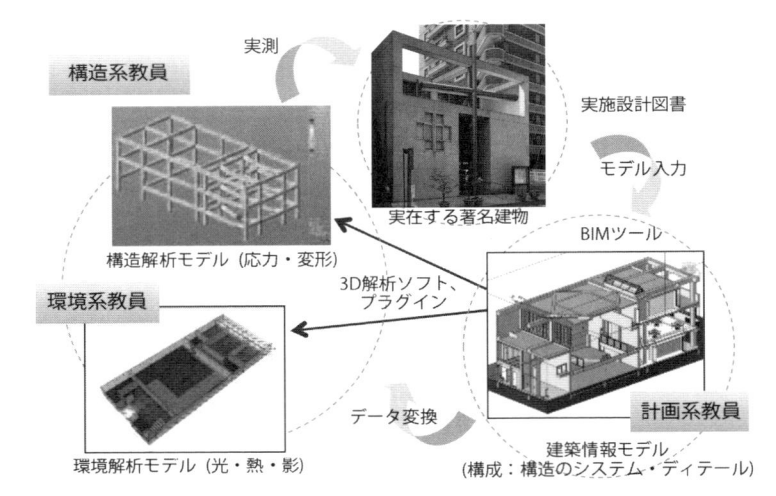

図3.4.4-1　BIMを活用したバーチャル・リバース・エンジニアリング

表3.4.4-1　「バーチャル・リバース・エンジニアリング」の課題概要

| 課　題 | 内　容 |
|---|---|
| 第一課題<br>（個人） | BIMツールを使った教会の空間的・構造的成り立ちの理解・表現 |
| 第二課題<br>（チーム） | 建築情報モデルの編集による教会の増改築の提案 | 意匠コラボレーショングループ<br>●意匠設計者同士のコラボレーション<br>●光・熱の解析による評価<br>●意匠・計画的観点からの評価 |
| | | 意匠・構造コラボレーショングループ<br>●意匠設計者と構造設計者によるコラボレーション（ロールプレイング）<br>●光・熱の解析による評価<br>●構造解析による評価<br>●意匠・計画的観点からの評価 |

いる。いわば、バーチャルなリバース・エンジニアリングである。この演習授業（学部3年前期、選択科目、定員60名中40名程度受講）は、「建物の成り立ち」「室内の光・熱」「構造」の三つの工学的観点から建物を理解することを企図としている（図3.4.4-1）。授業の進め方を以下に示す（表3.4.4-1）。

　第一課題「空間的・構造的成り立ちの理解」では、実在する建物の実施設計図書をもとにBIMツールに建物モデルを入力する。BIMツールへのモデル・データの入力プロセスは、建物を構成する部材の役割を意識させるという特徴を利用し、BIMツールへの入力過程で建物を構成する部材の役割や相互関係（構法）を学ぶ。

　第二課題「増改築の提案」では2名一組のチームを組み、このモデルを編集することで増改築案を提案する。チームを「意匠コラボレーショングループ」と「意匠・構造コラボレーショングループ」に分ける。前者は、チームメンバー2名が意匠設計者として環境的側面からの評価とそのフィードバックを繰り返しながら増改築案を提案し、環境的側面と意匠の関係を深く理解する。後者は、意匠設計者（環境解析を担当）と構造設計者（構造解析を担当）を決めることでロールプレイングの要素を導入し、環境・構造の両側面から増改築案を評価、フィードバックを繰り返すことで、より包括的に建物を理解する。

*4

木島安史設計「日本キリスト教団熊本草葉町教会」1988年竣工

第一課題は6回の授業（1回2時間）で、自作チュートリアル（実在する鉄筋コンクリート造3階建ての教会*4をBIMツールへ入力する）に従い、段階的に建物を入力しながらBIMツールの基本操作および教会の空間構成や建物の成り立ちを学ぶ。その際、学生たちは課題開始時に配付した教会の実施設計図（意匠図20枚、構造図6枚）から詳細な部材寸法や素材などを読み取りながら、入力作業を進めた。

提出物は、教会の「空間イメージ」や「建物の成り立ち」を伝えるプレゼンパネル（A1×1枚）とした。この課題では、①BIMツールを用いて建築物を入力することで、「空間構成」や「成り立ち（構造方式、建築部材の構成方法や納まりなど）」を理解する、②理解した特徴を表現する、③BIMの概念に触れ、BIMツールの操作方法を学ぶ、という三つの目的を設定した。

この課題を通じて、「どこにどんな建築要素が存在するのか」「その材料（躯体、下地、仕上げ）は何か」を入力の過程で学ぶことができる。さらに、完成したデジタル・モデルを任意の位置で切断し、さまざまな角度から眺めることで、たとえば開口部であれば、サッシの詳細形状や壁との納まりを学ぶことができる。また、建築要素単位で表示／非表示設定をすることで、要素の相互関係を学ぶことができる。このように、この課題で入力したモデルは、三次元のデジタル教材として機能する。

第二課題は2名がチームを構成し、教会の増改築案を考え、第一課題のモデルを編集する課題である。

「意匠コラボレーショングループ」はBIMツールの環境解析プラグイン*5および環境解析ソフトを用いて、窓からの自然光による照度、輝度の解析および直達日射量の解析を行う。解析結果を踏まえて増改築案を評価し、結果を増改築案にフィードバックする。

*5 プラグイン

ソフトウェアの機能を拡張するために追加する、差替え可能なプログラム。アドイン、アドオンとも呼ばれる。

提出物は、増改築案を魅力的に伝えるプレゼンパネル（A1×2枚）とした。この課題の目的は、①デザインツールとしてBIMツールを活用する訓練をする、②建築情報モデルを編集することで、オブジェクト指向・モデリング*6やパラメトリック・モデリング*7を体感する、という二つである。さらに環境解析に関しては、①実在する建物の室内の光・熱に関する解析結果を読み解くことで、講義で学んだ環境工学の理解を深める、②設計・デザインと室内環境との関係を光や熱から理解する、③各種環境解析を体験する、という三つである。この課題は環境工学分野の教員と協力して進めた。

*6 オブジェクト指向・モデリング

属性情報を持つ建築構成要素を組み合わせることで三次元モデルを構築する手法。

*7 パラメトリック・モデリング

寸法や角度などの属性値の入力や変更によって、図形や立体形状の定義や変更を行う三次元モデルの作成・編集手法。

環境工学は建物の平面・断面計画に大きな影響を及ぼす。特に室内の自然光・熱は、開口部の大きさや配置、庇のデザインに密接に関係し、ひいては建物消費エネルギーの大小に結びつく。省エネルギーという観点から設計案を評価することを体験し、学ぶことを意図して本課題を考案した。

増改築案の解析では、光に関しては自然光（天空光＋直射光）による照度分布を、熱に関しては開口部から室内に入る直達日射量（夏期の累積直達日射量）を確認した。ここでは解析結果の数値そのものが重要ではなく、「案の室内環境の比較において、違いの程度を計る指標として解析結果を利用する」という指導方針をとっている。あくまで、意匠設

計者が設計初期段階で自身の設計案を粗く評価するツールとして利用するという立場をとった。

「意匠・構造コラボレーショングループ」では、意匠設計者と構造設計者に分かれて作業を行う。意匠設計者は増改築案の意匠設計を行い、環境的側面から設計案の評価・フィードバックを行う。作業内容は、意匠コラボレーショングループと同じである。

一方、構造設計者は、意匠設計者が提案する増改築案を構造的に成立させることを目的とした構造設計を行う。その手順は、①実施設計図書を参考に、構造解析ソフトに原案の構造解析モデルを入力する。断面形状やコンクリートと鉄筋の材料強度、境界条件および自重などの外力の計算に必要な条件を設定し、計算結果から応力や変形の状態を把握する。その結果を意匠設計者にあらかじめ伝えておき、増改築第一案の完成を待つ。②増改築第一案がまとまれば構造解析を実施し、解析結果が部材の設計条件を満足しているかを判定する。判定の結果、問題がある箇所を明らかにし、その改善策を提案する。③意匠設計者はそれを踏まえて増改築第二案を提案し、それを構造設計者が解析することで、構造的条件変更前と比較して応力や変形が予想通り改善したかを確認する。以降は提案と解析を繰り返し、構造的に成立する増改築案にたどり着く。

提出物は、構造解析結果をわかりやすく伝えるプレゼンパネル（A1×2枚）とした。この課題の目的は、意匠コラボレーショングループの目的に加え、①実在する建築および提案する建築の構造を解析することで、講義で学んだ力学や構造あるいは材料に関する理解を深める、②空間の見え方とそれを成立させている構造の関係を力学的観点から理解する、③構造解析を体験する、④環境と構造という二つの視点からの評価により学びの範囲を拡大する、という四つである。なお、この課題は建築構造分野の教員と協力して進めた。

### （2）著名建築の室内自然光解析による建築デザインの理解

バーチャル・リバース・エンジニアリングのもう一つの教育実践として、「自然光建築」（自然光を積極的に室内に取り入れそれを制御し、視覚的に優れた効果を生み出している著名建築）の平面・断面計画やディテールと屋内自然光環境との関係を、BIMツールおよび環境解析ツールを用い分析・考察する演習授業を実施した。建築設計者としての実務経験がない学生たちにとって、図面に描かれた設計案が実体化したときに出現する室内自然光環境を想像することは容易ではない。「自然光建築」の室内の光環境を解析することで、建築家の過去の実践にデザイン上の工夫を学ぶことができる。

ここで紹介する演習授業「自然光建築のデザイン考察」（大学院1年後期、選択科目、定員40名中10名程度受講）は表3.4.4-2に示す四つの課題を段階的に進め、最終的にはA1パネル1枚にまとめることを課した。なお、BIMツールや環境解析ツールの操作方法は、各自が課題の中で身につけることとし、授業の中で適宜講習を行った。

「自然光建築」を選定するに当たっては、①自然光の取扱いに評価が高い建築から選択する、②建物全体を三次元モデル化するため規模の大

表3.4.4-2 「著名建築の室内自然光解析」の課題概要

| 課 題 | 内 容 |
|---|---|
| 1. 「自然光建築」の選定と分析 | 各自、自然光建築を選定する。図面、写真、評論などの資料を収集し、「何がすばらしいのか」、「それを建築的にどう実現しているのか」の2点について分析・考察する。 |
| 2. BIMツールへの入力 | 収集した資料に基づき、BIMツールへ建築モデルを入力する。 |
| 3. 環境解析ツールによる自然光解析 | BIMツールの環境解析プラグインおよび環境解析ソフトを使って、自然光（照度、輝度）、日射量の解析を行う。 |
| 4. 屋内自然光環境と建築デザインの関係の考察 | 解析結果である「自然光の分布」と平面・断面計画やディテールとの関係について分析・考察する。 |

きいものは避ける、という二つの条件を提示した。BIM ツールへ入力するためには、当該建築がどのような部材要素から、どのような位置的相互関係で構成されているのかを把握しながら進める必要がある。図面や写真をより深く読み込むことを強いるため、建築の空間構成や構造システム、ディテールの理解につながることを期待した。分析・考察のテーマを下記の三つのレベルから選択し、より詳細な方針を各自で設定した後、必要な環境解析を実施する。

レベルⅠ：選定建築の自然光や日射量の室内分布を、解析により明らかにする。

レベルⅡ：選定建築の設計の一部を改変し、原案と改変案の解析結果を比較することで、原案の工夫を明らかにする。

レベルⅢ：選定建築の自然光や日射量に関する設計者の解説文を調べ、それと選定建築の解析結果を比較することで、設計者の設計意図通りになっているかを確認する。

　理解した空間構成や構造システム、ディテールと実施した自然光や日射量解析の結果を統合的に分析し、各自が設定したテーマに基づき室内自然光環境と建築デザインの関係について考察した。

　学生たちは屋内自然光や日射量と建築デザインの関係について分析・考察するテーマを自分なりに決め、BIM ツールや解析ツールを使わない従来の演習では到達し得ない成果を挙げていた。屋内自然光環境という視点から建築デザインを理解することによって、設計者のより深い意図やそれを可能にする設計上の工夫を発見していたのである。それは、トレースや模型作成では達成できないと同時に、「建築デザインが屋内自然光環境に与える影響を直感的に理解する訓練につながる」という逆のベクトルの成果もあった。

### （3）BIMで建物を学ぶことの効果

　建築を構成するすべての要素をそれらの位置的関係に基づき素材とともに立体的に視覚化することは、建築を「もの」の集合体として即物的にとらえる訓練になる。BIM ツールには、何をどの順で定義すれば「もの」としての建築を定義できるかが、部品プロパティや入力コマンド、入力手順という形式でナレッジ（p.98 参照）として埋め込まれていると考えることもできる。

また、建築内部の光・熱環境や構造要素に発生する応力・変形に関しては、いずれも設計案の図面や透視図から即座に確認できるものではない。しかし、それらは設計案が実体化すれば発生する現象であり、設計案を評価する重要な項目の一つである。実体化する前に各種解析で見えないものを見える状態にし、その観点から評価することは重要である。視覚化された室内環境や力学的状態を設計案に重ね合わせることで、さまざまな関係性の中で気づきをもたらし、多視点的に設計案を評価することができる。また、座学で得たさまざまな知識を統合することで、理解の深化にもつながる。BIM でなければできない見えないものを見える状態にする「視覚化」により、学生たちは建物の成り立ちや、環境と建築の関係、構造と建築の関係、環境と構造の関係に興味を持つようになった。建築学科の中での専門分化を統合する教育になっていると確信する。さらに、見えない現象の「視覚化」は、たとえば意匠担当者と構造担当者がコラボレーションを行う際の共通言語となり得ると確信した。

## 3 │ BIMで「設計」を学ぶ

### (1) 建築設計における思考展開の理解

設計過程の大きな流れとして、一般には「全体から部分へ」「抽象から具象へ」思考が展開するといわれている。学生にとって設計演習でこの過程を体験し、身につけることは重要である。しかし、従来の設計の道具（鉛筆など）を使った設計ではこのプロセスを意識することなく進めることができるため（熟練者にとっては逆にそれがいいところではあるが）、初学者はこの設計の作法を獲得する機会を逸することが多い。一方、教育分野では、BIM ツールはこの設計過程に適応していないとの評価がある。その理由として、たとえば、建築を構成する要素の属性を設計開始当初から（仮にでも）設定しなければならないことや、空間をつくるのではなく建築構成要素を配置、組み合わせることで設計を進める必要があること、建築構成要素の入力の際には主に平面（レベル）上に配置することから平面図からの発想に陥りがちであることなどが挙げられる。建築設計を、「全体、抽象」に位置づけられる思考過程である「構造化」から「空間化」を経て、「部分、具象」に位置づけられる「建築化」に至るプロセスであるととらえると、現在の BIM ツールは特に「建築化」の段階からの利用に向いているといえ、「空間化」以前での利用には、何らかの工夫が必要である。

そこで、BIM ツールの教育利用上の欠点と考えられる「空間化」、「建築化」という二つの設計フェーズにおける断絶を逆手にとり、各設計フェーズの存在とそのプロセスを学ぶことを試みた。具体的には、好きな近現代絵画を一つ選定し、そこから絵画の構成（コンポジション）を抽出し（構造化）、それをもとに空間化、建築化する演習授業である（図3.4.4-2）。

この演習授業「絵画の空間化・建築化」（大学院 1 年後期、選択科目、定員 40 名中 10 名程度受講）は、表 3.4.4-3 に示す五つの課題を段階的に進めた。なお、授業で使用するソフトの操作方法は、各自が課題の中

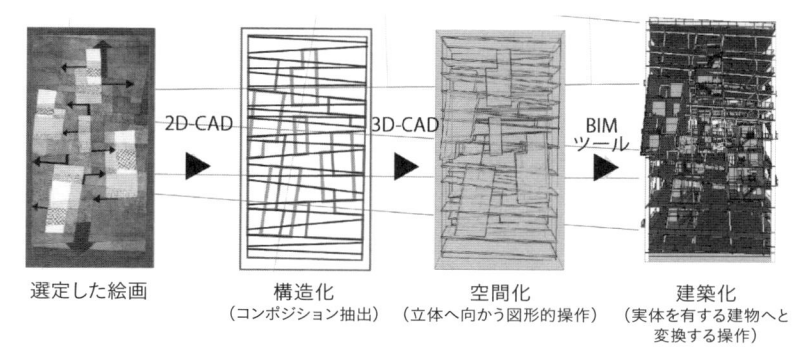

選定した絵画 / 構造化（コンポジション抽出） / 空間化（立体へ向かう図形的操作） / 建築化（実体を有する建物へと変換する操作）

図3.4.4-2 「絵画の空間化・建築化」課題の作業フローイメージ

表3.4.4-3 「絵画の空間化・建築化」の課題概要

| 課題 | 内容 |
|---|---|
| 1. 近現代絵画の選定 | 近現代の絵画から建築化したいものを各自選定する。 |
| 2. コンポジションの抽出（構造化） | 選択した絵画の構成を抽出する。デジタル化した絵画の画像データを2D-CADでトレースする過程で、ラインの取捨選択を行う。 |
| 3. 絵画構成の空間化 | 抽出した絵画構成をもとに3D-CADを用いて立体化する。絵画構成は、配置、平面、断面のいずれかに見立てる。この段階では、素材、構造は特に考えない。用途およびスケール、敷地を考えながら作業する。 |
| 4. 空間の建築化 | 空間を建築として成立させるために、BIMツールを用いて空間に建築的属性を定義し、構造要素を追加する。 |
| 5. 建築の表現 | 建築へと変換された空間を表現する。 |

で身につけることとし、授業の中で適宜講習を行った。また本授業では、建物の機能は設計を進めながら後付け的に決定され、スケールも機能との関係で決定される。この課題では、建築形態を重視する評価方針とした。

　履修した学生のほとんどが「建築計画」分野を専攻しており、主観によるところが多いが、手描き、CADにかかわらずどんな道具を使っても、どちらかというと「型にはまった」（単一平面形状を積層させたような）設計作品を提案する傾向が強い学生たちであった。ところが本課題では魅力的な作品が多かった。設計という行為が要求する「構造化」、「空間化」、「建築化」という思考過程を経由することを強いたことが、この結果に結びついたと考える。別の見方をすると、このプロセスは平面に縛られがちなBIMツールの呪縛から逃れる一つの方法であり、設計における思考展開の過程を学ぶだけでなく、BIMツールを設計初期段階から活用する訓練になる。また、本課題では、さまざまなCAD間でデータ変換による相互利用を行った。データ変換はBIM時代では最も重要な技術的知識となると予想され、教育上重要である。

## （2）即時的視覚化が変える設計教育

　演習授業における設計道具としてのBIMツールの利用から、BIMツールが設計を学ぶ助けになる効果が実感できた。

　まずは、「建築を構想したけれど、図面にどう描けばよいかわからない」

という問題を解決できる。すなわち、立体から図面への変換を学ぶ製図法習得を手助けする効果である。図面が描けない、すなわち立体と図面の変換が十分にできないため、「やる気が削がれる」、「能力が十分に発揮できない」という学生は少なくない。BIMツールは図面群と立体が常に整合しているため、立体と図面を何度も往復することで、立体把握能力を向上させることができる。

二つ目は、設計案を視覚化することが、設計過程にとっていかに重要かを体験的に知ることができる点である。常に案の最新状態の立体形状が表示できる、必要であればどんな図面も表示できることは、チーム設計における学生間のデザイン討論や、教員による設計指導の両方に大きな効果がある。たとえば、チーム設計において学生たちはディスプレイを囲み、視点を変えながら設計案を検証し、その場で設計案を変更する。変更結果はすぐに図面に反映され、次の検証を行うことができる。また、エスキスチェックの際に、確認したい部分を含む三次元ビューを表示するよう教員が学生に指示すれば瞬時に表示される。従来のように「その図面はまだ描いていません」という返事はなくなった。いずれの場合も、検証のサイクルを早く回すことができる。また学生が設計案を立体で確認できることも同様である。最近では、VR（p.56参照）とHMD[8]を使用し、学生自身が設計した建築提案を即座に立体視し、その空間評価を行っている。どんな道具であれ、視覚化は建築設計にとって重要であることを身をもって体験できる。

最後に、「作品がどう変わったか」であるが、手描きや2D-CAD・3D-CADを使った従来の設計演習と比較して、スタジオ全体の提出作品の完成度が増した。できの良し悪しはさておき、完成まで到達できることは学生にとって重要である。モチベーションの向上はもちろん、完成させなければ見えてこないことは多い。これは、上記二つの効果およびBIMツールに初めから用意されている建築パーツが関係しているのではないかと推測する。

## 4｜新しい道具で変化する建築教育、教育組織

BIMツールや解析ツールなどの新しいツールの誕生が、建築作品・設計案のより科学的な評価や設計プロセスにおける即時的視覚化という学習環境を建築教育にもたらした。その結果、新しい建築教育が育まれつつあるといえる。BIMの概念に基づき構築された三次元モデル（建築情報モデル）は、（理想的には）仮想空間に存在して現実に限りなく近い情報を持つ。そもそも建築は教育や研究の「分野」とは関係なく実体として一つである。建築情報モデルを教育の中で利用するためには、細分化した建築内分野の枠を超えた授業の開催が必要となる。

建築情報モデルを建築教育の核に据えると、学外の専門家・技術者も教育に参画することが可能となる。BIMによる教育のオープン化である。たとえば設計演習の場合、より高度な構造、設備の検討や、設計の下流工程である施工やFM（p.24参照）の検討、CNC[9]機器等を利用したモックアップの製作など、建築の学びにイノベーションを起こすこ

**＊8　HMD**
*Head Mounted Display*

ヘッド・マウント・ディスプレイの略。ここでは視差を利用して三次元モデルを立体視する頭部装着ディスプレイを指す。

**＊9　CNC**
*Computer Numerical Control*

コンピュータ数値制御。コンピュータによって工作機器の移動量や移動速度などを数値で制御すること。

とが期待できる。また、解析結果は可視化された共通言語として機能することでコミュニケーションが開かれ、常に最新の図面や三次元モデルの確認ができることで作業プロセスが開かれる。

このように、「学びのオープン化」により学習主体、教育主体間に新しい関係が生まれ、新たな実践的な学びの場が生まれる。さらに、従来なかったスピード感で建築プロセスが次々と展開される。そこでは、建築を統合的に学べるだけでなく、新しい建築のプロセス、新しい建築の片鱗に触れることができる。近年の情報技術の革新により建築教育に新たな「学びの共通言語」が生み出され、それによってもたらされた「建築の学び」のオープン・イノベーションであるといえよう。これは、製図や模型製作を通じて習得してきた計画・意匠に重きを置いた設計演習や、書籍に基づき知識を与えられる講義といった従来の学習方法とは一線を画す。

ここでは、学ぶために建築情報技術を身につけるのであって、その修得自体が目的ではない。そのスキルを持たない者は、学びの機会を逸するのである。筆者の研究室の学生が数年前にシンガポールで開催された国際ワークショップに参加した際、建築情報スキルが不十分だったため、多国籍チームの中で十分な役割を果たすことできず、苦い経験をした。これはまさに、学びの機会を逸した例であろう。「先端的な建築情報技術を大学で学ぶ必要があるか」という議論を超え、新しい学びのあり方の可能性が広がっている。建築学びのオープン・イノベーションに参画するためのスキルをどう身につけるかが鍵となるだろう。

建築教育におけるすべての学びが変わるとは思えない。建築学びのオープン・イノベーションへの参画を通じて何を学ぶべきか、参画スキル以上に、今まさに議論する必要がある。また、建築学生の社会での活躍の場やキャリアアップの道筋はどう変わるのか、学びの変化とともに議論すべきポイントである。

建築情報モデルを主体とした教育では、図面が媒介する余地はない。図面が描けること・読めることが、設計者として最も重要な職能ではない時代がそこまで来ている。筆者の大学では製図 CAD の授業はない。製図 CAD の存在を伝えると、決まって「何のために線しか引けない CAD があるのか」という問いが返ってくる。BIM ツールしか知らない彼らにとって、CAD = BIM である。教育が変われば社会も変わる。製図 CAD が社会や教育に着実に浸透したことを考えると、BIM が当たり前の時代が到来することは間違いない。その時、設計や建設にかかわる企業はどのような価値が創造できるか、勝負は「今どう動くか」である。

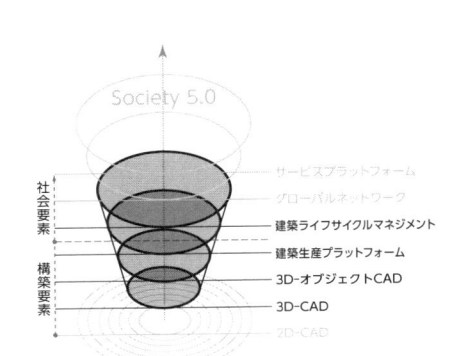

③④⑤
# BIMによる地域連携コラボレーション

下川雄一（金沢工業大学 建築学部）

## 1 | BIMで建築を学ぶアプローチ

　BIM を学びの対象としていかに建築教育に組み込むかはこれからの大きな課題であり、前段までで紹介されたような新しい枠組みでの取組みも始まりつつある。しかし、BIM の関連技術にはさまざまなものがあり、その種類や応用方法は常に進化しているため、それらの状況に惑わされず、活動内容の組立てを考えることが肝要である。逆にいえば、学生たちに何を学んでもらうのか、その目的を明確にしておき、常にその目的に照らし合わせながら使用するツールの取捨選択や活用方法を最適化していく必要がある。すなわち、目的（建築的課題）とそれを実現するための道具（BIM 関連技術）の価値や応用方法をいかにセットで学ぶか、ということである。

　ここで、BIM の学び方についてあらためて整理してみると、大学であれ会社であれ、BIM を学ぶかたちには、①基礎学習、②高度化、③実践型の大きく三つのアプローチがあると考えられる。①では、新しいソフトやコンピューティングの基礎を学びながら用意された課題に取り組む。これは会社での研修、大学での基礎的な演習授業に相当する。あらかじめ用意された環境で目的と道具をセットで学ぶのには効率がよいが、時間的・環境的な制約から、応用力やその環境を自らセットアップする力までは身につきにくい。②では、特定の技術分野を深掘りし、新たな課題発見やその解決および新技術の開発に取り組む。これは会社での技術開発、大学や大学院での研究に相当する。高い知識や技術力を備えるにはよいが、総合的な実践力や発想力は身につきにくい。③では、限られた期間の中で一定の成果を出すことを前提として、課題発見からスタートし、その解決と BIM 技術活用の関係を最適化していく。これは会社であれば実務の設計や建設そのものであり、大学であればプロジェクトのようなものである。特定の BIM 技術の確実な習得や高度化の保証はできないが、目的に応じた BIM 技術を取捨選択したり、複数の BIM 技術と連動した役割分担（チーム活動の場合）とそれらの総合化に柔軟に取り組んだりする力が身につきやすい。これらの三つのアプローチは、BIM の技術力を高める上でいずれも必要であり、①を経て②と③が両輪として存在するものといえる。また、③の実践においては、第三者の意見や評価をフィードバックしながらプロジェクトを進められるような状況づくりが大切である。これは、振れ幅の大きい BIM 技術

についての社会的な価値や必要性を自らの体験を通して感覚化・身体化していくことが重要だからである。

ここで、建築設計や空間デザインとBIM関連の技術を一体的に学んでもらうために筆者が教鞭を執っている大学で実施されてきた三つの地域連携プロジェクトを紹介する。

### （1）分野横断によるBIMを活用した建築設計プロジェクト

学生たちにBIMの有効性や課題についてリアリティをもって考えられるようになってもらうことを目的として、学生有志によるBIMを活用した実際の建築物の設計プロジェクトを実施した。建物用途は英会話学童（英会話レッスンと学童保育サービスを複合的に実施する施設）である。参加した学生は4年生〜大学院生の延べ約20名で、連携した学外の建築家・吉村寿博氏[*1]とともにBIM対応3D-CAD（以下、BIMソフト）や関連技術を実践的に応用しながら進めた。中心となった学生たちが4年生の後学期の時点で開始し、修士2年の修了間際に竣工を迎えるという、約2年半の長期プロジェクトとなった。最終的には、木造

**＊1　吉村寿博**

金沢市で吉村寿博建築設計事務所を主宰。SANAA勤務時代は金沢21世紀美術館のプロジェクトリーダーを務めた。

図3.4.5-1　完成した英会話学童の校舎

図3.4.5-2　企画設計段階での学生たちによる設計案の一部

図3.4.5-3　建物内外における風の流れの解析結果プレゼン風景

平屋の延床面積 150㎡ 強の建物が完成した（図 3.4.5-1）。

　プロジェクト開始段階の目標は、① BIM ソフトのフル活用、②意匠・環境・構造の BIM コラボレーションの実践、の二点であった。企画設計期間は 1 年半で、その間に計画・意匠系の学生 7 名が建築家の綿密な指導を受けながら延べ 17 案を作成した（図 3.4.5-2）。案ごとに BIM ソフトによる三次元ウォークスルー（p.23 参照）・モデルと図面および模型を学生たちが作成し、施主との打合せを繰り返し実施した。

　企画設計の途中からは、風解析を行うために機械工学分野の流体解析を専門とする研究室との連携がスタートした。設計案の方向性はまったく定まらない時期であったが、仮の計画案で、隣地に高層マンションが建つ敷地でどのような風の流れが生じるのか、機械工学科の学生たちが流体解析ソフトで可視化した。この結果はエントランスの配置を考える際の大きな検討材料となった（図 3.4.5-3）。設計案がおおむね固まった段階では、窓の配置・形状・開閉方法の組合せを検討するため、複数のパターンの三次元モデルを作成して自然換気速度も流体解析を通して比較検討した。

　その後、建築分野の熱環境系研究室との連携もスタートした。その研究室では、熱収支計算ソフトによる屋外の熱環境指標の可視化や熱負荷を下げるための建築資材に関する研究を実施していたため、実施設計段階の外構デザインに参加した。とりわけ、芝生の敷設による地表面温度の低下や樹木の日影による冷房負荷削減効果に関する解析結果は、植栽に否定的だった施主の考え方を変えさせる大きな原動力となった。

　インテリアについても、できる限り客観的な判断材料をつくりながら検討を進めた。ある計画系の学生は、照明デザインの検討において、照明解析ソフトと見え方デザインツール*2 を連携させ、三次元モデルをもとに照度画像・輝度画像・明るさ画像などを作成し、それらを参考に照明器具の種類・配置・数などを検討した。この作業に VR（p.56 参照）の研究を進めていた別の学生が途中合流し、照明器具の種類や壁仕上げの複数候補を切替え可能な VR モデルを作成した。これにより、HMD（p.204 参照）を装着しての臨場感をともなった照明器具や壁仕上げの検討が可能となった。

　こうした各種の解析やアイデアの可視化は、建物各部の一つ一つのデザインを考える際に、言葉だけの抽象的な議論に陥らず、客観的な判断材料を交えながら具体的に検討するために有効な手段であった。これには、連携した建築家が、学生たちの個々のアイデアや解析結果を注意深く汲み取り、その意味や価値をさらに高めようとする意識を常に持っていてくれたことが大きく寄与している。残念ながら構造分野の学生とのコラボレーションは実現しなかったが、参加した学生たちにとっては、BIM 技術活用の可能性や課題を、実際の建築設計プロセスという枠組みの中で感覚化・身体化できたことが大きな成果となった。

## （2）ジオメトリ・デザインを伴った空間演出プロジェクト

　石川県の能登町にある「やなぎだ植物公園」では、毎年 8 月の最終週に屋外での星空コンサートが開催されている。筆者の研究室では、この

**＊2　見え方デザインツール**

REALAPS（ビジュアル・テクノロジー研究所製）を使用。三次元モデルから輝度画像や明るさ画像、リアル・アピアランス画像などを作成できる。

図3.4.5-4　学生たちがデザイン・制作したコンサート会場風景

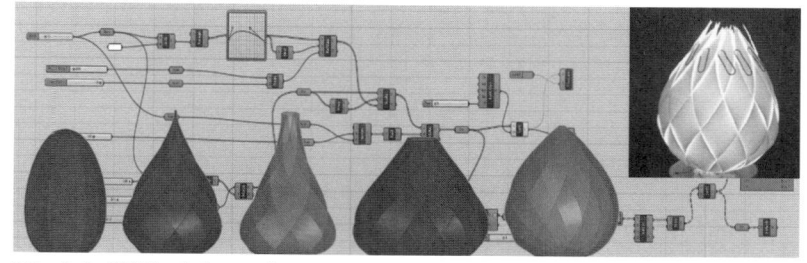

図3.4.5-5　VP環境で生成したオブジェ形状と試作品

コンサート会場である芝生広場を幻想的な風景とすることを目的に、光のオブジェのデザイン・制作による空間演出を例年実施している（図3.4.5-4）。

　このプロジェクトにおけるデザイン対象は光のオブジェとマスタープランである。オブジェのデザインでは、会場が植物公園であることにちなみ、植物の形態をモチーフとしたオブジェのデザイン・制作に学生たちが取り組んでいる。植物の形には自然の摂理から生じた幾何学的なパターンが観察されやすいことから、ジオメトリ*3・デザインの恰好のトレーニングの場となっており、CAD上のヴィジュアル・プログラミング*4（以下、VP）環境を用いてオブジェのデザイン検討を実施している。進め方として、学生たちはまずデザインの題材となる植物を選び、その植物の幾何学的な特徴を抽象化・アレンジしながら抽出し、オブジェの基本イメージをつくる。その後、そのイメージをもとに任意の材料でオブジェのプロトタイプを作成する。一定の評価が得られた時点で、その形状が何らかのルールに基づいて生成可能かを検討し、可能と判断できたらそのデザイン生成をパラメトリック（p.90参照）に再現できるVPを組み上げる。VPでは、立体形状のリアルタイムな変更を可能とする変数を組み込み、それらを調整しながら、シルエットの美しさ、形の合理性、加工や制作の容易さなどを検討する（図3.4.5-5）。

　VPを活用してオブジェのデザイン検討を行う学生は年々増えている。その理由として、バリエーション検討の容易さのほかに、二次部材の形状デザインや複雑な立体形状の展開図作成の容易さなどが挙げられる（図3.4.5-6）。また、マスタープランのデザイン検討でもVPの活用を促している。マスタープランでは数千個のキャンドル配置を検討する必要があり、VPを利用せずに一つ一つのキャンドルモデルを手作業で配置しようとすると膨大な時間を要する。これに対し、VPを活用すれば、キャンドル配置エリアの形状、キャンドル配置密度、密度グラデー

**＊3　ジオメトリ**
*geometry*

幾何学。数学的なルールに基づいて生成された形状のことを意味することも多い。

**＊4　ヴィジュアル・プログラミング**
*visual programming*

文字列ではなく、視覚的なオブジェクトを平面的につなぎ合わせながらプログラムを作成する方法。

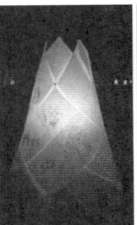

図3.4.5-6　VP活用ならではのオブジェのデザイン

図3.4.5-7　VP活用によりデザインされたマスタープランCG

ションなどを柔軟に変更しながら短時間で多くのバリエーション検討が可能である（図3.4.5-7）。

　関連して、今後の発展が期待されているMR[*5]技術を活用すれば、設営や施工の際に実空間のなかで素早く正確にキャンドルやオブジェを配置することも可能となるであろう。日中の強い日差しの中でも問題なく使用できるデバイスの登場が期待されるところである。

### （3）デジタル加工機を使用したDIYリノベーション

　筆者が務める大学の課外活動の一つに、地域の各種団体と連携してものづくりやことづくりを実践するプロジェクトがある。このプロジェクトでは、どのようなケースであっても、できる限り自分たちで設計からものづくりまでを一貫して実施するDIY[*6]スタイルをとっている。材料の加工では従来のアナログ加工機械を使うケースのほうが多いが、適材適所で学内のレーザーカッターやカッティングマシンも使用する。最近では3年生の活動として小規模空間のリノベーションを手掛けることが多くなっており、ここでは、2018年4〜11月に3年生14名で実施した地元民間企業オフィスのリノベーション事例を紹介する。

　このプロジェクトでは400㎡弱の空間内に事務室、応接室、休憩スペース、倉庫、セミナー室などを設けることが条件であった。施主のほか、施工を担当した建設会社もプロジェクト初期から参画した。3年生の学生たちが担当したのはプランニング、内装デザイン、家具選定という三つのデザイン作業およびDIYによる家具制作である。毎回の施主や施工会社との打合せでは、三次元モデルによるデザイン案作成とプレゼンを学生たちがすべて主体的に行った（図3.4.5-8）。このプロジェクトの中核は、事務室と休憩スペースを区切る三連の可動式間仕切り戸である（図3.4.5-8の床仕上げの切替り部分に設置）。カッティングマシンでの加工を前提として、学生たちがさまざまなデザインを検討した結果、日本三名山の一つ白山の三峰をモチーフとした個性的なデザインとなっ

**＊5　MR**
*Mixed Reality*

日本語では複合現実と訳される。実空間と三次元のデジタル情報をリアルタイムに重ね合わせて閲覧・活用する技術の総称。

**＊6　DIY**
*Do It Yourself*

専門家でない人が自分でものを作ったり修繕したりすること。

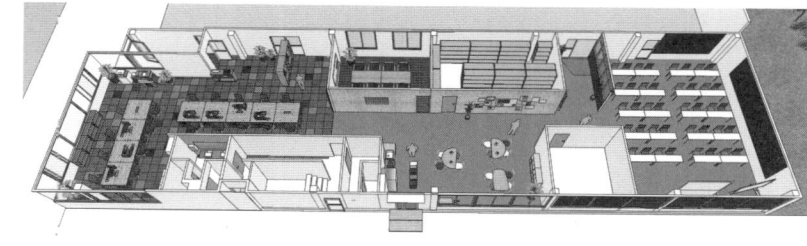

図3.4.5-8　オフィスデザイン案の鳥瞰パース

図3.4.5-9　カッティングマシンで加工した可動式パーティション

図3.4.5-10　カッティングマシンによるパーティション加工風景

た（図 3.4.5-9）。カッティングマシンは高速回転するビットが線の座標データに沿って移動することで板類を切り出すものであり、ここでは厚さ 15mm の合板を切り出した（図 3.4.5-10）ものを 2 枚貼り合わせて 1 枚の間仕切り戸とした。この試みは、デジタルデータによる材料加工技術の発達・普及が建築のデザイン性や設計・生産工程に及ぼす影響について考えるよい機会となった。

## 2 │ BIMベースの地域連携プロジェクトのコーディネーション

　BIM による地域連携コラボレーションにはさまざまなかたちや学び方が存在する。ここで紹介した三つのプロジェクトは一定以上の手応えを感じられるプロジェクトとなったが、意図してもそうならないこともある。確信はないものの、その成否にはプロジェクトに臨む指導側の姿勢が大きく関係しているように思う。それは、デザインとそれを支える技術・道具の関係性についていかに自由に発想し、実現までのプロセスも合めて考えてもらうかということであり、その目標設定の仕方が重要であると感じている。そのために、プロジェクト開始当初は、使用する技術をあまり固定的に考えないようにしている。とは言え、まったくの

ノープランではなく、使用する技術要素の選択肢をできる限り多く想定した上で、その実践内容や達成レベルは進行に応じて柔軟に変化させるつもりで臨んでいる。プロジェクトの開始後、デザインの展開方向、時間的猶予、参加学生の個々の専門性・力量・志向、必要なツール環境の有無、チームワークの特性などの状況を確認しながら、何らかのBIM技術が活きると予感できたときにダメ元で学生に提案してみる、という具合である。基本的にはプロジェクトを楽しんでもらうことが重要であり、失敗も歓迎しつつ、その延長として一つでも特徴的なBIM技術の活用ができればよいのではないだろうか。さらに、プロジェクト終了後に、実践内容や達成レベル、今後の可能性や課題などを確認できれば申し分ない。目標を上げ過ぎず、柔軟にBIM活用の最適化を楽しむ、という心構えが肝要と考える。

## 3 | 大学と社会をつなぐ

　近年の建築産業ではBIMを起点とした各種の変化・変革が連鎖反応的に起こってきており、もはやそれらは建築分野における一つの大きな情報流通のプラットホーム（p.84参照）もしくはプロトコルになりつつある。本書を通じて、それら一つ一つの具体的な様相が、そのベースにある考え方やポテンシャルが、そして将来的な可能性などまでもが多様なかたちで示されたのではないだろうか。一言でいえば、これからの時代にBIMや情報技術なしに建築産業は成り立たない、ということになるが、そのような社会に対して人材を輩出する大学の教育・研究がいかにあるべきか、大きく問われている。

　BIMを構成する一つ一つの要素技術には、それが生み出された必然性や有効なつかい方があるはずだが、その価値はつかう状況やつかい方によって大きく左右される。大学でのBIMを活用した教育・研究の取組み事例はまだまだ少なく、実践してみなければわからない面が多い。しかし、そのトライアル・アンド・エラーも含めての教育や研究であるという認識に立てば、さほどハードルは高くないはずである。BIMに関連した既製のツールは数多くあるが、それらを適材適所で有効に活用する柔軟な発想や、ツールの機能や制限に縛られないための学び方のビジョンを持つことが重要だと思われる。場合によっては、新しいツールをつくってそれを活用するような発想や、それをつくること自体を教育や研究の題材にするような発想もこれからは強く求められる。その点、本書では、BIMや情報技術の特性を活かした新しい学びのかたちが示されている。また、ここに紹介されていない、数多くのユニークな学びのかたちが存在するであろうことも想像に難くない。新たな建築産業や社会価値を築くために、次の時代に応じた新しいスキルや発想を持ったたくましい人材の育成が望まれている。そのような若い人材を育てるためのこれからの学びの環境はいかにあるべきか、柔軟な発想と継続的なチャレンジが期待されている。

# To BIM, or not to BIM.　What is the question?

BIMの何が問題なの?　—あとがきにかえて—

元岡展久 （お茶の水女子大学 基幹研究院）

「いくつかの建造を手がけたおかげで、ぼくはぼく自身を建造したように思う」

—————————————— ポール・ヴァレリ『エウパリノス　または建築家』より

## 本書はBIMの実践的手引書ではない

あらかじめ断っておきたいのだが、このあとがきを書いているのは、BIM の専門家ではない。BIM が今後どう発展するか、建築設計や建設現場においていかに有効かについては、本書に多く論考が含まれてある。BIM 最先端のつかい手がそろって著した本書の最後に、BIM 技術を語るような知識も経験も、私は持っていない。BIM についての読み違えもあるかもしれないが、その点は寛恕願いたい。ここでは、一読者として本書を通読したあと、建築教育という観点から所感を述べてあとがきとしたい。というのも、BIM 最前線を概説した本書が、日本建築学会の建築教育委員会の編集によるものであることの意義を強調したいためである。

\*

本書の執筆には、多くの BIM 専門家がかかわってきた。本書を読めば、BIM 推進から懐疑まで、その立場や視点に幅があることがわかる。この幅をもった BIM の概説を、ある一定の方針のもとに編集するという作業は、建築教育本委員会委員の澤田氏をはじめとする編集幹事が行った。この作業において、ネットワーク上に編集の場をつくり、各部の担当執筆者は、これに順次原稿を改訂

していく手順をとった。共同作業では、現在よく行われている方法だろう。これを、建築——その企画から設計、建設、運用、メンテナンスに至るまで——に高度に適応させたものが BIM なのだと、理解することもできる。もちろん、多数の執筆者による完全にオープンな書換えは想定されず、一定の方向性とルールが編集者から課せられた。各執筆者は、自分の役割を把握し、本著全体の方針を参照しながら各自の担当部の内容に呼応させる、というインタラクティブな創作が可能となる。最終的に、印刷し出版物として世に出すには、誰かがどこかで最終稿を決定しなければならない。その時点で、この本の内容は時間軸上に固定される。

BIM は、最先端の ICT を取り入れながら進化している。刻々と変化する技術を扱うのなら、wikipedia のように、常時ヴァージョンアップさせていくのがよいのだろう。本は、印刷された時点で、変化が止まることはいたしかたない。時間を経ると古くなるが、時間軸上に固定された知識の積み重ねが、歴史を生み出していく。本著は、新しい「建築知」の地層を固め、次に続く積み重ねのベースとなるはずだ。

BIM で設計された建物も、竣工した時点で一応、内容がフィジカルに固定される。誰が最終原稿を決定するのかという点は、設計においては、

その権限を持つものが「建築家」なのだろう。しかし実際の建物では、建設後も、大小多数の変化が生じる。BIM上では、建物のこうした変化に対応し続けることができる。まさに、多くの関係者によってオープンエンドにヴァージョンアップし続けていく様子は「都市」そのもの、との印象を受けた。

## 建築家の職能の変化、建築物の表記の変化

マリオ・カルポの『アルファベットそしてアルゴリズム』[*1]によると、元来、「BIMは、建物の構成要素をデザインし建設をしている間、それらのデータベースをまとめて管理するために考案されたテクノロジー」であった。そして現在、「この本の読み方」でまとめられたところによると、BIMは、「構築環境を操作対象としてモデル化し、つくり手が企画・計画・設計・施工（建築生産）において最適化を図り、つかい手が維持管理・運用・バリューアップの各局面で活用するためのライフサイクルを最適化するための知識源」というべきものにまで発展した。しかし便利かつ必須の技術でありながら、「いまだ建築にかかわる多くの人々がBIMの有用性を確認できないでいる」という。

本書においても多くの評者が強調するBIMの利点は、ある部分の変更に連動して、意匠、機能、環境、施工、建設費に関するヴァリエーションが、瞬時にシミュレーションできることにある。先述したような、複数ユーザーによるフラットでオープンな作業と、ヴァリエーションの同時生成の可能性は、ともに連動しつつBIMの効用を強化する。

フラットでオープンな「設計、施工、マネジメント」のツールは、強烈な自我によって芸術作品を創造する天才という、ヒエラルキックで閉鎖的な建築家像と、相性が良くなさそうだ。〈作品—建築家〉のように創作物と作家をセットとするとらえ方は、少なくともBIMによる設計プロセスでは希薄になるだろう。プロモーションや広告的な意味では残るとしても……。BIM時代の建築家の職能は、集団でつくり上げていく中世的な棟梁、あるいは「執筆者」との対比でいう「編集者」に近くなる。創造とは、手描き図面に、全身全霊を込めて理想や信念を刻み込むことだという言い

方は、銃による戦いの変化を受け入れられない侍たちが武士道にしがみつくような、懐古的な精神論——価値はもちろん、ある——に聞こえてしまう。フラットで等方向なコミュニケーションツールは、建築家個人の創造力を頂点とする価値ヒエラルキーを破壊する民主主義的建築ツールになるかもしれない。

さらに、BIMによって、現実の建築物とニアリーイコールな表記が仮想空間上に可能となることが、建築家職能ならびに建築教育にとって大きな変化を与えることになる。表記法の変化に伴う建築の変化についてはマリオ・カルポが、前述の著書で注目し、詳細な考察を行っているので興味ある方は参照されたい。

ルネサンス以降、建築の表記は、平面図、立面図、断面図という平行透視を基本とした図面によってなされてきた。この表記法をもとに、現在の建築設計教育も組み立てられている。音楽家が楽譜を読んで、頭の中に音楽を鳴り響かせるように、建築家は、図面を見て空間を想像上に建ち上げることができる。たとえば、ミース・ファン・デル・ローエの優れた評論を著した山本学治は、『巨匠ミースの遺産』[*2]を執筆する際、ミースの建物を直接見たことがなかった。「見なくてもわかる」と言ったそうである。図面が建築物そのものを示し、ミースの創造性は図面に刻み込まれているとの認識があったのだろう。見事にミースの創り出した建築の世界を文字上に描写した。当然、建築物の経験はその場に行かなければ不可能だ。しかしその特質を超えてなお、ある建築物が遠く離れて参照され、影響を与えるのは、この建築表記が共通に理解されるという基盤によるところが大きい。その表記が、BIMに変わるというのは、どういうことを意味するのだろう。

建物が建設される前に、仮想空間上に同等の建物をオブジェクトベースでつくり上げるというBIMでは、これまでの図面——CADや手描きにかかわらず、平行透視の二次元図面群——に比べ、建物とその表記がより厳密に対応する。建物のライフサイクルまでもが、BIMという言語によって正確に表記可能となるなら、その言語で考え、伝え、共同作業し、記録を残すことは、きわめて効率的である。

一方、伝統的な平面図、立面図、断面図といっ

た建築の図面表記も、理念上は、実際の建築物と同一のものが示されているはずだ。ただし創作過程をたどっていうならそれは逆で、つまり、実際の建物は、建築家がイメージする建築の表記（＝フィクション）から生み出された、「コピー」なのである。なので建築家は、表記ルールに基づき図面上に建築物を造り上げる。紙面に現れるのは抽象的な線を基本とした図であり、線には厚みがなく、ゆがみやぶれは極力排除される。やがて建築物が建設される現場の段階で、その線上に職人の技が施され、材料の手触りが展開される。

その結果、思考上で認識されたフィクショナルな建築（architecture）と、身体感覚によって感受されたフィジカルな建物（building(s)）とは、実際は一致せず、この両者のズレの程度に、実体験から感じる「雰囲気」や「印象」の温度差が現れる。建築設計教育とは、デザイン技術の習得である以上に、その時代の枠組みや個人の感覚をもとに、この図面表記と実際の建築物の間を繰り返し行き来し、脳内に、身体経験を伴う建築空間と、図面上の抽象的記号とを連動させたフィクショナルなイメージをつくり上げる訓練だといってよい。

情報技術が高度に進化したBIMにおいて、どのように情報と身体の間を埋めていくのか、まだ私には予想できない。ゆがみ、揺らぎ、ぶれ、不均一、手触り、こうした人間が肉体を持つ存在ゆえの特性をどのように意味づけ扱うのか。BIMによる高度に情報化された建築設計教育が重要であればあるほど、身体に基づく建築教育にも重要になっていくと、個人的にはそう思う。現地で住民とのコミュニケーションを重ねながらプロジェクトを進めていくことや、実際にものをつくるワークショップ型の設計教育が各地で行われているのも、こうした動きに対応しているととらえられる。

## BIMと建築教育

あらためて省みるまでもなく、建築教育の難しさとその貴重さは、幅広い領域とそれをまとめる全体性に特徴づけられる。構造教育もあれば歴史教育もあり、また専門家から市民・こどもまで、内容も対象も幅広い領域にわたる。同時にそれらは全体として一つの建築、ないしは都市、あるい

は文化に結びつけられている。技術や研究が、細分化することで専門性を深めてきたことに対していえば、建築教育はその逆のベクトルを持つ。ここにおいてBIMは、企画から設計、建設、運用、メンテナンスに至るまで、建築物の知識を統合し最適化するものであるゆえ、総合化を標榜する教育に親和性が高い。一方で、「情報化」できないもの、「最適化」で評価できないものを建築は有し、教育も有している。このことをどう位置づけるべきか。

新しい表記上のメディアを考えるときに想起されるのは、プラトンの『パイドロス』における「文字の発明」についてのエピソードである。ソクラテスは次のようなたとえ話を語る。エジプトに住む発明の神テウトは、算術、天文学などを発明したが、なかでも注目すべきは文字の発明であった。そのテウトは、神の王タモスのもとにゆき、自分の発明を披露し説明する。文字というものを学べば、エジプト人たちの知恵は高まり物覚えはよくなる。文字という発明は記憶と知恵の秘訣である、そう主張する。それに対しタモスは次のようにとがめる。人々が文字を学ぶと、記憶力の訓練がなおざりになり、魂のなかに忘れっぽい性質が植えつけられる。文字によって与えられる知恵というのは、知恵の外見であって、真実の知恵ではない。文字は記憶を想起させるきっかけであり、自分の力によって内から思い出すことをしないようになる、という。

「文字」を「情報」として読み替えれば、近年の情報技術革命に対する懐疑的な見方に類似する。AIの進化によって、分析や決定のプロセスは人間の理解を超え、形態も施工もマネジメントもブラックボックス化した彼方に最適化された結果が示される。その行く末は、人は考えなくなり、情報化されない技は伝承されず能力も退化していく……そういう警鐘は、すでに広く指摘されている通り。

『パイドロス』での対話は、「ものを書くこと」の議論として、もう少し続く。その趣旨はつまり、修辞におぼれ自己の中に作品以上のものを持たない者を非難し、真実のありようを知り自己の魂の中の知識・言葉に基づいて表現する者を讃えることである。これをBIM建築──そうした概念が生み出されるかは、いささか疑問だが──に当て

はめると、至極、自然なことが引き出せる。すなわち、BIM建築においても、魂の中の知識・真実に基づいた作品はよく、内容もない慰みのような作品はよくないということだ。「魂」や「真実」は最適化も数値化もできないので、それらが何かについてここで深入りしない。確かなのは、良いものと、そうでないものがあることで、それは、建築そのものの評価である。BIMという技術を用いたから良いのではなく、生み出された建築の評価、建築の価値を問う必要がある。

ブラックボックス化したプロセスによって生み出された建築物に、「最適化」以外の意図や意義を読み取るのは困難かもしれない。しかし、われわれはギリシャ時代のパルテノン神殿について、どのように設計され建設されたか明確に知り得ない状況にあっても、それを分析し、解釈し、学んできた。ギリシャつながりで、ここに18世紀ドイツの美術史家ヴィンケルマンを引こう。ギリシャ美術を評価し18世紀新古典主義につながる扉を開いたことで知られる彼の『ギリシャ美術模倣論』（1755）によれば、「すべての芸術は二重の究極の目的を持っている。それは人を楽しませると同時に人に教えるものでなければならない」とする。良い建築は、同時に人に何かを教えるものである。つくり手は、人に教えるべき意図を作品に含み、逆に、学ぶ者は、つくられた建築物からその意味や意義を読み取り、理解しなければならない、ということになる。建築の教育に求められることも、建物を建てる技術のみならず、それを解釈することである。

そもそも、「information」は、in - form の名詞形であり、その語源は、「教育する、かたちづくる、形を生み出す」を意味する。フィクショナルなイメージを、フィジカルな形態に具現化するための媒体が information であり、加えて、人々の意識に内的なイメージをかたちづくりそれを伝達することも information である。「BIM」のBuilding Information を、「建物の形をつくり出す」という方向でとらえるならば、技術的側面が強調されよう。その技術的威光に惑わされて、フィジカルな建物の形から、人々の意識や創造力の中に「建築」という計りえない姿を形成するという逆照射を見失ってはならない。本書の題となった『BIMのかたち』には、BIMによって生まれた「か

たち」から、人々の意識や認識上に「建築」や「文化」といった内的な形象の総体をつくり出すという意味も、含まれていると読む。

BIMによってどのような形を生み出すのか、そしてそこから私たちは何を学び、どう解釈し、歴史に位置づけていくのか？　建築という概念がどのように変わっていくのか？　BIMの技術教育と同時に、上述のような「かたち」を巡る、オープンエンドで絶え間ない作用反作用の往復運動を教育のなかで伝えていく必要がある。

\*

教育はいつの時代にあっても現代的なテーマであるとともに、将来を孕み、過去を背負う。今BIMが技術的に重要だというだけでは、教育的な必要性の検討は不十分である。本書の読者におかれても、BIMを学び、使用しながら、今後BIMによって生み出される建築の数々を見て、何を読み取るべきか、考えていただければと願うのである。

最後に、本書を執筆いただいた方々に、深くお礼を申し上げたい。本書は、建築教育委員会に設けられたBIM設計教育手法ワーキンググループでの幅広い議論があってこそ、陽の目を見ることができた。委員会に参加いただいた方々のさまざまなご協力に謝意を表したい。

また、彰国社、日本建築学会のご協力に感謝申し上げる。特に、本著の企画編集担当の鷹村暢子氏には多大なるご支援をいただいた。氏の率直な問い掛けは、とかく専門・カタカナ用語に依りがちな編集者の思い込みを露わにし、読者目線への修正を促した。心から感謝申し上げる。

\*1 『アルファベット そして アルゴリズム：表記法による建築―ルネサンスからデジタル革命へ』マリオ・カルポ著、美濃部幸郎訳、鹿島出版会、2014
\*2 『巨匠ミースの遺産』山本学治・稲葉武司共著、彰国社、1970（新装版2014）

重要語集
執筆者略歴

# BIMと社会的背景を理解するための
# 重　要　語　集

澤田英行 (芝浦工業大学)　　網川隆司 (前田建設工業)

## 数字

### 2D-CAD：two-Dimensional Computer-Aided Drafting (Drawing)

平面上に線・図形・文字データを入力するCAD。手描き製図の手順、個々の約束事 (プロトコル )をコンピュータ上で再現・表現する技術・方法。製図情報・行為をデジタル情報に置換し、集積・整理・再利用を可能とすることで作業を効率化し、他者との情報共有が図れるようになった。データはレイヤで分類し、作図対象別に編集・管理できる。図面間の整合はデータの重ね合せで行う。三次元の対象物を投影し二次元に変換する作業は作図する者の能力に依存する。
⇒ CAD

### 3D-CAD：three-Dimensional Computer-Aided Design

空間上に3D形状を入力するCAD。三次元の物体を現実の寸法体系でコンピュータ上に再現・表現する技術・方法。3Dモデルには、線で構成する「ワイヤー・フレーム」、面で構成する「サーフェス」、中身の詰まった塊で構成する「ソリッド」がある。ワイヤー・フレームはデータ量が少ないため表示速度に優れ、サーフェスは複雑な形状のモデリングを得意とする。またソリッド・モデルは体積や重心などの計算が可能になるなど、それぞれの特性があり用途で使い分ける。人間の空間認識を支援し、より身体的・感覚的に使用できる。建築生産用図面としては参考・補足的な存在である。

### 3D-オブジェクト CAD：three-Dimensional objective Computer-Aided Design

汎部品・部材などの構成要素「3D-オブジェクト」を配置するように入力するオブジェクト指向に依存したCAD。オブジェクトには属性情報や振る舞いが設定できるため実際の生産と近似した要素構成と体系が構築でき、オブジェクトの集積と統合により仮想建築を実現することができる。本書で示すBIMの可能性を具現化する技術的・方法論的基盤。建築生産ライフサイクル全般に適用できる技術として期待される。
⇒オブジェクト指向、3.1.1参照

## 欧文

## A

### ACONEX

エイコネックス。BIMに対応したオンライン・コラボレーション・プラットフォーム。ドキュメントと同様にIFCを読み込んで表示できる。Oracle社開発。
⇒ CDE、IFC、プラットフォーム

### AI：Artificial Intelligence

人工知能。人間の脳の構造を模したコンピュータ・プログラムが、対象とするデータの特徴を繰り返し解析 (学習) し有用な規則性を抽出することでアルゴリズムを高度化する技術。特定の仕事を学習によって実行できるようになる「機械学習 (データの特徴は人が定義)」、さらにコンピュータ自身が特徴を定義できる「ディープ・ラーニング」がある。特定の問題を処理するための「弱いAI」と、人間の知能そのものを再現しようという「強いAI」に区分される。
⇒アルゴリズミック・デザイン、ディープ・ラーニング

### API：Application Programming Interface

OS (Operating System) やアプリケーションを、外部のプログラムから呼び出して利用するためのインターフェース (手順・記述方法・データ形式などを定めた規格・仕様)。APIを公開することで、機器とサービスを組み合わせた複合的なサービスを提供することが可能となる。
⇒アプリケーション

### AR：Augmented Reality

拡張現実。現実空間 (人が知覚する視野の中) において、スマートフォンやタブレットなどのデジタル・デバイスを介して、場所に関するデジタル情報を重ねて閲覧確認できる環境をつくり出す技術。
⇒ MR、VR、デバイス

### ARCHICAD

アーキキャド。主に建築設計系の機能充実を図った3D-オブジェクト CAD (BIMソフトウェア)。GRAPHISOFT社開発。

## B

### BEP：BIM Execution Plan

BIM-実行計画書。特定のプロジェクトにおいてBIMを利用するために必要な設計情報に関する取決め。BIMを活用する目的、目標、実施事項とその優先度、詳細度 (LOD) と各段階の精度、情報共有・管理方法、業務体制、関係者の各役割、システム要件などを定め文書化したもの。プロジェクトの関係者間で事前に協議し合意の上、要件書として発行する。
⇒ LOD、ネーミング・ルール、プロジェクト・ルール

### BEMS：Building Energy Management System

建物の設備機器や居住環境の情報を集中管理し、室内環境とエネルギー性能の最適化を図るためのビル運用管理システム。BIMと連動させ、空間ごとの三次元的把握やタッチパネルでの操作を可能にするなど、運用・制御を効率化・合理化する技術が開発されている。

### BIM-オーサリング：BIM-authoring

建築の構成要素をオブジェクトとして集積・統合し、その一部あるいは全体をBIMモデルとして構築し編集する作業。BIMモデルを基盤に新たな情報を加えたり新たな価値を制作する行為全般。BIMモデルから各局面で必要とされる図面などのドキュメントを取り出したり作成することも含む。
⇒オブジェクト

### BIM/CIM推進委員会

国土交通省がSociety 5.0を見据えて設立したBIM/CIMの概念を総合的に再構築するための組織。「CIM導入推進委員会」として設立された組織をもとにBIM/CIM関連情報を包含した委員会に改称。土木分野における国際標準化、BIMの国際的進展の動向を背景に、BIM/CIMの利用を推進する体制を構築。2019年4月には「今後のBIM/CIM運用拡大に向けた整理」と題し、「三次元データ利活用」の方針、方法、今後の取組み (ロードマップ) が示された。国土交通省、2018年。
⇒ CIM、i-Construction、Society 5.0

## BIMForum

建設産業におけるBIMの導入と促進を目的としたアメリカの企業提携団体。業界全体でのOPEN BIM標準の活用を促進しサポート活動を行う。buildingSMART Internationalのアメリカ支部。https://bimforum.org/
⇒ buildingSMART、OPEN BIM

## BIM-ガイドライン：BIM-guideline

主として国土交通省の定める「官庁営繕事業における BIM モデルの作成及び利用に関するガイドライン」（2014年）を指す。同様に他にもさまざまな団体がBIMの運用を定めたガイドラインを公開している。

## BIM-サービス・プロバイダ：BIM-service provider

委託を受けBIMに関するサービスを提供する業態。メーカーやベンダーとは異なる立場でBIMの活用や導入支援を行う。
⇒サービス・プロバイダ

## BIM-マネージャ：BIM-manager

BIMを活用するプロジェクトにおいてBIMの知識・方法・技術を理解し、関係組織間においてプロジェクト情報の共有、データ交換などの調整業務が果たせ、運営・管理ができる人材。

## buildingSMART

建設業界全体でソフトウェア間の相互運用性を向上させるために、BIMモデルの構成要素であるオブジェクトのシステム的仕様定義の標準化（IFC）を進める国際的規模の団体。1995年に設立（旧称 IAI）。一般社団法人 buildingSMART Japanは日本支部。
⇒ IFC

## Build Live Japan

一般社団法人 buildingSMART Japan主催のBIM活用を条件とした建築設計競技。現実にある敷地条件と設計要件が与えられ約1週間でプレゼンテーション資料一式をIFCデータで提出することが求められる。デザインプロセスがリアルタイムでネット上に公開されるのが特徴。
⇒ buildingSMART、IFC

# C

## CAD：Computer-Aided Design（Drafting、Drawing）

コンピュータ支援設計（製図）。「設計」なら [design]、「製図」なら [drafting/drawing]。コンピュータを用いて設計あるいは製図するためのソフトウェアやシステム。建築や土木などの構築物や機械・電気系の工業製品の設計に使用される。用途を限定したCADから汎用的 CADまで種類は幅広い。
⇒2D-CAD、3D-CAD、3D-オブジェクトCAD

## CADWe'll Tfas

キャドウェル・ティーファス。3D-オブジェクトCAD（BIMソフトウェア）に対応した建築設備専用のソフトウェア。ダイテック社開発。

## CAE：Computer-Aided Engineering

工業製品の設計・開発を支援するコンピュータ・エンジニアリング・システム。試作・テストをコンピュータ上でシミュレーションし分析するため工程が短縮できる。

## CAM：Computer-Aided Manufacturing

コンピュータ支援製造。工業製品の製造を行うために、工作機械で使用する形状データを作成し製造を支援するためのシステム全般。

## CATIA

キャティア。もともとは航空機や自動車などの製造分野の設計用として開発されたハイエンド 3D-CAD。フランク・ゲーリーの建築プロジェクトなどで使用され、後にゲーリー・テクノロジーズ社によって建築向けの機能を補完した「Digital Project」（BIMソフトウェア）が開発された。ダッソー・システムズ社開発。

## CDE：Common Data Environment

建築生産ライフサイクルにおいて設計・施工・製造・運用・維持管理など各段階の関係者が、設計・施工情報（二次元、三次元、その他関連情報）を共有し受け渡すための環境。情報共有やデータ交換を円滑化する約束事や手順、システム要件などを含む。クラウド・サーバを介して実行され、関係者の実行記録や承認フローが明確化できる。
⇒クラウド・サーバ

## CES：Consumer Electronics Show

アメリカ、ネバダ州ラスベガスで開催されるエレクトロニクス関連製品の大規模な業界向けの見本市。新製品だけではなく実験的な試作品も多く展示される。

## CFD：Computational Fluid Dynamics

数値流体力学。流体運動の基礎方程式をコンピュータで数値計算・解析し、空気や水の流れを可視化し観察する手法。近年ではBIMデータをIFC形式で読み込んで手軽にパソコンで検証できるソフトウェアも多い。
⇒ IFC

## CIM：Construction Information Modeling

BIMが建築物を対象にするのに対し、CIMは土木分野におけるインフラ・ストラクチャなどの構築物を構成する要素をオブジェクトとしてデジタル・モデル化するもの。いずれも3D-オブジェクトCADを基盤とし、同じ性能・特性に依存するため、将来的には建築/土木の異なる分野が融合し、生活・都市環境を空間－建築－インフラ－国土－地球といった一つのシームレスな環境としてシステム・モデル化でき、包括的な視点で問題解決するプラットフォームが構築可能。
⇒3D-オブジェクト CAD、プラットフォーム

## CNC：Computer Numerical Control

コンピュータ数値制御。コンピュータによって工作機械の動作（移動量や移動速度など）を数値制御すること。CNC機器は個々の工作機械に依存した部分をコンピュータで自動プログラミングするため、従来のNC機器より加工工程の制御や補正が容易といわれる。

## COBie：Construction-Operations Building information exchange

コビー。設計・施工段階から運用段階へと建物情報を受け渡すために使われる表計算形式のデータ・フォーマットであり、BIMのデータ交換基準であるIFCとの連携が図られている。
⇒ IFC

## CPS：Cyber-Physical System

現実（フィジカル）空間に存在する膨大で多様なデータをセンサ・ネットワークなどで観測・収集し、仮想（サイバー）空間に連携接続して、コンピューティングパワーで分析することによって不可視の問題を発見し高度な解決策を見出すためのシステム。

# D

## Dynamo

ダイナモ。Revit上で動作するグラフィカルなプログラミング・インターフェース（VPL）。モデルの形状や情報の抽出をコントロールできる。AUTODESK社開発。
⇒ Grasshopper、Revit、VPL

# E

## EWS：Engineering Work Station

特にグラフィック処理や数値演算に優れたコンピュータ。高度な画像処理を行うためのGPU（Graphics Processing Unit）処理装置が搭載されている。

# F

## FORGE

フォージ。AUTODESK FORGE。同社のクラウド・サービスの諸機能をWebサービス API

やフレームワークとして公開する開発プラットフォーム。設計・施工・製造のデザイン情報を、ソフトウェアに左右されずクラウド上で変換して他のWebサービスとつなぎ、加工・編集・カスタマイズし、維持管理・IoT・AIなどのつかい手志向のインターフェースにも活用が可能。AUTODESK社開発。
⇒ AI、API、IoT、プラットフォーム

## FUSION360
3D-CAD ／ CAM ／ CAEを総合したデザイン・製作支援ツール。製品開発の設計から製造まで、すべてのプロセスを一つのプラットフォームでつなぎ、シームレスで統合的なものづくりが可能。AUTODESK社開発。
⇒3D-CAD、CAE、CAM、シームレス

# G

## GAFA
ガーファ。Google、Apple、Facebook、Amazonの頭文字を取った言葉で、さまざまな個人データを世界的に圧倒的な規模で集めてそのデータを活用してビジネス展開し、高い収益を誇る、時代をリードする代表的企業。

## GIS：Geographic Information System
ジー・アイ・エス。地図上で各種統計データを表示し、視覚的、空間的に諸情報を横断的に把握できる地理情報システム。日本の統計が閲覧できるe-STAT（政府統計ポータルサイト）で閲覧可能。地図で見る統計（ｊSTAT map）など。ArcGISは、応用的なGIS分析ツール。特定の組織業務のワークフロー（情報収集・分析・共有・利用）を地理的視点から活用できるプラットフォーム。Esri 社開発。
⇒プラットフォーム、ワークフロー

## GitHub
ギットハブ。ソフトウェア開発のプラットフォーム。ソース・コード（プログラミング言語で書かれたプログラム）を専用サーバでデータ管理する（ホスティング）。分散型バージョン管理システム（Git）を使用し、複数の開発者がコンピュータ上で同時に作業できるためソフトウェアの協働的な開発が可能。GitHub社開発。
⇒プラットフォーム

## GLOOBE
グローブ。日本発祥の3D-オブジェクトCAD（BIMソフトウェア）で日本仕様の建材や法規のツールが充実している。福井コンピュータアーキテクト社開発。

## GPU：Graphics Processing Unit
3Dグラフィックなどの画像処理に強い演算装置あるいはプロセッサ（processor）。CPU

（Central Processing Unit： 中央演算処理装置）に比して並列演算性に優れる。

## Grasshopper
グラスホッパー。Rhinoceros上で動作するグラフィカルなアルゴリズム・エディタ（VPL）。Rhinoceros専用のモデリング支援ツール。さまざまなオブジェクトを生成・変形・編集、関数、表現・表記のためのコンポーネント群がラインナップされている。
⇒ Dynamo、VPL、Rhinocceros、オブジェクト、コンポーネント

# H

## HMD：Head Mounted Display
ヘッド・マウント・ディスプレイ。三次元モデルを立体視する頭部装着の小型ディスプレイ装置。VR（仮想現実、人工現実感）やMR（複合現実）などの技術によって生成した立体的な映像を装着者の視界に直接現れるかのように表示する装置。ゴーグル型、眼鏡型などがある。
⇒ MR、VR

# I

## ICT：Information and Communication Technology
情報通信技術。PCやインターネット、通信インフラなどを用いて情報を伝達する技術のことで、IT（Information Technology、情報技術）とほぼ同義だが、ICTではコンピュータ技術のみならずその活用やコミュニケーションにも着目し、ソーシャル・メディアやAIなどのサービス、ビジネスも範囲に含む用語。
⇒ AI

## i-Construction
国土交通省が立ち上げた20の「生産性革命プロジェクト」の一つ（2018年に11を追加）。建設生産システムにICT・CIM・ドローンなどのテクノロジーを導入し、① ICTの活用、② コンクリート工事の規格標準化、③ 施工時期の平準化（年間を通じての施工）などにおいて、労働環境改善、生産性向上を図ろうとするもの。
⇒ BIM/CIM推進委員会、CIM、ICT

## IFC：Industry Foundation Classes
buildingSMARTが 策 定 する、異 なるソフトウェア間でBIMモデルの設計情報を有効に相互運用することを目的としたオブジェクトのシステム的仕様定義の標準。buildingSMART Internationalにより開発・維持されており、2013年にリリースされたIFC4が現在主流。
⇒ buildingSMART、CDE、オブジェクト

## Industrie 4.0
インダストリー4.0。第四次産業革命。ドイツ政府が掲げる「高度技術戦略の2020年に向けた実行計画（2011年）」における一つの技術政策。サイバー・フィジカル・システム（Cyber Physical System）をもとに製造業のコンピュータ化を進展させ、生産にかかわるあらゆるデータのセンシング・分析から、自律的な最適化を図る生産システムの構築を想定している。
⇒ CPS

## IoT：Internet of Things
モノのインターネット。生活を支えるさまざまなモノ（建物部品やインフラの部位など）にIT機能を持たせインターネットに接続し情報システムに組み込むことで、遠隔の状況をリアルタイムでセンシング、モニタリングし、システムの自動制御や遠隔操作ができる。

## IoT 推進ラボ
経済産業省が中心となり、IoTなどにより新たなビジネスモデルを創出することを目指す先進的モデル事業推進ワーキング。

## IPD：Integrated Project Delivery
設計者、エンジニア、請負業者、発注者などのプロジェクトの関係者が計画の初期の段階から協力し、最適な施設を建設するという共通目的のもとで全体の最適化を可能とする協業形態。

# L

## LOD：Level of Development
BIMモデル情報の詳細度レベルを数値で示したもの。数値が大きいほど詳細度が高く、通常 LOD 100・200・300・400・500のように示される。モデルの詳細度レベルに合った属性情報の質と量の関係を定め検証し、伝達すべき内容を対応させることで、無駄にデータを大きくせず、目的に見合った合理的な情報共有の指標となる。
⇒ BEP

# M

## MR：Mixed Reality
複合現実。ARとVR技術を融合し、3Dデータを 実 寸 大 で 現実世界 に 重 ね 合 わ せ、バーチャルな世界をよりリアルに体験（身体で操作）できる技術。例としてMicrosoft HoloLensがある。
⇒ AR、VR

# N

## Navisworks
ナビスワークス。複数のBIMデータを集

約し干渉チェックやモデル調整を行いモデル・レビューを行うためのソフトウェア。AUTODESK社開発。

## O

**OPEN BIM**
IFCなどの中間ファイル形式を用いて、異なるソフトウェア間での互換性が担保されたソフトウェアの依存性が少ないBIM利用環境を構築する概念。円滑なデータ連携をベースにしたワークフローを実現した協業スタイルであり、IFCをサポートしていれば目的に応じて最適なツールで参加が可能。
⇒ BIMForum、IFC、中間ファイル形式、ワークフロー

**OPR：Owners Project Requirements**
主にコミッショニング（建物の所有者やつかい手の要求性能の確認過程）において必要となる、発注者の要求事項をまとめた企画・設計要件書。本来は発注者側で作成したいものだが、建設行為に不慣れな場合は社外機関でまとめることもある。
⇒コミッショニング

## R

**Reblo**
レブロ。3D-オブジェクトCAD（BIMソフトウェア）に対応した建築設備専用のソフトウェア。NYKシステムズ社開発。

**Revit**
レビット。建築設計系の他に構造エンジニアツールやMEP（機械・電気・配管）ツールがある3D-オブジェクトCAD（BIMソフトウェア）。AUTODESK社開発。
⇒3.1.1参照

**Rhinoceros**
ライノセラス。製造分野をはじめ多方面で使用されている三次元モデリング・ソフトウェア。曲面などの自由形状のモデリングや解析的な用途に優れている。Robert McNeel & Associates社開発。
⇒ Grasshopper

**RPA：Robotic Process Automation**
ソフトウェア・ロボット（決められた方法に従って自動的に処理を行う仮想知的労働者）の活用によって、主にホワイトカラー業務の定型的な部分における自動化を実現する技術。

## S

**SketchUP**
スケッチアップ。三次元空間を見た状態で

直感的にモデリングできる3D-CAD。無償版も提供されていることから広く普及している。開発元 Last Software社、後に Google、現在は Trimble 社が開発を続けている。

**Society 5.0**
ソサエティ 5.0 。日本政府が掲げる人類史上5番目の新しい社会「超スマート社会」のこと。AIやIoTといったテクノロジーを活用し、ITによるサイバー（仮想）空間とフィジカル（現実）空間を融合させる「サイバー・フィジカル・システム」（Cyber-Physical Systems：CPS）により、経済の発展や社会的課題の解決を目指す「人間中心の社会」に向けた取組み。すべての人とモノがインターネットを介してつながり、さまざまな知識や情報が共有され、今までにない新たな価値が生み出され、さまざまな課題や困難が克服できるとされている。ロボットやAIの活用もこれに当たる。
⇒ AI、CPS、IoT

**Solibri Model Checker**
ソリブリ・モデル ・チェッカー。複数のBIMデータを集約し、干渉チェックやモデル調整を行い検証内容をフィードバックするためのソフトウェア。Solibri社開発。

## T

**TAT：Turn Around Time**
コンピュータに指示を出してから結果が出るまでに要する時間。

**Tekla Structures**
テクラ・ストラクチャー。3D-オブジェクトCAD（BIMソフトウェア）に対応した三次元構造モデルを作成・管理できるソフトウェア。Trimble 社開発。

## U

**Uniformat**
ユニフォーマット 。CSI（アメリカ建築仕様書協会）が制定した建築積算にかかわるコードの体系で、工種別の標準仕様書（マスター・フォーマット）の仕様情報を体系的に管理できるシステム。

**UX：User Experience**
ユーザー・エクスペリエンス。ユーザー（つかい手）が、アプリケーションなどの製品・サービスを操作する際に、楽しさや心地よさを感じさせるインタラクティブな認知を誘発する総合的な効果。
⇒アプリケーション、インタラクティブ

## V

**VDC：Virtual Design and Construction**
BIMによって仮想空間上で設計を行い、施工をシミュレーションする手法。一定のLODが実現している必要があり、設計から施工までを一貫して担うBIM-コンサルティング・サービスを専門とする企業もある。
⇒ LOD

**Vectorworks**
ベクターワークス。BIMに対応した汎用CADソフトウェア。プレゼン機能が充実。Nemetschek Vectorworks社開発。

**VPL：Visual Programming Language**
コンピュータ言語で入力するプログラミングではなく、さまざまなメソッドや機能がプログラムされたビジュアルなアイコンを接続して論理回路を構成し、プログラミングする手法。コマンドはアプリケーションに依存するが、多彩なコンポーネントが用意されており、感覚的に組み合わせることで自由にプログラミングできる。Visual Codingともいう。
⇒ Dynamo、Grasshopper

**VR：Virtual Reality**
仮想現実、人工現実感。現実の、あるいは想像上の世界をCGなどによってコンピュータ上につくり出す技術。
⇒ AR、MR

---

### 和文

## ア

**アカウント：account**
ユーザー（コンピュータ・システムの利用者）がネットワークを通して、コンピュータ、Webサイトなどにログインするための権利。ユーザーに割り当てられたアカウントをユーザー・アカウントという。

**アジャイル型フロー：agail**
アジャイルは、機敏な、迅速に、の意。ソフトウェア開発の手法の一つ。開発目標を階層的デザインプロセスで設定し、機能開発を一つずつ、観察・発想・試作・テストの短いサイクルを反復（イテレーション）的に実行する。要求仕様の変更に対して臨機応変に対応する適応的開発手法。複数の開発者とユーザー（顧客を定義する者）が短期間で効率的に協働してワークするため、多角的・多元的な価値創発が可能となり、開発に伴うリスクを減ずることができるとされる。
⇒ウォーターフォール型フロー

## アプリケーション：application

PCに設定されたOS上で動作する特定の作業のためのアプリケーション・ソフトウェアの略称。建築産業では、2D-CAD、3D-CAD、3D-オブジェクト CAD（BIMソフトウェア）など建物をはじめとした構築物の設計・施工・製造、さらには運用・維持管理までを含む建築生産ライフサイクルの各段階における目的のために開発されたさまざまなアプリケーションがある。

## アルゴリズミック・デザイン：algorithmic design

特定の条件下にある問題を解析するための定式化された手順（アルゴリズム）に基づいて形状や仕組みを生成するデザイン手法。自然の物理的な様態に潜む複雑なアルゴリズムをコンピュータの情報処理技術を用いて抽出しデザインに応用するなど、従来の単純なジオメトリック（幾何学的）中心の発想から設計者の想像力を拡張するような、さまざまな取組みがある。
⇒ジェネレーティブ・デザイン、パラメトリック・デザイン

## イ

## イー・コマース：e-commerce

eコマース、ECなどと表記。インターネット上のネットワークを介して商品を広告、販売、決済、出荷などを行う電子商取引。オンライン・ショッピングなど。ブロック・チェーン技術（1.3参照）の確立に伴い、特定のサーバを介さない売り手と買い手（PtoP：peer to peer、P2P）の直接取引も活発化しつつある。

## 位置情報測位技術

携帯電話など電波を発信する機器の位置を把握する技術。衛星測位と屋内測位があり、測位技術もGPS（Global Positioning System）、ビーコン、Wi-Fi、IMES（Indoor Messaging System）などがあり、位置情報がさまざまなサービスに活用される。

## インターフェース：interface

界面、接触面、中間面などの意。PCや周辺機器など異なる機器・装置の間を接続して交信や制御を可能にする入出力の接続部分。人間がコンピュータ操作をしやすくする技術をユーザー・インターフェースという。

## インタラクティブ：interactive

相互作用の意。情報の送信者と受信者が固定されず双方向で対話的にやり取りができる状態。送信者の情報に応じて受信者が反応を示すことで、情報が刻々と変化し新たな価値を生み出す仕組みの性質をいうこともある。

## インテグラル型：integral architecture

複数の構成要素が相互に関連し、依存し合いながら機能を構成する工業製品や建築物などのつくり方。高度な連携・調整能力を必要とし、相応の生産コストと時間を要する。設計変更や生産体制の見直しなどに対応しにくいとされる。すり合わせ型。
⇒モジュラ型

## ウ

## ウォークスルー：walk-through

通り抜け、実地検証などの意。コンピュータ・ゲームや3D-CAD、VRなどで構築された仮想的な三次元空間をまるでそこにいるかのような視線で自由に歩き回って体験する表現手法。シミュレーション・ゲームや建築デザインのプレゼンテーションに利用される。動画形式もある。

## ウォーターフォール型フロー：waterfall

順次的な、の意。カスケード（小さな滝が連なる様子）を水が落ちるように時系列上に組まれた作業工程に沿って進捗管理する開発手法。開発目標を定め工程と期間を順序立てて計画するので、進捗管理、人員計画などに対応しやすい反面、工程上での仕様や体制の変更に対応しにくいとされる。
⇒アジャイル型フロー

## エ

## エージェント：agent

代理人、仲介人の意。一定の機能や指向性を持った要素。IT分野では、ユーザーの目的を代理したコンピュータ上の振る舞いを説明する論理的モデルのこと。複数のエージェントを構成した人工社会（マルチ・エージェント）において異なるエージェントの相互作用をシミュレーションするシステムを、マルチ・エージェント・システムという。
⇒振る舞い、マルチ・エージェント

## オ

## オーサリング：authoring

映像、音楽、文字など異種のデータをコンピュータ上で組み合わせ、新たなコンテンツやソフトウェアを制作すること。BIMでは、建築の構成要素をオブジェクトとして集積・統合し、その一部あるいは全体をBIMモデルとして構築し編集する作業。BIMモデルに価値を付加したり引き出す行為であり、モデルから図面を作成するのもBIM-オーサリングの一つ。複雑なプログラミングを用いずマウス操作など直感的な方法で作業を進めるアプリケーションをオーサリング・ツールという。
⇒オブジェクト

## オープン・イノベーション：open innovation

組織を限定せず、企業間や産学間など異業種・異分野が持つ技術やアイデア・サービス・ノウハウ・データ・知識などを組み合わせ、革新的なイノベーションを生み出す方法論。

## オブジェクト：object

物理的な質や抽象的な意味を属性情報（プロパティ）として定義された、コンピュータ・プログラム上の処理・操作の手続き（メソッド＝処理・操作の内容を記述したプログラム）を介して操作対象となる実体的な存在。
⇒オブジェクト指向、カプセル化、3.1.1参照

## オブジェクト指向：object-oriented

さまざまなオブジェクトを組み合わせ、相互に関連づけて作用させることで、ある性質や働きを発現するシステムを構築する方法。
⇒オブジェクト、3D-オブジェクト CAD

## カ

## カプセル化：encapsulation

ある性質や働きに向けて定義づけられたデータ群とその処理・操作の手続き（メソッド）をオブジェクトとして一つの単位にまとめ、外部からのメッセージに応じて情報や手続きを提供する仕組み。操作に必要のない内部構造は見えなくなっている。
⇒オブジェクト、オブジェクト指向

## キ

## 共起ネットワーク

テキストマイニングで、共起的に出現した言語パターンから同質のワードを線で結んだネットワークで示す方法。
⇒テキストマイニング

## ク

## クラウド：cloud

雲、（鳥などの）大群の意。インターネット経由でユーザーにソフトウェアやデータベースなどの大規模データを活用できる環境を提供するサービス。その利用環境をクラウド・コンピューティングという。またインターネットを介した業務受発注形式のWebサービスをクラウド・ソーシングという。
⇒クラウド・サーバ

## クラウド・サーバ：cloud server

ユーザーがインターネットを介して利用できる、個人や特定の企業内でなくWeb上に存在するサーバ（クライアント＝特定のデータ、機能・サービスなどを提供する個のコンピュータ）。
⇒ CDE、クラウド、シン・クライアント

# ケ

**ゲーム・エンジン：game engine**
IT分野でいうエンジンとは、ある特定の機能・サービス・コンテンツを提供するソフトウェア。ゲーム・エンジンはコンピュータ・ゲーム専用。CG (computer graphics) 用のプログラムをもととして、さまざまなゲームにおける動作の処理に共通して応用される、対象を特定しない汎用的なプログラムの総称。

# コ

**コミッショニング：commissioning**
建物の所有者やつかい手の要求性能を確認する過程。建築物やその設備について、企画から設計、施工、運用・維持管理までの各段階において、性能の検証を行うこと。中立的な第三者が行う場合がある。
⇒ OPR

**コンカレント型：concurrent**
同時（発生）の意。主に計画・設計における順時的な工程内容を一部同時並行的に作業するプロセス手法。実現には関係者の情報共有環境や協業体制を整備する必要があり、BIM・CIMによる一元的な情報共有、協働作業を行えるワーク環境によって可能となる。
⇒ BIM, CIM、ワークフロー

**コンテック：Con-Tech**
建設 (Construction) と技術 (Technology) を組み合わせた造語で、建設業を対象とする主としてITを用いた新しいサービスや技術、およびそれらを提供するベンチャー企業のこと。

**コンポーネント：component**
一般に工場製作されて現場に搬入される建物要素のことだが、BIMソフトウェアではプロジェクト独自のファイルとは別に共通ファイルとして保存された建具・家具・設備器具、あるいは特定の処理・操作の手続き（メソッド）など、プロジェクト間で汎用可能なオブジェクト・データ群を指す。
⇒3D-オブジェクト CAD、オブジェクト

# サ

**サービス・プラットフォーム：**
**Platform as a Service**
PaaSと表記。ソフトウェアなどの実行をインターネット上のサービスとして提供するためのシステム。特によりオープンで流動性や可変性の高いシステムに関して、境界の壁が見えないイメージから「システム」よりも「プラットフォーム」という言葉が使われる傾向がある。

⇒プラットフォーム

**サービス・プロバイダ：service provider**
一般にプロバイダ（供給者、提供者の意）とは、ユーザーとサブスクリプション契約を結び、インターネット上で使用できるサービスや商品を提供する事業者。BIMにおいては、ICT環境とBIMソフトウェアの性能・特性を活かして、建築の設計・施工・製造・運用・維持管理など建築生産ライフサイクルの各業務とワークフローを円滑につなぎコーディネートするサービス業務を行う組織。
⇒ BIM-サービス・プロバイダ、サブスクリプション、ワークフロー

**サーフェス・モデル：surface model**
主要な3Dモデリング・ソフトウェアには、サーフェス（立体を頂点とその間に張られた面で表現）系のモデラと、立体の中身の情報を前提として持つソリッド・モデラがある。サーフェス系は主に建築系やグラフィック系で用いられ、ソリッド系は機械や工学系 CAD（建築生産全般も含む）として用いられることが多い。
⇒3D-CAD

**サステナビリティ：sustainability**
持続可能性。あるシステムが長期的に機能や働きを維持可能とする状態。世代を超えて欲求を満足させ環境保全と共存できる開発の取組みが問われている。SDGs (Sustainable Development Goals) の開発目標。

**サブスクリプション：subscription**
ある商品やサービスを一定期間利用したり権限の提供を受けることに対して定額料金を支払う方式。

# シ

**シーケンス：sequence**
一続き（のもの）、の意。IT分野では一続きに並んだ配列、リストのようなデータ構造や手順。

**シームレス：seamless**
継ぎ目のない、の意。ここでは異なる専門業種などの垣根が従来に比べて低く、一続きのワークフローとして捉えることができる状態をいう。
⇒ワークフロー

**ジェネレーティブ・デザイン：**
**generative design**
生成的設計、の意。ここではコンピュータ上のあるオブジェクトの振る舞い（メソッド）を自動生成する技術。特定の規則や定義（特性・仕様にかかわる数値的条件）を設定し

た上で生成過程を再現し、視覚化、最適化する技術。自然の進化過程をモデル化しある法則を見出し、人の頭脳では思いつかなかった発想が誘発されるようなデザインアプローチを指すこともある。
⇒アルゴリズミック・デザイン、オブジェクト、パラメトリック・デザイン、振る舞い

**ジオメトリ：geometry**
幾何学、の意。コンピュータ・グラフィックスにおいては描画するオブジェクトの形状や図形の関数や数式のパラメータを表すデータ群。数学的なルールに基づいて生成された形状のことを意味することもある。
⇒オブジェクト

**シミュレーション：simulation**
複雑な現象を再現可能なモデル（数式化、デジタル化による論理的モデル）をつくり、解析したい条件下（パラメータ数値の設定）において模擬的に実験し、現象の構造・メカニズムを解明すること。

**シン・クライアント：thin client**
ユーザーのコンピュータ（クライアント＝特定のデータ、機能・サービスなどを提供する個のコンピュータ）機能を最小化して軽くし、クラウド・サーバで大容量のデータや多様なアプリケーションなどを集中的に運用・管理する方式。情報のインターフェース（入出力）と通信機能のみを持たせた、情報処理・保存機能を持たないコンピュータをゼロ・クライアント (zero client) ともいう。
⇒アプリケーション、クラウド・サーバ

**人工技能**
吉川恒夫京都大学名誉教授によれば、人工知能を人間の知能作業の代行とするなら、そのアナロジーで、人工技能は人間の技能作業を機械化することに相当する。

# ス

**スマート・シティ：smart city**
ICTや環境技術などの先端技術を駆使し、街全体のエネルギーの有効利用を図ることで、省資源化を徹底した環境配慮型都市。
⇒ ICT

**スマイル・カーブ：smiling curve**
主に電子産業や産業機器分野における付加価値構造を表す曲線。横軸にバリュー・チェーン上の諸活動、縦軸に付加価値額をとると、人が笑っているときの口の形（逆「へ」の字）を描くとされ、この曲線をスマイル・カーブと呼んでいる。
⇒バリュー・チェーン

# セ

## 施工自動化
労務不足の背景からICTを現場レベルで活用する試みの中で、主に建設機械を無人化あるいは一部を自動で作動させる試み。精度の高い測位システムと計画の3Dデータ化が必要となる。
⇒ ICT

## 施工BIM
BIMを活用するフェーズの中で、現場の施工段階で使うBIMのこと。施工管理の各段階や業務種別（工程管理・安全管理・品質管理・原価管理など）ごとの効率化、合理化が図られている。

## センシング・デバイス：sensing device
検出器、感知（検知）装置。現実空間の物理的状態などを検出・測定し情報収集するセンサ（主にハードウェア）。IoTを実現するために不可欠なのがセンサとICTをネットワーク化したデジタル・インフラ環境であり、通信・医療・車載・インフラ関連などの機器に活用される。
⇒ ICT、IoT

# ソ

## 属性情報
プロパティ。ここではBIMモデルを構成するオブジェクトを定義する機能・特性・状態などの固有情報（数量・色彩・材質・性能・仕様・名称・記号・その他製品情報など）。たとえば工業製品である衛生陶器の属性情報は、給排水の接続位置、配管の口径サイズ、給水量、電気容量なども含む。
⇒オブジェクト

# タ

## タグ：tag
札、荷札のこと。転じてデジタル領域では、何らかのデジタル情報の認識対象に、その属性情報をまとめてわかりやすい位置に添付しておくこと。または物理世界でのモノへのセンシング・デバイスおよびシールやマーカーを用いた同様の情報添付。主にはタグ側に動力や電源を必要としないものを指すことが多い。
⇒センシング・デバイス

# チ

## 中間ファイル形式
異なるCADシステム間で図形データをやり取りするために用いるファイル形式のこと。建築系CADでは国土交通省が開発したSXF（Scadec data Exchange Format）やAUTODESK社が定めたDXFなどがある。BIMにおいてはbuildingSMARTが定めるIFCが用いられる。
⇒ buildingSMART、IFC

# テ

## ティーチング：teaching
ロボットに動作を教えること。俗にペンダントと呼ばれる入出力装置を用いる。日本語では教示という。

## ディープ・ラーニング：deep learning
深層学習。人工知能における学習手法の一つ。対象とするデータの特徴を人が定義していた段階から、コンピュータ自身がデータの特徴を自動的に大量に学習し自動定義できる段階へと進化し、高い精度のアルゴリズムが得られるようになった。
⇒ AI

## ディマンド・チェーン・マネジメント：demand chain management
需要側の動向調査などの情報をもとにした商品開発、生産体制、在庫管理を統合的に最適化する情報管理システムのこと。供給側の情報をもととする同システムはサプライ・チェーン。

## テキストマイニング
SNSなどに記されたテキストを対象に、言葉の出現頻度、時系列を解析し、傾向を見出す分析方法。

## デジタル・ツイン：digital twin
物質の世界の構造および情報を、リアルタイムに連動する形で情報空間にデジタル・データとして構築した構造、もしくはその世界そのもの。
⇒ミラー・ワールド

## デジタル・ディスラプション：digital disruption
IoTやAIを総称するデジタルによって起こる産業や社会の破壊的変革。

## デジタル・トランスフォーメーション：digital transformation
ICTを含むデジタルの浸透が、人々の生活や営みをあらゆる面でより良い方向に変革させる、という概念。

## デジタル・ネイティブ：digital native
社会環境がデジタル技術ベースで成立している時代に育った、デジタル環境を所与の自然な環境の一部として抵抗なく扱える性質。もしくはそうした感覚を持った世代もしくは人。
⇒3.4.1参照

## デジタル・ファブリケーション：digital fabrication
デジタル・データをもとに、コンピュータ制御された工作機器によって製品を製作する技術。入り組んだ複雑な形態の造形、反復作業の代替が容易で、さまざまな素材からの切削や積層成形する造形が可能。3Dプリンタやレーザーカッターなどが代表的な出力装置。ものづくりの世界を革新するものとして期待される。

## デジタル・プラットフォーム：digital platform
現実空間に存在する都市やインフラなどの生活基盤（プラットフォーム）に対し、デジタル・データ上に人工的に構築された、ある機能・サービスをプログラムした環境システム・モデル。特定の目的（ビジネス、地域コミュニティ、教育・医療・文化などのソーシャル・ネットワークなどのコネクション）のために形成されたインターネット上のIT基盤の総称。具体的な目的に向けた構築環境をシミュレートした仮想空間としてのBIM・CIMモデルも、社会要素（建築産業以外の機能・サービスやエージェント）と連携する環境を形成するならば、デジタル・プラットフォームといえる。
⇒プラットフォーム

## デバイス：device
コンピュータに接続して使うあらゆるハードウェア装置。PC、タブレット、モバイル、スマートフォンなど。

## テレワーク：telework
情報通信技術（ICT）を活用した場所と時間に制限を受けない就業スタイル。ワーカー個々のワーク・ライフ・バランス（仕事と生活の調和）、高齢者や身体障害者、育児・介護を担う者への就業サポート、さらには地方や都市周辺地域の就業機会創出など、新たな働き方改革に向けた取組みの一つ。リモートワーク（在宅勤務）のためのスキル開発が必要。
⇒ ICT

## 点群
空間のデジタル記述の手法の一つ。主に空間の3Dスキャニングに用いられる、レーザーによる点照射とその位置および色に関する取得データをそのままデジタル空間に配置したもの。一般に群としての属性情報がなく、データとして非常に重くなる。

# ト

## 同期
ある一つのデータを、異なる端末からネットワーク上で同時に更新することをいう。

**統合 BIM**
意匠設計、構造設計、設備設計のそれぞれの分野でBIMを用いて設計し、かつ統合してそれぞれの連携・検証などができる状態のBIM。

**ナレッジ：knowledge**
製作可能限界をオブジェクトにあらかじめ標記したり、特定の材料の使用時に過去の品質的な注意点が表れるなど、ノウハウや設計要件をソフトウェア側に実装すること。
⇒オブジェクト

**ネーミング・ルール：naming rule**
BIMモデルを構成するオブジェクトの命名ルール。異なるソフトウェアで作成されたBIMデータを統合管理する際に有効。接頭語にUniformatなどのコードを付けるのが一般的。例：A1022_002_地中梁
⇒ BEP、Uniformat、プロジェクト・ルール

**ネイティブ・ファイル：native file**
IFCデータが万国共通語で書かれた汎用形式とするなら、IFCの作成元となるソフトウェア独自の母国語で書かれたオリジナル・データ。汎用形式では削ぎ落とされてしまった機能や情報が含まれる。ただし、建物の維持管理の期間（数十年）を考えた場合、作成時に使用したソフトウェアは存在していない可能性が高い。

**ネイティブ・データ：native data**
あるアプリケーションによって作成されたそのままのデータ。BIMデータは形状と情報から成り立つが、異なるソフトウェア間でデータをやり取りするために、中間ファイル形式に変換すると、形状とごく一部の情報のみは連携できるがすべての情報が連携できない。同じソフトウェア間ですべての情報をやり取りするためには、同じソフトウェアで作成する必要がある。
⇒中間ファイル形式

**バーチャル・シンガポール：**
**Virtual Singapore**
シンガポールの都市構造とインフラをデジタル化、シミュレーションし、すべての情報を一つのコラボレーション・プラットフォームに組み込むプロジェクト。行政および民間企業が、都市計画、セキュリティ、エコロジーに関して適切な判断を下すために構築された。

**破壊的イノベーション**
すでに確立したビジネスモデルや技術体系によって形成された安定的マーケットの秩序を根底から覆すような、業界構造そのものを変えてしまうイノベーション。

**ハッカソン／アイデアソン**
ハッカソン：
「ハック (hack)」と「マラソン (marathon)」を組み合わせた造語。ITエンジニアやデザイナー・プランナー・マーケッターといった人材が集まり、それぞれが保有する技術や知識・アイデアを活かして、1日から1週間程度の短期間に集中して新たなサービスやシステム・アプリケーションを共同で開発し、成果を競い合うイベント。
アイデアソン：
ハッカソンの事前会議や導入部分として実施された、アイデア創出を行うイベント。

**パラメトリック：parametric**
媒介変数、母数（パラメータ）によること。CADのパラメトリック機能とは、オブジェクトが持つ図形形状を決定する寸法・方向・断面などの属性情報の数値を変化させて形状に反映させることをいう。
⇒オブジェクト

**パラメトリック・デザイン：**
**parametric degisn**
数式やアルゴリズムによって3D空間を設計する手法。アルゴリズミック・デザインともいう。Rhinocerosを数式やアルゴリズムで制御するアドオン・ソフトウェアであるGrasshopperがよく使われる。
⇒ Rhinoceros、Grasshopper、アルゴリズミック・デザイン

**バリュー・チェーン：value chain**
価値連鎖。企業活動における業務を各機能単位の価値で分析し競争力を最大化するフレームワーク。複数企業にまたがる経営手法（サプライ・チェーン・マネジメント）に情報システムが融合することで、一企業の価値向上から複数企業を包括的に関連づける価値連鎖を意味するようになった。マイケル・ポーターが『競争優位の戦略』（1985年）の中で用いたことで知られる。

**ピクセル・コラム：pixel column**
自律走行ロボットなどが簡易な深度センサなどにより周囲の構造や配置を把握するときに、単純な平面としてのピクセルと、その押出しのみによる高さと立体の表現により簡易にかつ早く立体を把握する手法。

**プラットフォーム：platform**
コンピュータ分野ではオペレーティング・システム（OS）やハードウェアの基盤。BIM・CIMでは3D-オブジェクトCADによるオブジェクト指向に依存した階層的データベースのことを指すこともある。広義には、企業のビジネスや個人が情報発信したりする際のICTサービスやシステムの基盤。OSや携帯端末だけでなく、ユーザー数が膨大なソーシャル・メディアや通販サイトなどもこれに当たる。基盤を提供する企業はプラットフォーマーと呼ばれ、利用者の膨大なデータを囲い込んで独占的な地位を築き、新規参入などが進みにくくなる。
⇒ GAFA、ICT、デジタル・プラットフォーム

**振る舞い**
コンピュータ上のモデルに対し、人がある意図を持って指示し、特定の条件下で動作するシステムの働きをいう。
⇒エージェント、マルチ・エージェント

**プラグイン：plug-in**
ソフトウェアの機能を拡張するために追加する、差し替え可能なプログラム。アドイン、アドオンとも呼ばれる。

**プロシージャル・デザイン：**
**procedural design**
コンピュータのプログラムを記述することでデザインする方法。通常プログラムは手続き（procedure）の集合であるためこのように称される。

**プロジェクト・ルール：project rule**
BIMを用いるプロジェクトではプロジェクト特有の規約を定義し、それに則って運用することが重要である。ネーミング・ルールもプロジェクト・ルールの一つ。その他のプロジェクト・ルールに、LODの定義、数量を算出する際のルール、データを更新する際のルールなどがある。
⇒ BEP、LOD、ネーミング・ルール

**プロトタイピング：prototyping**
モデル（プロトタイプ）を作成し、設計をさまざまな観点から検証する手法。機能やアイデアを早期に形にすることでユーザーから早めにフィードバックを得て、欠陥や問題を事前に解決する。

**フロント・ローディング：front loading**
業務プロセスや工程において前倒しで資源を投下し、さまざまな検討を行い早期に課題を発見し対処することで、後工程の負荷を軽減しつつ、品質を高めようとする方法。

## へ

**ベンダー：vendor**
コンピュータ・システムなどのハードウェアやソフトウェアを問わず「売り手」を表す言葉であり、ユーザーへ製品を供給する会社の総称。開発・製造を行っている「メーカー」と使い分ける場合もある。

## ホ

**ボクセル記述**
英語表記ではVoxel。主にデジタル空間表現の世界で用いられる、三次元空間表記の立体単位要素。体積（Volume）と二次元画像表記における単位要素「ピクセル（Pixel）」との組み合わせによる造語。構成全体が複雑で式や線形表現で扱うことが困難なときなど、いわゆる点描表示的に全体構造を無視して各点を扱うことで、全体の計算負荷を下げるときなどに用いる。

**ポリゴン：polygon**
3D構造の記述方法のうち、すべての面を三角形分割し、その頂点と三角面との連続面として表現する手法。

## マ

**マルチ・エージェント：Multi-Agent**
複数のエージェント（一定の機能や指向性を持った要素）から構成される群。特にコンピュータの高度な計算能力を活かしたマルチ・エージェント・システムと呼ばれる固定的な環境設定では、検証困難な問題に対する解法の一環として用いられることが多い。単純化された人工的な社会や自然の挙動をシミュレーションもしくはデザインするのに用いる。
⇒エージェント、振る舞い

## ミ

**ミラー・ワールド：mirror world**
現実（フィジカル）世界をデジタル化し、つくられる仮想（サイバー）世界。
⇒デジタル・ツイン

## メ

**メモリ空間：memory space**
プログラムの実行中、データを呼び出し、書き出しができるメモリ領域のこと。アドレス空間。

## モ

**モーション・キャプチャ：motion capture**
骨格や三次元モデルのスキャニングのうち、時系列的な動きまでをスキャンする技術。特に人体や動物の動きを取得する領域において用いられる。一般にはマーカーと呼ばれる光学的な認識点をキャプチャする対象に複数取り付け、その動きを空間的に取得することで総合的な動きのキャプチャを行う。

**モジュラ型：modular architecture**
機能単位で独立した要素（モジュール）や構造を規格化・標準化して組み合わせる家電やデジタル機器などのつくり方。生産コストや工期の縮減が見込みやすく、設計変更や生産体制の見直し、生産性の多様化が図りやすいとされる。
⇒インテグラル型

## ラ

**ライブラリーコンソーシアム：library consortium**
一般財団法人建築保全センターが運営する組織で、企画・設計・施工・運用・維持管理などさまざまな目的に向けて、誰もが容易に利用できる統一的なBIMライブラリを構築している。

## リ

**リバース・エンジニアリング：reverse engineering**
既存の製品を解体・分解して、製品の仕組みや構成部品、技術要素などを分析する手法。

## レ

**レイアウト・ブック：layout book**
3Dモデルから得られる図面グラフィックをシート上に配置し、設計図書として整える作業。外部からの図面や情報も取り込んで配置できる。

**レコメンダ・システム：recommender system**
情報フィルタリング　技法の一つ。レコメンデーション機能とはユーザーの興味・趣味・嗜好などを購入履歴から割り出し、同種傾向の商品を「おすすめ」として営業・宣伝を自動的に行う機能。コンテンツ・ベース・フィルタリング（ユーザのネット上の振る舞いから形成）と協調フィルタリング手法（ユーザーの振る舞いからのクラスタリングによる形成）がある。

**レンダリング：rendering**
デジタル空間内に構成された構造データを、光や色、素材などの視覚的表現を加味して電子的に計算処理して画像として表現することおよびその計算性能。ゲームやCAD／BIMなどの発達により、3Dデータをコンピュータ内で自在にハンドリングし、そのつど、その角度と見えがかりの画像表現（レンダリング）を行うことが一般化し、専用のチップとしてGPUなどの演算素子が開発されている。
⇒GPU

## ロ

**ロボティクス：robotics**
ロボットの設計や製作、制御にかかわる技術一般を扱う工学の一分野。モーターやその他駆動機構に関する機械工学の領域、センサや通信機器、その制御にかかわる電子工学領域、シミュレーションや人工知能（AI）などにかかわる情報工学領域など複合的な分野からなる。
⇒AI

## ワ

**ワークフロー：workflow**
異なる役割・分野・業種などの間をつなぐ仕事の流れ。あるいは、業務上の承認行為における申請から確認までの決裁そのものをいう場合がある。建築産業では、BIMによって設計・施工・製造・運用・維持管理など生産ライフサイクルを一気通貫でつなぎ、全体を通しての効率化・合理化、働き方改革さらには新たなプロダクト、ビジネスの開拓に向けた動きがある。

# 執筆者略歴

(五十音順)

## ● 編集幹事・執筆

### 澤田英行 (さわだ ひでゆき)

1962年生まれ

1985年　芝浦工業大学工学部建築学科卒業、同大学院修士課程修了後、鹿島建設㈱建築設計本部勤務を経て

現 在

芝浦工業大学 システム理工学部 環境システム学科教授

### 綱川隆司 (つなかわ たかし)

1969年生まれ

1993年　早稲田大学理工学部建築学科卒業後、前田建設工業㈱入社

現 在

前田建設工業㈱ 建築事業本部 ソリューション推進設計部 BIMマネージメントセンター長

### 西村雅雄 (にしむら まさお)

1968年生まれ

1991年　関西大学工学部金属工学科卒業後、トーヨーサッシ㈱ (現 LIXIL) 入社

現 在

㈱ LIXIL Building Technology Japan エンジニアリング営業部 担当部長

### 山際 東 (やまぎわ あずま)

1974年生まれ

1997年　東海大学工学部建築学科卒業後、ゼネコン、設計事務所、ディベロッパー勤務等を経て、㈱ビム・アーキテクツを設立、10年後に別会社㈱カミ・コアを設立。国土交通省による初の官庁営繕BIM導入試行案件を支援、組織設計事務所・建設会社のBIM支援のほか、「Build London Live 2019」優勝、Revit User Group 会長 (2012〜2015年)

現 在

㈱ビム・アーキテクツ代表取締役、㈱カミ・コア代表取締役

## ● 執筆

### 猪里孝司 (いざと たかし)

1961年生まれ

1984年　大阪大学工学部環境工学科卒業、同大学院修士課程修了後、大成建設㈱入社

現 在

大成建設㈱ 設計本部 設計企画部 企画推進室長、大阪大学招聘教授

### 大氏正嗣 (おおうじ まさし)

1965年生まれ

1987年　神戸大学工学部建築学科卒業後、建設省官庁営繕部、民間設計事務所勤務を経て

現 在

富山大学 芸術文化学部教授

### 大槻成弘 (おおつき しげひろ)

1972年生まれ

2003年　Florida International University 建築デザイン学科卒業、2010年　Florida Atlantic University 建築設計学科卒業後、Rizo Curreno & Partners Inc.、Oppenheim Architecture + Design, LLP、Glavovic Studio Inc.、㈱久米設計勤務を経て

現 在

㈱ SEEZ代表取締役社長

### 大西康伸 (おおにし やすのぶ)

1972年生まれ

1995年　京都工芸繊維大学造形工学科卒業、同大学院博士前期課程修了後、組織設計事務所、アトリエ設計事務所勤務を経て、京都工芸繊維大学大学院博士後期課程修了。博士 (学術)

現 在

熊本大学大学院 先端科学研究部准教授

### 大抜久敏 (おおぬき ひさとし)

1962年生まれ

1986年　武蔵野美術大学造形学部芸能デザイン学科卒業後、鹿島建設㈱建築設計本部勤務を経て

現 在

㈱アルモ設計 デジタルソリューション部 常務取締役統括部長

### 勝目高行 (かつめ たかゆき)

1970年生まれ

1992年　東京理科大学理工学部建築学科卒業後、アトリエキュベルを設立。6年後に法人化 (有限会社)、4年後に株式会社化しキュベルに改名、8年後にペーパレススタジオジャパン㈱に改組・改名。5年後に子会社㈱ MAKE HOUSE設立

現 在

ペーパレススタジオジャパン㈱ 代表取締役、㈱ MAKE HOUSE取締役、東京理科大学 理工学部 建築学科非常勤講師、茨城大学 工学部 都市システム工学科非常勤講師

### 加藤亮一 (かとう りょういち)

1955年生まれ

1979年　日本大学理工学部建築学科卒業後、鹿島建設㈱入社。現場代理人として数々のプロジェクトを担当後、建築管理本部勤務。退社後、建築施工・技術コンサルタント事務所「とうりょう」を設立し、代表。

現 在

「とうりょう」代表、日本大学 理工学部非常勤講師、慶應大学 理工学部非常勤講師

### 川原秀仁 (かわはら ひでひと)

1960年生まれ

1983年　日本大学理工学部建築学科卒業後、農用地開発公団、JICA、農水省勤務等を経て、㈱ 山下設計入社。8年後に㈱山下PMCへ転籍

現 在

㈱山下 PMC代表取締役社長

### 柴田 作 (しばた つくる)

1962年生まれ

1986年　神戸大学工学部建築学科卒業、同大学院修士課程修了後、鹿島建設㈱入社

現 在

鹿島建設㈱ 建築設計本部 建築設計統括グループ 統括グループリーダー、芝浦工業大学 システム理工学部 環境システム学科非常勤講師

### 下川雄一 (しもかわ ゆういち)

1971年生まれ

1993年　熊本大学工学部建築学科卒業、同大学院修士課程 (建築学専攻)・同大学院博士課程 (環境科学専攻) 修了

現 在

金沢工業大学 建築学部 建築学科教授

### 豊田啓介 (とよだ けいすけ)

1972年生まれ

1996年　東京大学工学部建築学科卒業後、安藤忠雄建築研究所を経て、コロンビア大学 建築学部修士課程修了 (AAD)。SHoP Architects(New York)を経て、蔡佳萱と共同で建築設計事務所 noiz設立 (後年、酒井康介もパートナーとして参画)、建築・都市文

脈でのテクノロジーベースのコンサルティングプラットフォーム gluon を金田充弘、黒田哲二と共同設立
現　在
noiz共同主宰、gluon共同主宰、東京藝術大学 芸術情報センター非常勤講師、慶應大学SFC環境情報学部非常勤講師、情報科学芸術大学院大学 IAMAS非常勤講師。 EXPO OSAKA/KANSAI 2025 招致会場計画アドバイザー

## 野田隆史 （のだ たかし）

1962年生まれ
1984年　京都大学工学部建築学科卒業、同大学院修士課程修了後、㈱竹中工務店入社
現　在
㈱竹中工務店 設計部部長

## 浜田顕弘 （はまだ あきひろ）

1966年生まれ
1990年　早稲田大学理工学部物理学科卒業、同大学院修士課程修了後、三菱重工業㈱入社、同社 長崎造船所 造船設計部を経て
現　在
三菱造船㈱マリンエンジニアリングセンター 開発部 システム開発課主席技士

## 平沢岳人 （ひらさわ がくひと）

1964年生まれ
1988年　東京大学工学部建築学科卒業、同大学院修士課程・博士課程修了、博士（工学）。建設省（当時）建築研究所を経て
現　在
千葉大学大学院 工学研究院教授

## 藤村 正 （ふじむら ただし）

1958年生まれ
1981年　早稲田大学理工学部建築学科卒業、同大学院修士課程修了後、鹿島建設㈱建築設計本部入社
現　在
鹿島建設㈱執行役員、建築設計本部副本部長

## 本弓省吾 （ほんきゅう しょうご）

1982年生まれ
2005年　ものつくり大学技能工芸学部建設技能工芸学科卒業、千葉大学大学院修士課程修了後、㈱竹中工務店入社
現　在
㈱竹中工務店 設計部および設計本部アドバンストデザイン部 伝統建築グループ兼務

## 村井 一 （むらい ひとし）

1981年 生まれ
2004年　三重大学工学部建築学科卒業、東京大学大学院修士課程修了後、㈱日本設計入社
現　在
㈱日本設計 第Ⅰ建築設計群兼 BIM室 主任技師、東京大学大学院外部講師

## 村松弘治 （むらまつ こうじ）

1958年生まれ
1982年　武蔵工業大学工学部建築学科卒業後、㈱安井建築設計事務所入社
現　在
㈱安井建築設計事務所 専務執行役員 東京事務所長

## 元岡展久 （もとおか のぶひさ）

1968年生まれ
1991年　東京大学工学部建築学科卒業、同大学院修士課程・博士課程修了、博士（工学）。パリ第一大学博士課程、香山壽夫建築研究所を経て、椙山女学園大学、お茶の水女子大学で教鞭を執る
現　在
お茶の水女子大学 基幹研究院准教授

## 森 元一 （もり げんいち）

1960年生まれ
1984年　福岡大学工学部建築学科卒業後、㈱竹中工務店入社
現　在
㈱ TAKシステムズ取締役 東京支店長、芝浦工業大学建築学部建築学科非常勤講師

## 安井謙介 （やすい けんすけ）

1976年生まれ
2000年　東京理科大学工学部建築学科卒業、東京大学大学院修士課程（新領域創成科学研究科）修了後、デルフト工科大学建築学科交換留学。Erick van Egeraat associated architects、㈱松田平田設計を経て
現　在
㈱日建設計 設計部門 3Dセンター 室長代理、buildingSMART Japan意匠設計小委員会委員長、Revit User Group副会長

## 山野大星 （やまの だいせい）

1961年生まれ
1985年　千葉大学工学部建築学科卒業後、㈱マルパソ計画設計事務所を設立
現　在

学校法人片柳学園 日本工学院八王子専門学校 副校長、全国専門学校建築教育連絡協議会会長

## 吉﨑大助 （よしざき だいすけ）

1976年生まれ
2004年　芝浦工業大学電気設備学科卒業（社会人学生）、同大学院修士課程修了後、㈱日本設計入社
現　在
㈱日本設計 環境・設備設計群兼インテグレーテッドデザイン部主管、設備一級建築士

## 渡邉秀樹 （わたなべ ひでき）

1953年生まれ
1978年　武蔵野美術大学造形学部建築学科卒業
2013年　東京大学大学院修士課程（都市工学専攻都市持続再生学）修了
現　在
㈲リノベイトダブリュ代表取締役、東京大学大学院 博士後期課程（都市工学専攻）在学中

**BIMのかたち**　　Society 5.0へつながる建築知

2019 年 7 月 10 日　第 1 版 発　行
2020 年 5 月 10 日　第 1 版 第 2 刷

| 著作権者と<br>の協定によ<br>り検印省略 | 編 者　日　本　建　築　学　会 |
| | 発行者　下　　出　　雅　　徳 |
| | 発行所　株式会社　彰　国　社 |

自然科学書協会会員
工学書協会会員

Printed in Japan

162-0067 東京都新宿区富久町8-21
電話　03-3359-3231（大代表）
振替口座　00160-2-173401

Ⓒ 日本建築学会　2019 年　｜　装丁：間野デザイン 間野成　印刷：壮光舎印刷　製本：中尾製本

ISBN978-4-395-32138-4　C3052　　　　http://www.shokokusha.co.jp

本書の内容の一部あるいは全部を、無断で複写（コピー）、複製、および磁気または光記録
媒体等への入力を禁止します。許諾については小社あてご照会ください。